# ロシア法

小田 博──［著］

東京大学出版会

RUSSIAN LAW
Hiroshi Oda
University of Tokyo Press, 2015
ISBN 978-4-13-036145-3

## はしがき

　私が，ロシア・ソビエト法の体系書の企画に最初に接したのは，1980年代に筑摩書房より刊行された現代法律学全集のうちの一巻『ソビエト法』の執筆を依頼されたときである。この企画は，ソビエト連邦が間もなく崩壊し，法制が混迷状態に陥ったこと，そして全集そのものが，10数巻刊行の後，中断されたことによって日の目をみなかった。その後，私はロンドン大学に移り，2000年代にロシア法制がほぼ整備された時点で，*Russian Commercial Law*（Kluwer International）を執筆した。これは2007年に第2版がMartinus Nijhoff社から刊行された。この間，日本では，社会主義崩壊後のロシア法を体系的に研究する著作は，ほとんどみられなかった。この空白を埋めるために，当初，*Russian Commercial Law*第2版を改訂しながら翻訳することを考えたが，結局，新たな資料にもとづいて書き下ろすことに方針を変更した。これは主として，2000年に始まるプーチン政権の下で，とくに政権の第二期以降，従来とは異なったレジームが形成されたという認識にもとづいている。1990年代の延長線上では，現在の体制をとらえることができないと思われたのである。

　本書は，ロシア法の中でも，私法の分野を重点的に扱った。憲法体制を冒頭に置いたのは，それが私法を含む法制の基本だからであり，刑事法が末尾に置かれているのは，私法的取引にも時として刑事法が関係するからである。商法典が不在で，民商一元主義をとるロシアで私法の要である民法典には，多くのページを割いた。また，開発と環境という視点から，地下資源法，および環境法にもそれぞれ一章をあてた。一方，紙幅の関係で，*Russian Commercial Law*にはあった銀行法や倒産法の章は，割愛せざるをえなかった。

　ロシアの諸法律をみると，とくに大陸法の教育を受けてきた私たちには，なじみが深い概念も多く，共通の制度も少なくない。しかし，ロシアでは，その実際の機能は，他の大陸法諸国とは少しく異なる。これは，1つには，

時おり国家権力による法の選択的適用があるためであり，一方では，権力者だけではなく，法制度の利用者（たとえば企業）による法の濫用があるからである。そしてその基礎には，法に特別な価値を認めず，単に目的達成の手段とみる道具主義的な法観念がある。ロシアの法制は，西欧法を起源とするが，その基盤は西欧諸国に比べて脆弱であると言わざるを得ない。

ロシア法研究が進んでいるとされる欧米でも，ロシア法の著作には，単に法令を要約しただけのものが少なくない。どこの国にも，書かれた法と現実の法との間には懸隔がある。しかし，ロシアでは，この隔たりが，他の先進国よりもかなり大きい。それだけに，法律の翻訳・解説をみただけでは，ロシア法理解の門口に立ったというにすぎないと言える。

本書では，法がロシアの経済社会で現実にどのように機能しているかを明らかにするために，商事裁判所の裁判例を中心に，実際の紛争例にもとづいて，法の運用を検討した。また，具体的な事例や統計もできるだけ引用した。さまざまな問題点に対する批判は，主としてロシアの公的機関の報告，ロシアの論者の著述，またはOECDなど，国際機関の報告の裏付けにより，客観性を担保した。

また，本書では，ロシア法の肯定的な側面のみならず，否定的な側面をもあえて検討の対象とした。これは社会主義法時代からの私の一貫した姿勢である。ロシア法の否定的な側面は，とりもなおさずロシアに投資する企業にとってのリスクである。しかし，外国投資の際にはリスクは避けては通れない。問題は，いかにリスクを知り，それを最小限に抑えるかにある。

惜しむらくは，1992年に創設され，2006年以降 Anton Ivanov 長官のもとでロシアの私法の発展を主導してきた最高商事裁判所が，十分な議論もなく，2014年に廃止されたことである（下級商事裁判所は残った）。最高商事裁判所幹部会の諸決定は，先例的な意義を与えられていたが，これらの決定が今後も効力を保つとされたことは，不幸中の幸いである。

本書を執筆するなかで，研究者として出発した時代に参照した先人の業績に改めて触れる機会があった。現在，欧米のロシア法研究は，研究者よりも実務家が主流であり，とかく実際的な問題にのみ集中しがちであるが，日本のこうした基礎理論的業績は，社会主義崩壊後の今日でも，なお貴重であると思われる。

本書の刊行にあたっては，首都大学東京の前田雅英教授にご尽力いただいた．前田教授には，東京大学法学部研究室でご一緒した時代以来，30余年の中断を経て再びお世話になったが，改めて感謝の意を表したい．また，本書の刊行のために，公益財団法人国際民商事法センターから出版助成をいただいた．同センター理事長の原田明夫弁護士（元検事総長）には，出版企画を支持していただいただけではなく，絶えざる励ましをいただいた．原田先生には，私が会長をつとめる日ロ法律家協会の名誉会長もお願いしている．謹んでお礼を申し上げる．

　また，再校段階にあたってご協力いただいた，ロンドン大学留学中の川島章裕弁護士（長島・大野・常松法律事務所）に謝意を表したい．

　最後に，編集・校正段階では，東京大学出版会の山田秀樹氏にたいへんなご負担をおかけした．ここにお詫びと感謝を申し上げる．

2014年12月8日

小　田　　博

# 目　次

はじめに　　i

序　章　ロシア法と西欧法 ………………………………………………1
　　1　ロシア法の西欧法的起源　　1
　　2　ロシア法の歴史　　2
　　3　ロシアにおける権力と法　　9

## I　憲法体制

第1章　憲　法 ……………………………………………………………15
　　1　ロシア憲法の歴史　　15
　　2　憲法の基本原則　　21
　　3　基本権の保障　　26
　　4　個別の基本権，および自由　　30
　　5　統治機構　　38
　　6　議会制度　　41
　　7　連邦と地方　　44
　　8　憲法改正　　45
　　9　国際条約と国内法　　46
　　10　「権力の垂直的統合」　　48

第2章　憲法裁判所，および人権全権代表制度 ………………………50
　　1　憲法裁判制度　　50
　　2　人権オンブズマン　　53

## II 紛争処理制度

### 第3章 裁判制度 …………………………………………………………57
1 歴史的背景　57
2 裁判所の構成　60
3 裁判官　73
4 商事裁判手続の流れ　78
5 判例の法源性　82
6 裁判制度の信頼性　88

### 第4章 弁護士制度と検察制度 …………………………………………94
1 弁護士制度　94
2 検察制度　99

### 第5章 国際商事仲裁 ……………………………………………………107
1 ロシアにおける国際商事仲裁の発展　107
2 仲裁判断の承認と執行　109
3 公　序　115
4 仲裁可能性　117

## III 民法典

### 第6章 民法典の歴史──ロシアにおける私法の再生 ………………123
1 帝政時代の民法　123
2 社会主義時代の民法典　124
3 ロシア連邦民法典の制定　126
4 ロシア民法典の特色　129
5 ロシア連邦民法典の改正　131

目　次　vii

## 第 7 章　民法総則 …………………………………………………………134
1　民法典と民法典以外の民事立法　134
2　慣　習　136
3　民法の基本原則　136
4　信義誠実の原則と権利濫用の禁止　139
5　法　人　145
6　民法上の権利の目的物　151
7　民法上の権利の保護　153
8　法律行為　154
9　代理行為　177

## 第 8 章　物権法 ……………………………………………………………180
1　概　観　180
2　所有権，その他の物権　180
3　土地に対する所有権，その他の物権　186
4　所有権，その他の物権の保護　191
5　土地法典　196
6　不動産登記　198

## 第 9 章　債権法Ⅰ──契約法 ……………………………………………200
1　契約法の法源　200
2　契約の自由　200
3　契約の解釈　202
4　契約の締結　202
5　契約の変更，または解除　203
6　契約（債務）の履行　203
7　契約（債務）不履行等の責任　207
8　債権譲渡　215
9　債務の消滅　215
10　契約各則　216

## 第10章 債権法II——担保法 ………………………218

1 担保法の概観　218
2 民法典の基本規定　221
3 担保権の実行　230

## 第11章 不法行為法 …………………………………236

1 不法行為責任の基本規定　236
2 差止請求　240
3 精神的損害の賠償　240
4 使用者責任・監督責任　242
5 不法行為責任の特則　245

## IV　会社法

## 第12章 国営企業の民営化 …………………………251

1 社会主義経済から市場経済へ　251
2 私的セクターの発生　253
3 1990年代の国営企業民営化　257
4 基幹経済領域に対する国家管理の強化　262

## 第13章 会社法通則 …………………………………265

1 ロシア会社法の沿革　265
2 会社法通則　268

## 第14章 株式会社法 …………………………………285

1 株式会社の設立　285
2 資本と株式　290
3 株式会社の機関　296
4 執行機関　306
5 監査役会　307

6　株主の権利とコーポレート・ガバナンス　307

第 15 章　有限会社法 ……………………………………………………322
　　1　有限会社一般　322
　　2　有限会社の設立　323
　　3　資本と持ち分　324
　　4　社員の権利　325
　　5　会社の機関　328
　　6　社員間協定　332
　　7　会計と監査　332

　V　渉外法

第 16 章　外国投資法 ……………………………………………………337
　　1　外国投資法の沿革　337
　　2　1999 年外国投資法　338
　　3　戦略的意義を有する分野の企業への外国投資手続法（2008 年法）　344

第 17 章　国際私法 ………………………………………………………351
　　1　ロシア国際私法の法源　351
　　2　国際私法に関する民法典の基本規定　351
　　3　強制適用法規　353
　　4　公　序　355
　　5　人の従属法（属人法）　356
　　6　財産的関係，および個人的・非財産的関係に適用される法　357

　VI　開発と環境

第 18 章　地下資源法 ……………………………………………………365
　　1　地下資源の所有権　365

2　地下資源法　367
　　3　生産物分与方式とライセンス制度　371

第19章　環境法…………………………………………………………376
　　1　環境法の意義　376
　　2　ロシアの環境状態　376
　　3　基本法制　379
　　4　環境基準　383
　　5　経済的なインセンティヴ　385
　　6　環境法違反に対する制裁　385
　　7　開発プロジェクトと環境　387
　　8　国家環境適合性審査　388
　　9　環境行政　391
　　10　サハリンⅡプロジェクトにおける環境法の政治的利用　392

Ⅶ　刑事法

第20章　刑法と刑事手続法　…………………………………………397
　　1　ロシア刑法の歴史　397
　　2　刑法典総則　402
　　3　刑法典各則　410
　　4　刑事訴訟法　412
　　5　刑事手続の流れ　415

索　引　425

# 序　章　ロシア法と西欧法

## 1　ロシア法の西欧法的起源

　日本法が古来の日本固有の法ではないように，ロシアもさまざまな歴史的な段階で外国法を継受してきた。かつて穂積陳重博士は，日本の民法典をさして，「比較法の精華」と表現されたが[1]，ロシアでも，19世紀半ばの司法改革には当時のヨーロッパの最も先進的な法制が参照され，また20世紀初頭の民法典編纂にあたっては，フランス民法典や，スイス民法典，ドイツ民法典をはじめ，アメリカ諸州の法制も検討された。ソビエト連邦崩壊後の市場経済への移行の際にも，広く外国法が調査され，新立法の基礎を形成した。たとえば民法典は，主としてオランダ民法典を範として起草された。

　社会主義時代の法律の一部は，それに代わる新しい法律の制定が遅れたために，1990年代ロシアでも効力を保ったが，これらの法律も，現在では姿を消した。現在のロシア法には，社会主義時代の「ソビエト法」との連続性はない。今日のロシア法は，基本的には西欧資本主義法の系統に属する法である。

　しかし，これは，現在のロシア法をドイツ法やフランス法と同じ地平で論じうることを意味するものではない。ロシアは，帝政時代から，民主主義を経験することなく10月革命を迎え，その後，70年余に及ぶ社会主義の時代を経験した。絶対主義体制とそれに続く社会主義体制の下で，ロシア法は，ヨーロッパにその起源があるとはいえ，西欧法とは異なった発展をとげた。この歴史の中で培われたロシア人の法意識——法観念，ないしは法に対する態度——にも独自のものがある。

---

　1)　N. Hozumi, *Lectures on the New Japanese Civil Code as Material for the Study of Comparative Jurisprudence*, Tokyo 1904, p. 19.

かつて社会主義体制の崩壊後，最初の10年は，ロシアは，資本主義化の過程を歩み始めて日が浅く，未経験であるがゆえに，制度にさまざまな欠陥があるが，いずれ経験を積めば，西欧資本主義体制に近づくであろうという見解が支配的であった。しかし，このような「収斂説」は，2000年代にプーチン体制の下で，説得力を失ったようにみえる。ロシアの政治・経済体制を「国家資本主義体制」として，西欧資本主義体制とは異質なものとする説も有力である[2]。「国家資本主義」という呼称が適当であるか否かは議論の余地があるが，現在のロシア経済における国家の主導的な役割は，西欧資本主義国に類をみないものであり，これを learning process——学習課程における過渡期の体制——とみることは困難である。そのような国の法制として，ロシア法は，その外見的類似性にかかわらず，西欧資本主義国の法とは異質な側面をもつと言える。

## 2 ロシア法の歴史

### 2.1 帝政ロシア時代の法

ロシア法の起源は，キエフ公国時代に制定されたルスカヤ・プラウダ（*Russkaia pravda*）に遡ることができる。その後，モスクワ公国時代の1497年と1550年に裁判法典（*Sudebnik*）という法典が制定された。これは1649年に会議法典（*Sbornoe Ulozhenie*）にとって代わられた。この法典が会議法典と呼ばれるのは，皇帝アレクセイの時代に反乱が起こり，これを収拾するために身分制会議が招集され，そこでこの法典が制定されたためである。法典は，25章967ヶ条から構成され，所有権を中心とする私法規定も含んでいた。農奴制の起源もこの法典に求められる。この法典は，ロシアの慣習法に多くを依存していたが，リトアニア法やビザンティン法の影響も指摘されている。

ロシアの近代化は，18世紀初頭のピョートルⅠ世の時代に始まる。当時ヨーロッパの強国であったスウェーデンと戦っていたピョートルⅠ世は，立ち遅れたロシアを西欧文明に学ぶことによって近代化しようとした。皇帝の

---

[2] 初期の論説として，A.Radygin, "Russia enroute to State Capitalism", *Russia in Global Affairs*, April 13, 2004.

権力を強化すべく，行政制度，軍事制度，検察制度などが西欧の制度をもとに導入された。しかし，ピョートルⅠ世の改革は私法にまでは及ばなかった。会議法典の全面改正も企図され，法典編纂委員会が設置されたが，不首尾に終わった。

　西欧化という点で，ロシアの歴史上，知られるのは，18世紀末のエカテリーナⅡ世である。エカテリーナⅡ世はロシア人ではなく，ドイツのシュレスヴィッヒ・ホルシュタインの王家の出身であった。エカテリーナⅡ世は啓蒙専制主義君主として知られ，フランスをはじめヨーロッパの哲学者と広く交流し，時にはロシアに招いたりもした。百科全書派の哲学者の他，モンテスキューやベッカーリアとの交流は知られている。しかし，啓蒙専制主義君主の常として，エカテリーナⅡ世は西欧啓蒙主義思想には親しんだが，それをロシアで実現しようとはしなかった。その生涯は，多彩なもので，詳細な伝記や小説が刊行され，日本でも翻訳されている[3]。エカテリーナⅡ世の治世の下でロシアに紹介された啓蒙主義思想は，その後，19世紀半ばにロシアの法律家層が育つ基盤を作った。

　この時代までのロシアの法制は，古い法典と慣習法などから構成され，その立ち遅れは明らかであった。すでに18世紀半ばから法令の体系化—法典化（kodifikatsiia）が模索されたが，実際に進捗がみられたのは，19世紀初めのアレクサンダーⅠ世の時代にM. Speranskiiが法典編纂の任についてからである[4]。当時法律に関わる仕事は，上流貴族が関与すべき仕事ではなく，卑賤な職業とみなされた。法律教育はいまだ行われず，一部でフランス法が講じられているのみであった。法律専門学校としてフランス型のLycéeが設立されたのは，19世紀も半ば近いことである。Speranskiiは，上流貴族の出身ではなく，官僚であった（後に爵位を授けられるが，数年間の追放も経験した）。

　Speranskiiは，ナポレオン戦争で皇帝に随伴してエルフルトに行っただけで，外国で法律を学ぶ機会はなかった。それにもかかわらず，彼はほとん

---

3) たとえばE. K. ダンコース（志賀亮一訳）『エカテリーナ二世——18世紀，近代ロシアの大成者』（藤原書店，2004年）。

4) Speranskiiの優れた伝記として，M.Raeff, *Michael Speransky: Statesman of Imperial Russia, 1772–1839*, The Hague, 1957がある。

ど独学でフランス法をはじめ，外国法を学び，各国の法制に通暁するまでになった。エルフルトではロシア皇帝とナポレオンの会見が行われたが，ナポレオンは Speranskii を高く評価したという。

19世紀初めの法典編纂は，まず現行法の確定から始められた。膨大な数の法令や判決が集められ，編年体に整理された。これが45巻からなる法令大全 Polnoe sobrabie zakonov である。ついでこれを法典として体系化する作業が行われ，1832年に15巻の法令全書 Svod zakonov が編纂された。重要なことは，法令大全から法令全書が編纂される際に，Speranskii が当時の現行法を独自に編集し，外国法を参考に，ほとんど1人で現行法を近代的に改めたことである。民事法では，1804年に制定されたフランス民法典の影響が大きい。こうした改変は，立法権が皇帝にあり，議会が存在しなかったことで可能となった。この法令全書は，数次にわたる大幅な改編を経たが，革命まで効力を保った[5]。

ロシアの法制が外国法の大きな影響の下に改正されたのは，この法典編纂の時代についで，1864年の司法改革のときである。法典編纂が一段落した後，立ち遅れた司法制度を近代化することは，焦眉の課題であった。ロシアの司法制度は，「無法とカオス」を特徴とすると言われた。当時は身分によって裁判所も異なり，もとより裁判所の独立もなく，そもそも裁判官には給与が支払われず，裁判官は当事者から報酬を得ていた。知識階級には，司法制度の近代化を求める動きが広がっていた。遅々として進まなかった改革は，ロシアがクリミア戦争に敗れたことが契機となり，一挙に実現した[6]。

新たな制度は，従来のロシアの制度とはまったく断絶した，ヨーロッパの制度であった。制度の近代化のためには，ロシアの現行制度と決別し，外国の先端的制度に学ぶ必要があった。改革にあたっては，フランス，スイス，プロイセンなどドイツの諸国，オーストリア，イギリス，フィンランドなどの制度が広く参照され，ヨーロッパの「最もリベラルな制度」が導入された。とりわけフランスとイギリスの制度の影響が大きかった。この改革の何よりの成果は，司法権の独立が認められたことである。同時に刑事陪審制度も導

---

[5] *Svod zakonov* の最終版は1912年に刊行された。
[6] 司法改革に至るまでのロシアの「法意識」の発展については，R.Wortman, *The Development of A Russian Legal Consciousness*, Chicago 1976, pp. 197–234.

司法改革に続いて民法など，実体法の改正作業が続くはずであったが，政権の反動化により，司法改革の成果自体，ロシア全土で実施することはかなわなかった。陪審制度は，政治犯が無罪になる例が続いたために廃止された[7]。

　次にヨーロッパの制度がロシアで議論されたのは，19世紀末から始まる立憲主義運動の過程においてのことである。ドイツ法治国思想は19世紀初めに遡ることができるが，こうしたドイツの思想は，早くからロシアに紹介されていた。その後ドイツでは，プロイセンの覇権の確立により，形式的法治国，すなわち権力は法に拘束されない，拘束されるとすればそれは権力の自制であるという考え方が支配的になった。しかし，ロシアの立憲主義運動においては，初期のドイツの実質的法治国思想がそのまま維持された。立憲主義運動は具体的には憲法制定と議会の開設，そして行政裁判制度の導入をめざした。行政裁判制度については，当時の司法省雑誌などによると，ヨーロッパのみならず，アメリカやケベックまでを含む諸外国の制度を紹介・分析した論文が数年にわたって掲載されている。法治国思想についても，多くの論考がみられる[8]。

　しかし，1905年の革命失敗により，立憲主義運動は急速に後退した。1906年にニコライⅡ世は，立憲主義運動に対する妥協として「基本法」を国民に「授与」した。ロシアには予てから基本法と呼ばれる，国制の基本を定めた法律があった。1906年の基本法は，プロイセンの1850年憲法を基礎にしている。人権を「法律が定める限りにおいて」保障するのは，その特徴である。ちなみに大日本帝国憲法も，この1850年プロイセン憲法を範とした。さらに，1936年に制定されたいわゆるスターリン憲法も，人権の部分は，1906年基本法をモデルにしているように思われる。いずれの場合も，国民に最小限の限られた権利を与えつつ，支配者の権力を維持・強化するという目的は共通である。

---

7) S.Kucherov, *Courts, Lawyers and Trials under the Last Three Tsars*, New York 1953.
8) 小田博『スターリン体制下の権力と法──社会主義的合法性原理の形成過程』（岩波書店，1986年）117-126頁。H.Oda, "The Emergence of Pravovoe Gosudarstvo in Russia", *Review of Central and East European Law*, 1999 No.3, p. 373ff.

1906年以降，いわゆる反動の時代に入り，また第一次世界大戦も起こり，1917年の2月革命まで，改革の進展はなかった。2月革命でこれまでの立憲主義派の提案は一部実現され，たとえば行政裁判制度などの設立をみたが，10月革命により，無に帰した。

### 2.2 社会主義時代の法

社会主義時代のロシア法は，「ソビエト法」と総称される[9]。しばしば誤解されるが，社会主義ロシアの法制は，マルクス主義の法思想にもとづく新たな法制ではなかった。そもそもマルクス主義の考え方では，「資本主義法」の概念はあっても，「社会主義法」の概念はなかった。エンゲルスなどの見解では，資本主義法は，プロレタリア政権の確立とともに「死滅」を始めるのであり，新たに「社会主義法」が形成されるというものではなかった。ボリシェヴィキ革命の直後にそれまでの帝政ロシア時代の法と裁判所は廃止されたが，当面，これに代わる法は制定されなかった。内戦の終了後，安定した法体制が必要になったとき，ボリシェヴィキ政権は，新たに社会主義の法を制定することなく，新体制の原理に矛盾しない限りで，帝政ロシア時代の法律を基礎に新たな法典を制定した。民法典，刑法典，民事訴訟法典，刑事訴訟法典などがその例である。この刑法典，民法典は，それぞれ帝政ロシア時代の法典草案を基礎としたもので，度重なる改正を経たものの，1960年代まで効力を保った。もとより，社会主義に特有の制度を定めた新しい法律も制定された。国営企業法や，国家仲裁機関に関する法律はその例である。しかし，これらの法律は，形式において社会主義的であったのではなく，その規制対象が社会主義の制度であったにすぎない。

マルクス主義法理論は，社会主義時代の初期には，理論として研究され，E. V. Pashukanis が理論体系を打ち立てた[10]。しかし，こうした理論は，権力の強化をめざす政治的指導者の利害と相容れず，Pashukanis は1937年に反革命罪により処刑された[11]。

---

9) 日本語では，藤田勇『概説ソビエト法』（東京大学出版会，1986年）など参照。
10) 日本では，藤田勇教授による精緻な論考がある。藤田勇『ソビエト法理論史研究——1917-1938 ロシア革命とマルクス主義法学方法論』（岩波書店，1968年）。
11) 小田博「スターリン体制下における刑法改正論——クルイレンコ刑法草案」『平野龍一先生古稀祝賀論文集（上）』（有斐閣，1990年）182頁以下。

1920年代以降,ボリシェヴィキ政権の最低限の法的枠組が成立したが,それは帝政ロシアの法を基礎としたものであった。しかし,基本的な考え方として社会主義政権は,共産党の独裁を法の上に置いた。すなわち,法はプロレタリアートの独裁権力を抑制する手段ではなく,独裁を強化するための手段と考えられた。そもそも社会主義体制の下では,民主主義的な立法機関は存在せず,法治国の前提である民主主義的な立法過程自体がなかったのである。20世紀初頭にロシアで支持を得ていた立憲主義思想は,ブルジョア思想として排斥された。「プロレタリアート独裁は,何ものにも制約されない権力」であり,「ロシアで私的なものは一切認めない」というのがレーニンの見解であった[12]。

　1930年代のロシアでは,スターリンによるテロルが猛威を振るった。しかし,この間も,ロシアでは,「合法性の強化」が標榜された。テロルの最盛期には,人権規定を含む憲法も制定された。法が権力を拘束しない以上,権力によるテロルには制約がない。その反面,権力は,抑圧手段としての法を用いてテロルを遂行するのである。テロル遂行の中枢にあった連邦検事総長 A. Vyshinskii には,1936年に「社会主義的合法性」と題する著作がある。このようにスターリン時代に,法がテロルと両立したことは,国家社会主義時代 (ナチズムの時代) に形式的法治主義の原理がドイツで妥当していたことと軌を一にする[13]。

　法を道具とみる考え方は,19世紀以来のロシアの法に関する観念に奇妙に適合する。ロシアの古いことわざに,「法は荷車のハンドルと同じ。ハンドルを向こうに向ければ,荷車もそちらを向く」ということわざがある。これは法を権力行使の手段としてみる,ないしはそれ以上のものとはみない,道具主義 (*instrumentalism*) 的な考え方である。こうした考え方では,法が権力を拘束するなどということはそもそもあり得ない。

　ロシアでは旧くから法を軽視する態度,「法ニヒリズム」と称される態度が批判されてきた。すでに19世紀半ばに,西欧派の改革論者たちは,ロシアの民衆や官僚の間の法ニヒリズムを指摘し,遵法思想を広めることにより,これを是正する必要性を訴えた。上記のことわざも,「法ニヒリズム」的考

---

12) V.I.Lenin, *Polnoe sobranie sochinenii*, Vol.45, p. 398.
13) H.Oda, *supra*.

え方の表れであった。

「法ニヒリズム」という言葉は，19世紀には，立ち遅れた，ロシアの「法文化」を表象する概念であったが，社会主義時代には，社会主義権力が制定した法にしたがわない官僚や共産党員，そして一般民衆を権力者が非難する表現となった。社会主義時代，とくにスターリンが権力を掌握した後には，権力は自らが制定した法に必ずしもしたがわなかったが，権力中枢以外の者は，権力が制定した法律に厳格にしたがうことが要求され，これに反した場合は，死刑や収容所送致などにより，厳しく処罰された。

### 2.3 ペレストロイカ

社会主義体制の下では，共産党指導部に権力が集中し，代議制機関はまったく形骸化していた。代議制機関の選挙においては，一議席について候補者は1人であり，その候補者は共産党の機関によって選定された。こうして選挙された立法機関は，さらに共産党の機関の厳格な統制の下に置かれていた。立法過程において自由な討論はなされず，議決も「満場一致」が常であった。立法機関のみならず，行政機関や裁判所の活動も共産党組織の監督下に置かれ，人事も党組織が掌握した。裁判所の独立は，憲法には定められていたが，実際には，党組織や行政機関の指示に左右された。裁判官は選挙されることになっていたが，もちろん，選挙は建前だけであった。いわゆる telephone justice（電話裁判），すなわち，裁判官に電話で指示が与えられるのは一般的な慣行であった[14]。

1980年代半ばの「ペレストロイカ」の時代に，まず「社会的法治国」の建設が提案された。「社会主義的」という形容詞はじきにはずされ，単なる「法治国」という言葉が用いられるようになった。法治国は，共産党の独裁と相容れない。そこで共産党の独裁の原則が廃止され，民主的な議会の開設と裁判所の独立が焦眉の課題となったのである[15]。

1990年代初めには市場経済を前提にした多くの法令が制定された。1993

---

[14] 小田博「ソビエト共産党と検察制度・試論――検察官のキャリア・パターンのコンピューター分析」『国家と市民（国家学会百年記念）3』（有斐閣，1987年）487頁以下。

[15] 小田博「『法治国』ロシアにおける検察制度」『松尾浩也先生古稀祝賀論文集（下）』（有斐閣，1998年）269頁以下。なお，大江泰一郎『ロシア・社会主義・法文化――反立憲的秩序の比較国制史的研究』（日本評論社，1992年）も参照。

年にはロシア連邦憲法が紆余曲折を経て制定され，1994年には私法の要である民法典第一部の制定をみた。これらについては各章で詳述する。

## 3　ロシアにおける権力と法

　ロシアの法制の基本的な問題は，制度自体にあるのではない。それは法に対する考え方，理解そのものに由来する。ロシアでは，法は何らかの価値を反映したものとしてではなく，権力による単なる統治の手段とみなす考え方が伝統的にある。法は権力者の道具（instrument）であるから，権力者自らは法に拘束されない。一方，被治者からみればそれは権力により，時には恣意的に用いられる道具であるから，形式的に遵守すれば足り，機会があればそこから逸脱することに抵抗は少ない。道具は被治者にとっても，使い方によっては利益をもたらす。「道具」の濫用は，裁判制度にみられるように，上からも下からも生じうるのである。

　こうした法観念は，ロシアにおける帝政時代以来のロシア法の現実——法の用いられ方——を忠実に反映したものであった。ロシアでは，実質的法治国原理が定着したことはかつてなく，わずかに20世紀初頭に議論されたに止まった。現在のロシアも，憲法の規定にもかかわらず，いまだ法治国であるとは言い難い。もとより，通常の市民法関係では，法制度は多くの問題を抱えつつも，機能している。しかし，問題は，国家の利益，または権力中枢に近い企業や組織の利益が関わる場合にある。その顕著な例は，Yukos社事件とサハリンⅡ事件である。

　Yukosは，ロシアのいわゆるオリガルク（oligarch）——社会主義崩壊の過程で形成された新興財閥グループ——の一翼を担う石油企業であったが，プーチン政権と対立し，租税法違反を問われて多額の罰金を科せられ，破産に追い込まれた。破産手続は会社側に支払能力と意思があったにもかかわらず進行し，生産子会社が競売により，最終的に安価で政権に近い（loyar'nyi）企業の手に渡った。この事件では，Yukosへの海外の投資家が仲裁手続や訴訟手続に訴えた。それまでのYukosの経営行動は，コーポレート・ガバナンスの観点からみれば，決して「模範的」ではなかったが，租税法の遵守に関しては，他の同規模の企業と大同小異であった。しかし，租

税当局や裁判所のアプローチをみると，Yukos の解体・処分が当初からの目的であったと疑われてもやむを得ない。租税法は，Yukos に選択的に適用されて，その解体の手段とされたのである[16]。

　Yukos 事件は，1990 年代に経済力を背景に政治的影響力を強めた新興財閥と政権との対立を反映した事件で，ロシアでは「例外」であると受け止められるが，サハリンⅡ事件は，政治的対立にかかわりなく，純粋な経済的利益の配分をめぐる事件である[17]。サハリンⅡは，サハリン島における石油・ガス開発プロジェクトの1つであるが，サハリンⅠと異なり，ロシア企業は参加せず，Royal Dutch Shell と日本の企業2社が出資していた。これに対してロシアの Gazprom 社が権益への参加を求めたが，拒否された。もともとこのプロジェクトは，大幅なコスト超過により，ロシア政府の収益が圧迫される可能性が生じ，それに対するロシア政府の不満が高まっていたところであった。

　2006 年に，ロシアの環境当局は，サハリンⅡプロジェクトに対してロシアの環境当局は環境法違反を理由に査察を行い，プロジェクトの結果，サハリン島の環境が著しく汚染されたとして，多額の罰金と賠償義務を課する決定を行った。また，資源開発ライセンスの取消しなども取りざたされた。結局，3社は，妥協の途を選び，Gazprom には，権益の一部を譲渡した。この事件では，直前までサハリン島の環境被害について問題はないものとされていた。ここでも法――環境法――が Gazprom による権益取得の目的のために選択的に適用されたのである。「選択的」という意味は，法が平等に適用されず，特定の目的のために突出して適用されるということである。

　サハリンⅡがロシアで問題になった背景には，それまで石油・ガス等地下資源開発プロジェクトへの外国資本の参加に上限がなかったという事情がある。サハリンⅡは全額外資であったし，その後紛争化した，BP-TNK の英ロ合弁では，BP 社が 50％を保有していた。ロシア側は，その後の地下資

---

16) Yukos 事件に関する詳細な著作として，R.Sakwa, *The Quality of Freedom: Khodorkovsky, Putin and the Yukos Affair*, Oxford 2009.

17) 小田博「サハリンⅡとロシア環境法」『e-NEXI』2007 年 1 月号（http://www.nexi.go.jp/service/sv_syuppan/magazine/sv_e-nexi_backnumber_frame.html）。*Moscow Times*, "State Won Big in Sakhalin Buy", February 1, 2010. T.Krysiek, "Agreement from Another Era: PSA in Putin's Russia", Oxford Institute for Energy Studies, Working Paper 34, 2007.

源法などの改正で，外資参加の規制が導入され，rule of the game が明らかになったと説明する。言い換えれば，当時は正式な規制がなかったために，こうした手段が用いられたというのである。

　上記 2 つの事件では，法の選択的適用と相まって，組織的には，キャンペイン方式が用いられた。これは国家，または国家に密接な関係をもつ企業の利益にしたがった目的を達成するために，裁判所を含む国家機関——たとえば租税機関，環境保護機関，労働安全保護機関，反独占庁，警察など——が総動員される仕組みである。そこでは裁判所も国家組織の一部とみなされ，共通の目的を追求することが求められる。これは社会主義時代から広く用いられてきた方式であるが，現在でも継続しているのである[18]。

　2000 年代になってロシア法はひととおり整備され，少なくとも 1990 年代の混乱の時代は過去のものとなったと言える。しかし，いかに法制度が整備されても，政治権力による法の道具主義的・便宜主義的利用がある限り，法治国は成立しない。折に触れて現れる法に対する合目的性の優越や，企業など，法制度の利用者による法制度の濫用との実態をみる限り，ロシア法は西欧法に起源をもつとはいえ，脆弱な基盤の上に成り立っていると言える。

---

18) このような手法については，A.Heinrich, "Under the Kremlins Thumb: Does Increased State Control in the Russian Gas Sector Endaugen Europe Energy Security", *Europe-Asia Studies*, 2008 No.9, pp. 1549-1560.

# I　憲法体制

# 第 1 章 憲 法

## 1 ロシア憲法の歴史

　20世紀初頭に立憲主義運動の台頭をみるまで,「憲法」という概念は,ロシアには無縁のものとされていた。1890年代にサンクト・ペテルブルグで刊行された全80巻を超える『ブロックハウス百科事典』は,フランス憲法など,諸外国の憲法については詳細に論じたものの,「憲法」には以下のよう小項目を割いたに止まった[1]。

　　憲法——当該国家の国家体制の基本原理を定める基本法,または国家創設的法律。通常,この名称は,人民代議制を国家体制の基礎とする国の基本法に与えられる。

　ロシアで代議制議会が創設されたのは1906年のことであるから,まだこの当時は憲法という言葉はロシアでは用いる余地がなかったのである。「憲法」に相当する言葉は,「基本法（*osnovnye zakony*)」であった。
　19世紀初頭に,後に法令大全や法令全書を編纂したM.Speranskiiが,立憲主義的な憲法草案を起草して国務院（*gosudarstvenny sovet*）に提出したが,皇帝アレクサンダーⅠ世の受け入れるところとはならなかった。
　1832年に編纂された帝国法令全書の第1巻には,帝国の基本的な国家体制を定めた「基本法」が置かれた。基本法によれば,ロシア皇帝は,何ものにも制約されない至高の「専制権力」の主体であった[2]。
　19世紀末から,法律家を中心に法務省通報,週刊法律雑誌 *Pravo* などを

---

1) *Entsiklopedicheskii slovar'*, Tom xvi, St.Petersburg 1895, p. 87.
2) *Svod xakonov*, 1892 edition, Tom I.

通じて立憲主義思想が広がった。1905年には立憲民主党が設立された。1905年の第一革命の後，ニコライⅡ世は，10月宣言において自由主義勢力に対する譲歩として議会（*duma*）の開設をはじめとする立憲主義の確立，国民の権利の保障などの要求を受け入れた。1906年4月には，従来の基本法に代わる新たな基本法が制定された。

しかし，皇帝に10月宣言を忠実に履行する意思はなく，1906年基本法は，むしろこれを希釈したものであった。皇帝は至高の専制権力を行使するという1832年基本法の規定は維持され，さらに皇帝の身体は神聖不可侵であるいう規定が付け加えられたことでもこれは明らかである。その一方で，基本法は「ロシア帝国は，定められた手続により制定された法律の堅固な基礎の下に統治される」と定めた（第84条）。皇帝が発する行政命令も法律にしたがうものとされた。その限りで，皇帝はもはや無制約の権力を行使する絶対君主ではなくなったのである。

基本法には，またプロイセンの1850年憲法に範をとったと思われる，法律の留保を伴う（すなわち法律が定める枠内における）「臣民の権利」を保障する諸規定が置かれた。たとえば表現の自由は，「法律の範囲内」で保障されたが，これは当時の厳格な検閲制度と矛盾するものとはされなかった。

1906年基本法に「憲法」ではなく，基本法という名称が用いられたのは，立憲主義的色彩を避けるためであったと思われる。1905年革命とロシア自由主義を論じたマックス・ウェーバーは，新基本法下の体制を「見せかけの立憲主義（*Scheinkonstitutionalismus*）」と位置づけた[3]。その一方で，基本法の限界を意識しつつ，これを「ロシア最初の憲法」と評価する立憲主義法律家もみられた[4]。

1917年の2月革命により設立された臨時政府は，憲法制定会議の招集を決定した。憲法制定は立憲民主党や社会革命党の主張であって，ボリシェヴィキの政策ではなかった。憲法制定会議選挙――これはロシアで初めての普通選挙であった――が行われたのは，10月革命により，ボリシェヴィキ政権が成立した後，1917年11月のことであった。その結果，社会革命党が過

---

[3] ウェーバーのロシア1905年革命論については，林道義訳『ロシア革命論』（福村出版，1969年）参照。

[4] N.I.Lazarevskii, *Russkoe gosudarstvennoe pravo*, St.Petersburg 1913, p. 196.

半数を占め，ボリシェヴィキは4分の1を下回る議席を得たにすぎなかった。憲法制定会議は実際に1918年1月に開催されたが，1週間を経ずしてボリシェヴィキが主導する第3回全ロシア・ソビエト大会の決議により解散された[5]。

　10月革命後初めての憲法は，憲法制定会議解散の後，1918年7月に第5回全ロシア・ソビエト大会において「ロシア社会主義連邦共和国憲法（基本法）」として採択された。この憲法は，ソビエト制を基礎とする国家体制を定めるとともに，その第1部に同年の初めに採択された「労働者，および被搾取人民の権利宣言」を置いた。しかし，この憲法は，ロシア立憲主義運動の過程で思い描かれた憲法像とは大きく異なるものであった。革命によって獲得された人民の権力は，何ものにも制約されないプロレタリアート独裁の権力であって，立憲主義的制約とは無縁であった。プロレタリアートが権力を獲得した以上，国民を権力の恣意から擁護することは無意味であると考えられたのである[6]。この憲法が，臨時政府以来の経緯から「憲法」と名付けられたものの，括弧書きで「基本法」と付け足されていることにもこれは表れている。「搾取階級，聖職者，旧官吏等」の権利はもとより保護されず，選挙権すら認められなかった。実際にも，内戦の過程では，全ロシア非常委員会（vecheka）が裁判手続によらずに「反革命分子」を拘禁・処刑することが常態化した[7]。立憲民主党，社会革命党は相次いで非合法化され，1921年までには共産党（ボリシェヴィキ）の一党独裁制が確立された。

　そもそもボリシェヴィキの国家観によれば，社会主義の下で国家と法は，死滅の道を辿るものとされ，国家の基本的な規範としての憲法の重要性はおよそ認識されていなかった。憲法が，「現実に作用する文書として存続するとは殆ど予期されていなかった」のである[8]。それよりも共産党規約の改正に焦点があてられた。

　内戦が終了した後，1922年にソビエト連邦が成立し，1924年にソビエト連邦憲法（基本法）が制定された。この憲法は，連邦体制の基本構造を定め

---

[5]　E.H. カー（原田他訳）『ボリシェヴィキ革命　1』（みすず書房，1967年）92-127頁。
[6]　森下敏男『ソビエト憲法理論の研究』（創文社，1984年）136-141，172頁。
[7]　G.Bordyugov, "The Policy and Regime of Extraordinary Measures in Russian under Lenin and Stalin", *Europe-Asia Studies*, 1995 No.4, pp. 615-621.
[8]　カー，前掲書，108頁。

るに止まり，権利規定は置かれなかった。

　スターリンが共産党内の反対派を一掃し，その独裁体制を確立した後，1936年に，「社会主義の勝利」を反映したソビエト連邦憲法（基本法）が制定された。この憲法は，スターリンが起草委員会の委員長を務めたこともあって，「スターリン憲法」とも呼ばれる。この憲法は，「プロレタリアート独裁」を国家の政治的基礎と宣言した。連邦の最高機関は，形式上は代議制の機関である連邦最高ソビエトであったが，その一方で「労働組合，協同組合，青年組織などの公的組織に団結する権利」に関する第126条は，「労働者階級，その他労働者の集団に属するもっとも活動的で政治的意識が高い市民は，社会制度を強化・発展させる闘争における労働者の前衛であり，労働者の国家組織のすべての中核であるソビエト連邦共産党（ボリシェヴィキ）に団結する」と定めた。この規定は，一方では共産党以外の政党を認めない，複数政党制の否定を宣言すると同時に，共産党が国家組織等の「中核」として，代議制機関である連邦最高ソビエトなどの国家機関に代わって国家権力を行使することを明確にしたものである。

　1936年憲法には，国家体制に関する規定に止まらず，「市民の基本的な権利と義務」と題する章があり，言論・出版の自由や集会の自由，人身の自由などが定められていた。しかし，1936年という年は，スターリンによる共産党の独裁体制が完成してからすでに久しく，スターリンによるテロルが最高潮に達した時期であり，この憲法の規定はほとんど空文に等しかった。そもそも自由権の規定自体，「労働者の利益に即して，かつ社会主義制度を強化するために」保障されるものとされ，国家権力の恣意を抑制するという発想とは無縁であり，権利保障のために実質的な意義をもたなかった。

　連邦憲法の改正は，第二次世界大戦後，1946年に試みられたが挫折し，1956年の第20回全連邦共産党大会におけるフルシチョフによるスターリン個人崇拝批判の後，1962年に再開された。さらに15年を経て，1977年にブレジネフ政権の下で，「成熟した社会主義の時代」に対応するソビエト連邦憲法（基本法）が新たに制定された。1977年憲法は，ソビエト連邦がもはや階級国家ではないとして，1936年憲法で用いられたプロレタリアート独裁の概念を放棄し，ソビエト連邦を「全人民国家」であると宣言した。しかし，この憲法は，その体裁の変化にかかわらず，共産党の一党独裁体制をはじめ，

形骸化された代表制民主主義など，政治体制の基本を変更するものではなかった。

1977年憲法第6条によれば，「ソビエト社会の指導的勢力で，国家機関や社会組織の中核であるのはソビエト連邦共産党である」。共産党は，「マルクス・レーニン主義によって武装し，ソビエト連邦の社会の発展の一般的な方向，および内政・外交政策の方向を決定する」。

1986年以降，ペレストロイカの進展とともに，1977年憲法にも大きな変化がもたらされた。1988年には新たな代議制機関としてソビエト連邦人民代議員大会が設置され，人民代議員大会が，常設立法機関としての最高ソビエト議員を選出するという二層制が導入された。同時に選挙制度の改革（従来は1つの選挙区に1人の候補者しか認められなかった）が行われ，共産党以外の候補者も認める複数候補制が導入された。1989年の連邦憲法改正は，こうした変化を反映したものであった。同様の制度は，ロシア共和国でも採用された。さらに1990年3月の連邦憲法改正により，共産党の指導的役割を定めた第6条が連邦憲法から削除され，共産党指導部による独裁に終止符がうたれた。

ソビエト連邦は，15の連邦構成共和国から構成されていた。各共和国にはそれぞれ憲法があり，刑法典や民法典も制定されていた。しかし共和国の憲法や法典は，ほとんど連邦憲法や法律の忠実なコピーであった。連邦制は虚構にすぎず，ソビエト連邦は，実際にはきわめて中央集権的な国家であった。ペレストロイカの過程で，この15の連邦構成共和国の多くは，主権宣言を行い，ソビエト連邦からの離脱の意思を表明した。リトアニアとエストニアに続き，ロシア共和国も，1990年6月12日に「国家主権宣言」を採択した。この宣言には政治的多元主義など，多くの新しい原則が含まれ，またロシア共和国法のソビエト連邦法に対する優越も宣明された。他の共和国もこれに続き，1922年の連邦条約を改正して各共和国の緩い連合により連邦を維持しようとする連邦政府の試みも不首尾に終わった。1991年12月にミンスクで行われたロシア，ウクライナ，ベラルスの首脳会談の結果，ソビエト社会主義連邦共和国は崩壊した。

連邦の崩壊とともに，連邦憲法も効力を失ったが，1978年のロシア社会主義共和国憲法は，1980年代末から多くの改正を経て1993年のロシア連邦

憲法制定までなお数年間効力を保った。しかし,社会主義崩壊後の新体制に対応した,新たな憲法制定の必要性は明らかであった。1990年6月の全人民代議員大会は,憲法制定委員会を設置した。委員会は,1990年中に最初の草案を起草した。この草案に不満であった当時のエリツィン大統領は,新たに憲法会議を設置し,1993年4月に公表した大統領案にもとづいた憲法草案を同年7月に承認させた。こうして憲法委員会と憲法会議とが並行して憲法草案起草作業を続けた。

　両者の相異は,主として大統領の地位と権限にあった。大統領が広範な大統領権限にもとづいて急進的な改革を目指したのに対して,人民代議員大会は,漸進的な立場をとり,大統領権限を議会により抑制しようとしたのである[9]。

　議会と大統領の対立は1993年秋に頂点に達した。9月21日に大統領は,「ロシア連邦における段階的憲法改革」と題する大統領令にもとづいて人民代議員大会を解散し,新たな議会の成立まで,代議制機関の権限は大統領が行使するものとした。前年に設立された憲法裁判所は,この大統領を1978年憲法に照らして違憲とし,これが大統領罷免の根拠になると認めた。これに対して大統領は憲法裁判所の権限を停止した。ある憲法学者によれば,「大統領は,政治的紛争の解決において,憲法の枠組み,法の枠組みから逸脱した」のである。この直後に保守派によるクーデターが発生し,これを制圧した大統領が全権を掌握する結果になった[10]。

　大統領は憲法会議が起草した憲法草案を12月12日に全人民投票（レファレンダム）に付し,投票率54.8％で58.4％の賛成票を得て憲法は採択された。これが現行のロシア連邦憲法である。現行憲法は,このように,政治的混乱期に正規の憲法改正手続を踏まずに,全人民投票によりかろうじて正統性を付与されたのである[11]。なお,社会主義体制下の憲法と異なり,この憲法には「基本法」という括弧書きは付されなかった。そこには当時の立憲主義

---

9) S.Beliaev, "The Evolution in the Constitutional Debates in Russia in 1992-1993: A Comparative Review", *Europe-Asia Studies*, 1994 No.3, pp. 309-313.
10) V.A.Vinogradov et al. eds., *Konstitutsionnoe pravo Rossii*, 2nd edition, Moscow 2011, p. 71.
11) この過程については憲法裁判所初代長官であったBaglaiの著作参照。M.V.Baglai, *Konstitutsionnoe pravo Rossiiskoi Federatsii*, 5th edition, Moscow 2005, pp. 89-102.

への志向がみられる。

1993年憲法は，2008年に初めて改正が行われるまで，一度も改正を受けなかった。この間の議会制度，選挙制度や地方制度の大きな変革を考えれば，これは奇異なことであり，憲法によって規律されるべき国家体制の基本的事項が必ずしも憲法に定められていないことの証左であると言える[12]。

憲法は，第1部と第2部から構成されるが，第2部は，過渡的規定と最終規定が置かれているにすぎない。第1部は，憲法体制の基礎，人ならびに国民の権利と自由，連邦制度，連邦大統領，連邦議会，連邦政府，裁判制度，そして地方自治の8章に分かれる。

第1章「憲法体制の基礎」は，憲法の基本原則を定める。憲法第1条は，国家形態に関して，ロシア連邦（ロシア）を「共和制をとる民主的・連邦的・法治国家」と規定する。また，第7条は，ロシア連邦は，その政策が，人の尊厳ある生活と自由な発展を保障する条件の創設に向けられた，社会的国家であるとも規定する。

これらの憲法の基本原則は，いずれも社会主義憲法の原則とは異なるが，民主主義体制の下では当然のことであり，ロシア憲法が原理的なレベルでは社会主義と訣別したことを示している。しかし，一国の体制変革は，憲法制定のみによって成し遂げられるものではない。実際にこれらの原則がどの程度実効性をもって妥当しているかは，本書の各章で検討することにしたい。

## 2　憲法の基本原則

### 2.1　憲法の最高法規性

ロシア連邦憲法は，最高の法的効力をもつ。ロシア連邦で採択された法律，その他の法的アクトは，ロシア連邦憲法に抵触してはならない（第15条1項）。ロシア連邦を構成する共和国，地方，州などの連邦構成主体はその権限内において法律その他の法的アクトを制定することができるが，これらは連邦法に反してはならない（第76条5項）。1977年の連邦憲法にも同様の規定があったが，その実効的保障は，独立性が欠如した最高ソビエト幹部会に

---

[12]　H.Oversloot', "Reordering the State（without Changing the Constitution）: Russia under Putin's Rule, 2000-2008", *Review of Central and East European law*, 2007, pp. 46-61.

委ねられていた。これに対して現行憲法の下では憲法の最高法規性は，憲法裁判制度によって保障されている。

　憲法の規定は直接的効力を与えられている。社会主義体制の下では，憲法の規定は，裁判，ならびに行政において直接に適用されることを予定されず，法律の制定をまってはじめて適用された。たとえば基本権に関する憲法の規定も，これに直接もとづいて裁判上の保護を受けることはできなかった。このような制度の下では，法律次第で憲法の保障は空文化される。実際にも社会主義憲法の規定は宣言的な性質をもつに止まった[13]。これに対して，現行憲法は，直接的効力を定める（第15条1項）。すなわち，憲法の規定は，それを具体化する法律の規定をまたずに，直接，具体的な事件の裁判，あるいは行政実務において，また行政立法の制定の際に適用されるのである。

## 2.2　国民主権

　ロシアは民主制国家であり，「その主権の担い手，および権力の唯一の源泉は，多民族からなる国民である」（第3条1項）。国民は，その権力を直接に，または国家権力機関，ないしは地方権力機関を介して行使する（同条2項）。国民主権の最高かつ直接的な反映は，レファレンダムと自由選挙である（同条3項）。レファレンダムの結果は法律と同様の拘束力をもつ[14]。

　憲法は，ロシア国民は国の政治に直接に，またはその代表を通じて参加する権利をもつと定める。国民は国家権力機関の構成員を選出し，または選出される権利をもつ（第32条1項，2項）。連邦レベルでは，代議制機関として二院制の連邦会議（議会）が置かれ，下院議員は選挙で選ばれる。もっとも，代議制が国民の意思を反映するように構成されているか，また実際の選挙制度がどの程度民主的であるかについては，後に述べるように，疑問の余地がある。

　民主制国家は複数政党制を前提とするが，社会主義時代には，共産党以外の政党は認められなかった。1989年の改正連邦憲法は，「すべての政党は，憲法と法律の枠内で活動する」という，複数政党制を予定する規定を初めて

---

[13]　F.J.M.Feldbrugge, *Russian Law: the End of the Soviet System and the Role of Law*, Dordrecht 1993, pp. 214-226.
[14]　レファレンダムについては，2004年6月28日　連邦憲法的法律　FKZ-5.

導入した。現行憲法は，これを明確にし，「ロシア連邦においては政治的多様性と複数政党制が認められる」と定めた（第13条3項）。

## 2.3 権力分立制

社会主義の下では，国家権力は一体不可分のものであり，権力分立は「ブルジョア理論」とされたが，現行憲法は権力分立制を基礎としている。「ロシア連邦の国家権力は，立法，執行，および司法権の分立を基礎として行使される。立法機関，執行機関，および司法機関は独立である。」（第10条）。

大統領の地位については，憲法制定時に対立があった。1989年に改正された1978年憲法では，大統領は執行機関の長と位置づけられたが，現憲法制定時に大統領が提出した憲法草案では，大統領は，元首として，すべての国家機関の機能と協働を調整する役割を果たすものとされ，これが現行憲法の規定となった。しかし，現在では，強大な大統領権力の下での「権力の垂直的統合」により，権力分立が実際に機能しているかは疑問である[15]。

## 2.4 法治国原理

憲法は，ロシアを法治国家（*pravoe gosudarstvo*）と位置づけた（第1条）。ロシアでは，法治国原理は19世紀前半にドイツから紹介されたが，その実現が日程に上ったのは1905年以降のことである。10月革命後は，法治国原理は「ブルジョア・イデオロギー」として排斥され，「革命的合法性（後には社会主義的合法性）」の原理にとって代わられた。これは単に政治的独裁を強化する「規律」を意味する概念であり，民主的に選挙された代議制機関が制定した法により，国家権力を抑制するという法治国概念とはまったく異質のものであった。自由な選挙制度が存在せず，「選挙された」代議制機関も完全に形骸化し，また裁判所の独立もない社会主義体制は，法治国とは無縁であった[16]。

こうした状況に変化が生じたのは，ペレストロイカの時代においてである。

---

15) Iu.A.Nisnevich, *Gosudarstvennaia vlast' sovremennoi Rossii*, Moscow 2008, pp. 453-466.

16) ロシアにおける法治国理論の歴史に関する包括的研究としては，H.Oda, "The Emergence of Pravovoe Gosudarstvo in Russia", *Review of Central and Eastern Euroean Law*, 1999 No.3, p. 373ff.

1987年以降，共産党機関紙上で「社会主義的法治国」が議論されるようになり，1988年の第19回ソビエト連邦共産党協議会では，「法律の至上性」を中核とする「社会主義的法治国」の創設が承認された。これを契機に代議制機関の改革と司法改革が行われた。

現行憲法の下で，法治国の構成要素としては，（ⅰ）法律の至上性，（ⅱ）法の支配，（ⅲ）基本権の至上性，（ⅳ）裁判所の独立，（ⅴ）国際法の優位などがあげられる。ある憲法学者によれば，「法治国とは，民主的国家であって，人の権利と自由が定められ，かつ保障され，それらが法律の至上性と法の支配によって担保されている国家である」[17]。

しかし，法治国の建設が熱心に議論されたのは1990年代前半までのことであり，2000年代のプーチン政権下の8年間，そして政権3期目の現在，法治国への言及は，ほとんどみられない。むしろプーチン大統領が希求する「権力の垂直的統合」は，「国家資本主義」と「家父長的政府」を特徴とする体制であり，中央集権的な「社会主義的合法性―社会主義的規律」の系譜に連なると思われる。

### 2.5 人権の至上価値の原則

憲法によれば，人，およびその権利，ならびに自由は，最高の価値を与えられる。人，および国民の権利，および自由の承認，遵守と擁護は国家の義務である（第2条）。

ロシアの歴史，とりわけ社会主義ロシアの歴史において国家権力により個人の権利や自由が踏みにじられてきたことは，スターリン時代のテロルの例を引くまでもない。こうした事実は，ペレストロイカの時代にようやく公式に認められた。現行憲法では，従来の基本権・自由の「物質的（制度的）保障」に代えて，国家権力から国民の権利・自由を保護するための広範な規定が置かれている。しかし，後述のように，これらの権利や自由の保障は，現在でも必ずしも実効性を伴っていない。

---

[17] B.S.Ebzeev and A.Prudnikov eds., *Konstitutsionnoe pravo Rossii*, 5th edition, Moscow 2012, pp. 111–114. Baglai, *supra*, pp. 120–124.

## 2.6 経済活動の自由

社会主義の崩壊とともに，ロシアは計画経済から市場経済に移行したが，憲法は，市場経済の原則を反映している。まず，経済活動の自由が保障されている。これは「生産手段の国家的所有」の原則の下に，個人の事業活動が許されず，「不労所得」の獲得が刑事罰の対象にすらなった社会主義時代とは大きく異なる。また，ロシア連邦は，EU共通市場にならって単一の経済領域とされ，商品，役務，資金の自由な移動も保障される（第8条1項）。

重要であるのは，所有権に関する規定である。ロシア連邦では，私的所有，国家的所有，公的（municipal）所有，その他の所有形態が認められ，かつ平等に保護される（第8条2項）。土地，その他の天然資源は，私的所有，国家的所有，公的所有，その他の所有形態に属することができる（第9条2項）。社会主義体制下における国家的所有の優越と生産手段国有の原則は，放棄されたのである。

しかし，2000年代になって，経済活動に対する国家の介入は，拡大の傾向がある。国営企業の民営化が停滞する一方，エネルギー産業に対する国家の関与は高まり，また，国営公社（state corporation）が金融や原子力の分野で設立された。また，Yukos事件のように，特定の企業に対して租税法などが選択的に適用され，企業が解体に至る例もみられる[18]。

## 2.7 国際主義

一般に承認された国際法の原則，および規範は，ロシア連邦において，法制度の構成部分をなす（第15条4項）。ロシア連邦が当事者である条約に法律と異なった規定がある場合には，国際条約の規定が適用される（同条）。また，人，および国民の権利と自由は，憲法のみならず，一般に認められた国際法の原則と規範により承認され，保障される（第17条1項）。

---

18) A.Yakovlev, "The Evolution of Business-state Interaction in Russia: From State Capture to Business Capture?", *Europe-Asia Studies*, 2006 No.7, p. 1033ff.

## 3 基本権の保障

　社会主義体制の下では，権力は労働者・農民（後には全人民）が行使するものであり，みずからの権力を憲法によって抑制する必要性は認められなかった。これはすでに1918年憲法に表れており，「基本権不要論」も主張された[19]。1977年のソビエト連邦憲法は，ソビエト連邦において階級対立は克服され，国家権力は，「全人民」に帰属するに至ったと宣言した。1980年に出版された，当時の代表的な「国家と法」専門家達（憲法という学問分野はなかった）による「ソビエト連邦における個人の憲法的地位」は，以下のように説明した。

> 社会的利益と個人的利益の同一性は，憲法に定められたソビエト市民の権利，自由，および義務の内容の基礎を構成する。社会主義の下に存在する社会的利益と個人的利益の同一性は，国民の権利，自由，ならびに義務の一体性を形成する。達成された成熟した社会主義の段階では，社会と個人，ソビエト国家と国民の利益の調和は，一層の強化と深化を不可避のものとする[20]。

　統治者と被治者が同一であり，国家と個人の利益が調和しているとすれば，民主的に制定された憲法によって国家権力の恣意を抑制するという考え方は成り立たない。したがって基本権の保障の在り方も社会主義憲法に特有の形をとった。
　第一に，労働に対する権利，休息の権利，健康に対する権利など，社会・経済的権利が強調される一方，自由権，とくに政治的な自由に関する規定は限られていた。1977年のソビエト連邦憲法の基本権規定は，第Ⅱ部「国家と個人」の中に置かれ，労働の権利，休息の権利，健康保護の権利などがまず規定され，政治的な自由・権利については数ヶ条が置かれたにとどまった。

---

19) 森下前掲書。
20) N.V.Vitruk et al. eds., *Konstitutsionnyi status lichnosti v SSSR*, Moscow 1980, pp. 28-29.

第二に，自由権は，無条件で保障されたわけではなかった。たとえば1977年憲法は，「人民の利益と社会主義体制の強化と発展のために」，言論，出版，集会，および集団行進の自由を保障する旨定めた（第50条）。この条件に適合しない自由権の行使は，憲法上の保護を受けない。そして共産党の一党独裁の下では，何が人民の利益に適合するかの判断権は，一握りの共産党幹部に独占された。たとえば憲法が保障する言論・出版の自由は，広範な検閲制度の存在により，無きに均しかった。共産党が関与しない「自由労働組合」の設立は，反体制活動として弾圧された。
　第三に，これらの政治的自由はもっぱら「物質的に」，すなわち「労働者，および労働者の組織に印刷所，用紙，公共の施設，道路，広範な情報の頒布，出版，テレビ・ラジオ利用の可能性により保障される」。第四に，憲法の規定に，「直接的効力」がなく，法律の規定によりはじめて実現される制度の下では，法律や行政立法により，基本権はいかようにも制限可能であった。実際には，権利や自由を具体的に保障する法律はほとんど存在せず，憲法の権利規定は，空文化していた。その反面，言論・出版の自由を著しく制限する検閲制度は，法律の根拠すらもたず，非公開の行政規則により運用された。第五に，社会主義憲法では，権利・自由は義務と一体とされ，個々の権利・自由に対応して義務が定められていた。たとえば勤労の権利と義務は表裏一体であった。
　これに対して現行の1993年憲法の規定の仕方は異なる。基本権に関する章は，憲法体制の基礎に関する第1章に続く位置を与えられ，政治的自由から始まる48ヶ条から構成される。冒頭の規定は以下のように定める。

　　人，および国民の権利，および自由は一般に認められた国際法の原則，規範，およびこの憲法にしたがって承認され，かつ保障される。
　　人の基本的な権利と自由は一身専属であり，その出生とともに人に帰属する（第17条1項，2項）。

　憲法の規定では，「人」の権利・自由と「国民」の権利・自由が区別されている。前者は「自然法にもとづき」，国籍を問わず何人にも認められ，後者は「実定法にもとづき」，ロシア国民にのみ保障される[21]。国籍を要件と

する「国民の権利」は,集会の権利(第31条),参政権(第32条),請願権(第33条),および土地所有の権利(第36条)である。

憲法は,人,および国民の権利・自由は直接的効力を有すると定める(第18条)。人,および国民の権利・自由は,法律の意味,内容,および適用,ならびに立法,執行権力,および地方自治機関の活動を規律し,裁判により保障される(同条)。憲法の人権規定は,法律の解釈・適用のみならず,立法活動をも拘束するのであり,この規定から,論理的には,人,および国民の権利・自由を侵害する法律の制定は許されない。すなわち「ロシア連邦においては,人,および国民の権利・自由を毀損し,または制限する法律は制定されてはならない」(第55条2項)のが原則である。

しかし,憲法に定められた権利や自由は,無制約ではない。一般的な制約として,「人,および国民の権利・自由は,憲法体制の基礎,倫理,他人の健康,権利,および法的利益の擁護,国防と国家安全保障の確保のために必要な限りにおいてのみ,連邦法により制約されることができる」(第55条3項)。権利・自由の「例外的制約」としては,これらの事由はかなり広範であるようにも思われる。しかし,ロシアが1998年に批准したヨーロッパ人権条約は,たとえば思想,良心,宗教の自由や表現の自由に関して,法律にもとづく「国家安全保障,公共の安全,国の経済的な利益(well-being)の保護,無秩序,または犯罪の防止,健康,および倫理の保護,他人の権利,および自由のために民主主義社会において必要な制約」を課することを認めている。一方,国際連合人権規約は,権利・自由の制限理由として,他人の権利・自由の尊重とともに,民主主義社会における倫理,公序,一般的な福祉をあげている。これらの条約は,多数の加盟国を獲得すべく,例外規定を広く認める傾向はあるが,それに比べて,ロシア憲法の制限自体は,過度に広範であるとまでは言えない。問題は,個々の法律が,憲法上保障されている基本権に抵触していないか,またはこれらを過度に制限していないかという点にある。

基本権保障の憲法上の例外は,非常事態である。憲法は,非常事態の際の権利・自由の制限の可能性について規定する。非常事態は,(i)憲法体制

---

21) Baglai, *supra*, p. 169.

の暴力的転覆，権力簒奪，大衆騒乱，テロ行為，重要な目的物や地域の占拠等，または（ⅱ）自然災害・事故による環境の非常状況などの場合に大統領令により導入される。非常事態の場合には，国民の安全の確保，憲法体制の擁護のために，憲法的法律にしたがって，権利・自由を制限することができる。ただし，制限の範囲と期間を示すことが必要である（第56条1項）。非常事態については，非常事態に関する連邦憲法的法律がある[22]。非常事態下においては，地方政府の権限の停止，移動の自由の制限，一定の種類の財政的・経済的活動の制限，基本物資の取引の特別なレジームの導入，集会・行進等の禁止，または制限，ストライキの禁止，交通手段の運行の停止や検査などの措置がとられ得る。これに加えて，（ⅰ）の場合には，外出禁止，出版その他大衆伝達手段の自由の制限と事前検閲，出版・放送等の一時的停止，政党など社会組織の活動停止などの措置をとることができる。非常事態体制は，警察，内務省部隊，治安部隊によって維持されるが，例外的な場合には，軍隊も動員される。

　非常事態を導入する大統領令は，その公布後72時間以内に連邦院（上院）により承認されなければならない。この点で，議会の統制があるようにもみえるが，現在では上院議員の半数は大統領によって選任される各地方の首長が指名するものであるから，これが大統領権限に対する有効な統制になっているかどうかは疑わしい。

　また，憲法には具体的な規定はないが，戒厳令の制度がある。これについては，2002年に連邦憲法的法律が制定された[23]。戒厳令は，ロシア連邦またはその一部への侵略，または侵略の直接の危険が生じた場合に導入される特別な法的レジームであり，ロシア国民のみならず外国人の権利・自由，企業や組織の活動が「国防と国家安全保障のために必要な限り」，広範に制限されるとともに，財産の徴発や国民の国防任務への動員なども行われる。戒厳令は，大統領令により導入されるが，大統領令は48時間以内に上院により審議され，その承認を得ることが必要である。

---

22）　2001年5月30日　連邦憲法的法律　FKZ-3．
23）　2002年1月30日　連邦憲法的法律　FKZ-1．

## 4 個別の基本権，および自由

### 4.1 概　観

憲法の「人，および国民の権利と自由」の章が定める権利，および自由は，以下のとおりである。

(1) 個人の権利と自由
▶裁判所の前の平等・両性の平等・差別の禁止（第 19 条）
▶生命に対する権利・例外的措置としての死刑制度（第 20 条）
▶人格の尊厳に対する権利・拷問・暴力的扱いや人格を貶める刑罰，過酷な刑罰の禁止（第 21 条）
▶自由と人格の不可侵・裁判手続のみによる逮捕・拘禁（第 22 条）
▶私生活の不可侵，個人および家族の秘密に対する権利，名誉，および名声に対する権利，通信の秘密に対する権利（第 23 条）
▶個人の同意なき私生活に関する情報の収集，保持，利用，または流布の禁止（第 24 条）
▶住居の不可侵（第 25 条）
▶自己の民族帰属決定権・表示権・民族言語を使用する権利（第 26 条）
▶ロシア連邦に合法的に滞在する者の移動の自由，ロシア国民の国外移住，帰還の自由（第 27 条）
▶良心の自由・信条の自由（第 28 条）

(2) 政治的権利と自由
▶思想・言論の自由，自己の意見や信念を表明しない自由，これらを放棄することを強制されない自由，合法的な手段による情報の収集，受領，伝達，流布等の自由（第 29 条）
▶団結権・社会団体の活動の自由（第 30 条）
▶平和的集会・行進等の自由（第 31 条）
▶直接・間接の参政権，公務員を選任し，または公務員になる権利，司法参加の権利（第 32 条）

▶請願権（第33条）

(3) 経済的・社会的・文化的な権利
▶自由な事業活動，その他の活動の権利（第34条）
▶法律による私的財産の保護・相続の自由・財産収用の手続と補償（第35条）
▶土地所有の権利・土地その他の天然資源の占有，利用，処分の権利（第36条）
▶勤労の自由・職業選択の自由・休息の権利・強制労働の禁止（第37条）
▶母性，子，家族に対する国家的保護，子を育て，教育する権利と義務，18歳以上の労働能力ある子による，労働労力がない両親を扶養する義務（第37条）
▶社会保障に対する権利（第39条）
▶住宅に対する権利（第40条）
▶健康に対する権利・医療補助に対する権利（第41条）
▶好適な環境に対する権利・環境の状態に関する情報を取得する権利・環境被害に対する賠償を受ける権利（第42条）
▶教育を受ける権利（第43条）
▶文学，芸術，科学，技術，その他の創造・教育の自由（第44条）

(4) 裁判を受ける権利・刑事手続上の権利，その他
▶権利と自由の裁判による保護を受ける権利・行政処分等に対する裁判所への異議申立権（第46条）
▶陪審裁判を受ける権利（第47条）
▶弁護士の補助を受ける権利（第48条）
▶無罪の推定（第49条）
▶二重の危険の禁止・違法収集証拠の排除・上訴の権利（第50条）
▶自己，または家族に対する不利益証言拒否権（第51条）
▶国家権力による犯罪，権限濫用に対する被害者の権利（第52条）
▶国家賠償請求権（第53条）

このように現行憲法は，社会主義憲法と大きく異なり，権利と自由に関する広範な規定をもつ。しかし，憲法上，これらの権利や自由に対する国家や社会の利益にもとづく制約は，非常事態や戒厳令の場合を含めて，確実に存在する。たとえば，結社の自由について，憲法は，その目的と活動が，憲法体制の基礎の暴力的な変更や国家の一体性の侵害，国家安全保障の破壊，武装集団の組織，社会的，人種的，民族的，および宗教的な嫌悪の醸成に向けられた社会組織の設立と活動は禁止される（第13条5項）。

また，憲法上の制約もさることながら，政治的権利・自由に関しては，個別の法律のレベル，およびその実行のレベルでさまざまな制約がある。以下，言論・出版の自由，団結・結社の自由，および集会の自由を例に検討する。

### 4.2　言論・出版の自由

何人も思想と言論の自由を保障される（第29条1項）。社会主義憲法と異なり，この規定自体には目的による制約がなく，保障も物質的保障に限られているわけではない。もっとも，「社会的，人種的，民族的嫌悪，または敵対を惹起するプロパガンダや扇動」は禁止される（同条2項）。

マスメディア（*sredstvo massovo's informatsii*）[24]の自由は保障され，検閲は禁止される（同条5項）。社会主義時代に存在した厳格な検閲制度は，廃止された。

ペレストロイカの時代や社会主義崩壊当初は自由な報道・言論が横溢したが，現在，政治的報道の自由，体制批判の自由が実際にどの程度実現されているかについては，疑問が呈されている。これは1990年代に制定された言論・表現の自由に関する一連の法律に起因するところが大きいが，2000年代になって，「反テロリズム」や「反過激活動」の旗印のもとで，こうした自由が一層制限されるようになった。

報道の自由に関しては，体制転換のごく初期の1991年に「マスメディアに関する法律」が制定された[25]。この法律は，冒頭にマスメディアの自由を宣言するが，一方，その濫用を禁止する。

---

24)　*sredstvo massovoi informatsii*（SMI）は，通常，大衆情報伝達手段（マスメディア）を意味する。
25)　1991年12月27日　連邦法　FZ 2124-1．

大衆情報伝達手段を可罰的行為，ならびに国家機密，その他法律により保護される秘密の漏洩，ないしはテロ行為の公然たる呼びかけを内容とし，またはテロ行為その他の過激な行為を公然と正当化する文書，ポルノグラフィー，暴力や残酷さの崇拝を宣伝する文書の頒布のために用いることは許されない（第4条）。

同様に，ジャーナリストの権利は保障されるが，その濫用は許されない。違反に対しては，刑事罰・行政罰が科せられる。また，報道・出版機関の経営者，出版者，編集者，販売者等もこの法律の違反に対して責任を問われる（第51条，56条，59条）。

2002年には，チェチェン紛争の激化をうけて反過激活動法が制定され，その後の改正を経て，言論・報道の自由に対する規制が強化された。この法律による禁止行為の範囲が広範かつ不明確であることは，ロシアの憲法学者も指摘しており，また国連人権委員会の報告でも批判されている[26]。ロシアには，後述の人権問題に関する全権代表という公式の制度があるが，その2008年の報告は，以下のように述べる。

　　法擁護機関（警察や保安機関をさす）は，時に，国家やその公務員，その政策を批判するどのような文書にも過激行為の徴表を見出す傾向がある[27]。

政府に対して批判的な報道により，上記の「濫用」規定や反過激行為法が適用され，ジャーナリストなどが刑事責任を追及された例は少なくない[28]。人権問題に関する全権代表は次のような例を報告している。

　　ノヴォロッシースクの検事局は，「自由は与えられるものではなく，勝ち取るものである」というデモ行進時のプラカードを過激行為とみなし，

---

[26] 国際連合人権委員会最終意見 2009年11月24日（http://daccess-dds-ny.un.org/doc/UNDOC/GEN/G09/465/50/PDF/G0946550.pdf?OpenElement）. A.V.Sigarev, "Konstitutsionno-pravovye aspekty protivodeistviia ekstremizmu", *Rossiiskaia Iustitsiia*, 2011 No.3, pp. 62-64.
[27] Sigarev, *ibid*., p. 63.
[28] 前掲国際連合人権委員会最終意見。

訴追した。裁判では 2 人の鑑定人がこれを過激行為と認めたが，裁判所は結局これを認めなかった[29]。

また，刑事裁判統計をみると，たとえば 2013 年には，全国で過激活動，過激感情の醸成，団体の組織により処罰された事件が 309 件ある。これは犯罪集団（449 件）とは異なる団体を対象とする行為である（「第 20 章 刑法と刑事手続法」参照）。また，普通裁判所の民事事件でも，団体の解散命令の数が著しく多い。

ペレストロイカの時代から活動してきたロシアのジャーナリストは，「1990 年代半ばからメディアは真の独立性を失い，急速に権力エリートと権力と密着した企業の便利な道具と化した」と指摘する。「報道は，プロパガンダとエンターテインメントを兼ね合わせてますます原始的になり，真剣な分析は脇に押しやられ，自由な声はほとんど聞かれない」と言われる[30]。これは検閲制度が復活したということではなく，むしろ報道機関・ジャーナリストの自主規制によるとされる。「テレビ会社は完全に国家の統制下にあり，政府の公式見解しか報道しない」[31]。2007・2008 年の下院選挙の過程における報道を調査した結果では，与党の統一ロシアの候補のテレビ露出率は，最大野党の共産党の 10 倍を超えたと報告されている[32]。

なお，ロシアには，1993 年には制定された国家機密に関する法律がある[33]。これによれば，国家機密とは，「国家の軍事，外交，経済，諜報，防諜，捜査活動の領域において国家により保護される情報であって，その漏洩がロシア連邦の安全を害する虞があるもの」をいうとされ，範囲がきわめて広い（第 2 条）。たとえば地下資源の埋蔵量は国家機密とされる。

### 4.3 結社・団結の自由

憲法によれば，何人も労働組合結成の自由を含む，結社の自由をもつ。社

---

29) Sigarev, *supra*, p. 63.
30) N.Azhgikhina, "The Struggle for Press Freedom in Russia: Reflections of a Russian Journalist", *Europe-Asia Studies*, 2007 No.8, pp. 1246, 1248.
31) *Ibid.*, p. 1249.
32) S.White, "Election Russian Style", *Europe-Asia Studies*, 2011 No.4, p. 535.
33) 1993 年 7 月 21 日　連邦法　FZ 5485–1.

会団体の活動の自由は保障される（第 30 条 1 項）。

　非商事（非営利）組織に関しては，1995 年に法律が制定され，ついで翌年に社会団体に関する法律が制定された[34]。これらの法律は，2000 年代の改正により，規制が強化された。非商事組織に関する法律は，国営公社（state corporation）や各種社団など，広範な組織を規律するが，文化・福祉・教育・学術団体なども規制するなど，両者の規制範囲は重複する部分がある。個人が団体を組織する場合には，これらの法律の規制がかかる。

　非商事組織に関する法律によれば，非商事組織は，法人として国家登記に服するだけではなく，地方行政機関に登録する必要がある。非商事組織を監督するために，非商事組織の活動に関する国家監督局が設置された。非商事組織は，毎年，詳細な活動報告と財務報告を提出しなければならない。外国の政府，国際機関等，外国から資金援助を受け，政治活動を行う非商事組織は，「外国の agent」と認定され，特別な規制に服する（第 2 条 6 項）。

　一方，社会団体に関する法律によれば，社会団体とは，共通の利益にもとづき，定款に定められた共通の目的のために創設された，市民の自主的で自律的な非商事組織をいう。ロシア国民に保障される結社の自由は，共通の利益の擁護と共通の目的の達成のために，国家権力機関や地方政府の許可なしに任意に社会団体を設立し，これに参加する権利を含む（第 3 条）。社会団体の設立は自由であるが登録を要し，たとえば，外国の非政府組織の支部が，ロシア連邦の主権，政治的独立，領土の不可侵，国益を損なう場合には，登録は拒絶される（第 23.1 条 2 項）。また，その目的，または活動が過激行為に向けられた社会団体の設立と活動は禁止される（第 16 条）。

　国家権力機関，または公務員等による社会団体の活動への干渉は禁止される。一方，社会団体の国家機関への「干渉」も禁止される（第 17 条）。これには，社会主義時代に法的には社会団体であった共産党が，国家権力を早くに簒奪したという事情がある。

　社会団体には，政党も含まれるが，これについては政党法がある[35]。また，宗教団体については，「良心の自由，および宗教団体に関する法律」がある[36]。

---

34）　1996 年 1 月 12 日　連邦法　FZ-7, 1995 年 5 月 19 日　連邦法　FZ-82.
35）　2001 年 7 月 11 日　連邦法　FZ-95.

問題は，法律が定める社会団体の義務と国，または地方政府による監督制度にある。社会団体に関する法律は，マスメディアに関する法律がマスメディアの義務を定めるのと同様に，社会団体の権利のみならず義務についても定める。すなわち，社会団体は，法令遵守義務等の他，毎年，その組織の登記を扱った機関に，活動状況や財務状況を報告する義務を負う。求められる情報は，当該社会団体が国際組織や外国人から受けた資金の額など，多岐に及ぶ（第29条）。実際にも，地方政府が，政府に批判的な社会団体に詳細な情報を要求し，その活動に介入する例が報告されている[37]。社会団体が法律に違反し，または定款が定める目的に反した場合には，登記機関，連邦検事総長等は，社会団体に是正措置を命じ，定められた期間内に措置がとられないときは，その社会団体の活動停止，また場合によっては，その解散を命ずることができる（第42条，44条）[38]。非商事組織一般も同様である。

この点は，ロシアの公式機関である人権擁護のための全権代表の年次報告でもたびたび指摘されている。2013年の報告は，改正後の非商事組織に関する法律が，外国からの資金援助を「先験的に」ロシアの利益に反するものと認定していると批判した。報告によれば，連邦検察庁は，1年間に1,000余の非商事組織を調査し，その2割に外国agentの要素を認めた。9つの団体に対しては，行政罰を科する手続が開始された[39]。

### 4.4 集会・集団行進等の自由

ロシア国民は，平穏に集合し，武器なくして集会，ミーティング，デモ行進，行進，およびピケッティングを行う権利を憲法上保障されている（憲法第31条）。この規定は，ロシア国民に限って，平穏な，武器なき集会やデモ行進を制約なしに認めている。集会等に関しては，1990年代初めから一連の大統領令が出されたが，2004年に集会，ミーティング，デモ行進，行進，およびピケッティングに関する法律が制定された[40]。この法律は，集会・

---

36) 1997年9月25日　連邦法　FZ-125, 1996年1月12日　連邦法　FZ-7.
37) 前掲国際連合人権委員会最終意見。
38) 宗教団体の場合もまた同様であって，数回にわたる，または重大な憲法，ないしは法律の違反，設立目的に反する活動を行った複数回の違反，反過激活動法違反の場合には，裁判手続により，宗教団体の活動は停止され，または宗教団体は清算を命じられる（第14条1項）。
39) 『2013年度ロシア連邦人権擁護全権代表報告』, pp. 68-73.

行進等について，届出制をとる。組織者（ロシア国民でなければならない）は，地方政府に 15 日前以降，10 日前までに詳細を届け出る義務を負う（第 7 条）。集会・行進等は，建造物等の毀損の脅威，または参加者の安全に脅威をもたらさない限り，その目的に適した場所を選択できる。ただし，大統領の住居や裁判所の前での集会・行進等は認められない。

　国や地方政府が集会・行進等を事前に禁止する権限は定められていないが，開始された集会・行進等が（ⅰ）市民の生命・健康または個人・法人の財産に現実的な脅威となった場合，（ⅱ）集会・行進等の参加者が違法行為を行い，また組織者が故意に集会・行進等の手続に関する法の規定に反した場合に，地方政府はその終了を組織者に命じることができる（第 15 条）。警察の指示にしたがわず，または抵抗した参加者は責任を問われる（第 17 条 4 項）。

　実際には，集会や集団行進は，届出制ではなく許可制による運用が行われ，政府批判の集会や集団行進が制限され，参加者が逮捕・訴追される例が，とくに議会や大統領選挙の前に報告されている。人権擁護全権代表の報告では，「実際には，行政機関，または地方機関は，集会を禁止する権限をしばしば濫用し，目的が気に入らないというだけで集会を禁止する」[41]。

　以上に明らかなように，憲法レベルでは，各種の権利・自由がひととおり保障されているが，それを実現する法律のレベルでは，（ⅰ）権利・自由は義務と一体となって規定され，その「濫用」が禁止され，（ⅱ）国家登録制度などを利用して国家機関による監督制度が定められ，（ⅲ）概括的な，明確に画定されていない理由による権利・自由の制限があり，そして，（ⅳ）「権利の濫用」や法違反に対して刑事責任や行政責任の追及が可能である。憲法上の権利・自由の保障が，法律のレベルでは相当程度に希釈されていると言えよう。

　なお，ロシア連邦は，1996 年に欧州評議会（Council of Europe）に加盟し，ヨーロッパ人権規約を批准した。その結果，ロシア国民は，ヨーロッパ人権裁判所に出訴する権利が認められた。実際にも，同裁判所では，ロシアにおける人権侵害事件が数多く審理されている。2011 年の統計では，現在毎年 4 万件を超える申立てがある中で，1996 年から 2011 年 1 月までに 1,079 件の

---

40）　2004 年 6 月 19 日　連邦法　FZ-54.
41）　前掲『全権代表報告』，pp. 78-79.

表1 ヨーロッパ人権裁判所：ロシア連邦によるヨーロッパ人権規約違反事件内訳

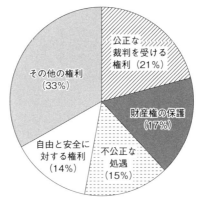

出典：European Court of Human Rights, *Statistics on Judgments by State: 1959-2010*.

判決があり，そのうち1,019件で人権侵害が認められた[42]。

## 5　統治機構

### 5.1　大統領制

大統領制は，1990年3月にソビエト連邦に導入され，当時のゴルバチョフ共産党書記長が大統領に就任した。ロシア共和国レベルでは，大統領制は人民代議員大会で否決されたが，1991年3月のレファレンダムを経て，1978年ロシア共和国憲法の改正という形で，導入された。

憲法は14ヶ条にわたって大統領の地位と権限について規定する。これは議会に関する規定よりも多い。前述の憲法制定の経緯からみても，大統領に三権のいずれにも従属しない，大きな権限が与えられているのは不思議ではない[43]。

憲法によれば，大統領は国家元首であり，憲法と人権，および国民の権利の擁護者として憲法に定められた手続にしたがってロシア連邦の主権，独立，および国家の一体性を保全するための措置をとり，また国家権力機関の調和ある作用と協働を確保する（第80条1項，2項）。大統領は，国家の内政，お

---

42) http://www.echr.coe.int/Documents/Country_Factsheets_1959_2010_ENG.pdf
43) Nisnevich, *supra*, p. 30.

および外交政策の基本を決定する（同条2項，3項）（第80条1項，2項）。内政，および外交政策の基本を決定する権限は，憲法，および連邦法にしたがって行使されなければならない。大統領は，軍の最高司令官でもある（第87条）。

現行憲法とは大きく異なり，ペレストロイカの時代に改正された1978年憲法の下では，大統領はロシア連邦の「最高の公務員」であり，「行政の長」とされ，国家元首ではなかった。しかも，大統領は人民代議員大会に従属するものとされていた。これに対してエリツィン大統領の憲法草案は，大統領を元首とし，内政，および外交政策の基本を決定する権限を大統領に与えた。そこで議会と大統領の妥協として「憲法，および連邦法にしたがって」という制約が定められたのである[44]。

憲法の規定によれば国家権力は立法，執行，司法の三権分立を基礎として行使される。立法機関，執行機関，および司法機関は独立である（第10条）。三権との関係では，国家元首である大統領は，直接にはいずれの権力にも属さないものと理解されている。大統領は，権力分立制の下で国家と国家権力の一体性を体現しているという[45]。大統領は独自の大統領権力を行使するという考え方もみられるが，これは法的・規範的な根拠にもとづくというよりは，「憲法的慣行」であるとされる[46]。

大統領の任期は6年で，国民の直接投票により選任される（第81条1項）。当初，大統領の任期は4年であったが，2008年の憲法改正により，ごく短期間の審議を経て6年に延長された。憲法上大統領は2期以上その地位にあることはできない（同条3項）が，周知のように，プーチン大統領は，2期8年間大統領の地位にあった後，首相を4年間務め，改めて大統領の地位についた。

大統領の権限は多岐に及ぶ。大統領は，

▶下院の同意を得て連邦政府首相を任命する
▶政府閣議の議長を務める[47]

---

44) Beliaev, *supra*, p. 310.
45) Nisnevich, *supra*, p. 32.
46) S.V.Vasiliev et al., *Konstitutsionnoe pravo Rossii*, 2nd edition, Moscow 2011, p. 333.
47) もっとも，閣議の長を務めるという権限は，実際にはほとんど行使されず，代わりに首相や閣僚との定期会合が行われるという。

▶政府罷免の決定を行う
▶国家（内閣）安全保障会議構成員を任命し，その議長を務める（第83条）

　重要であるのは，大統領には下院を解散する権限があることである（第84条）。下院の解散と同時に大統領は，新たな下院が，解散時から4ヶ月以内に招集されるように下院選挙を告示しなければならない（第109条1項，2項）。解散後4ヶ月まで下院の不在が認められるというのは，民主主義の根幹にかかわる問題と思われる。

　解散は，大統領が推薦した首相候補を下院が3回否決した場合，および下院が政府不信任案を可決し，大統領がこれに同意せず，しかし3ヶ月以内に再度不信任案が可決され，大統領がこれに同意しない場合に認められる（第111条，117条）。後者の理由による解散は，選挙後1年間は認められない。

　大統領には広範囲の官職の提案・任命権がある。大統領は，首相候補を下院に提案する他，首相の提案により，副首相，大臣を任命する。

▶連邦憲法裁判所長官，連邦最高裁判所長官，連邦検事総長の任命と罷免を上院に提案し，連邦裁判所の裁判官を任命する
▶連邦中央銀行総裁の候補を下院に提案し，またその罷免を提案する
▶国防軍司令官を任命し，罷免する
▶大統領全権代表を任命・罷免する
▶議会の委員会の意見を聴取した後，ロシア連邦の大使を任命し，罷免する

　これは憲法制定前のどの憲法草案よりも広い。さらに，憲法上規定されていないが，個別の法律により大統領が任命権をもつ官職も少なくない。たとえば2001年に地方政府の首長を従来の直接選挙制に代えて大統領が候補を推薦する制度が採択された。また裁判官資格審査委員会の構成員の半数は大統領が任命する。

　大統領は，大統領令，および大統領命令を出すことができる（第90条）。
　大統領は，下院の提案にもとづき，連邦院の決議により解任される。この提案，および決議には議員総数の3分の2の多数を要する。しかし，解任事

由は，内乱罪など重大な犯罪の場合に限られ，かつその犯罪の徴表の存在は連邦最高裁判所の意見に裏付けられ，手続の適正が，連邦憲法裁判所により証明されなければならない（第93条）。ちなみに改正1978年憲法の時代にエリツィン大統領は弾劾手続の対象となったことがある。

## 6 議会制度

### 6.1 連邦議会の構成

ロシアの連邦会議（*federal'noe sobranie*）は，下院（ドゥーマ—*gosudarstvennaia duma*）と連邦院（*sovet federatsii*）からなる二院制の議会である。連邦議会は，「ロシアのparliament」であり，ロシアの代議制機関・立法機関である（憲法第94条）。

社会主義体制の下では，憲法に定められた代議制は完全に形骸化され，代議制機関は共産党中枢による支配下にあった。憲法上の代議制立法機関としては連邦最高ソビエトが存在したが，代議員の選挙は各選挙区に共産党が推薦する1名の候補しか認められなかった。最高ソビエトの会期は，年に2回,わずか数日間で，代議員は常任ではなく，他の職業と兼任していた。常設的な機関ではなかった最高ソビエトに代わる機関が，最高ソビエト幹部会であった。幹部会は，議長，第一副議長の他，15の共和国の代表が副議長となり，他に21名の代議員が最高ソビエトにより選任された。しかし，この選挙も幹部会が用意した候補者名簿を全会一致で採択するのが慣行であった。立法は，最高ソビエトの権限であったが，年に1週間に満たない会期で十分な立法活動を行うことは不可能であり，最高ソビエトが制定する法律に代わって幹部会が幹部会令という立法形式が多用された[48]。

現行憲法では，連邦議会は「恒常的に活動する」機関である（第99条）。下院議員は，「職業専門的・恒常的な基礎」にもとづいて活動する。教育・研究，その他「創造的活動」以外の有給の職業との兼職は禁止される（第97条3項）。

憲法は，自由選挙を人民主権の最高の反映であると宣言し（第3条2項），

---

[48] M.Fainsod, *How Russia is Ruled*, Cambridge 1970, pp. 347–385.

国民の選挙権，被選挙権を保障する（第32条1項，2項）。下院は450名の議員が普通選挙で選ばれる。任期は5年である（第95条3項，第96条1項）。現行の選挙法は2005年に制定されたが，2007年の下院選挙の前に大きく改正された[49]。すなわち，改正前は450名の下院議員の半数は小選挙区から選ばれたが，改正により，小選挙区制は廃止され，全国区比例選挙制度が導入された。この制度では，候補者名簿は各政党が作成し，政党に属さなければ自由な立候補はできない。また，政党については政党法の規定があり，前回選挙で7％以上の得票を得た政党が，他のさまざまな条件を満たして初めて政党と認められる。政党の連合は認められない。このような制度を民意を反映する民主的な制度と認めることができるかは疑問であり，ロシア国内でも厳しい批判がある[50]。

連邦院議員は，各連邦構成主体（地方政府）の代議制機関と執行機関からそれぞれ1名の議員が選出される[51]。憲法制定当初は，執行機関代表は，地方政府の首長であった。しかし，連邦院の制度改革により，執行機関代表は，首長ではなく，首長が指名した者が選任されることになった。地方政府の首長は，代わりに憲法には根拠がない国家諮問会議（*gosudarstvennyi sovet*）の構成員となった。同時に地方政府の首長の公選制が廃止され，大統領が候補を推薦することになった。したがって連邦院の構成員の半数は，大統領が間接的に選任するに均しい[52]。

## 6.2 立法手続

立法提案権は，連邦大統領，連邦院，連邦院議員，下院議員，連邦政府，連邦構成主体の立法機関，連邦憲法裁判所，および連邦最高裁判所に属する（第104条1項）。租税の導入，廃止，免除，国債の発行，国家の債務の変更，および連邦予算からの支出を伴う法案には，政府の肯定的な意見を要する

---

[49] 2005年5月18日 連邦法 FZ-51．選挙法改正については，S.White and O.Kryshtanovskaya, "Changing the Russian Electoral System: Inside the Black Box", *Europe-Asia Studies*, 2011 No.4, pp. 559-571．

[50] 2011年下院選挙の際のロシア各地の批判運動は広く報じられた。選挙の実態は，S.White, "Election Russian-Style", *Europe-Asia Studies*, 2011 No.4, p. 537ff. に詳しい。

[51] 連邦院の構成に関する法律 2000年8月5日 連邦法 FZ-113．

[52] プーチン大統領の制度改革については，J.Khan, *Federalism, Democratization, and the Rule of Law in Russia*, Oxford 2002．

（同条3項）。法律草案は，下院に提出される（同条2項）。

## (1) 連邦法

連邦法草案は，議員総数の過半数により，下院が採択する（第105条1項，2項）。下院で採択された法案は，5日以内に連邦院に回付される。法案は，連邦院で議員総数の過半数の議決を得た場合，または回付後14日以内に審理されなかった場合に承認されたものとみなされる。連邦院が法案を否決した場合には，両院協議会が設置され，その後，法案は下院で再度審理される。下院が連邦院の決定に同意しないときは，下院の3分の2以上の議決がある場合に，法案は採択されたものとみなされる（第105条4項，5項）。

下院に提出された草案は，その分野に応じて下院の委員会でまず審議される。委員会は，草案を下院の第一読会に提出する。草案は通常は3回にわたる読会で審議される。第一読会では，法案の大綱が審議され，基本条項の憲法との適合性や，その実現性，実際的な意義などが検討される。第二読会では，立法を提案した主体による修正案が審議され，その採否を決定する。第三読会では草案全体が採決に付される。この段階での修正は認められない。法案の法律的・立法技術的な問題に関する下院の法制局の肯定的な意見がある場合には，第二・第三読会，または第三読会のみを省略することを決議することもできる。

採択された法案は，5日以内に署名と公布のために大統領に送付される。大統領は14日以内に法律に署名し，これを公布する。大統領には，法案拒否権がある。大統領が，法案受理後14日以内に署名を拒否した場合には，下院，および上院は再度法案を審議する。同じ草案が連邦院・下院それぞれの総数の3分の2以上の多数で承認された場合には，大統領は7日以内にこれに署名し，公布しなければならない（第107条）。

なお，大統領府（*administratsiia prezidenta*）には，国家・法管理局という部局があるが，議会の実務では，この部門の何らかの形でも同意を得ていない法案は，成立の可能性がほとんどないと言われる[53]。

---

53) Nisnevich, *supra*, p. 80.

### (2) 連邦憲法的法律

連邦憲法に定められた事項に関して制定される連邦憲法的法律には，一般の連邦法よりも，厳格な立法手続が定められている。連邦憲法的法律は，1990年代には憲法裁判所に関する法律など，少数であったが，2000年代には，非常事態に関する法律，連邦政府に関する法律，レファレンダムに関する法律や裁判所構成法など，相当数が制定された。連邦憲法的法律には上院の4分の3，下院の3分の2以上の多数が必要である。採択された法案は，14日以内に大統領により署名され，公布されなければならない（第108条）。連邦憲法的法律に関しては，大統領に拒否権は認められていない。しかし，1990年代末にはエリツィン大統領は拒否権を濫用し，そもそも拒否権が認められていない連邦憲法的法律についても，拒否権を行使した[54]。

## 7 連邦と地方

ロシア連邦はその名のとおり，連邦制をとる（第1条）。ロシア連邦の下に，共和国，地方（*krai*），州（*oblast'*），自治州，連邦特別市の各種の連邦構成主体（*sube"kty Rossiiskoi Federatsii*）が置かれている（第65条）。連邦特別市は，モスクワとサンクト・ペテルブルグのみであったが，2014年3月にウクライナのセバストポールが第三の連邦特別市になった。

これらの連邦構成主体は，その名称の相異にかかわらず，同じ権限をもつ（第5条1項）。モスクワとサンクト・ペテルブルグ，そしてセバストポールの三特別市を除く市は，連邦構成主体ではなく，地方自治（*mestnoe samoupravlenie*）の主体（市，村，地区）とされる。連邦構成主体については，1999年に制定された連邦法があり，地方自治体については，別に連邦法がある[55]。

連邦と地方との関係は，社会主義崩壊直後と現在では大きく変わった。1990年代初頭には，エリツィン大統領は社会主義体制の崩壊に伴う地方権力の分離主義的な動きに直面し，連邦と地方との協定という形式で地方に相

---

[54] Vasiliev et al., *supra*, pp. 418-421.
[55] 1999年10月6日　連邦法　FZ-184. 同地方自治体の組織に関する法律，2003年10月6日　連邦法　131-FZ.

当程度の権力を委譲した。これは主に現行憲法制定前に行われたが，その法的根拠は不明であった。これに対して，プーチン政権は，これらの協定を改訂せず，2001年以降，中央集権的な改革を進めた。

　まずこれまで直接選挙で選ばれていた連邦構成主体の首長が，議会による間接選挙で選ばれることになった。首長の候補は，大統領が推薦する。また首長は，「大統領の信任を失った場合」には，解任される。さらに連邦構成主体とは別に地方を10の連邦管区に分け，それぞれに大統領が任命する全権代表を置いた。全権代表はその連邦管区内の連邦構成主体が連邦法や大統領令に違反しないように監督を行う。これらの改革は，憲法が連邦構成主体の首長の選任方法を定めていなかったために，憲法改正なしで行われた。また，連邦管区全権代表制は，憲法上の根拠がない。

## 8　憲法改正

　憲法は，憲法改正（peresmotr），憲法修正，憲法第65条（連邦構成主体）の改正の3つを区別している。憲法の第1章（憲法体制の基礎），第2章（人権），第9章（憲法の修正，および改正）の改正は，「憲法改正」であり，第3章から第8章までの規定の改正は，「憲法修正」である。

　憲法改正（peresmotr）には厳格な手続が定められている。憲法改正の発議権は，連邦大統領，上院，下院，連邦政府，連邦構成主体の立法機関，および上院，または下院議員の5分の1以上のグループにのみ与えられている。この改正の提案が，各院の議員総数の5分の3によって支持された場合には，憲法制定会議が設置される（第135条2項，3項）。憲法制定会議については，連邦憲法的法律が定められることになっているが，いまだ制定をみない。したがって憲法制定会議の地位や構成は明らかではない。憲法制定会議は，憲法を改正しないことを決定するか，または，憲法改正案を起草する。憲法改正案は，会議の構成員総数の3分の2の多数で採択されるか，全人民レファレンダムに付される。有権者の過半数が参加した全人民レファレンダムで過半数の賛成を得た場合に，改正案は採択されたものとみなされる（第135条3項）。

　憲法第3章から第8章までの修正の発議権は，憲法改正の場合と同様であ

る。提案は，連邦憲法的法律と同様の採択手続にしたがって採択され，3分の2以上の連邦構成主体の立法機関の賛成を得て発効する（第136条）。

　現行憲法は，1993年の制定以降，2008年まで改正されなかった。この間，連邦構成主体の首長の選任方法や，上院の構成，中央と地方の権限配分などに大きな変更があったが，これらの変更には憲法改正は必要とされなかった。その原因は，憲法の統治機構の規定が大統領の地位と権限に関する規定を偏重し，議会制度に関する事項の相当部分を法律に委ねたことにある。また，連邦と地方との関係については，両者の「共管事項」の規定などもあり，その境界がもともと曖昧にされていたという事情もある。重要な制度変更が憲法改正を伴わないだけではなく，国家会議や社会代表会議など，憲法上の根拠をもたない機関も設立された。2008年の大統領の任期延長，2015年の最高商事裁判所の廃止は，いずれも憲法「修正」として行われた。

## 9　国際条約と国内法

　ロシア連邦憲法は，その最高規範性を定める条項で，国際条約との関係にも言及している。

　　一般に承認された国際法の原則，および規範は，ロシア連邦の法体制の構成部分である。ロシア連邦が締結した国際条約が，国内法と異なる規範を定めているときは，国際条約の規定が優先する（第15条4項）。

　ロシアは，ウィーン条約法条約の批准国であり，これにしたがって1995年に条約に関する法律が制定された[56]。この法律によれば，ロシア連邦で公布された国際条約の規定は，国内法の制定が必要ではない場合は，直接的効力をもつ。それ以外の規定を実施するためには，国内法令の制定が必要である（条約に関する法律第5条3項）。

　この場合の条約とは，ロシア連邦が締結した条約だけではなく，ソビエト連邦が締結し，ロシア連邦がその承継に同意した条約も含まれる。

---

[56]　1995年7月15日　連邦法　FZ-101.

上記の憲法の規定は，国際条約と国内法との優劣を定めているが，国際条約と憲法との関係には触れていない。この点について，憲法裁判所の憲法コメンタールによれば，国際条約は，憲法の規定により，ロシアの法体制の構成部分であるところ，ロシアの法体制においては，憲法の最高法規性が認められており，それゆえに憲法は，国際条約に優越するとされる[57]。また，条約に関する法律も，国際条約が，憲法に適合しない条項を含む場合には，憲法を改正するか，国際条約を改訂しない限り，ロシア連邦を拘束しないと定める（第22条）。

　何が一般的に承認された原則，ないしは国際法規範であるかについては，連邦最高裁判所の総会決定がある[58]。この決定によれば，一般的に承認された原則とは，国際法の最も基本的な強制規範であって，国際社会において全体として適用され，承認された，そこからの逸脱が許されない原則をいう。一般的に承認された原則には，人権の一般的尊重や，国際条約の誠実な履行義務が含まれる。一般的に承認された国際法の規範には，「法的義務として国際社会で適用され，承認された行動の準則」をいう。このような原則や規範としては，国際連合憲章，国際連合総会の宣言や決議，国際司法裁判所の判決などがあげられる。

　個別の法律で国際条約との関係に触れている法律は少なくない。たとえば民法典は，憲法の上記規定をそのまま再現した後，以下のように規定する。

　　ロシア連邦の国際条約の規定は，国際条約により，国内法令の制定が必要とされるときを除き，本法典第2条1項，2項に規定する関係（民事法上の関係）に直接適用される。
　　ロシア連邦の国際条約に民事法が定めるのと異なる規定があるときは，国際条約の規定が適用される（第7条2項）。

　また，倒産法も以下のように規定する。

　　ロシア連邦の国際条約が，本法の規定と異なる規則を定めているときは，

---

[57] V.D.Zorkin ed., *Kommentarii k konstitutsii RF*, 2nd edition, Moscow 2011, p. 163.
[58] 連邦最高裁判所総会決定　2003年10月10日　No.5.

国際条約の規定が適用される（第1条4項）。

## 10 「権力の垂直的統合」

「権力の垂直的統合」は，1990年代後半の第二次エリツィン政権の時代に始まったとも言われるが，それが急速に進んだのは，2000年にプーチン政権が発足してからのことである。

まずエリツィン政権下で分離主義が顕著であった，地方政府（連邦構成主体）に対する統制が強化された。全国が10の連邦管区に分割され，それぞれに大統領全権代表が派遣され，その管区に属する連邦構成主体に対する監督と統制を行うことになった。これは当初，法律ではなく，大統領令にもとづく措置であった。

次いで連邦議会の上院に相当する連邦院が大幅に改組された。従来，地方の代表—連邦構成主体の知事などの首長は，ex officio に連邦院議員となったが，この制度は廃止された。連邦院議員は，各連邦構成主体の首長による推薦候補1名と，その議会によって選挙される候補1名からなることになった。

地方の首長は，以前は住民の直接選挙によって選ばれていたが，2004年から，大統領の推薦にもとづいて，連邦構成主体の立法機関が選挙することに改められた。これは実際の慣行は，大統領の直接の任命制に近いと指摘される。

2007年には下院の選挙制度が変わり，地方区が廃止され，全国区のみの選挙制度となった。

また，本来，行政府の一部門である大統領総務庁（upravenie delami prezidenta RF）は，現在では大統領の権力を代表する機関になった。大統領総務庁は，とくに行政府，立法府，そして裁判所に対する財政的権限を掌握しており，これが三権分立制と両立しないと指摘されている[59]。

さらに，これまで検察庁に属していた予審委員会が大統領直轄となり，大統領は予審・捜査活動を統括する国家予審委員会の議長となった。

---

[59] Nisnevich, supra, pp. 453-466. これは，大統領府（administratsiia prezidenta）とは異なる機関である。

人事権においても，大統領は，政府・議会の要職を任命，または推薦する権限をもつが，さらに国営公社の取締役の人事権をもつ。また，これまで裁判官の互選制であった，連邦憲法裁判所長官は，大統領の推薦により，連邦院が任命することになった。

　総じて1993年憲法制定時にすでに強大であった大統領権力は，2000年代になってさらに強化され，大統領は中央の三権の機関，および地方の人事を事実上掌握し，財政をコントロールすることにより，大統領を頂点とした「垂直的統合」を完成したのである。

# 第2章 憲法裁判所，および人権全権代表制度

## 1 憲法裁判制度

ロシアでは連邦レベルと各連邦構成主体レベルに憲法裁判所が設置されている。連邦憲法によれば，連邦憲法裁判所は，大統領，連邦議会の連邦院，または下院，ないしは連邦院または下院議員の5分の1，連邦政府，連邦最高裁判所，連邦最高商事裁判所，連邦構成主体の立法機関，または執行機関の照会にもとづき，連邦憲法と連邦法，大統領，連邦議会の連邦院，下院，連邦政府の規範的なアクト，連邦管轄事項，または連邦と地方の共管事項に関する連邦構成主体の法令（共和国の憲法を含む），ないしは未発効の国際条約との適合性について判断する（憲法第125条2項）。また，憲法裁判所は，これらの機関の要請により，憲法の解釈を与える（同条4項）。連邦の国家権力機関相互，連邦国家権力機関と連邦構成主体の国家権力機関，連邦構成主体の最高国家権力機関相互の管轄に関する紛争についても，連邦憲法裁判所が判断する（同条3項）。

憲法裁判所については，その組織と手続を定めた連邦憲法的法律が，1994年に制定された[60]。

憲法裁判所の起源は，1989年に旧ソビエト連邦で企図された憲法統制委員会である。憲法統制委員会の創設には時間を要したが，その後のソビエト連邦の崩壊により，実際に活動したのはごく短期間に止まった。その間，ロシア共和国で憲法裁判所に関する法律が制定され，1991年に憲法裁判所が設置された。この当時の憲法裁判所は，ソビエト連邦共産党を非合法化するエリツィン大統領の大統領令の合憲性を認めるなど，いくつかの著名事件を

---

[60] 1994年7月21日　連邦憲法的法律　FKZ-1.

審理したことで知られる。しかし，憲法裁判所は，1992年になって議会制度を無視して急進的な政治・経済改革を進めるエリツィン大統領との間に対立が深まり，1993年に一連の大統領令を違憲と判断した結果，大統領によりその活動を停止させられ，長官は辞任を余儀なくされた。1993年12月に制定された現行憲法は，憲法裁判所に関する規定を置いたが，これを承けて1994年に憲法裁判所が活動を開始した。1993年までの憲法裁判所の裁判官は全員がその地位に止まり，新たに2名の裁判官が加わった[61]。

1990年代の憲法裁判所の大きな功績は，地方権力の分離主義的な動きに対抗して，連邦の一体性を擁護したことにある。その一方で，プーチン政権による連邦構成主体の直接選挙制の廃止の合憲性が争われた事件では，裁判所は，これを合憲と認めた。

連邦裁判所には，前記機関のみならず，私人も憲法裁判所に出訴する権利をもつ。申立権は，具体的事件について適用された法律により，その権利と自由が侵害された私人に認められる（法第96条）。この申立てのためには，裁判所が当該法律を具体的事件で適用し，その手続が終了している必要がある（第97条）。

私人の権利救済の領域における憲法裁判所の役割については利用者である国民の側には明らかな不満があり，近年，シュトラスブールのヨーロッパ人権裁判所に提訴するロシア国民が増加している。

一方，裁判所は，具体的な事件に適用される，または適用されるべき法律の合憲性の審査を連邦憲法裁判所に求めることができる（同条4項）。

憲法裁判所には年間2万件前後の私人による申立てがある[62]。このうち，個人の憲法上の権利・自由に関する事項と刑事手続に関する事項が多数を占め，民事訴訟に関する問題がこれに次ぐ申立数である。

憲法裁判所の決定は，すべての国家機関，地方機関，公務員，および私人に対して拘束力をもつ（第6条）。憲法裁判所の決定は直接的な効力をもち，他の機関や公務員の承認等の行為を要しない。憲法裁判所の違憲判断は，当

---

61) R.Sharlet, "The Russian Constitutional Court's Long Struggle for Viable Constitutionalism", in R.Sharlet and G.Smith eds., *Russia and its Constitution: Promise and Political Reality*, Leiden 2008, pp. 28-29.
62) http://www.ksrf.ru/Treatments/Pages/Statistic.aspx

表2 憲法裁判所判決・決定総数 1995-2013年

| | |
|---|---|
| 判決数 | 379 |
| 　合憲判決 | 137 |
| 　全部,または一部違憲判決 | 228 |
| 申立人 | |
| 　個人,またはその団体 | 3,995 |
| 　人権全権代表 | 7 |
| 　大統領 | 9 |
| 　連邦院 | 6 |
| 　下院 | 15 |
| 　連邦院議員　5分の1 | 3 |
| 　下院議員　5分の1 | 16 |
| 　連邦政府 | 1 |
| 　連邦構成主体の機関 | 77 |
| 　連邦構成主体憲法裁判所 | 1 |
| 　普通裁判所,または商事裁判所 | 112 |
| 形式判決総数 | 16,332 |
| 　個人,または個人の団体による申立て | 15,500 |

出典:http://www.ksrf.ru/ru/Decision/Statisticses/Pages/Decision.aspx

該法令を再度採択することによっては覆されない(第79条)。

　憲法裁判所は,長官,および長官代理1名を含む19名の裁判官から構成される。裁判官は,大統領の推薦により,連邦議会の連邦院が任命する。裁判官に選任されるためには,40歳以上で高等法学教育を修了し,瑕疵なき評判があり,15年以上法律職に従事した経験があることが必要である(法第8条)。裁判官の定年は70歳であるが,長官には定年の適用はない。

　憲法裁判所は独立であり,裁判官の身分は保障される(第5条,13条,14条,15条)。しかし,制度的には,憲法裁判所の独立は必ずしも徹底されていない。これはエリツィン大統領時代に憲法裁判所の前身が,しばしば大統領の行為を違憲と判断したという経緯にも由来する。

　まず憲法裁判所には,大統領,連邦議会の連邦院,下院,連邦政府,連邦検事総長,司法省各々の代表の制度がある。憲法裁判所における大統領全権代表は,1996年にエリツィン大統領時代に創設された制度であり,大統領令にもとづく規程がある[63]。大統領全権代表には,「憲法の擁護者」として

---

[63] 1996年12月31日　大統領令 No.1791.

の大統領の権限を補佐し，憲法裁判所において大統領の利益を代表する。全権代表には，憲法裁判所の審理に参加する権限がある。

また，憲法裁判所長官の任命は，従来は裁判官会議で互選された候補が連邦院により承認されることになっていた。しかし，2010年の法改正により，長官候補の推薦権は大統領に与えられた。これに批判的であった裁判官は辞任を余儀なくされた。さらにこの改正により，憲法裁判所長官，およびその代理の罷免の提案権が大統領に与えられた（第23条）。

## 2 人権オンブズマン

「人権に関する全権代表」制度については，1991年に当時の最高ソビエトが創設を決定したが，その導入は1997年の連邦憲法的法律の制定を俟たなければならなかった。当初これは，スウェーデンのオンブズマン制度の導入を意図したものであり，議会の全権代表と位置づけられていた。しかし，その後，1993年の現行憲法制定時にその性格が曖昧になり，いったい誰を代表する職であるのか，不明確である。1997年法は，市民の権利と自由の国家による擁護，国家機関，地方自治機関，および公務員によるその遵守と尊重のために全権代表を設置すると定めるに止まり，議会を代表するとは定めていない（第1条）[64]。

人権に関する全権代表は35歳以上のロシア国民であって，人権と自由の領域の知識があり，その擁護の経験をもつ者が下院によって選任される（第1条2項，5条）。候補推薦権は，大統領，連邦院，下院，およびその議員にあるが，2期にわたって大統領推薦候補が選任されている。

人権に関する全権代表は，その権限の行使につき，独立であり，いかなる機関にも従属しない（第2条1項）。

人権に関する全権代表は，ロシア国民，ロシアに滞在する外国人，無国籍者の権利，および自由の侵害に関する申立てを受理し，その回復のための措置をとる（第15条）。全権代表は，国家機関，地方機関や公務員の決定または行為に対する私人の異議申立てを初めから審理するのではなく，裁判手続，

---

[64] 1997年2月26日　連邦憲法的法律　FKZ-1.

または行政手続による審理の結果に申立人が同意しない場合に，その申立てを審理する（第16条1項）。侵害の事実が明らかになった場合は，全権代表は，裁判所に国家機関，地方機関，または公務員の作為・不作為により侵害された権利・自由の回復を求める（第29条1項）。

　人権に関する全権代表の重要な任務の1つは，年次報告を大統領，両院，最高裁判所等に提出することである。この報告制度は，単に象徴的な制度に止まるという指摘もあるが，ロシアの独立性が比較的ある機関が収集した情報にもとづいてロシアの人権状況をみる貴重な資料である[65]。

　人権に関する全権代表の2013年年次報告によれば，結社・集会の自由や宗教の自由に関する法律に用いられる概念が不明確であるために，これらの自由が損なわれている。2007年報告では，集会・デモンストレーション等に関する法律は，届出主義をとるが，「現実は法律の規定と著しく異なる」。これは全権代表に寄せられる異議申立てのみならず，現場に派遣された全権代表のオブザーバーの知見であるという。全権代表は，「ロシアにおける平和的集会の憲法上の権利の遵守」に関する特別報告を2007年に公表した。これには国家機関側から一定の反響はあったが，「遺憾なことに実際的な成果はわずかであった」[66]。

---

[65]　http://old.ombudsmanrf.org/doc/documents.shtml
[66]　『2008年度　全権代表報告』。http://old.ombudsmanrf.org/doc/sp_doclad.shtml

# II 紛争処理制度

# 第 3 章　裁判制度

## 1　歴史的背景

　ロシアにおける近代的司法制度は，1864年の司法改革に遡る。司法改革以前は，身分制度にもとづき，当事者の身分にしたがって，異なった裁判所があり，民事訴訟では，30種におよぶ手続が存在した。審級制度も複雑であった[1]。そもそも司法と行政は未分離であり，裁判官の腐敗も一般的であった。「ロシアの制度は，かつて糾問主義時代の西欧の制度がもっていた，あらゆる短所を備えている」と指摘され，詩人で批評家のI.S.Aksakovによれば，改革前の裁判所を想起するだけで，「髪が逆立ち，虫唾が走る」ほどであった[2]。

　1862年にクリミア戦争に敗れたことを契機に，ロシアの近代化の一環として，1864年に司法改革が行われた。裁判所構成法の制定により，裁判所の独立が初めて認められ，裁判制度が合理化された。同時に，刑事訴訟，および民事訴訟規則も制定された。新たな司法制度は，当時のヨーロッパの先進的な制度，「最もリベラルな制度」を範としたものであり，ロシアのそれまでの制度とは，明確な断絶があった。フランス法の影響が顕著であるが，ドイツ法，イギリス法の影響もみられた[3]。

　司法改革によって導入された近代的な司法制度は，しかし，19世紀後半の政治的反動の時代に，かなりの程度に後退させられた。司法制度に続いて予定されていた実体法の近代化は，19世紀には，遅々として進まなかった。

---

1) I.V.Gessen, *Sudebnaia reforma*, St.Petersburg 1905, pp. 28-29, 65.
2) *Ibid.*, p. 29.
3) F.Kaiser, *Die russische Justizreform von 1864*, Leiden 1972, S. 407-412. See also S. Kucherov, *Courts, Lawyers and Trials under the Last Three Tsars*, Westport (Conn.) 1974 (reprint of the 1953 publication), pp. 21-106.

そして 10 月革命は，司法改革の成果を最終的に廃棄した。もっとも，社会主義時代を通じて，司法制度のヨーロッパ的特色，たとえば手続における裁判官の後見的な役割など，裁判手続の非当事者主義的構造は存続し，現在の制度にも，その片鱗をうかがうことができる。

10 月革命後，ボリシェヴィキ政権の裁判所に関する布告第 1 号により，帝政時代の裁判所と検事局は廃止され，「人民裁判所」の制度が創設された。これは現在の普通裁判所制度の起源である。人民裁判所制度の基本は，裁判官が人民の選挙により選ばれることにあったが，当面，地方ソビエト執行委員会が，裁判官を選任した[4]。革命後，1921 年までの内戦の時期と 1930 年代半ばから 1953 年のスターリンの死に至るまで，刑事手続に関しては，裁判所以外にも革命法廷や特別法廷，内務省の法廷などが，刑事裁判を行い，多くの人々を死刑に処し，あるいは収容所に送致した。現行憲法が，裁判所以外による裁判を禁止する所以である。

社会主義時代にも，憲法上，裁判所の独立は保障されたが，これは単に紙の上のことであった。権力がすべてプロレタリアートに集中する体制では，権力からの裁判所の独立はあり得ず，憲法自体にも，「共産党の指導的地位」が明記されていた。裁判官の選挙制は有名無実であり，裁判官の選任は，他の基幹公務員と同様に，共産党組織の承認を要した。共産党組織の承認に服する官職を定めたリストは，ノメンクラトゥーラと呼ばれた。これは承認を与える党組織・機関のレベルによって異なった。スモレンスク文書に含まれる 1936 年の西部州共産党委員会のノメンクラトゥーラには，裁判所の所長や裁判官，検察官が記載されている。裁判官の選挙は実際にも行われたが，その候補者を選定するのは，共産党組織であり，その候補者のみが選挙に出ることが許された。

選任手続で独立性が保障されないだけではなく，裁判官の職務執行における独立性も存在しなかった。地方レベルでは，地方の党機関や，行政機関による裁判介入が顕著であった。これらの機関の要職にある者から裁判官に電話による指示が与えられる，telephone justice（電話裁判）は広く行われた。

また，検察官が，裁判の合法性を監督する，「裁判監督制度」があり，検

---

[4] 初期裁判制度の形成に関しては，J.Hazard, *Settling Disputes in the Soviet Society*, New York 1960 などがある。日本では，藤田勇『ソビエト法史研究』（東京大学出版会，1982 年）。

## 第3章　裁判制度　59

表3　西部州共産党委員会ノメンクラトゥーラ（部分）

| | | | |
|---|---|---|---|
| I | 指導的党機関部門 | | 計663名 |
| II | 党宣伝，アジテーション，メディア部門 | | 計286名 |
| III | 工業・運搬部門 | | 不　明 |
| IV | 不　明 | | 計322名 |
| V | 農業関係部門 | | 計832名 |
| VI | ソビエトおよび商務部門 | | |
| | I | | |
| | II （不明）裁判・懲罰部門 | | |
| | 　州裁判所 | | |
| | | 長官 | 1名 |
| | | 長官代理 | 3名 |
| | | 特別部判事 | 6名 |
| | | 判事 | 26名 |
| | | 収容所裁判判事 | 3名 |
| | | 上席人民裁判官 | 54名 |
| | | 人民裁判官 | 108名 |
| | 　州検察庁 | | |
| | | 州検事 | 1名 |
| | | 次席検事 | 2名 |
| | | 上席検事補 | 9名 |
| | | 検事補 | 17名 |
| | | 上席予審官 | 5名 |
| | 　地区検察庁 | | |
| | | 地区・市検事 | 81名 |
| | 　内務人民委員部州管理局 | | |
| | | 局長 | 1名 |
| | | 次長 | 1名 |
| | | 局長捕 | 1名 |
| | | 部長 | 1名 |
| | | 拘禁施設部長 | 1名 |
| | 　内務人民委員地区および市管理局 | | |
| | | 地区および市局長 | 81名 |
| | 　州民警管理部 | | |
| | | 州民警局長 | 1名 |
| | | 次席 | 1名 |
| | | 政治部主任 | 1名 |
| | | KOM（不明）主任 | 1名 |
| | III　計画・統制機関 | | |
| | IV　財政・金融機関 | | |
| | V　ソビエト商務機関 | | |
| | VI　労働組合 | | |
| | | | 計742名 |
| VII | 学校および研究機関部門 | | 計742名 |
| VIII | 文化・教育部門 | | 計36名 |

出典：ソビエト連邦共産党州党委員会ビューロー・プロトコルNo.156，第38項添付

察官は，裁判手続に当事者としてではなく，監督者として参加した。相対的に，裁判官の地位は，検察官よりも低く，ノメンクラトゥーラでも，同じレベルの裁判官と検察官では，後者の方が，より上級の党機関のノメンクラトゥーラに記載され，その承認を要した。組織の中の共産党員の比率も，検察官がほとんど例外なく党員であるのに対して，裁判官の党員割合は半数程度であった。裁判官は，法律教育を受けていることも資格要件ではなかった。

　1987年に「法治国の建設」が日程に上ったとき，最優先課題となったのは，裁判制度の改革と裁判所の権威を高めることであった。まず，1989年に，裁判官の独立を確保し，不当な圧力から裁判官を擁護するために，裁判官の地位に関する法律が制定された。裁判官の選任制度も改められた。この法律は，いまだ社会主義時代の残滓を色濃く残していた[5]が，1992年に新しい法律にとって代わられた[6]。1993年のロシア連邦憲法が，司法制度の基本に関する規定を置いたのを承けて，1994年には憲法裁判所に関する法律，1995年には商事裁判所に関する法律，そして1996年には裁判所構成法が制定された。奇妙なことに普通裁判所の関する法律は，2011年に至るまで制定されなかった[7]。

## 2　裁判所の構成

### 2.1　概　観

　1993年のロシア連邦憲法は，連邦最高裁判所と連邦最高商事裁判所に関してそれぞれ規定を置いた（第126条，第127条）。しかし，2014年2月5日の憲法改正により，最高商事裁判所は最高裁判所に併合され，第127条は削除された。

　1992年以降，2014年憲法改正までは，ロシアには憲法裁判所[8]の他に，

---

[5]　V.Savitskii, *Organizatsiia sudebnoi vlasti v Rossiskoi Federatsii*, Moscow 1996, p. 17.
[6]　ペレストロイカ以降の司法改革については，P.H.Solomon Jr. and T.S.Foglesong, *Courts and Transition in Russia: the Challenge of Judicial Reform*, Boulder 2000.
[7]　1994年7月21日，1995年4月28日，1996年12月31日　1-FKZ，2011年2月7日1-FKZ。
[8]　R.Sharlet, "Russia's Second Constitutional Court: Politics, Law, and Stability", in V.E.Bonnell and G.W.Breslauer eds., *Russia in the New Century: Stability or Disorder?*, New York 2001, p. 59ff.

最高裁判所と最高商事裁判所を頂点として，二系統の裁判所があった。普通裁判所と商事裁判所である。普通裁判所は，社会主義時代の人民裁判所の後身であり，民事事件，刑事事件，および行政事件を扱うのに対して，商事裁判所は，1992年に，社会主義時代の国家仲裁委員会（gosarbitrazh）の後身であり，「商事事件」と行政事件を扱った。商事裁判所はロシア語では arbitrazhnyi sud と呼ばれ，日本では仲裁裁判所と訳されることがあるが，これは誤りで，この機関は国家の裁判所であり，仲裁を行う機関ではない。設立時には，これを economic court と名付ける案もあった[9]。

両系統の裁判所は，適用される手続法も異なる。普通裁判所の民事事件では，民事訴訟法典が適用されるのに対して，商事裁判所では，商事裁判手続法典が適用される。

2014年の憲法改正では，最高商事裁判所は廃止されたが，下級審商事裁判所は，存続する。ただ，最高審は，最高商事裁判所ではなく，最高裁判所となる。商事裁判手続法典も存続する。

普通裁判所と商事裁判所の管轄は，明確に画定されていたとはいえず，実務上，混乱の原因ではあった。会社の支配権をめぐる紛争などで，当事者が，制度上の不備を濫用する例もしばしばみられた。そのために，普通裁判所と商事裁判所の統合は，2000年代初めの司法改革の際に議論されたが，結局実現しなかった。代わりに手続法の改正が検討されていたが，2009年に商事裁判手続法典が改正され，新たに会社訴訟の概念が導入された。会社訴訟は，すべて商事裁判所の管轄となった。したがって，管轄の重複をめぐる問題の大半は解決されたはずであり，また，下級審商事裁判所と普通裁判所が並存する以上，それでも管轄の問題は避けられない。今回，2014年に最高商事裁判所が最高裁判所に併合された合理的な根拠は不明である。

この他に，行政裁判所創設の提案は，社会主義時代からあり，2001年には議会に草案が提出されたが，採択に至らなかった。行政事件は，普通裁判所と商事裁判所双方が扱っている[10]。一方，知的財産権裁判所の導入は，2013年に実現し，商事裁判所の一部門を構成している。この裁判所は，ド

---

9) M.Treushnikov, *Arbitrazhnyi protess*, Moscow 1995, p. 6.
10) V.Kriazhkov and Iu.Starilov, "Administrativnye sudy: kakimi im byt'?", *Rossiiskaia Iustitsiia*, 2001 No.1, pp. 18–20.

イツの特許裁判所と日本の知的財産高等裁判所をモデルにしたと言われ，2013年には，146件の事件を処理した。

## 2.2　商事裁判所

商事裁判所の前身は，社会主義時代の国家仲裁委員会である。この機関は裁判所ではなく，行政機関として，国営企業間の紛争を仲裁または調停により処理した。その管轄には，契約締結前の紛争も含まれた。国家仲裁委員会の役割は，国営企業間の紛争を処理して国家経済計画の適正かつ適時な実現を図ることにあった[11]。これに対して，1992年以降の商事裁判所は，仲裁機関ではなく，国家の裁判所である。常設仲裁機関であるロシア商工会議所附属の国際商事仲裁裁判所と混同されてはならない。社会主義時代の民事裁判は，私人間の紛争の処理が中心であったから，商事紛争処理の知識・経験がある裁判官はいなかった。この点で，国家仲裁委員会の仲裁人（調停人）は，曲がりなりにも企業間の紛争解決の経験があり，それゆえに国家仲裁委員会が，商事裁判所の基礎となったのである。

商事裁判所は，帝政ロシア時代にも存在した。1830年代に，ドイツの制度を範として，サンクト・ペテルブルグ，モスクワなどに商事裁判所が設立された[12]。商事裁判手続規則も法令全書に含まれていた[13]。

商事裁判所は，普通裁判所と同様に独立であり，その裁判官の資格要件は，普通裁判所裁判官と同じである。

商事裁判所の第一審裁判所は，連邦構成主体の商事裁判所，すなわち，（連邦を構成する）共和国，州，管区，自治管区，連邦特別市の商事裁判所（81）である。

当初，第一審商事裁判所の決定に対する控訴申立ては，同じ裁判所の異なった部門で行われるものとされていたが，その後，第一審の決定の適法性と根拠の有無を審査する控訴審裁判所が設置された（20）。

第三審は，管区商事裁判所である（10）。管区裁判所は，破毀審裁判所と

---

11)　D.A.Loeber, "Law and Contract Performance in the Soviet Union", in W.R.LaFave ed., *Law in the Soviet Society*, Urbana 1965, pp. 131-132.
12)　L.Schultz, *Russische Rechtsgeschichte*, Lahr 1957, S. 217.
13)　*Svod zakonov Rossiiskoi Imperii*, 1913 edition, Tom XI, Part 2.

表4 商事裁判所における分野別処理事件 2009-2013年

|  | 2009 | 2010 | 2011 | 2012 | 2013 |
|---|---|---|---|---|---|
| 新受件数 | 1,563,315 | 1,208,737 | 1,249,069 | 1,456,128 | 1,371,279 |
| 第一審審理事件 | 1,409,503 | 1,197,103 | 1,078,383 | 1,409,545 | 1,247,863 |
| 　民事事件 | 804,820 | 818,713 | 663,804 | 779,470 | 815,627 |
| 　行政事件 | 567,699 | 341,453 | 383,107 | 593,382 | 399,930 |
| 　倒産事件 | 30,840 | 31,195 | 26,132 | 30,159 | 23,721 |
| 　法的事実確認事件 | 2,286 | 1,543 | 1,757 | 1,994 | 1,820 |
| 　仲裁判断の効力を争う事件 | 3,770 | 4,054 | 3,409 | 4,361 | 4,519 |
| 裁判官1人当たりの件数 | 56 | 52 | 47 | 57 | 58 |

出典：http://www.arbitr.ru/_upimg/724306690007BEE7080EE56EAB938A93_1.pdf

表5 最高商事裁判所幹部会審理件数 2009-2013年

|  | 2009 | 2010 | 2011 | 2012 | 2013 |
|---|---|---|---|---|---|
| 最高商事裁判所却下事件 | 17,252 | 17,622 | 17,083 | 19,017 | 20,940 |
| 最高商事裁判所幹部会審理件数 | 401 | 432 | 512 | 482 | 464 |
| 　破棄決定 | 319 | 350 | 415 | 401 | 400 |
| 　破棄率（一審審理件数に対して） | 0.02% | 0.03% | 0.04% | 0.03% | 0.03% |

出典：http://www.arbitr.ru/_upimg/724306690007BEE7080EE56EAB938A93_1.pdf

して，下級審の確定判決・決定を審査する法律審である。

　商事裁判制度の最高審は，最高商事裁判所であった。これは監督審と呼ばれ，当事者は，監督審による審査申立てを最高商事裁判所に行う。最高商事裁判所は，まず審査申立てを受理するか否かを民事部，または行政部で決定し，受理した場合には，最高商事裁判所幹部会に事件を回付する。年間2万件前後の申立てに対して，実際に最高商事裁判所が実体審理を行う事件は，年間400件程度であったが，その決定の先例的意義は重要であった。しかし，今後は商事裁判所の最高審は，最高裁判所となる。

　2013年の商事裁判所の新受件数は，137万1,279件であった。これは前年比5.8％減であるが，2010年，2011年に比べると15万件も多い。このうち124万7,863件が第一審で審理された。新受件数が100万件を超えるというのは，いかにも多い。これは1つには，租税関係で，私人を相手とする処分が裁判手続によることを要することにもよる。裁判所の過重負担は，予てからの問題であり，法人に関しては，行政手続で裁判所は関与しないことにな

ったが，私人に関しては，いまだ裁判所がすべての処分に関与するのである。

裁判官1人当たりの担当事件数は，2013年には58件であった。

商事裁判所が管轄する事件は，民事事件と行政事件（租税関係を含む）とに分かれる。2013年は，民事事件81万5,627件，行政事件が39万9,930件，倒産事件が2万3,721件であった。外国判決・仲裁判断の承認・執行事件も158件あった。

### 2.3 普通裁判所

普通裁判制度は，普通裁判所による，刑事，民事，行政事件の裁判制度である。普通裁判所という名称を初めて用いたのは，1993年の連邦憲法であった。裁判制度一般に関しては，1996年に裁判所構成法が制定された。しかし，普通裁判所に関する法律の制定は遅れ，裁判所構成法の中に普通裁判所に関する規定が置かれていただけであった。これは商事裁判所に関して，すでに1995年に商事裁判所に関する法律が制定されたことと対照的である。社会主義体制崩壊後初めての普通裁判所に関する法律は2011年に，また最高裁判所に関する連邦憲法的法律は，実に2014年に至ってようやく制定された[14]。

普通裁判所は，三層から構成される。基層となるのは，地区裁判所，市裁判所，地域間裁判所（総称して地区裁判所—raionnye sudy）である。通常の第一審事件は，地区裁判所が扱う。地区裁判所の数は，全連邦で2,100余りである。第二層は，連邦構成主体の裁判所で，共和国最高裁判所，地方，州，連邦特別市，自治州，自治管区にそれぞれ1つずつ設置される裁判所である。その数は，連邦構成主体の数に等しく，80を超える。このレベルの裁判所は，地区裁判所からの上訴事件を審理するとともに，一定の事件，たとえば国家機密に関する事件などで，第一審として事件を処理する。最上層は，連邦最高裁判所である。最高裁判所は，限られた刑事事件などで，第一審の管轄権を行使する。

この他，軍事裁判所が普通裁判制度に組み込まれている。軽微な民刑事事件を扱う治安判事も，普通裁判制度の一環である。

---

[14) 2011年2月7日　連邦憲法的法律　FKZ-1, 2014年2月5日　同　FKZ-3.

最高裁判所は，2014年2月の最高商事裁判所の廃止に伴い，刑事，民事，行政，商事の分野での最上級審となった。

最高裁判所には，刑事，民事，行政，商事それぞれの合議部がある。最高裁判所への申立ては，まずこれらの合議部で審理され，合議部が必要と認める場合にのみ，最高裁判所幹部会に回付される。最高裁判所幹部会は，長官，主席代理，3名の代理と4名の裁判官から構成される。事件の実体に関する最高裁の判断は，すべて幹部会が行う。この他に，最高裁判所総会という，裁判官全員で構成される会議がある。総会の最も重要な機能は，法律の解釈・適用について下級審に拘束力ある「解説」を与えることである。

最高裁判所の裁判官の定員は170名である。現在の最高裁判所の裁判官構成は，刑事・行政に偏っている。刑事合議部は，最高裁判所が第一審として刑事事件を扱う部の他，5つの部門から構成され，70名余りの裁判官が所属する。行政合議部は15名，軍事合議部は6名の裁判官を擁する。これに対して，民事合議部は，民事・労働部門，それぞれ5名の裁判官が配属されているのみである。

最高商事裁判所の廃止により，最高裁判所には，新たに商事合議部が設置された。この定員は，30名である。最高商事裁判所の裁判官は，40余名であった。最高商事裁判所からは，10余名の裁判官が，最高裁判所に移籍した。

最高裁判所は，四半期ごとに，刑事，民事，行政事件について，「概観 (obzor)」と称する主要判決の要約を刊行する。これは幹部会の承認を経たものである。一方，総会決議の形式で，下級審に対して，法律の適用に関する「解説」も与えられる。たとえば，2013年7月9日の「贈収賄，その他の汚職犯罪に関する事件の裁判実務について」は，外国公務員贈賄を扱っているが，外国公務員の定義などを解説している。

地区裁判所に始まり，すべての普通裁判所は，連邦裁判所である。唯一の連邦構成主体の裁判機関が，治安判事である。治安判事に関しては，1998年に法律が制定された[15]。軽微な民刑事事件は，治安判事によって処理される。第二審は，第一審地区裁判所が所在する連邦構成主体の種類によ

---

15) 1998年12月7日 連邦法 FZ-188.

表6 普通裁判所の新受・既済事件 2011-2013年

総 数

| | 2011 | | | 2012 | | | 2013 | | |
|---|---|---|---|---|---|---|---|---|---|
| | 刑事事件 | 民事事件 | 行政事件 | 刑事事件 | 民事事件 | 行政事件 | 刑事事件 | 民事事件 | 行政事件 |
| 新受件数 | 989,232 | 12,686,453 | 5,321,487 | 947,631 | 10,306,687 | 5,742,443 | 946,474 | 12,903,297 | 5,820,987 |
| 既済件数 | 997,334 | 12,668,149 | 5,295,961 | 941,954 | 10,258,997 | 5,731,547 | 943,939 | 12,831,652 | 5,808,943 |

うち,治安判事による審理事件

| | 2011 | | | 2012 | | | 2013 | | |
|---|---|---|---|---|---|---|---|---|---|
| | 刑事事件 | 民事事件 | 行政事件 | 刑事事件 | 民事事件 | 行政事件 | 刑事事件 | 民事事件 | 行政事件 |
| 新受件数 | 452,142 | 9,168,005 | 5,044,472 | 426,690 | 6,728,799 | 5,483,364 | 431,133 | 9,003,833 | 5,136,364 |
| 既済件数 | 455,731 | 9,165,332 | 5,019,498 | 424,596 | 6,724,873 | 5,473,888 | 429,948 | 8,976,727 | 5,127,350 |

地区裁判所による審理事件

| | 2011 | | | 2012 | | | 2013 | | |
|---|---|---|---|---|---|---|---|---|---|
| | 刑事事件 | 民事事件 | 行政事件 | 刑事事件 | 民事事件 | 行政事件 | 刑事事件 | 民事事件 | 行政事件 |
| 新受件数 | 525,713 | 3,435,658 | 264,466 | 509,972 | 3,524,312 | 247,331 | 506,337 | 3,839,598 | 674,746 |
| 既済件数 | 530,067 | 3,420,096 | 263,875 | 506,641 | 3,480,437 | 245,938 | 504,613 | 3,795,330 | 671,665 |

出典:http://www.cdep.ru/index.php?id=5

表7 普通裁判所民事・行政事件内訳 2013年

| 類型別決定 | 件数 |
|---|---|
| 雇用紛争(雇用関係回復請求) | 14,599 |
| 雇用紛争(賃金支払い請求) | 105,381 |
| 家賃,暖房,電気料金等の取立て | 100,707 |
| 私人からの租税,その他義務的支払いの取立て | 39,632 |
| 社会組織,政党の活動の停止,または終了 | 4,458 |
| 住居に関する紛争 | 439,626 |
| 名誉の保護,事業上の評判の保護 | 4,823 |
| 規範的法的アクトの連邦法違反 | 1,853 |
| 公務員等の違法処分・行為 | 84,756 |
| 選挙法違反 | 2,777 |

出典:http://www.cdep.ru/userimages/sudebnaya_statistika/Svedeniya_za_2013.xls

り,共和国最高裁判所,州裁判所,地方裁判所,特別市裁判所などである。第三審が連邦最高裁判所である。

2011年の統計では,地区裁判所の新受民事事件数は,約343万6,000件であった。このうち訴訟事件は82.3%であった。内訳は,家族事件が17万

1,600 件，労働事件が 26 万 2,700 件，住居関係事件が 42 万 1,000 件，年金関係事件が 9 万 5,600 件，消費者保護関係事件が 10 万 4,700 件，相続事件が 13 万件，不法行為事件が 9 万 1,600 件，債権取立て事件が 25 万 3,700 件などであった[16]。

### 2.4　普通裁判所と商事裁判所との管轄配分

最高商事裁判所は，廃止されたが，商事裁判制度自体は，下級審では存続する。したがって，管轄配分の問題もいまだ意義を失わない。

民事訴訟法典によれば，民事事件に関しては，普通裁判所は，私人，組織，国家機関等を当事者とした，民事，家族，労働，住居，土地，環境その他の法的関係から生じた紛争を管轄する（第 22 条 1 項）。普通裁判所は，さらに刑事事件と行政事件も審理する。

一方，商事裁判手続法典の基本規定によれば，商事裁判所は，「経済的紛争，その他事業活動等，経済活動の遂行に関連する紛争」を管轄する（第 27 条 1 項）。これらの紛争の当事者は，法人，個人事業者，ロシア連邦，連邦構成主体，国家機関，公務員，一般の私人，外国法人，外国人などである（同条 2 項）。商事裁判制度発足の当初は，当事者の属性によって管轄が決定され，私人と企業間の紛争は，普通裁判所の管轄とされる一方，企業間の紛争は，商事裁判所の管轄とされた。例外は，倒産事件と租税事件，および外国判決・仲裁判断の承認・執行事件（2002 年以降）で，これらは当事者の如何を問わず，商事裁判所の管轄であった。

しかし，当事者が私人か法人かという主観的な要素だけで管轄を決定すると，さまざまな不都合が生じる。たとえば株主総会の決議の無効取消を争う場合など，会社訴訟において，原告株主が私人であるか，法人であるかによって管轄が異なっては，矛盾する判決が確定する可能性がある。2002 年に商事裁判手続法典が全面的に改正されたときに，当事者の属性にかかわらず，管轄を定める「特別管轄」の制度が導入された（第 33 条）。これは以下の事件を含む。

---

16) "Obzor sudebnoi statistiki o deiatel'nosti federal'nykh sudov obshchei iurisdiktsii i mirovykh sudei v 2011 godu", *Rossiiskaia Iustitsiia*, 2012 No.9, pp. 63–64.

▶倒産事件
▶国家登記に関する事件
▶株式，その他有価証券の管理機構が関係する事件
▶事業上の評判の擁護に関する事件

さらに，2009年の改正により，会社訴訟が，商事裁判所の特別管轄に一括して含まれることになった（第225-1条）。
　こうした管轄の明確化の試みにもかかわらず，普通裁判所と商事裁判所の管轄をめぐる混乱は解消されたわけではない。

【裁判例】
　Edimax Limited 社は，ロンドン国際仲裁裁判所（LCIA）に，私人Chを相手方として仲裁申立てを行った。事件は，Chによる債務保証にかかるものであった。申立人は，また被申立人のモスクワの住居に対する仮処分申請をモスクワ市商事裁判所に行った。同裁判所は，仮処分の根拠が立証されていないとして，申立てを斥けた。控訴審は，この決定を破棄し，申立てを認めた。これに対して，破毀審裁判所は，本件は，商事裁判所の管轄ではないとして，手続を終了した。破毀審裁判所によれば，仲裁の被申立人Chは，個人事業者ではなく，また事業活動も行っておらず，商事裁判所の管轄の主観的要件が欠けていた。
　そこで，申立人は，モスクワ市の地区裁判所（普通裁判所）に改めて仮処分申請をしたが，裁判所は，この事件は，商事裁判所の管轄であるとして，申請を斥け，モスクワ市裁判所もこれを支持した。
　最高商事裁判所は，Chが本件債務者であるキプロスの会社を支配する者であると認定し，普通裁判所が自己の管轄を認めなかったことも考慮して，破毀審裁判所の決定を覆し，商事裁判所の管轄権を認めた[17]。

また，行政事件に関しても，両者の間には，以下のように管轄競合がある。

---

17) 最高商事裁判所幹部会決定　2010年4月20日　No.17095/09.

## 2.5 行政事件の管轄

　行政機関の決定や処分の適法性を裁判で争う制度が必要であることは，社会主義時代からつとに認識され，限定的ではあるが，行政訴訟制度が導入されていた。当初は，行政訴訟の対象は，限定列挙されていたが，1980年代には，行政訴訟が，包括的に認められるようになった。行政立法や処分を裁判所で争う権利を認める現行憲法の採択に先立って，1993年に4月に，市民の権利と自由を侵害する行為，および決定に対する裁判所への異議申立て手続に関する法律が制定された[18]。しかし，この法律は，「裁判所への異議申立て」の権利を認めたのみで，普通裁判所と商事裁判所の管轄配分には触れなかった。

　ロシア連邦憲法は，最高裁判所は，民事，刑事，行政事件，その他の事件に関する最高審であると定めた（第126条）。2014年2月以降，これに商事事件が加わった。一方，廃止前の最高商事裁判所に関する規定（第127条）には，行政事件に関する言及はなかった。商事裁判手続法典は，商事裁判所は，基本的に商事事件を処理すると定めるが（第27条2項），連邦法により，他のカテゴリーの事件を管轄に加えることも可能である（同条3項）。法典には，行政法，その他公法的関係から生じた紛争に関して，商事裁判所の管轄を認める規定がある。すなわち，商事裁判所は，行政的，その他公法的関係の紛争，その他，組織，または私人による事業活動等の活動の遂行に関連する紛争を審理する（第29条1項）。これは具体的には，

- ▶租税，外貨管理，輸出管理，知的財産権，銀行・保険，独占規制，原子力の利用，倒産などの領域における規範的法的アクト（行政立法）
- ▶事業活動，その他の経済活動の領域で当事者の権利，または利益に関わる，国家機関，地方自治体，公務員等の行政処分
- ▶連邦法が定める場合の行政罰賦課処分

を争う事件である。商事裁判所の管轄を基本的に商事事件とする第27条と

---

[18] 1993年4月27日　法律　No.4866-I.

表8　行政事件その他公法的関係から生じた事件（商事裁判所既済事件）　2010-2013年

|  | 2010 | 2011 | 2012 | 2013 |
|---|---|---|---|---|
| 商事裁判所既済事件総数 | 1,197,103 | 1,078,383 | 1,409,545 | 1,247,863 |
| 　行政事件その他公法的関係から生じた事件 | 341,453 | 383,107 | 593,382 | 399,930 |
|  | (28.5%) | (35.5%) | (42.1%) | (32.0%) |
| ［内訳］ |  |  |  |  |
| 　規範的アクト（行政立法）の効力を争う事件 | 1,671 | 1,356 | 1,452 | 1,447 |
| 　　無効と認められた事件 | 475 | 321 | 394 | 383 |
|  | (28.4%) | (23.7%) | (27.1%) | (26.5%) |
| 　行政処分等の効力を争う事件 | 90,162 | 82,957 | 103,439 | 108,987 |
| 　　無効と認められた事件 | 45,590 | 39,589 | 54,397 | 60,790 |
|  | (50.6%) | (47.7%) | (52.6%) | (55.8%) |
| 　法人または私人からの義務的支払の徴収事件 | 153,854 | 197,119 | 372,677 | 159,974 |
| 　行政罰事件 | 80,702 | 88,756 | 102,743 | 119,278 |
| 　　行政罰処分を争う事件 | 41,683 | 45,920 | 58,612 | 68,760 |
| 　　行政罰を賦課する事件 | 39,019 | 42,836 | 44,131 | 50,518 |

出典：http://www.arbitr.ru/_upimg/A6F775B86ED9602087DC9D8795AB33D3_12.pdf

広範な行政事件を商事裁判所の管轄に含める第29条は，整合性を欠くと指摘されている[19]。

2013年の統計によれば，商事裁判所の第一審新受事件の3分の1は，行政事件である。このうち10万件は，租税関係事件であった[20]。

一方，民事訴訟法典は，普通裁判所の管轄に関する部分では，民事事件にのみ言及する。しかし，法典は，第3編で「公法的関係から発生した事件に関する手続」について定め，規範的法的アクトの効力を争う手続，および行政処分等を争う手続とにそれぞれ一章を割いている。

### 2.6　渉外事件に関する裁判所の管轄

民事訴訟法典，および商事訴訟手続法典には，それぞれ外国人が当事者である事件に関する裁判所の管轄権に関する規定がある。

まず民事訴訟法典では，原則規定として，被告である法人がロシア連邦内に所在する場合，または私人である被告の住所がロシア連邦内にあるときに，

---

[19]　D.A.Furusov ed., *Kommentarii k arbitrazhnomu protsessual'nomu kodeksu RF*, Moscow 2014, p. 81.

[20]　http://www.arbitr.ru/_upimg/A6F775B86ED9602087DC9D8795AB33D3_12.pdf

「ロシア連邦の裁判所（普通裁判所）」が管轄権をもつと定める（第402条2項）。この他に，ロシア連邦の裁判所は，以下の場合に事件を審理する（同条3項）。

- ▶外国人（法人）の経営機関，支店，または駐在員事務所がロシア連邦領内にあるとき
- ▶被告がロシア連邦内に資産を有するとき
- ▶扶養料の取り立て，不正確定の訴えで原告がロシア連邦内に住所をもつとき
- ▶家計維持者の不具，その他健康障害，または死亡による不法行為損害賠償請求で，被害がロシア連邦領内で発生し，または原告がロシア連邦内に住所をもつとき
- ▶財産の被害に対する損害賠償請求で，請求の基礎となる事実がロシア連邦領内で発生したとき
- ▶債務の全部，または一部がロシア連邦領内で履行される契約紛争
- ▶ロシア連邦領内で生じた不当利得に関する請求
- ▶離婚事件で原告がロシア連邦に住所をもつとき，または当事者の一方でもロシア国民であるとき
- ▶名誉，尊厳，または事業上の評判を擁護する紛争で，原告がロシア連邦に住所をもつとき

一方，商事裁判手続法典は，外国人が当事者である事件に関する商事裁判所の管轄権について，以下のような原則規定をもつ。

　商事裁判所は，商事紛争，および事業活動等経済活動の遂行に関するその他の事件で，このような活動を行う外国法人，国際組織，外国人，無国籍者が参加する事件を以下の場合に管轄する（第247条1項）。

- ▶被告がロシア連邦内に所在し，または居住し，ないしはその財産がロシア連邦領内に所在するとき
- ▶外国人（法人）の経営機関，支店，または駐在員事務所がロシア連邦領内にあるとき

- ▶履行された場所，または履行さるべき場所がロシア連邦領内にある契約から生じた紛争
- ▶財産の被害に対する損害賠償請求で，加害行為，その他の事実がロシア連邦領内で発生したとき，または被害がロシア連邦内で発生したとき
- ▶ロシア連邦領内で生じた不当利得に関する請求
- ▶事業上の評判の擁護に関する紛争で原告が，ロシア連邦領内に所在するとき
- ▶ロシア連邦領内で発行され，または流通する有価証券に関する紛争
- ▶法的事実の確認請求で原告がその事実がロシア連邦領内にあると主張するとき
- ▶インターネット上のドメイン名の登録，その他の目的物の登録，またはサービスの提供関係から生じた紛争
- ▶その他，紛争の対象である法的関係がロシア連邦と密接な関係があるとき

また，ロシア連邦の商事裁判所は，以下の事件について排他的管轄権をもつ（第248条1項・2項）。

- ▶国有財産の民営化，および国家の必要のための財産の強制的売却に関する紛争を含むロシア連邦の国有財産に関する紛争
- ▶ロシア連邦に所在する不動産に関する紛争
- ▶特許の登録，または賦与，商標，工業用ひな形，実用新案の証明書の交付，知的活動の成果に対するその他の権利であって，ロシア連邦において登録，権利の賦与，証明書の交付を必要とするものに関する紛争
- ▶権限ある機関によって行われる国家登記の記載の無効確認に関する紛争
- ▶ロシア連邦における法人，および個人事業者の設立，清算，または登記に関する紛争，または法人の機関の決定を争う紛争
- ▶行政法，その他公法的関係から生じた紛争

この規定は，外国人が当事者である事件におけるロシア連邦の商事裁判所の権限と題する章に置かれている。これは外国の裁判所との関係で，「ロシ

表9 外国人が当事者である事件（商事裁判所） 2010-2013年

|  | 2010 | 2011 | 2012 | 2013 |
|---|---|---|---|---|
| 第一審既済事件総数 | 1,197,103 | 1,078,383 | 1,409,545 | 1,247,863 |
| 　外国人が当事者である事件 | 1,792 | 1,675 | 2,537 | 2,449 |
|  | (0.15%) | (0.16%) | (0.18%) | (0.2%) |
| 　　うち　CIS諸国 | 660 | 597 | 664 | 589 |
| 　　外国貿易取引関係事件 | 107 | 198 | 161 | 132 |
| 　　外国投資法の適用に関する事件 | 16 | 6 | 7 | 6 |
| 　　外国人の請求認容件数 | 1,056 | 975 | 1,569 | 1,429 |
| 　　認容率 | (58.9%) | (58.2%) | (61.8%) | (58.4%) |
| 　請求総額（100万ルーブル） | 40,115 | 112,658 | 459,523 | 669,793 |
| 　認容額（100万ルーブル） | 18,462 | 15,015 | 111,387 | 35,594 |
| 　外国裁判所の委嘱執行 | 456 | 463 | 591 | 764 |
| 保全措置申立て | 130 | 110 | 138 | 132 |
| 上訴 |  |  |  |  |
| 　控訴審 | 874 | 1,321 | 1,527 | 1,183 |
| 　破毀審 | 281 | 398 | 988 | 880 |

出典：http://www.arbitr.ru/_upimg/3FD3E3E62182EED07CEA6F9ED62A27E9_14.pdf

ア連邦の」商事裁判所の権限——排他的な管轄——を定めている規定である。この規定を仲裁との関係における裁判所の排他的管轄を定めるものとし，仲裁による紛争処理の可能性を狭く解する見解があるが，妥当ではない。

## 3　裁判官

### 3.1　裁判官の地位に関する法律

ペレストロイカの過程における立法の中でも，裁判官の地位に関する法律は重要な位置を占める。この法律は，社会主義の歴史上，初めて裁判官の独立を現実に保障することを意図し，裁判官の任免の手続を定めたが，いまだ不十分であったために，社会主義の崩壊後，1992年に全面的に改正された。1993年の連邦憲法制定の後，幾多の改正をみた。最新の改正は，2014年の最高商事裁判所廃止に伴う改正である[21]。

裁判官は，独立であり，ロシア連邦憲法と法律にのみ従属する。司法に関する活動において，裁判官は，何人にも従属しない（憲法第120条1項，法第

---
21)　1992年6月26日　法律　No.3132-I.

1条4項)。裁判官の権能は，連邦法に定められた手続によらなければ停止され，または終了されない（憲法第121条2項）。裁判官は不可侵であり，連邦法が定める手続によらなければ刑事責任を問われない（憲法第122条）。

これらは社会主義時代から憲法上，保障されていたが，形式のみであり，そもそも制度上，裁判所は，共産党の支配下に置かれていた。共産党組織や，国家機関，政治的有力者による裁判への介入は，恒常的にみられた。

裁判官の地位に関する法律には，裁判への介入を禁止する具体的な規定が置かれている。

> 裁判官の司法活動に対するあらゆる介入は，法律にもとづいて追及される。裁判官が管掌する事件に関する，裁判官，または裁判所に係属する事件に関する，裁判所の長，その代理，裁判長，合議部の長への手続外の接触は，禁止される（第10条1項）。

これは口頭であると書面であるとを問わず，手続の当事者ではない，国家機関，地方自治機関，その他の機関や組織，公務員，または私人による接触を意味するとされる。連邦最高裁判所長官の2013年の報告では，このような裁判官への手続外接触はいまだ後を絶たないという。

裁判への介入は，刑事罰の対象となる。

### 3.2　裁判官の資格

裁判官は，高等法律教育を修了していることが要求される（第4条1項1号）。これは当然のことのように思われるが，社会主義時代の末期まで，これは裁判官の資格要件ではなかった。

裁判官の資格は，裁判所の種類によって異なる（同条2項）。

▶憲法裁判所裁判官
　　ロシア連邦の国籍を有し，40歳以上であって，法律の分野の職に15年以上従事した者
▶最高裁判所裁判官
　　ロシア連邦の国籍を有し35歳以上であって，法律の分野の職に10

年以上従事した者
- ▶共和国最高裁判所裁判官，地方，州，連邦特別市，自治州，自治管区裁判所，軍事裁判所，連邦管区商事裁判所，商事控訴審裁判所，特別商事裁判所裁判官

    ロシア連邦の国籍を有し30歳以上であって，法律の分野の職に7年以上従事した者
- ▶ロシア連邦構成主体の商事裁判所，同憲法裁判所，地区裁判所，師団軍事裁判所，および治安判事

    ロシア連邦の国籍を有し25歳以上であって，法律の分野の職に5年以上従事した者

　ここにいう法律の分野の職には，法律的素養を要求される，ロシア連邦，ロシア連邦構成主体，地方自治体の職員の他，各種組織の法務職，および学術機関の職が含まれる。

　裁判官の職は，公募される。裁判官になるためには，上記の要件を満たした上で，募集に応じなければならない。初めて裁判官になる者は，資格試験に合格することを要する。資格試験は，各級裁判官資格審査委員会の下に置かれる試験委員会によって行われる。すでに裁判官である者は，この試験を免除される。たとえば地区裁判所の裁判官が，州裁判所の裁判官の職に応募する場合は，試験を受ける必要はない。

　応募者に対して資格審査委員会が審査を行い，審査委員会の肯定的結論がある場合に，応募者は裁判官に任じられる。

　裁判官の腐敗が広くみられることから，法律は，応募者に資産状態の開示を要求する。すなわち，応募者の収入，資産，配偶者，未成年の子の収入や資産が開示の対象となる（第4条5項8号）。裁判官となった後も，毎年継続開示の義務がある（第8.1条）。

　連邦最高裁判所長官は，最高裁判官資格審査委員会の肯定的な結論がある場合に，大統領の提議にもとづき，連邦院（上院）が任命する。任期は6年である（第6.1条2項）。

　管区商事裁判所，商事控訴審裁判所，連邦構成主体の商事裁判所，および特別商事裁判所長官・所長，およびその代理は，最高裁判官資格審査委員会

の肯定的結論を得て，最高裁判所長官の提議により，大統領が任命する。地区裁判所の所長，およびその代理は，相当するレベルの裁判官資格審査委員会の肯定的な結論にもとづいて，6年の任期で，最高裁判官資格審査委員会の大統領が任命する（第6.1条7項，8項）。

共和国，管区，州裁判所，連邦特別市裁判所，自治州，自治共和国，軍事裁判所の長官，およびその代理は，最高裁判所長官の提議により，最高裁判官資格審査委員会の肯定的な結論がある場合に，大統領により，6年間の任期で任命される（第6.1条6項）。

憲法裁判所裁判官，および最高裁判所裁判官は，大統領の提議により，ロシア連邦の連邦院（上院）が任命する（憲法第128条1項）。大統領は，提議の際に，長官の意見を考慮するものとされる（裁判官の地位に関する法律第6条1項）。他の連邦レベルの裁判所の裁判官は，大統領が任命する（憲法第83条e）。これは最高裁判所長官の提議による（法律第6条3項）。

連邦裁判所の裁判官には任期がないが，70歳が定年である。

2014年5月に最高商事裁判所を最高裁判所に併合するために憲法が改正された。これに伴い，最高裁判所が改組されたが，最高裁判所の裁判官は，長官を含めて，すべて新規に任命されることになった（憲法改正法に伴う最高裁判所の最初の構成員の選抜手続に関する法律)[22]。新たな最高裁判所の裁判官は，特別に設置された資格審査委員会の審査を経て任命される。実際にも，相当数の現役裁判官が，再任されることができなかったと言われる。もっとも，新たな最高裁判所の長官は，現長官が続投することになった。

最高裁判所長官，裁判官の任命方法は，憲法に定められているが，裁判官の地位に関する法律は，長官・裁判官候補者の選抜方法について定める。長官・裁判官候補者の選抜は公募による。選抜のために，通常の最高裁判官資格審査会議ではなく，特別に最高裁判所裁判官選抜のための資格審査委員会が設置される。審査委員会の構成員は，27名であり，そのほとんどが裁判官であるが，大統領の全権代表も加わっている。

最高裁判所長官・裁判官の職に応募する資格は，現役の裁判官以外に，一般の私人であって，特別試験委員会が実施する試験に合格した者にも与えら

---

[22] 2014年2月5日　連邦法　FZ-16.

れる。現役裁判官は，試験を免除される。

資格審査委員会は，審査の結果選抜された候補を大統領に推薦し，大統領が，その候補を上院に提議することになる。この法律は，最高裁判所裁判官の定員についても定める。

### 3.3 裁判官の規律上の責任

規律違反行為，すなわち，「職務遂行上の有責な作為・不作為，職務外の行為で裁判官の地位に関する法律，または裁判官倫理規範に反し，その結果司法権の権威の低下を招き，裁判官の評判を損なった行為」に対して，裁判官は規律違反の責任を問われ，懲戒処分を科せられる（第12.1条1項）。これは訓告，戒告，または罷免処分である。

懲戒処分は，裁判官資格審査委員会により科せられる（同条7項）。罷免処分は，「重大で有責な，裁判官の崇高な使命に反する行為」に例外的な場合に適用される。処分に対しては，裁判手続で争うことができ，また，数年前に設立された規律審査委員会に不服審査を申し立てることもできる。これには裁判官が刑事事件で有罪判決を受け，それが確定した場合や，資産開示義務の違反などを含む（第14条1項8号）。

なお，裁判官，その配偶者，および未成年の子は，ロシア連邦領外の外国銀行に口座を開設し，金銭，貴重品を預託し，また外国金融商品を所有，または運用することを禁止されている（第14条1項6.1号）。

2012年の最高裁判官資格審査委員会の委員長報告によれば，3年間に，連邦構成主体の裁判官資格審査委員会は，160人の裁判官を期限前に解任し，875名を戒告処分に付した。最高裁判官資格審査委員会は，3名の裁判官を解任し，2名を戒告処分とした。裁判官の刑事訴追の許諾請求は，3年間に69件あった[23]。なお，2005年から2008年までに裁判所長を含めて279名の裁判官が解任された。

---

23) http://www.vkks.ru/publication/10453/

## 4 商事裁判手続の流れ

### 4.1 管　轄

第一審の裁判所は，連邦構成主体ごとに設置されている商事裁判所である。土地管轄としては，原則は被告の所在地の裁判所が管轄権をもつ。

### 4.2 訴えの提起

訴えは書面により裁判所に提起される。オンラインによる訴え提起も可能である。

訴訟手続は，訴訟当事者本人（会社の機関）が行うこともできるが，通常は弁護士を介して行う。訴えの提起に当たっては各種の書面が必要であるが，外国企業の場合は，商業登記簿の謄本とそのロシア語訳（公証人による認証を要する）が必要である。

訴状には各種の書類が添付される。訴状に署名する権限を証明する文書，訴えを基礎づける書証，契約書，商業登記簿の謄本などの他，裁判手数料を納付した領収書などが添付されなければならない。

### 4.3 訴状の受理

訴状が裁判所に提出され，その謄本が相手方に送付された後，訴状を受理するか否かの形式審査を裁判官が行う。これは訴状受付後，5日以内に行われなければならない。訴状受理については裁判官は決定を行う。これにより訴訟手続が開始される。

### 4.4 被告の答弁書

訴状を受け取った被告は，訴えの項目ごとに答弁書を作成し，裁判所に提出しなければならない。これは電子的な方法でも行うことができる。提出期間は，訴状受理・手続開始決定時に指定される。

### 4.5 準備手続

準備手続は争点の整理の他，適用法規の決定，当事者の範囲の決定などを

目的とする。この手続には当事者とその代理人が参加する。この手続では提出される証拠が明らかにされ，補充的な証拠が必要であるか否かも検討される。証拠提出の期限もこの段階で決定される。

### 4.6　予備的公判審理

予備的公判審理では，当事者，その他利害関係人が参加し，当事者による申立て（たとえば証拠保全）について決定が行われ，証拠が審理に十分であるか否かが検討され，当事者は，相手方がどのような証拠が提出されるかを知ることができる。この段階で当事者は証拠を提出し，申立て・主張を行うことができる。

### 4.7　和　解

当事者はいかなる段階でも和解することができる。裁判所は和解を「勧奨する」。

### 4.8　事件の公判手続への送付

裁判官は，審理の準備が整ったと認めた場合に，事件を公判手続に送付する。なお，当事者が準備手続に参加している場合は，準備手続からそのまま公判手続に移行することも可能であり，実際にもそのような実務が行われている。

### 4.9　公判期日の手続

公判では当事者主義がとられるが，日本と同様に裁判官が主導的な役割を果たす。手続の冒頭に原告が訴えを取り下げるか，また被告が訴えを認容するか，裁判官が質問する。公判には当事者はビデオ会議によって参加することができる。ただし，これはその裁判所に設備がある場合に限る。

公判において裁判所（裁判官）は証拠調を行う。物証，書証が直接調べられ，また証人，鑑定人の供述が行われる。当事者の陳述も行われる。

ロシアには英米法のような広範な証拠開示制度はないが，証拠提出命令の制度はある。当事者は自ら証拠を入手できない場合は，裁判所に証拠の保持者に対して証拠提出命令を出すように求めることができる。しかし，この命

令に相手方がしたがわない場合の制裁は，法人の場合でも少額の過料であり，実効性に欠けることは否めない。

### 4.10 継続審理

公判審理は連続して行われる。しかし，裁判所の職権により，または当事者の申立てにより，公判期日の間に5日間以内の間隔をおくことができる。

### 4.11 口頭弁論

証拠調べの後，口頭弁論が行われる。原告についで被告が弁論を行う。

### 4.12 審理の終結と判決

第一審手続は通常，単独裁判官により行われる。審理終結後，裁判官は退出し，判決を起草する。判決は導入部，事実関係の部分，理由，そして主文から構成される。判決は法廷で朗読されるが，場合によっては主文のみ朗読されることもある。判決は控訴されない限り，採択後1ヶ月で確定する。確定判決は民事執行法にしたがって執行される。

### 4.13 上訴手続

(1) 控訴審

第一審判決に対しては，控訴審裁判所に控訴することができる。たとえばウラジオストックの場合は，これはウラジオストックにある第五控訴審商事裁判所である。控訴期限は判決後1ヶ月である。控訴審の審理は申立て後2ヶ月以内に終了しなければならない。控訴審は基本的に覆審であり，事件が最初から審理される。

(2) 破毀審

破毀審審査申立ては，控訴審の判決に対してなされる。控訴審判決に対しては，その確定後2ヶ月以内に管区（破毀審）裁判所による審査を申し立てることができる。再びウラジオストックを例にとれば，管轄裁判所は極東管区商事裁判所である。審理期間は2ヶ月である。破毀審は法律審であり，一般に通常の事件では，破毀審が最終審である　2014年に最高商事裁判所が

廃止されるまでは，破毀審は連邦管区裁判所における一審級のみであった。しかし，今後は，管区商事裁判所の破毀審に加えて，最高裁判所の裁判合議部において再度の破毀審審理が可能となった。

新たに導入された最高裁判所合議部における破毀審は，実体法，および／または手続法規範の重大な違反で，判決に影響を及ぼす根拠がある場合に審理を行う。審理申立ては，原審の手続に参加した者に止まらず，その他の者も，事業活動，その他の経済的活動において自己の権利，または法的利益が侵害されたと思料するときは，申立てを行うことができる（第291.1条）。

最高裁判所裁判合議部への申立て期間は，原審決定確定後2ヶ月以内である。

### (3) 監督審

最高裁判所裁判合議部の破毀審決定に対しては，最高裁判所幹部会の裁判監督手続による再審理が可能である。監督審は，最高裁判所合議部による(i) 憲法，一般に承認されている国際法の原則，または規範。ないしは国際条約が保障する人の権利，または自由の侵害，(ii) 不特定多数の人の権利，または法的利益，またはその他の公共的利益の侵害，(iii) 裁判所による統一的な法規範の適用，および／または解釈の違反の場合に原審決定を破棄，または変更することができる（第308.8条）。

監督審審理の申立ては，最高裁判所合議部決定の確定から2ヶ月以内に申立てられなければならない。

### 4.14 裁判に要する期間

ロシアの裁判手続は，各審級ではそれほど時間を要しない。第一審では，訴状が裁判所に到達した後，判決まで3ヶ月で審理しなければならないとする規定がある。これは従来2ヶ月とされたが，近年，裁判官の過重負担により，この期限が必ずしも遵守されなかったので，2014年から3ヶ月となった経緯がある。控訴審では2ヶ月，破毀審で2ヶ月の審理期間が定められており，単純計算では，7ヶ月を要する。なお，複雑な事件では期間の延長が認められる。ただし，上訴審では破棄自判よりも差戻しが多く，そうなると審級を上下して時間を要する場合がある。

## 5  判例の法源性

　社会主義体制下の 1984 年と社会主義崩壊後の 1999 年にロシアで刊行された法律事典の「判例（*pretsedent*）」の項目を比較すると，両者にはほとんど差異がない。両者ともに先例の拘束力を認める制度を，ロシア法とは異質な英国法の制度として紹介しているのである[24]。

　判例が法源にあたるか否かについては，裁判所の役割が強調され始めた 1980 年代から議論があった。ロシア法は，大陸法の伝統に連なるが，このことはロシアに判例法が存在しない，または存在し得ないことを意味するものではない。日本の例でもわかるように，法典法にもとづく法制であっても，判例は重要な役割を果たす。日本の場合は，とくに下級審レベルでも判例法が形成されること，最高裁判所の判例により，法が実質的に変更されることがあるなど，判例の役割は他の大陸法諸国に比べても大きいように思われる。

　帝政ロシア時代には，判例に対する法律家の考え方は一致していなかった。著名な国法学者 N.Korkunov は，判例の法源性を正面から認めたが，この見解は必ずしも広く支持されたものではなかった[25]。実際には，裁判官は法律を解釈する権限を与えられず，1906 年基本法の制定までは，法律を「機械的に適用する」ことを要求された。しかし，下級審裁判官に法律を解釈する権限がないとすると，上級審が法律を解釈し，これに下級審裁判官が拘束されるという形をとらざるを得ない。そのために元老院（当時の最高裁判所）は，問題ごとに「指導的解説」を出して下級審の指針とした。

　社会主義時代には，判例法の制度は，「支配階級に制定法に対抗する手段を与える」ものとされ，判例の拘束力は一般的には否定された。権力が少数の共産党幹部に集中される制度の下で，建前上とは言え，選挙される裁判官に限られた範囲でも法創造を認めることはあり得なかった。しかし，帝政時代と同様に，下級審裁判官に裁量権を与えないのであれば，上級審が詳細に

---

24)　R.O.Khalfina, "Prestedent", in A.Ia.Sukharev ed., *Iuridicheskii entsiklopedicheskii slovar'*, Moscow 1984, p. 296. A.Ia.Sukharev ed., *Rossiiskaia iuridicheskaia entsiklopediia*, Moscow 1999, pp. 800–803.

25)　N.M.Korkunov, *Lektsii po obshchei teorii prava*, 8th edition, St.Petersburg 1908, pp. 261–263.

わたって法の解釈を示さなければならない。そこで，社会主義時代にも，最高裁判所総会の「指導的解説」が下級審裁判官の指針となった。

当時の最高裁判所総会は，連邦最高裁判所長官，長官代理，各連邦構成共和国の最高裁判所長官，そして連邦検事総長により構成された。もとより，裁判官の独立が存在しなかった時代であって，最高裁判所総会も共産党の厳格な統制の下にあったことは言うまでもない。総会の指導的解説は，多くの法領域で出され，『最高裁判所通報』誌上で公表された。この他に，民法，刑法などについては，代表的な判決例を集めた『裁判実務』という刊行物が最高裁判所により出版された。この意味で，社会主義時代にも「判例は事実上の法源であった」という指摘はあながち誤りではない[26]。

社会主義の崩壊の過程で法治国の建設が議論されたとき，まず裁判所の独立と権威の確立が重要な課題となった。その一環として，判例の役割について新たに議論が開始された。すでに1990年代半ばに連邦最高裁判所長官代理は，以下のように述べた。

> 新しい連邦憲法の施行に伴い，国家と社会において一層重要となった裁判所の役割に照らして，裁判実務においても，新たな，きわめて重要な裁判所の機能が発生した……法制の重要な改革と多くの新しい法律の採択にもかかわらず，法制には多くの空白があり，矛盾が生じている。これらの問題を克服することは，以前よりもはるかに困難であり，裁判実務のもっとも困難な問題の1つである。いくつかの例では，最高裁判所の決定は，法源としての役割を果たした[27]。

この論者は，(法制の整備が進んでいない現段階では) 裁判所は法を創造することを余儀なくされており，さもなければ裁判所の機能は有効性を欠き，社会が正当に期待する役割を果たさず，権利を擁護する代わりに違法行為を助長することになると指摘した。

---

26) M.N.M.Marchenko, "Iabliaetsia li sudebnaia praktika istochnikom rossiskogo pravo", *Zhurnal Rossiiskogo Prava*, 2000 No.12, p. 12.
27) V.M.Zhuikov ed., *Sudebnaia praktika po grazhdanskim delam 1993-1996*, Moscow 1997, p. 6.

現行法制の未整備から，判例の法創造的機能を強調する議論としては，最高商事裁判所の長官自身が，就任直後に以下のように述べて，立法の質を批判した。

　　我々は，最高商事裁判所幹部会の会議で，具体的な事件の審理に際して，法律相互の矛盾や同じ法令の内部での不一致など，質の低い法律に文字どおり毎日遭遇している。法律の質が高ければ，幹部会の書簡などは不要であるのだが……28)。

判例の法源性の問題を立法の質と関連させる議論は少なくない。

　　事業活動の領域における他の法創造機関の活動の質が低ければ低いほど，たとえ時おりではあろうとも，質が高い立法と下位法令の不足が最高商事裁判所の裁判実務によって補われる必要は一層高まっている。法律家は立法府が体系的な基礎の下に明確でかつ考え抜かれた規制を提供する期待を失い，または失いつつあり，逆に最高商事裁判所こそ，必要があれば，社会のそのような要求をみたし得ることを実証している29)。

　憲法裁判所については，法律上，その決定の拘束力が認められている。問題は，普通裁判所と商事裁判所の判決の法源性である。判例の法源性を認めると言っても，ロシアでは，上級裁判所の判決一般に拘束力を認めるという議論と最高裁判所の総会決議や幹部会書簡の拘束力に関する議論とを区別する必要がある。前者を支持する議論は少ない。ロシアの裁判官の質は必ずしも高くはなく，広く一般に上級裁判所の判決の判例としての機能を肯定することはためらわれるようである。

　　裁判官の中には，少数ではあるが，低い資質の法律家がいる。裁判所に

---

28) A.A.Ivanov, "Kachestvo zakonov i deiatel'nost'arbitrazhnykh sudov", *Zhurnal Rossiiskogo Prava*, 2005 No.4, p. 3.
29) A.N.Vereshchagin et als., "Puti sovershenstvovania pravotvorcheskoi deiatel'nosti VAS RF", *Vestrik Vysshego Arbitrazhnogo Suda*, 2013 No.6, p. 5.

法創造の権限を与え，その裁量権を拡大することは，法治国原理を葬るようなものである[30]。

2010年に最高商事裁判所長官は，*pretsedent*についてと題する演説を憲法裁判所で行い，最高商事裁判所の決定の先例的意義を強調した。前長官によれば，判例の役割という点で，ロシアは英米法諸国と大陸法諸国の中間にある。判例が大きな役割を果たすという点では，ロシアは，帝政時代に最高裁判所総会決議に拘束力が与えられて以来，大陸法よりも先行している。

> 上級裁判所の総会決議に規範性を認めるならば，判例法制度まではあと一歩である。そしてこの一歩は，私見では，最高裁判所により審理される決定を選別するという考え方にたどり着いたときに達成される。これは根本的な改革であり，ここに初めて我々は判例法制度に移行したといえるのである。……それではなぜ判決は選別されなければならないか？判決は，社会にとって最も重要な場合に，当該事件ばかりではなく，同種事件に適用される，裁判所の法的な見解を形成すためである[31]。

最高裁判所が裁判実務について「解説（*raz'iasnenie*）」を行うことは憲法上認められている（第126条，旧最高商事裁判所については旧第127条）。2014年に新たに制定された最高裁判所に関する連邦憲法的法律によれば，最高裁判所の総会は，長官，長官代理を含めた，すべての最高裁判所裁判官から構成される（第5条1項）。総会には，憲法裁判所や商事裁判所の裁判官も招待されることができる。総会の重要な機能は，裁判実務の統一性を確保するために，ロシア法の適用の問題について，普通裁判所に解説を与えることである。

最高裁判所総会決議の形式をとる「解説」は拘束力をもち，法源である。最高裁判所の解説は個別事例に関する場合もあるし，広く一定の問題に関する解説である場合もある。前者の例としては，遺産分割の個別的な例につい

---

[30] V.Iarkov ed., *Kommentarii k arbitrazhnomu protsessual'nomu kodekusu RF*, Moscow 2004, p. 25.
[31] 2010年3月19日　http://www.arbitr.ru/press-centr/news/speeches/27369.html

て最高裁判所の解釈を明らかにした 2013 年 7 月 13 日の総会決定が例であり[32]，一般的な解説としては，贈収賄，瀆職犯罪における法の適用に関する解説や[33]，任意保険に関する解説[34]などが多くの例がある。歴史上，著名であるのは，反革命罪の要件を著しく緩和し，間接的故意と過失行為にまで反革命罪を拡張した 1928 年 1 月 2 日の総会決議である。

『最高裁判所通報』誌を見ると，2012 年には総会決議として 10 件の「解説」が公表されている[35]。

一方，最高裁判所幹部会は，長官，代理の他，4 名の最高裁判所裁判官から構成される（最高裁判所に関する法律第 7 条）。幹部会の構成員は，大統領の提案により，上院によって承認される。幹部会の主要な役割は監督審手続，および再審手続による下級審の判決・決定の審査である。

商事裁判所制度の基本法は，1995 年に制定された商事裁判所に関する連邦憲法的法律である。この法律は，最高商事裁判所の廃止後も，管区商事裁判所（旧連邦管区商事裁判所）以下の商事裁判所に適用される。最高商事裁判所の総会は，最高裁判所総会と同様に，長官，長官代理を含めた，すべての最高裁判所裁判官から構成された。最高裁判所総会と異なり，最高商事裁判所総会には，両院議員，連邦憲法裁判所長官，連邦最高裁判所長官，連邦検事総長，司法大臣が出席する権限があった。

最高裁判所と同様に旧最高商事裁判所総会は，商事裁判所による法令適用の実務等を検討し，裁判実務に関する解説を与えた（第 13 条 1 項）。

最高商事裁判所が存在した過去 20 年間の商事裁判制度においては，普通裁判所と異なり，最高商事裁判所総会の決議よりも，同幹部会決議が重要な役割を占めた。幹部会は，様々な問題について，裁判実務を概観する形でinformation letter を出した。最近のものでは，「外国人が参加する事件の商事裁判所による審理に関する若干の問題と題する決議」がある。これは以前の決議を見直したものであるが，ロシアの裁判所の管轄，準拠法決定，外国法の内容確認，外国人の法的地位の決定の問題など，重要な論点を事例を

---

32) 最高裁判所総会決定　2013 年 7 月 9 日　*Rossiiskaia Gazeta*, 2013. 7. 23.
33) 最高裁判所総会決定　2013 年 7 月 9 日　No.24.
34) 最高裁判所総会決定　2013 年 6 月 27 日　No.20.
35) *Vestnik Verkhovnogo Suda RF* No.12, p. 36.

あげて説明している[36]。また，外国判決，仲裁判断の執行における公序の問題に関する幹部会決定もある[37]。こうした information letter は「純粋に勧告的」であるが，実際には，「具体的事件に関する最高商事裁判所の幹部会決議と同様に，事実上の拘束力をもつ」[38]。これに対して，総会決議はより規範的であり，最近の例では，保証に関する諸問題を扱った決議[39]，倒産事件審理手続の諸問題を扱った決議などがある[40]。

憲法裁判所は，2010 年に商事裁判手続法典の規定の合憲性を審査した際に，最高商事裁判所の決定の判例法的機能に触れて，最高商事裁判所は，具体的事件の審理に関してのみならず，法の統一的な理解と解釈のために，事実関係が類似するすべての事件について事件の解決を知悉させる目的で，法規範を解説することができるとし，さらに一般論として，次のように指摘した。

> ロシアの裁判制度において最高裁判機関による法の適用は，裁判実務の発展に極めて大きな影響を与えている。一般的に言えば，これらの機関は，下級審の決定を破棄，または変更することができるという点で，その決定は，将来に向けて，下級裁判所にとって事実上の拘束力をもつ[41]。

これは「判例の拘束力を認めるまであと一歩」であり，現状，すなわち下級裁判所が具体的事件についても，最高商事裁判所の見解にしたがわなければならないことを最終的に認めたものと評されている[42]。

2013 年からは，商事裁判所幹部会の監督審手続による個別事件に関する判断の要旨が裁判所の website 上で公表され，私法に関する決定要旨は，毎月まとめて「幹部会の法的立場」として掲載されるようになった。この部分

---

36) 最高商事裁判所幹部会決定　2012 年 7 月 9 日　No.158.
37) 最高商事裁判所幹部会決定　2013 年 2 月 26 日　No.156.
38) Verashchagin et als., *supra*, pp. 9–10.
39) 最高商事裁判所総会決議　2012 年 7 月 12 日　No.42.
40) 最高商事裁判所総会決議　2012 年 6 月 22 日　No.35.
41) 連邦憲法裁判所決定　2010 年 1 月 21 日　No.1-P.
42) Vereshchagin et als., *supra*, p. 8.

は，英語にも訳されている。

さらに，廃止前数年間の最高商事裁判所の具体的事件に関する決定には，以下のような表記を含むものがみられた。

> 本決定に含まれる最高商事裁判所幹部会の法規範の解釈は，一般的拘束力を有し，同種の事件の商事裁判所の審理に適用されなければならない [43]。

これは，さきに引用した長官の 2010 年の演説にしたがって，幹部会の選別された決定について先例的意義を認めたものである。

最高商事裁判所は，設立以来 22 年間に多くの書簡や具体的な事件に関する幹部会決定を出し，商事法の分野における規範形成に寄与した。最高商事裁判所の末期には，選ばれた幹部会の決定は，先例的意義を認められていたと言える。問題は，最高商事裁判所廃止後のこれらの決定の先例的効力である。この点は，2014 年 6 月の商事裁判手続法改正により，最高裁判所の総会決議や幹部会決定に止まらず，旧最高商事裁判所総会決議，幹部会決定も，判決に引用することが認められた。

## 6 裁判制度の信頼性

1980 年代の末に法治国の建設が議論されたときに，まず取り上げられたのは，裁判所の独立の問題であった。社会主義時代にも，裁判所の独立は，憲法上の原則であった。しかし，実際の制度上は，裁判所は共産党組織に従属していた。ペレストロイカの過程では，法治国の前提が，権力から独立した裁判制度の構築にあることに異論はなかった。1989 年には第 1 回連邦裁判官会議が開催され，その結果，裁判官の地位に関する法律が制定された。

4 年ごとに開催されるこの裁判官会議は 2012 年で第 8 回を数えたが，社会主義崩壊後 20 年余を経ても，裁判所の独立は，いまだに重要な議題である。

---

[43] 最高商事裁判所幹部会決定　2010 年 11 月 2 日　No.8366/10.

第 3 章　裁判制度　89

　2009 年に「ロシアの裁判制度――その問題状況」と題する報告書が発表された。これは政府系の研究所の委嘱による調査報告で，裁判官，弁護士，司法ジャーナリストなどのインタヴューにもとづいている[44]。

　報告によれば，ロシアにおいて，裁判所の独立は，「明らかに低い段階」にある。その原因はまず何よりも，「腐敗（korruptsiia）」による。この場合の「腐敗」とは賄賂収受を含むが，「国家機構への従属」をも意味する。すなわち，裁判所は，「重要な事件では，中立的な立場をとらず，先験的に国家の側に立ち，法律の側に立つ者の利益ではなく，官僚機構の利益を擁護する」。裁判制度は独立であるとはみられず，国家機構の完全な一部であると考えられている。官僚機構の利益に反する決定は，それが法律に適合した正しい決定であっても，かなりの確実性をもって，上級審で阻止され，差し戻される。そしてこのような決定を行う頻度が高ければ，その裁判官は，職を解かれる可能性が高くなる。各レベルの裁判所の長や上級裁判所は，裁判官の懲戒や人事に大きな権限をもっている。そこで裁判官はお互いに監視しあい，「ルールを学び」，その法的正当性の有無にかかわりなく，どのような決定を行わなければならないかを判断する。裁判官に対して行使されるこのような「梃子」の結果，裁判所は，「さまざまな経済集団の利益を促進する機関とみられている」という。

　もっとも，この報告によれば，これはすべての事件にわたって裁判所が公正ではないという意味ではない。一般の人々の利益が相互に対立するような通常の事件では，裁判官は，公正かつ客観的に事件を審理する。党派的・主観的に行動する理由がないからである。また，個人と行政機関との対立でも，係争額が大きくなければ，裁判官は客観的に行動する。事実，租税訴訟などでは，一般に納税者側が勝訴する確率は高い。外国企業が租税当局に勝訴した例も少なくない。しかし，係争額が高くなると勝訴率は下がると言われる。

　この報告書と同様の趣旨は，ある弁護士の論文でも指摘されている。すなわち，国や大企業の利益がかかわる訴訟では，「法律のいかなる不明確性や欠陥も，国や大企業の有利に解釈されることと予測することは困難ではない」というのである。そして立法技術の未熟さもあって，ロシアの法律は，

---

44)　Tsentr politicheskikh tekhnologii, *Sudebnaia Sistema*, June 2011, p. 369.

このような不明確性や矛盾に事欠かない。

　政治体制全体の中での司法制度の位置づけについて，ロシアのある政治学者は，次のように指摘した。

> ロシアの司法権は……まず何よりも大統領権力，そして連邦，および地方レベルの行政権に直接従属し，その統制下にある。司法機関は，幹部，とくにその指導部レベルの人事で，ノメンクラトゥーラ的な変更に絶えずさらされている。それゆえに，すべてのレベルのロシアの裁判所は，今日では，真に独立して，非政治的な仲裁者としての役割を果たす能力がない。多くの裁判判決は，法と現実の法律を基礎としているのではなく，「合目的性」と telephone justice にもとづいて下されている。司法権は，多くの知られたスキャンダラスな裁判事件が示しているように，政治・経済的なグループの競争的闘争において，また大統領権力や執行権力を社会的・政治的な異議申立てから擁護する保護層として，積極的に利用されている[45]。

　一般にロシアの裁判所の問題は，2 つある。汚職——清廉性の問題——と政治的な圧力に対する抵抗力——独立性——の問題である。この両者は重複する部分もある。政治的な介入への服従は，一般に見返りを伴うからである。
　裁判官の腐敗と権力との癒着の例として，2009 年のモスクワ市商事裁判所所長の懲戒事例がある。

【裁判例】
　同裁判所の P 所長は，当時のモスクワ市長（2010 年に罷免された）に，自分と家族が所有するアパートと他のアパートとの交換に助力するように要請する書簡を送った。その結果入手したアパートを売却した代金で，P 所長は，モスクワ市の関連企業から，「エリート住宅」に属する高級アパートの住居を市価に比べて大幅な安値で手に入れた。それでもアパートの対価，内装の費用，税金の支払など，裁判官の俸給では到底まか

---

45) Iu.A.Nisnevich, *Gosudarstvennaia vlast' sovremennoi Rossii*, Moscow 2008.

なえない金額であった。

　モスクワの商事裁判所には，モスクワ市，またはその関連機関・組織が当事者である事件が係属することが多い。上記の一連の取引にかかわった企業は，モスクワ管区商事裁判所に係属していた事件の当事者であり，Ｐ所長自身，その審理に関与していた。また，この企業は，この裁判所の建物の新築工事を請け負った企業とも密接な関係にあった。

　社会主義体制の崩壊後，裁判官の人事や懲戒は，かつてのように政権の恣意に委ねられることなく，裁判官代表と学識経験者から構成される裁判官資格審査委員会が管轄する。最高商事裁判所長官は，Ｐ所長がモスクワの市長に便宜供与を求めること自体，職務権限の濫用であり，利益相反行為であって，裁判所が扱った事件の帰結をみるまでもなく，このような取引に関与することは，裁判官の客観性，中立性，公正さに疑問をいだかせるに足る行為であるとして，懲戒処分を申し立てた。

　裁判官資格審査委員会は，これらの事実を認め，Ｐ所長を解任し，裁判官の地位を剥奪した。Ｐ所長は，一連の取引は，私的利益のためではなく，裁判官の住宅環境を向上させるためであったなどとして，最高裁判所に異議申立てを行ったが，却下された[46]。

　また，ある大手企業の株主総会決議取消訴訟では，会社側が裁判官に某有名企業の株式を提供した。裁判官自身は受取りを拒否したが，代わりにその親族に株式を供与するように原告に依頼し，これは実行された。その結果，原告は勝訴したという[47]。

　裁判官の清廉性については，プーチン政権以来の「反汚職」キャンペインもあって一定の成果があったと言われる。2000年代の前半には，普通裁判所と商事裁判所の管轄競合を利用して，原告が遠隔地の普通裁判所の裁判官を買収し，有利な判決を得てこれを執行する例がしばしばみられた。しかし，2000年代半ばから，「規制が厳しくなったため」，公然とこうした行為が行われることは少なくなったという。ちなみに各商事裁判所には，「信頼の電話」というホットラインがあり，裁判の利用者は，裁判官の不正行為につい

---

[46] http://www.vkks.ru/ss_detale.php?id=4543
[47] A. Molotnikov, *Sliianiia i pogloshcheniia*, Moscow and St.Petersburg 2007, p. 209.

て，匿名で通報する制度がある。

　しかし，当事者が自己の利益を追求するために，裁判制度を濫用する例は後を絶たない。これはとくに会社訴訟において，会社の経営権を篡奪することを目的として行われた。下院の財産権委員会委員長によれば，

　　会社訴訟の当事者は，手続法や会社法の不正確な規定を利用し，権利の濫用や脅迫により，一見，合法的に，将来性がある企業を乗っ取ろうとする[48]。

　もとより，こうした決定を取得するためには，裁判官の協力がなければならない。また，弁護士も必然的に関与する。前記の研究所の報告は，弁護士が「出納係」として仲介役を果たしていると指摘する。

　こうした事態に対して，経済発展省は，2006年に会社訴訟に関する手続法の改正案を起草したが，これは数年間棚晒しになっていた。2008年以降のロシアの財政危機を契機に，外国投資家を誘引するために制度を公正にする必要に直面し，改正案は，2009年にようやく議会を通過して法律となった。この改正は，会社訴訟関連の実体法と手続法の包括的な見直しを行ったものである。

　一方，裁判所が政治権力に従属する場合があることは，前記報告にみられるとおりである。裁判所に圧力をかける主体は，「官僚機構」として抽象的にしか言及されていないが，これは州知事や地方の大手企業など，地方レベルの組織から，連邦政府や政権と密接な関係をもつ企業など，中央レベルまで，広範に及ぶ。地方レベルの問題は，上級審による是正が可能であるが，後者の問題は，数こそ少ないが，一旦生じると，裁判所には多くを期待できない。

　商事裁判所では，手続の透明化が大幅に促進され，最高商事裁判所のみならず，控訴審，破毀審裁判所の判決・決定もインターネットでアクセス可能であり，また最高商事裁判所幹部会の議事も公開されるようになった。各審級の手続の過程も，インターネットでモニターできた。裁判制度の透明性の

---

[48]　V. Pleskachevskii and A. Popova in *Korporativnyi Iurist*, 2006 No.2, pp. 10-11.

向上は，裁判官の不公正な行為に対する一定の抑止力になると思われたが，2014年の最高商事裁判所の廃止により，このような成果が失われたのは遺憾なことである。

# 第 4 章　弁護士制度と検察制度

## 1　弁護士制度

　ロシアの弁護士制度は，1864 年の司法改革に遡る。司法改革により，「宣誓代理人（*prisiazhnye poverennye*）」の制度が導入され，1874 年には「私的代理人（*chastnye poverennye*）」の制度が加わった。前者は西欧の弁護士制度に倣ったもので，社会のエリート層の出身であることが多く，西欧の自由主義的な思想に導かれて，立憲主義運動で指導的役割を果たした。多くの政治的裁判で，宣誓代理人が，無政府主義者など，政治犯の弁護に活躍したことは，広く知られている。無政府主義者 Vera Zasulich の公判では，弁護人は，「被告人を弁護するというよりは，体制そのものを批判した」と評された。ちなみに，この事件では，被告人は無罪となった。

　宣誓代理人は，モスクワやサンクト・ペテルブルグなど，上級裁判所の管区で弁護士会に組織化された。その活動には大都市では一定の自治が認められたが，司法省，裁判所，および検事局が監督権を行使した。私的代理人は地方で活動することが多かった。

　宣誓代理人となるためには，高等法学教育終了後，5 年間の修習期間が定められていたが，ユダヤ人など，非キリスト教徒に対しては，人数制限があった。一方，私的代理人の資格要件は極めて緩やかであった。

　宣誓代理人も私的代理人も，個人で業務を行うことが一般的であったが，19 世紀末からは，法律相談所（*juridicheskie konsultasii*）と呼ばれる小規模な共同事務所を組織することもあった。1890 年には，宣誓代理人が 1,830 名であったのに対して，私的代理人は，3,407 人であった。しかし，この関係は 1910 年代には逆転し，1913 年には，宣誓代理人が 5,658 名に増加する一方，私的代理人は，2,099 名に減少した[49]）。

ボリシェヴィキ革命の直後に公布された「裁判所に関する布告」は，帝政ロシアの裁判所や検事局のみならず，弁護士会をも廃止した。もともとボリシェヴィキは，弁護士会の自由主義的な傾向には警戒感を抱いていた。帝政時代に法廷で国家権力に抗して政治犯を擁護した弁護士達は，ボリシェヴィキが権力を獲得した段階で，危険視されるに至ったのである。サンクト・ペテルブルグやモスクワの弁護士会は，ボリシェヴィキによる権力獲得の正当性を否定する決議を採択したが，もとより政権には抗しきれずに，解散決議を余儀なくされた[50]。刑事弁護人の制度は，その後の布告によって限定的に復活したが，弁護士制度が復活するには，1921年の新経済政策の導入を待たなければならなかった。1917年に1万3,000人を数えた弁護士は，1921年には659人にまで減少した。

1922年に民法典，刑法典，刑事訴訟法典とともに弁護士会規程が採択された。この規程によれば，弁護士は，地方ごとにコレギアを組織するものとされたが，全国レベルでは統一的な組織をもつことを認められなかった。地方弁護士会は，各地方のソビエト，裁判所，そして検察庁の監督下に置かれた。この新たな弁護士制度を主として担ったのは，革命前の私的代理人層であったと言われる。

こうして復活した弁護士制度も，1920年代末の社会主義工業化，それに続く農業の全面集団化の時代を経て，「社会主義的変容」を遂げた。プロレタリア革命によってプロレタリアートが権力を獲得した以上，今や国家権力と人民との間には利益の対立はない。人々の利益を国家権力から擁護するという必要はもはやなく，社会主義体制において弁護士が果たす役割は失われたとして，弁護士制度の廃止も議論された。しかし，こうした議論は，1930年代初めに「国家と法の最大限の強化」が党の路線となるとともに，「極左偏向」として批判され，弁護士制度はかろうじて廃止を免れた。

弁護士制度は確かに存続したが，大粛清の時代に弁護士が果たし得る役割は，ほとんどなかった。裁判手続における弁護人の地位は低く，裁判官や検察官には常にないがしろにされた。弁護士会自体，粛清の対象となり，帝政時代以来の弁護士は，もはやみられなくなった。こうした状況で，1939年

---

49) E.Huskey, *Russian Lawyers and the Soviet State*, Princeton 1986, pp. 21–22.
50) Kucherov, *supra*, pp. 314–316.

に新たに弁護士会規程が制定され，弁護士会の自治は完全に失われた。弁護士は個人業務を許されず，地方の弁護士会コレギアに従属する法律相談所に所属して活動することが義務づけられた。弁護士会に対する監督は，司法人民委員部（司法省）に委ねられた[51]。

このような体制は，スターリン批判の後も長く存続した。1977年のソビエト連邦憲法の制定の後，1979年にソビエト連邦弁護士法，1980年にロシア共和国弁護士規程が制定されたが，制度に基本的な変化はなかった。社会主義時代の弁護士制度の特質としては，（ⅰ）弁護士自治の不在，（ⅱ）私的弁護士業務の禁止，（ⅲ）司法制度における，検察官，裁判官に対する弁護士の相対的な地位の低さを挙げることができる。1970年代の反体制派・異論派の裁判において弁護人を務めた弁護士が，弁護士会の懲戒処分を受ける例が少なからずあったが，これは共産党指導部の統制下にあった弁護士会が決定したことであった。

社会主義体制の崩壊の過程で，司法改革の主眼はまず，裁判制度の改革，裁判所の地位の向上に置かれ，弁護士制度の改革の優先順位は低かった。しかし，この間の大きな進展は，1989年のソビエト連邦弁護士組合の設立である。これは社会主義体制下で初めての国家から独立した職能団体であった。

弁護士制度の改革の最初の課題は，弁護士自治の確立であった。1980年規程が廃止されないまま，1990年代初めに，司法省は弁護士会に対する監督権を放棄することを余儀なくされた。この結果，弁護士会コレギア（*kollegia*）が弁護士の新規加入，修習，報酬，事務所の設立に関して権限をもつに至った。弁護士報酬も，司法省が決定していたこれまでの制度と異なり，弁護士が顧客と合意で決定できるようになった。

コレギアは，従来，地方ごとに設置されていたが，1980年代末に，司法省は，「中小企業への法的サービスを強化するために」，これまでのコレギアと並行して，新たなコレギアの設立を認め，地方政府も多くの場合にこれを支持した。その結果，多数の新設コレギアが既存のコレギアと並立し，競合するに至った。たとえば，モスクワ市には14のコレギアがある。

1990年代初期の新たな動きとして重要であるのは，私的法律事務所の自

---

51) Huskey, *supra*, pp. 214–217.

由化である。すでにペレストロイカの時代に、私的企業の原初的形態として協同組合の設立が認められたが、弁護士も協同組合を組織して業務を行うことが認められていた。社会主義体制崩壊後、司法省も、コレギアに属さない私的法律事務所の設立を認めた。弁護士数は、大幅に増加した。1988年には連邦全体で2万8,000人であった弁護士数は、ロシア連邦だけで1997年の統計では、2万6,500人に達した。このうち、約2万人が100の既存のコレギアに属し、残りの7,000人が40の新設コレギアに属していた[52]。

しかし、1980年弁護士規程により、弁護士（*advokat*）はコレギアに加入することが義務づけられていたために、私的法律事務所の弁護士は、*advokat* を名乗ることはできず、lawyer, attorney などと呼ばれ、法廷に立つことはなく、non-contentious な業務に専念した。社会主義時代の *advokat* は、訴訟事件を主として扱ってきたが、ここにコレギアに属さない、新たな形態の「弁護士」が登場したのである。その一方で、弁護士規程が適用されないために、これらの法律家の資格要件の定めはなく、資格を授与する機関も存在しなかった。資格の点では、新設コレギアの弁護士も同様であった。

そこで1995年に政府決定により、司法省が、コレギアに属さない法律家を対象とする法律業務ライセンスを授与する制度が導入されたが、この決定は数年後に撤回された。そのために現在に至るまで、コレギアに属する *advokat* 以外で法律業務を行う法律家、たとえば法律事務所の法律家で *advokat* ではない者については法的規律がなく、その資格要件は、法律上定められていない。

新しい弁護士法の制定は、早くから議論され、1994年には最初の草案が司法省により起草され、その後いくつかの草案が議会で審議された。しかし、弁護士法については、既存のコレギアと新設コレギア、新型法律事務所相互、およびこれらの組織と司法省の対立、さらには地方政府の利害もからみ、容易に合意を得ることができなかった。主要な争点としては、（ⅰ）コレギアの性質（営利団体か、公益団体か）、（ⅱ）コレギアの設立と解散方法、（ⅲ）各地方のコレギアの数、（ⅳ）自治制度のメカニズム、（ⅴ）弁護士団体と国家との関係が挙げられた[53]。1999年に議会に提出された草案は、新設コレ

---

52) P.Jordan, "The Russian Advokatura (the Bar) and the State in the 1990s", *Europe-Asia Studies*, 1998 No.5, pp. 771–772.

ギアの弁護士によって，民主的な基礎に立つ並行コレギアの実績を否定し，社会主義時代の「行政的・指令的システム」への回帰であると批判された[54]。

　弁護士法は，「弁護士業務，および弁護士に関する法律」として2002年にようやく制定された。法制定の後，advokat は再登録を要求され，6万人の advokat のうち，1,000人が再登録を拒否された。

　弁護士法は，弁護士業務を「本連邦法に定められた手続により弁護士の資格を取得した者により，私人，または法人に，その権利，自由，および利益を擁護し，また司法へのアクセスを確保するために提供される，質が高い法律的補助」と定義する。弁護士活動は，事業活動ではない（第1条1項，2項）。法人において法律業務を行う者（企業法務部など）の活動は弁護士業務ではない。また，重要な例外として，「法的役務を提供する組織のパートナー，および職員による活動」も，弁護士業務ではない。後者は，コレギアに属しない法律事務所のパートナーやアソシエイトを指すと思われる（同条3項）。

　一方，弁護士とは，「本連邦法に定められた手続により弁護士の資格と弁護士業務を行う権利を取得した者」をいう。弁護士は，法律問題に関する独立した職業的助言者である（第2条1項）。弁護士の業務は，以下のとおりである（第2条2項）。

（ⅰ）法的問題に関する助言
（ⅱ）法的性質の文書の作成
（ⅲ）憲法裁判所で当事者の利益を代表する
（ⅳ）依頼者の代理人として民事，刑事，および行政手続に参加する
（ⅴ）仲裁手続（国際商事仲裁を含む）その他の機関の紛争処理手続に依頼者の代理人として参加する
（ⅵ）国家機関，地方機関，その他の組織で依頼人の利益を代表する
（ⅶ）外国の国家機関，裁判所，警察，国際裁判所などで依頼人の利益を

---

53) V.Smirnov, "Zakon ob advokature nado prinimat'sia", *Rossiiskaia Iustitsiia*, 1999 No.5, pp. 12-13.
54) "Zakonoproekt ob advokature protivorechit konstitutsii Rossii i zdravnomu smyslu", *Rossiiskaia Iustitsiia*, 1999 No.4, p. 1.

代表する
（ⅷ）執行手続，および行刑手続で依頼人の利益を代表する
（ⅸ）租税手続で依頼人の利益を代表する

　このうち，民刑事手続・行政罰手続において当事者の代理人となることは，国家機関や地方機関の職員を除き，*advokat* に限られる（同条4項）。言い換えれば，それ以外の法律業務は弁護士以外にも認められるのである。

　外国の弁護士は，その外国の法の問題について，ロシア連邦で法的助言を行うことができる。しかし，外国の弁護士は，ロシア連邦において，ロシア連邦の国家機密にかかわる問題については，法的助言を行うことはできない（同条5項）。

　外国の弁護士は，ロシア連邦において弁護士活動する場合には，司法省の特別名簿に登録することを要する（同条6項）。

　弁護士の資格は，高等法学教育，または同等の法学教育を修了し，2年間，法律業務の修習を経ることが要求される（第9条1項）。このような業務としては，裁判官や公証人の他，高等法学教育を要求される連邦，地方，または市町村行政機関における勤務も含まれる。

　弁護士資格を授与するのは，各連邦構成共和国ごとに設立された弁護士会（*palata*）である。弁護士試験も，弁護士会が組織する。そのために，各地方により，試験の難易度は異なる。

## 2　検察制度

　「司法（裁判）権（*sudebnaia vlast'*）」と題されるロシア連邦憲法第7章には，最高裁判所や憲法裁判所に関する規定とともに，検察庁に関する規定が置かれている（第129条）。1977年のソビエト連邦憲法は，検察制度に，裁判所と並んで一章を割いていた。1993年のロシア連邦憲法は，検察庁に関する規定は一ヶ条に止めたが，裁判所に関する規定と同じ章にこれを置いた。憲法のこうした規定の仕方には，ロシアにおける検察庁の特異な地位が反映されている。

　憲法上，裁判所と同等に扱われてきたこと自体，ロシアにおける検察官の特殊な地位を象徴している。現実の検察官は，司法機関ではなく，裁判権を

行使するわけでもない。歴史的には，ロシアの検察官の中心的な役割は，「国家機関・公務員による法令の遵守に対する監督」にあった。

現行憲法は，検察庁の任務については沈黙している。検察庁法は，検察庁は，「ロシア連邦の名においてロシア連邦憲法の遵守とロシア連邦領内で妥当している法律の執行に対する監督を行う」と定める（第1条）[55]。

社会主義体制の下で，検察官は，「社会主義的合法性」の擁護者であり，1977年のソビエト連邦憲法によれば，法律の正確，かつ統一的な執行に対する「最高監督」を行う機関とされた。検察の「監督」活動が「最高」と形容されたのは，当時の説明によれば，検察官が憲法上，最高ソビエトの委任を受けて国家の名において監督を行う，「最高国家権力の眼」であるからである。検察は，立法，行政，司法と並んで，国家活動の第四の独立した領域であると位置づけられた[56]。

具体的には，検察官による「監督」は，以下の分野に及んだ[57]。

（ⅰ）すべての省庁，企業，地方人民代議員ソビエトの執行・処分機関（地方行政機関にあたる），コルホーズ，協同組合などの社会組織，公務員，および市民による法律の正確，かつ一様な執行に対する監督
（ⅱ）裁判所における事件の審理の際の法律の執行に対する監督
（ⅲ）捜査，および予審機関による法律の執行に対する監督
（ⅳ）拘禁施設における法律の執行に対する監督

このうち，一般監督と呼ばれる（ⅰ）は，検察官の主要な任務であった。（ⅱ）は裁判監督と称された。

ロシア検察制度の起源は，1722年にピョートルⅠ世がスエーデンやプロイセンの制度をモデルとして導入した *prokuror* 制度である。当初，検察官は，「ツァーリの眼」として地方機関や中央の行政機関を監督する機関であったが，1864年の，当時としては先進的な司法改革で純然たる刑事訴追機関に改組された。その後，検察制度は，ロシア革命により一旦廃止されたものの，1922年に復活した。もっとも，復活した制度は，1864年の司法改革以降の西欧的モデルにしたがった制度ではなく，ピョートルⅠ世の下での絶

---

[55] 1992年1月17日　連邦法　2202-1.
[56] Prokuratura USSR ed., *Sovetskaia prokuratura*, Moscow 1982, p. 158.
[57] S.G.Novikov, *Prokurorskaia sistema v SSSR*, Moscow 1977, pp. 65-70.

対主義時代の制度であった。1922年当時，ボリシェヴィキ政権は，地方権力による中央の指示からの逸脱に悩まされており，検察制度を復活させたのも，こうした地方権力の統制の手段として検察官が評価されたからに他ならない。「裁判所は，確実に第二次的な，遠い背景に退けられ，極度に中央集権化され，管理しやすい検察機関が選好された」58)。それは一方では，当時の選挙で選ばれた裁判官による裁判制度に対するソビエト権力の不信の反映であり，当事者に依存しない，「上からの監督」の選択を意味した。

　検察官は，共産党との関係が裁判所など，他の機関と比較して緊密であり，実際には，国家機関に対する共産党指導部の「眼」として，国家機関，公務員，そして市民に対して監督権を行使した。幹部検察官の中の共産党員の比率は，他の機関と比べて高く，党機関との人事交流などを通じて，検察と共産党との関係は極めて密接であった59)。

　社会主義時代の検察官は，一般監督，すなわち，広く行政機関などによる法律の執行を監督し，法違反を是正・除去することをその主要な任務とした。ペレストロイカが進行していた1980年代後半にも，検察庁は，一般監督を拡大し，その人員を増員した。これは「国家規律，労働規律の弛緩の他，各省庁が，現行法を無視してさまざまな法規を創出した」ことに対応する措置であった。

　しかし，法治国論の展開とともに，一般監督廃止論は検察内部でも有力になった。1990年の「検察権力のコンセプト」に関する討議では，ある検察官は，検察は非本来的な機能を数多く遂行していると述べ，検察官の基本的な任務は，国家において公訴権を行使することであると指摘した。すなわち，検察官を一般監督等を行う機関から刑事手続を中心とする訴追機関に転換しようというのである60)。

　検察外部から一般監督制度を根本的に批判したのは，刑事訴訟法学者

---

58) K.F.Gutsenko, "Pravosudie i prokurorskii nadzorv usloviiakh formurirovaniia pravovogo gosudarstva", *Vestnik MGU seria pravo*, 1990 No.4. 検察制度の起源については，小田博『スターリン体制下における権力と法——社会主義的合法性原理の形成過程』(岩波書店，1986年)，82-135頁。

59) 小田博「ソビエト共産党と検察制度・試論——検察官のキャリア・パターンのコンピューター分析」『国家と市民 (国家学会百年記念) 3』(有斐閣，1987年)，499頁。

60) V.N.Tochilovskii, "O kontseptsii prokurorskoi vlasti", *Sovetskoe Gosudarstvo i Pravo*, 1990 No.9, p. 44.

V.Savitskii であった。1991 年に公刊された「検察監督の危機」と題する論文において，Savitskii は，検察がいまや国家行政の領域においても，また伝統的に検察の領域である犯罪との闘争においても，いかなる積極的な役割も果たしていないと指摘した。これは必ずしも，検察幹部の責任ではなく，客観的な状況によるものである。ソビエト検察制度は，1922 年に，戦争で半ば崩壊した国で合法性を確保するために創設された。それは，立法権にも行政権にも，また司法権にも属しない，特殊な権力である。このような権力を今後も保持することが必要であろうか，と Savitskii は問うた。刑事手続における検察官の役割はもとより，存続しなければならない。しかし，一般監督制度には，周知のように，存在の理由がない。なぜならば，検察官に「あらゆる手段ですべてを監督させようとした」，何十年にもわたって続いた試みが失敗に終わったからである。もし一般監督を存続させるのであれば，それは市民の権利と利益を保護する分野でのみ残すべきである。行政機関，国営企業などの行為の合法性に対する監督は，それが直接，市民の権利や法的利益にかかわらない場合には，検察官の権限外に置かれるべきであると Savitskii は主張した[61]。

　改正を経ながら現在も妥当している 1992 年の検察庁法では，一般監督という名称は用いられなかったが，検察官は，地方の代議制機関，行政機関，法人，社会組織，公務員による法律の執行と，これらの機関が制定した法的アクトの法律との適合性に対する監督を行うものとされた。

　翌 1993 年に制定されたロシア連邦憲法は，検察庁に関する一ヶ条だけの規定を裁判所に関する章の中に置いた。この規定は，検察官の任務について一切触れず，これを法律に委ねた点において，奇妙な規定であった。これは検察をめぐる当時の混乱した状況を示している。

　憲法起草作業に参加した Savitskii の説明によれば，検察に関する新憲法の規定の仕方は，基本的には，検察官を組織上，裁判所に従属させ，その任務を「犯罪，その他の法違反との闘争」など，刑事手続に限定することを意図したものであった。しかし，最終的な結論が出る前に，当時のロシア連邦検事総長が『イズベスチア』紙上に検察擁護論を発表し，結局，憲法制定委

---

61) V.Savitskii, "Krizis prokurorskogo nadzora", *Sotsialisticheskaia Zokonnost'*, 1991 No.1, pp. 32–32.

員会に諮ることなく，この案は，棚上げされたという 62)。1993 年憲法は，検察官の機能については，解決を法律に委ね，組織問題についてのみ定め，従来のとおり，独立の機関とした。しかし，検察官が他の権力から分離された，中央集権的な組織をとるのは，主としてその一般監督機能のためであるから，憲法の規定は，極めて中途半端なものであった。結局，問題の解決は先送りされたのである。

この憲法制定を契機として，旧憲法下で制定された 1992 年検察庁法の改正が日程に上り，検察をめぐる議論が再開された。

しかし，1990 年前後の議論が，検察の自信喪失を反映して，検察内部ですら一般監督見直し論が有力であったのに対し，1995 年の検察庁法改正の際の論議では，検察内部に止まらず，外部でも一般監督擁護論がみられた。これには社会主義体制崩壊後の法秩序の解体という現実に対する危機感が反映されていた。

1995 年の検察庁法改正においても，結局，一般監督制度は維持された。すなわち，検察官は，「ロシア連邦の名において」，連邦行政機関，地方代議制機関，および行政機関，ならびにその公務員による法律の執行に対する監督を行う。検察官は，また，「その他の機能も遂行する」。

その一方で，改正法は，行政機関等による市民の権利，自由の保障に対する監督を新たに検察の任務とした。これは，これまで過度に広範であった一般監督を市民の権利・自由にかかわる場合に限定する趣旨ではなく，新たにこうした任務が検察官に与えられたのである。そこには，一般監督制度に対する批判や反省がほとんど顧みられていない。

さらに，1995 年改正法は，行政機関等，およびその公務員の他，「営利組織，非営利組織の幹部による市民の権利，および自由の遵守に対する監督」をも検察官の任務とした。しかし，検察官が民間企業を「監督」し，刑事事件以外でも違法行為の発見，是正につとめるというのは，極めて社会主義的な発想であり，かねてから批判されていた「一般監督の拡散」とみられても仕方がない。Savitskii が，1995 年改正法を指して，「検察制度の任務がソビエト時代の最良の伝統にしたがって記述されている」と評したのは無理か

---

62) Savitskii, "Sternezhnevaia funktsiia prokuraturu osushchestvlenie ugolovnogo presledovaniia", *Rossiiskaia Iustitsiia*, 1994 No.10, pp. 3-4.

らぬことである[63]。

　1992年検察庁法は，裁判所との関係での検察官の活動について，これを「裁判所における審理の際の法律の執行に対する監督」であり，「すべての審級で事件の全面的，完全，かつ客観的で適時な審理を行うという法律の要求が実現され，事件について法律にしたがった，根拠ある判決・決定がなされ，それが適時に執行される」ための監督と位置づけた。これは，ある意味では，社会主義時代以来の刑事裁判制度の実態に適合していたとも言える。ソビエト刑事訴訟法によれば，刑事手続において，検察官の参加は義務的ではなかった。実際には，検察官が審理に参加する事件は，全体の50％以下であったという[64]。公判では，起訴状は裁判官が朗読し，その後の手続は，検察官なしに進めることも可能であり，現実にもそのように手続が進行した。しかし，これは裁判官が，自己の本来的な職務ではない，公訴官としての職務を行っていることを意味した。検察官は，手続に当事者として参加しないために，事後的に判決・決定に接し，その合法性を審査することが一般的であった。しかも，検察官が判決・決定を審査するのは，通常，上訴期限を経過した後であり，通常の控訴審の手続ではなく，監督審手続によって判決・決定の違法を是正するしかなかった[65]。その限りで，検察官が裁判監督を行うという見解は，一般に受け入れられやすかったともいえよう。

　しかし，裁判監督という用語は，つねに「検察官が裁判所の上に立つ」という観念を伴う。そして，社会主義体制の下では，現実もそのとおりであった。ある検察官は，この間の事情を次のように述べている。「法律によらない，行政的・命令的な制度のヒエラルキーの下で，検察官は，裁判官よりも特権的な地位をもち，一定の場合に裁判所に圧力をかける可能性を軽視はしなかった。この圧力は，通常，党，または国家機関の幹部からの影響力の行使によって裏打ちされたが，そこにはいかなる法的な根拠もなかった」[66]。

---

63) Savitskii, "Judicial Power in Russia: First Steps", *Review of Central and Eastern European Law*, 1996 No.4, p. 417.
64) V.Kudriavtsev and E.Lukasheva, "Sotsialisticheskoe pravovoe gosudarstvo", *Kommunist*, 1988 No.11, p. 44ff.
65) 社会主義時代の議論の概観は，Savitskii, *Gosudarstvennoe obvinenie v sude*, Moscow 1971, pp. 18–39.
66) Iu.Shadrin, "Pravosudie i prokurorskii nadzor", *Sotsialisticheskaia Zakonnost'*, 1991 No.6, p. 35.

しかし，ペレストロイカの時代に，法治国を支える機関は第一次的には裁判所であり，その独立性の確保と地位の向上が必要であるという見解が有力になると，検察官による「裁判監督」が俎上にあがるのは，不可避であった。

1991年10月に，当時のロシア共和国最高ソビエトは，「司法改革のコンセプト」と題する文書を採択した。これによれば，まず，社会主義体制の下において，裁判所のみならず，司法制度全体が国を統治する命令的・行政的システムの重要な要素となり，「主として抑圧のための機関として機能した」結果，警察，検察，裁判所に対する信頼がいまや危機に瀕している。裁判所は客観的であり，法律に反映された政治的な意思を執行するのみならず，市民社会が必要とするものをくみとる能力をもつ。それゆえに，裁判所は，法擁護機関のなかで中心的な地位を占めなければならない[67]。

問題は，裁判所と検察官との関係である。帝政ロシア時代に検察制度に関する著作を著したN.V.Murav'evが指摘したように，「準行政官である検察官による裁判所の監督は，裁判所の独立に反し，司法の抑圧につながる」。これに対して，導入を予定されている当事者主義の下では，検察官は，「監督者としてではなく，当事者として手続に参加しなければならない。刑事手続において，検察官は，公訴を提起，維持し，その正当性についてのみ責任を負うのである」[68]。

こうした考え方は，実際の立法にも反映された。すでに1989年に制定されたソビエト連邦裁判所構成法は，裁判所における検察官の役割について，1978年連邦検察庁法と異なり，監督という言葉を一切用いなかった。1992年の検察庁法も，裁判所との関係では規定の仕方を改めた。検察官の基本的な任務を定めた規定では，監督という言葉は用いられず，裁判所における検察官の役割については，「検察官は，裁判所による事件の審理に参加する」とのみ定められた。

1995年改正検察庁法は，検察官の任務として，「検察官は，訴訟法にしたがって，裁判所による事件の審理に参加し，裁判所の違法な判決・決定に対

---

67) "The Conception of Judicial Reform in the RSFSR", *Statutes and Decisions*, 1994 No.2, p. 24.
68) "Sudebno-pravovaia reforma", *Zakonnost'*, 1996 No.3, p. 39.

して異議申立てを行う」と定めた。こうして社会主義体制下の「裁判監督」は，法制上，完全に姿を消したのである。

# 第5章　国際商事仲裁

## 1　ロシアにおける国際商事仲裁の発展

　外国企業にとって，ロシアの企業を相手方とする紛争処理方法の選択の範囲は限られている。ロシアとの投資紛争やロシア企業との契約上の紛争をロシアの裁判所に委ねることは，総合的な判断としては避けたいところである。もっとも，紛争の種類によっては，ロシアの裁判所に排他的な管轄がある。なお，外国の裁判所に紛争を付託して勝訴しても，外国判決をロシアで執行するためには，ロシアとの間に条約が必要である。

　一般に，渉外的な商事紛争，または投資紛争の処理は，国際商事仲裁に委ねられる。ロシアでも，外国企業とロシア企業との間の紛争では，広く国際商事仲裁が用いられてきた。ロシアの常設仲裁機関としては，社会主義時代から2つの常設仲裁機関が活動していた。ロシア商工会議所に属する外国貿易仲裁委員会と海事仲裁委員会である。前者は，1980年代に国際商事仲裁委員会と改名され，さらに1990年以降，国際商事仲裁裁判所となって，現在に至っている。この常設仲裁機関は，社会主義体制の下でも，基本的に公正な仲裁を行って，信頼を得た。大型投資紛争に関しては，1978年にアメリカ仲裁協会とロシア商工会議所，ならびにストックホルム商業会議所との間に協定が締結され，ストックホルムにおける仲裁が可能になった。パリの国際商業会議所（ICC）仲裁もロシア企業の受け入れるところとなった。

　ロシアで初めての国際商事仲裁に関する法律が制定されたのは，1993年のことである。それまではロシアの企業に対する仲裁判断は争われることなく任意に執行され，仲裁判断取消しが申し立てられることもなく，仲裁に裁判所が関与することはほとんどなかった。しかし，市場経済への移行とともに仲裁法の制定の必要性が認識され，UNCITRALモデル仲裁法[69]にした

がって，1993年に法律の制定をみた。なお，2002年に仲裁（*treteiskii sud*）に関する法律が制定され，2014年に新仲裁法が制定されたが，これは国内仲裁に関する法律である。

　国際商事仲裁に関する法律（以下，国際商事仲裁法）は，仲裁合意の効力，および仲裁判断の承認・執行に関する規定以外は，仲裁地がロシア連邦である場合に適用される（第1条1項）。

　国際商事仲裁法の内容は，UNCITRALモデル法に沿っているが，とくに（ⅰ）裁判所の仲裁への介入の範囲，（ⅱ）仲裁合意の効力，（ⅲ）暫定措置，（ⅳ）仲裁判断の承認と執行，取消しが重要である。

　仲裁への裁判所の介入について，国際商事仲裁法は，「仲裁法の規律する事項に関しては，仲裁地法が定める場合以外には，裁判所によるいかなる介入もあってはならない」と定める（第6条）。仲裁地法が定める場合とは，仲裁人の忌避，暫定措置，仲裁判断の承認・執行，または取消しなどである。裁判所が，仲裁手続に恣意的に介入し，あるいは仲裁判断の実体に立ち入って審査をすることは許されない。

　仲裁合意の効果に関しては，仲裁法は，以下のように定める。

> 裁判所は，仲裁の対象である問題に関して訴えが提起されたときは，仲裁合意が無効，ないしは失効し，または執行不能である場合を除き，遅くとも事件の実体に関していずれかの当事者が自己の最初の陳述を行うまでに異議を申し立てた場合に，手続を打ち切り，当事者を仲裁に向かわせなければならない（第8条）。

【裁判例】
　ロシアの企業が，フランスの企業を相手方として，損害賠償を求めて商事裁判所に訴えを提起した。国際条約にもとづく数次にわたる告知にもかかわらず，被告は出廷せず，ロシア企業との契約における仲裁条項（アドホック仲裁）を援用して，ロシアの裁判所の管轄権に異議を申し立てた。ロシアとフランスは，1961年のヨーロッパ仲裁条約（ブラッセル

---

69）　http://www.uncitral.org/uncitral/en/uncitral_texts/arbitration/1985Model_arbitration.html

最高商事裁判所は，当事者間に仲裁合意があり，紛争を仲裁に付託する可能性が消尽されておらず，当事者が，裁判所の管轄に対して，紛争の実体に関する最初の申立てまでに異議を申し立てたときは，裁判所は，審理を進めることはできないと指摘し，本件では，被告が紛争を国際商事仲裁に付託することを求めており，当事者は，紛争をアドホック仲裁で解決するべきであると判示した[70]。

仲裁判断の承認と執行，ならびに取消しとその手続に関しては，2002年に全面改正された商事裁判手続法典に規定がある。2002年までは，仲裁判断の承認・執行は，普通裁判所が管轄した。この問題に関しては当初1988年のソビエト連邦幹部会令が担当していたが，当時は商事裁判所が存在しなかったために，普通裁判所が当然に管轄権をもつものとされたのである。1993年の国際商事仲裁法は，裁判所については，「権限ある裁判所」との見定め，管轄問題については沈黙した。

2002年の新商事裁判手続法典と民事訴訟法典の制定により，事業活動，その他の経済活動の遂行の過程で発生する紛争に関する外国仲裁判断の承認・執行は，商事裁判所の管轄となった（第32条）。

2014年に最高商事裁判所は廃止されたが，下級審商事裁判所は存続する。したがって，仲裁判断の承認と執行の問題は，今後も商事裁判所の管轄であり，商事裁判手続法典が適用されることになる。

## 2　仲裁判断の承認と執行

ソビエト連邦は，外国仲裁判断の承認と執行に関するニューヨーク条約をもっとも初期に批准した国の1つである（1958年）。

ニューヨーク条約Ⅲ条にしたがって，国際商事仲裁法は，以下のように定

---

[70] "Obzor sudebno-arbitrazhnoi praktiki razresheniia sporov po delam s uchastiem inostrannykh lits", *Vostnik Verkhovnogo Arbitrazhnogo Suda RF*, 1998 No.4, p. 52. 現行商事裁判手続法典第148条1項5号。

める。

　　仲裁判断は，それがいずれの国で下されたかを問わず拘束力あるものと認められ，権限ある裁判所に書面による申立てを行うことにより，執行される（第35条1項）。

　ニューヨーク条約Ⅴ条は，仲裁判断の承認・執行の拒絶事由を定める。ロシアの国際商事仲裁法は，仲裁判断の承認および執行は，判断が不利益に援用される当事者の申立てにより，その当事者が，権限あるロシアの裁判所に以下のいずれかの項目に該当する証拠を提出した場合に拒絶されると規定する（A）。
　(a) 仲裁合意の当事者が，その当事者に適用される法令により，無能力者であったこと，または前記の合意が，当事者がその準拠法として指定した法令により，もしくはその指定がなかったときは仲裁判断が下された国の法令により，無効であること。
　(b) 仲裁判断がその不利益に援用される当事者が，仲裁人の選任，または仲裁手続について適切な告知を受けなかったこと，またはその他の理由に陳述ができなかったこと。
　(c) 仲裁判断が，仲裁合意に定められていない紛争，またはその合意の条件に含まれない紛争に関するものであること，または仲裁合意の範囲をこえる事項に関する判定を含むこと。ただし，仲裁合意が包含する事項に関する判断が，合意に包含されなかった事項に関する判断から分離することができるときは，仲裁合意が包含する事項に関する判定を含む仲裁判断の部分は，承認，または執行することができる。
　(d) 仲裁廷の構成，または仲裁手続が，当事者の合意にしたがっていなかったこと，また，そのような合意がなかったときは，仲裁が行われた国の法令に適合していなかったこと。
　(e) 仲裁判断が，いまだ当事者を拘束するものとなるに至っていないこと，または，その仲裁判断がされた国において，その国の裁判所により，またはその国の法令にしたがって取り消され，または停止されたこと。
　また，仲裁判断の承認および執行は，裁判所が以下を認めた場合において

表10　商事裁判所による外国判決・仲裁判断承認・執行事件　2009-2013年

|  | 2009 | 2010 | 2011 | 2012 | 2013 |
|---|---|---|---|---|---|
| 外国判決・外国仲裁判断承認・執行事件 | 88 | 145 | 174 | 179 | 158 |

出典：http://www.arbitr.ru/_upimg/724306690007BEE7080EE56EAB938A93_1.pdf

も，拒絶することができる（B）。
 (a) 紛争の対象である事項がロシア連邦の法律にしたがえば，仲裁による解決が不可能なものであること
 (b) 判断の承認・執行が，ロシア連邦の公序に反すること。
 (A) は，仲裁判断が不利益に援用される当事者（敗訴当事者）の請求による場合であり，(B) は，敗訴当事者の請求がなくとも，裁判所が判断できる場合である。

　商事裁判手続法典の外国仲裁判断の承認・執行に関する規定は，複雑な形式をとる。法典第30章は，「仲裁判断（reshenie treteiskikh sudov）の効力を争う事件と仲裁判断の強制執行証書交付の手続」と題される。その第1節§1. は，仲裁判断を争う事件の手続，第2節§2. は，仲裁判断の強制執行証書交付の手続である。この部分は，国内仲裁に関する規定である。そして第31章が，「外国裁判所，および外国仲裁判断の承認・執行手続」である。この場合の外国仲裁判断には，inostrannye arbitrazhnye resheniia という言葉があてられ，前章とは区別される。しかし，外国仲裁判断の承認・執行拒絶の根拠については，国内仲裁に関する前章の規定が準用され（第239条），この規定により，さらに国際商事仲裁法の規定が準用される。このような規定の仕方のため，ロシアの裁判官もしばしば誤った条文を引用する。

　最高商事裁判所の統計では，商事裁判所は年間百数十件の外国判決・仲裁判断の承認・執行に関する事件を処理する。

　国際商事仲裁法は，「例外的な手段」として，ロシアの裁判所による外国仲裁判断の取消しを認める。取消しの根拠は，仲裁判断の承認・執行拒絶の事由と共通である。取消しの申立て期間は，その当事者が仲裁判断を受け取ってから3ヶ月以内である（第34条）。

　仲裁判断の承認・執行の可否を審理する場合に，裁判所は，仲裁判断の実体を再審査することはできない。

【裁判例】

原告は，本件仲裁判断がその実体において誤っていると主張し，その取消しを裁判所に求めた。第一審裁判所は，仲裁判断が民法典第753条に反するとして，申立人の請求を認容した。しかし，破毀審裁判所は，この決定を破棄した。破毀審裁判所によれば，仲裁判断の取消し原因は，商事裁判手続法典に列挙されており，裁判所の審査の範囲は，これらの取消し原因の有無の判断に限定される。第一審裁判所は，事件の具体的な事実を検討し，仲裁判断を，その実体に立ち入って審理した。破毀審裁判所によれば，第一審裁判所は，紛争の実体審理を仲裁廷の権限とする商事裁判手続法典に違反し，みずからの権限を逸脱した。申立人は，他に取消し原因を援用していないため，第一審の決定は，破棄され，申立人の請求は斥けられた[71]。

外国企業がロシア企業を相手方としてロシアで仲裁判断を執行しようとするときに，ロシア企業が仲裁判断の執行に対抗するために，（ⅰ）仲裁条項の無効，または仲裁条項を定めた契約の無効をロシアの裁判所で争う，（ⅱ）ロシアの裁判所における執行手続で，国際商事仲裁に関する法律に定められている外国仲裁判断の承認・執行拒絶の根拠のいずれかを援用して争う，（ⅲ）仲裁地がロシア連邦であった場合に，同法が定める仲裁判断取消しの根拠のいずれかを援用して，ロシアの裁判所に仲裁判断取消しを求める，などの手段に依拠することが考えられる。

（ⅰ）については，以下の決定がある。この事件では，ロシア企業は，ストックホルムにおける仲裁で，多額の損害賠償の支払いを命じられていた。そこで被申立人である企業の株主が，ロシアの裁判所に契約の無効確認を求めたものと思われる。被申立人ではなく，株主が原告となったのは，会社は仲裁条項に拘束されて，裁判所に出訴できないためである。

【裁判例】

株式会社バルティック造船工場の株主EとKは，会社とスウェーデン

---

[71] 最高商事裁判所幹部会決定　2005年12月22日　information letter No.98, Item12.

企業 Stena RoRo AB との間の造船契約，および船舶の追加購入のオプション契約の無効の確認を求めて訴えを提起した（この造船契約は履行されず，ストックホルム仲裁により，工場は多額の損害賠償の支払いを命じられている）。

　原告の主張は，これらの契約は，工場，およびその株主に損害を与えることを目的とした契約であり，民法典第 10 条，168 条により無効であるというものであった。原告によれば，契約の条件であったロシアの銀行によるスウェーデン法を準拠法とする保証を提供することは，明らかに履行不能であり，両当事者はこれを知っていた。また，契約価格はその後減額され，契約履行のコストにも満たなかった。被告の行為は，船舶の取得ではなく，賠償金の取得にあったと原告は主張した。

　下級審は，当事者間に契約を履行する意思がなく，また，銀行保証契約をスウェーデン法に準拠させるという契約条件は明らかに履行不能であったとして，これらの契約を無効と認めた。下級審は，また，工場の当時の経営陣と被告の非良心的な行為にも言及した。

　これに対して，最高商事裁判所は，銀行保証がスウェーデン法を準拠法としてはならないという下級審の判断は，ロシア法，ならびに ICC の信用状規則に反すると判示した。また，銀行保証なくして前払い金を受け取れず，契約を履行できないという主張は，本来，自己の費用で注文を履行すべきであるから，それ自体としては，履行不能の根拠とならない。

　下級審は，工場の当時の経営陣の非良心的な行為を契約無効の根拠としているが，最高商事裁判所によれば，これは，工場の経営陣と被告との間に通謀があるか，被告が工場側のこうした行為を知っていたことを要する。工場の経営陣が，工場にとって不利と思われる条件の取引を行ったことにより，会社の利益のために合理的，かつ良心的に行動する義務に反したとしても，それ自体は，これらの者が会社の名において締結した契約を無効とする根拠にはならない。契約価格の減額とその結果としての損失も，被告による権利濫用その他，契約を無効とする原因とはならない。

　このように判示して，最高商事裁判所は，下級審の判決を破棄し，原

告の訴えを斥けた。

（ⅱ）と（ⅲ）では，外国仲裁判断の承認・執行の拒絶の根拠と外国仲裁判断の取消し原因は共通である。

1990年代初めから，外国仲裁判断は，ロシアで執行可能であった。1991年には，ロンドン国際仲裁裁判所（LCIA）の仲裁判断が，ニューヨーク条約と1988年のソビエト最高会議幹部会令にもとづいて執行された[72]。

商事裁判所の比較的初期の決定で，仲裁判断の執行を拒絶した例として知られているのは，イタリア企業とロシア企業との社会主義時代の合弁事業契約の解消に関する，以下の事件である。

【裁判例】
イタリアの企業Pressindustriaは，旧ソビエト連邦の国営企業との間で合弁事業契約を締結していた。契約の紛争処理条項によれば，紛争はストックホルムにおけるアドホック仲裁に付託するものとされた。準拠法は，スウェーデン法であった。ソビエト企業による契約の重大な違反により，イタリア企業は合弁事業の解消を決定し，出資金の返還を求めて，仲裁手続を開始した。仲裁廷は，スウェーデン法を適用し，ソビエト企業の承継人であるロシア企業に対して，1997年7月の仲裁判断で，申立人に出資額と金利の合計6,500万マルクの支払いを命じた。この仲裁判断のロシアにおける執行が争われたのが本件である。

第一審裁判所（チュメニ州）は，仲裁判断の執行を認めたが，控訴審では，この決定は破棄された。控訴審裁判所によれば，合弁契約の解消に関しては，合弁企業の設立と活動に関するソビエト／ロシア法の強行法規が適用されるのであり，スウェーデン法の適用は認められない。破毀審裁判所も，合弁事業の解消には，スウェーデン法の適用は認められず，また仲裁判断は，仲裁合意の範囲を逸脱していると判示して，控訴審の決定を支持した。

事件は，最高商事裁判所幹部会の審理に付された。イタリア企業は，

---

[72] K. Hober, "Enforcing Foreign Arbitral Awards in Russia", *Russia and Commonwealth Business Law Report*, August 16, 1995, pp. 8–10.

裁判所に対して，仲裁判断のどの部分が仲裁条項の範囲を逸脱しているか明確にするように求めた。また，ニューヨーク条約によれば，仲裁条項の範囲内の部分と範囲外の部分が分離可能であるときは，範囲内の部分は，執行可能である。そこで，イタリア企業は，この部分の分離執行を求めた。

最高商事裁判所はこれに応えることなく，本紛争は，合弁事業からの撤退のみならず，合弁企業の再編に関するものであり，ロシア法の強行規定が適用されると述べて，破毀審の判断を維持した[73]。

この決定は，最高商事裁判所の information letter では，ロシアの強行法規適用の問題が捨象され，仲裁合意の範囲の逸脱の例として説明されている[74]。しかし，本件の下級審段階では，公序違反や仲裁可能性の欠如なども，執行拒絶の根拠とされた。本決定に対しては，旧ソビエト法の規定を強行規定とし，これを適用しなかったことに仲裁合意からの逸脱を認めたかに読める点について，強行規定の拡張的解釈であるとして，批判がある[75]。

## 3 公　序

外国仲裁判断がロシア連邦の公序違反であるという主張は，ロシア企業によってしばしばなされる。

公序については，ロシア民法典の国際私法の部分に，外国法の適用との関連で規定がある。これによれば，外国法の規定は，その適用が，ロシア連邦の法秩序の基礎（公序）に明らかに反する結果をもたらすときは，当事者がその外国法を選択しても，例外的に適用されない（第1193条）。外国法が適用されないときは，ロシア法が適用される。

一方，商事裁判手続法典は，国内仲裁判断の承認・執行拒絶の原因として，仲裁判断がロシア法の基本原則に反する場合をあげる（第239条3項）。これ

---

73) 最高商事裁判所幹部会決定　2003年1月14日　No.2853/00.
74) 最高商事裁判所幹部会決定　2005年12月22日　information letter No.96, Item 26.
75) A.L.Makovskii and E.A.Sukhanov, eds., *Kommentarii k chasti tret'ei grazhdanskogo kodeksa RF*, Moscow 2002, pp. 348-349.

は公序違反と等視される。

　執行の相手方となるロシアの企業は，公序違反を根拠に仲裁判断の執行を阻止しようとすることが多く，初期には，下級審のみならず，上級審裁判所も公序違反の主張を認容することが少なくなかった。ときおり下級審で公序違反とされたのは，契約違反に対して約定損害賠償を定める条項であった。

　【裁判例】
　　アメリカ企業 Venture Global Engineering LLC とロシア企業との紛争で，ロシアの国際商事仲裁裁判所は，123万ドル余の請求を認容し，これに加えて8％ペナルティーの支払いをロシア企業に命じた。ロシアの裁判所における執行手続で，ロシア企業は，8％のペナルティーは合理性を逸脱し，公序違反であると主張した。下級審裁判所は，公序は，外国法の適用がロシアの法意識からみて許容できない結果をもたらす場合にのみ適用されるとして，公序違反の主張を斥けた。最高商事裁判所もこれを支持した[76]。

　最高商事裁判所の段階では，公序違反を根拠に外国仲裁判断の執行が拒絶された例は，知られていない。ロシアの仲裁専門家によれば，根拠がない公序違反の主張が裁判所に受け入れられる余地は，ほとんどない[77]。
　最高商事裁判所幹部会の2007年の決定では，公序は，以下のように定義された。

　　公序違反とは，その仲裁判断の執行の結果，法律に直接に禁止され，またはロシア連邦の主権，ないしは国家安全保障を損ない，または大きな社会的集団の利益を害し，国家の経済的，政治的，法的制度建設の原理と両立せず，人の憲法上の権利や自由を侵し，ならびに当事者の平等，所有権の不可侵，契約の自由などの民法の基本原理に反する行為がなさ

---

76)　最高商事裁判所幹部会決定　2010年5月24日。
77)　A.N.Zhil'tsov, "Osparivanie reshenii mezhdunarodnykh kommercheskikh arbitrazhei v sootvetstvii s rossiskom zakonodatel'stvom", *Mezhdunarodnyi kommerchsekii arbitrazh*, 2005 No.1, p. 13.

れる場合をいう[78]。

　このような広範な定義に対して，最高商事裁判所は，2013 年に公序に関して information letter を出して，公序概念の制約を図った[79]。これによれば，公序とは，

　　最高の義務性，普遍性，特別な社会的，および公共的な意義をもち，国家の経済的，政治的，法的制度の基礎を構成する基本的な法的原則（原理）をいう。

　公序は，外国仲裁判断の承認・執行を拒絶するための例外的な根拠であって，ロシア連邦の法秩序の根本的な基礎を擁護するために用いられる（第19項）。
　このような制限的な観点から，たとえば約定損害賠償の規定なども，当事者が任意にこれに合意した限り，類似の制度がロシアにないことのみを理由として，これを公序違反とすることはできないとされる（第5項）。もっとも，これについては，すでに 1998 年に最高裁判所が同旨の決定を具体的な事件で行っている[80]。
　改正民法典の 1193 条も，外国法の規定の適用は，その外国の法，政治，または経済制度が，ロシア連邦の制度と異なっているというだけでは排除されないと定める。

## 4　仲裁可能性

　公序違反とともにロシア企業が援用する仲裁判断の承認・執行の拒絶，および仲裁判断取消しの根拠は，仲裁可能性の欠如である。国際商事仲裁法は，「ロシア法によれば，紛争の対象が仲裁の目的とならないとき」をそのような根拠と定めている。これはニューヨーク条約に沿っている。ロシア法には，

---

[78]　最高商事裁判所幹部会決定　2007 年 12 月 6 日　No.13452/07.
[79]　最高商事裁判所幹部会　2013 年 2 月 26 日　information letter No.156.
[80]　最高裁判所民事合議部決定　1998 年 9 月 25 日　No.5-G98-60.

明文で，仲裁ではなく，裁判所による紛争の解決が定められている場合がある。たとえば，倒産法は，商事裁判所の排他的管轄を定め，また，地下資源の利用に関しても，「天然資源の利用に関する紛争は，公法的性質のものであり，その資源が帰属する国の裁判所の排他的管轄に属し，外国の裁判所や仲裁への紛争の付託は認められない」[81]とされている。

この点に関するリーディング・ケースは，Kalinka Stockmann 事件であった。

【裁判例】
ショッピング・モールの店舗の賃貸借契約の更新をめぐって，ロシア企業とフィンランド企業との間に紛争が生じ，モスクワの国際商事仲裁裁判所が，更新を認める仲裁判断を下した。これに対して，賃貸人であるロシア企業が，仲裁判断の取消しを求めて，ロシアの裁判所に訴えを提起した。第一審裁判所は，本件紛争は，仲裁可能性を欠くと認定した。破毀審裁判所も，不動産の賃貸借の更新は，登記を要し，それゆえに公法的な性格をもつため，仲裁の対象とはならないと判断した。最高商事裁判所は，本件の仲裁可能性については判断を避け，本件は，仲裁合意の範囲外であるとして，結論として仲裁判断を取消した下級審裁判所の判断を維持した[82]。

不動産に関する紛争の仲裁可能性については，最高商事裁判所は，2005年にその仲裁可能性を否定する指針を出している。

仲裁可能性の問題は，単にロシア側当事者による仲裁判断執行に対する抵抗であるに止まらず，ロシアにおける裁判所と仲裁制度との対立を背景にしている。すなわち，商事裁判所は，広い範囲の事項を裁判所の排他的管轄の対象であると主張し，これらの事項に関しては，仲裁による紛争処理は認められない，すなわち仲裁可能性がないという立場をとる。これは具体的には，商事裁判手続法典第248条に列挙されている，国有財産，ロシア連邦に所在する不動産，知的財産権，会社の設立，再編に関する紛争である。これらの

---

81) V.N.Konin, *Nedropol'zobanie: teoretiko-pravovoi analiz*, Moscow 2005, p. 185.
82) 最高商事裁判所幹部会決定　2009年5月19日　No.17481/08.

共通項としては，いずれも登記・登録が必要であり，その限りで公法的性格を帯びるということである[83]。

商事仲裁は，当事者自治の原則にもとづく私的な紛争処理制度である。ロシアの裁判所には，こうした私的紛争処理制度に対する伝統的な不信があり，仲裁による処理が可能な紛争の範囲を狭く解する見解が，商事裁判所内では有力であった。これには実際的な考慮もある。ロシアでは，当事者間で通謀の上，獲得した，適当な国内仲裁機関の仲裁判断を提出して不実の登記を申請する不正が後を絶たない。

> 残念なことに，ロシアでは，他人の財産を簒奪することに良心の痛みを感じない人々によって，仲裁判断をもとに物権を登記する可能性が濫用されている。こうした事件のすべてが警察によって摘発されれば，最高商事裁判所や，最高裁判所が介入する必要はないが……[84]。

仲裁可能性に関しては，2011年に憲法裁判所の決定が出た。この事件は，銀行が，仲裁判断にもとづく担保権の実行を裁判所に求めたものである。下級審裁判所は，仲裁手続による担保権の実行に関する紛争の審理は，公序に反せず，商事裁判所の排他的管轄にも抵触しないと認め，仲裁判断の執行を認めた。これに対して，最高商事裁判所は，仲裁判断にもとづく担保権実行を認める担保に関する法律と民法典の規定に矛盾があることを指摘し，国の裁判所と商事仲裁を同等に扱う民法典や土地法典，担保に関する法律などの規定は憲法に反すると主張して，憲法裁判所の判断を求めた。これは商事仲裁に対抗する最高商事裁判所内部の見解に影響されたものと思われ，商事仲裁の範囲に関する，裁判所と仲裁専門家との全面的な対決の様相を呈するに至った。

憲法裁判所は，まず，ロシア連邦は法治国であり，国家は，国民の権利や自由を，司法制度を通じて擁護する義務を負うと指摘し，仲裁制度も憲法の

---

[83] T.N.Neshataeva, "O voprosakh kompetentsii arbitrazhnykh sudov v RF po rassmotreniiu del s uchastiem inostrannykh lits", *Vestnik Vysshego Arbitrazhnogo Suda*, 2004 No.12, pp. 92–95.

[84] *Tretsiskii sud*, 2008 No.1, p. 46.

下で，民事紛争の処理の一翼を担うものと認めた。この点で，民事紛争処理制度の1つとして商事仲裁をあげる民法典第11条は違憲ではない。一方，行政法―公法的紛争は，仲裁によっては処理されえない。この両者の区別の基準は，紛争の当事者による「処分可能性」である。しかし，立法者は，問題が民事紛争か，公法的紛争かを決定するにつき，公的利益，私的利益を衡量しつつ，広い裁量権をもつ。

最高商事裁判所は，2005年以来，不動産に関する紛争は仲裁に付託できないという立場をとってきた。しかし，憲法裁判所によれば，これは紛争の私法的性質と公法的性質を混同したものである。登記の必要性は，紛争自体の内容とみなされてはならない。紛争の公法的性質は，登記によってはじめて現れるのであり，不動産に関する紛争の私法的性質を否定するものではない。憲法裁判所は，このように述べて，不動産紛争の仲裁可能性を肯定した。

さらに憲法裁判所は，仲裁可能な紛争を限定する論者が根拠とする，商事裁判手続法典第248条に関して，この規定は，ロシアの裁判所と外国裁判所の管轄配分を定めるもので，仲裁とは何ら関係がないと判示した[85]。

このように，憲法裁判所の決定は，仲裁による紛争処理を広く支持するものであった。しかし，この決定の射程については，たとえば会社関係の紛争について仲裁可能性が認められるか否か，いまだ意見の一致をみない。

---

85) これは，多くの仲裁専門家が指摘していた。A.Komarov, "Nekotorye aktual'nykh voporosov mezhdunarodnogo kommercheskogo arbitrazha v RF", *Mezhdunarodnyi kommercheskii arbitrazh*, 2004 No.1, p. 16.

# Ⅲ 民法典

# 第6章　民法典の歴史
―― ロシアにおける私法の再生

## 1　帝政時代の民法

　ロシアにおける最初の近代的な民法典制定の試みは，19世紀初頭にM.Speranskiiによって試みられた。Speranskiiの民法典草案は，既存のロシア法ではなく，基本的にフランス民法典に従った，近代的な法典であった。草案は，1810年に政府に提出されたが，政治的な対立から受け入れられなかった[1]。Speranskiiは，その後，ロシア法全体の法典化作業に専念し，1830年に編年体の法令大全，1832年に法分野別に現行法令を体系化した法令全書15巻を完成した。

　法令全書第X巻第1部は，会議法典以来のロシアの民事関係の諸規定を西欧の法典，とくにフランス民法典にしたがって配列したものであった。これはその後，1842年，1857年，1906年と3回改訂されたが，所詮は旧い法令を集めたものであって，近代化が進む19世紀ロシアには，もはや適合しなかった。この点は，すでに法令大全・法令全書編纂時にSperanskiiが認識していたことであるが，ようやく1882年の勅令により，民法の全面的な見直しと新法典の制定作業が開始された。新法典草案は，1905年に完成し，1910年に公刊された。

　法典編纂委員会は，ロシアの法令，判例，慣習の他に，当時ロシア領であったポーランドやバルト諸国の法令を参照した。フランス民法典の影響は，ポーランド法を介してのことと思われる。この他，ドイツ法や英米法も参照された。草案の各規定には，参照されたロシアの法令や各国の法典の規定が列挙されている。

---

1)　A.L.Makovskii, *O kodifikatsii grazhdanskogo prava*, Moscow 2010, pp. 403-407.

しかし，この草案は，第一次世界大戦の開始により，結局，草案のままに止まった。なお，この草案は，ドイツでは早くから紹介されていたが，最近ロシアでも，その後のソビエト民法典や，現行民法典にも影響を与えた資料として評価され，復刻された[2]。

## 2　社会主義時代の民法典

革命後に制定された1922年の民法典は，1960年代まで効力を保った。この民法典は，「その80-85％がロシア帝国民法典草案のコピーであることは公然の秘密であった」[3]。

社会主義時代のその後の民法典も，基本的には1922年民法典と同様に革命前の民法の様式や概念に忠実であった。「法律行為」の概念がその好例である。帝政ロシアの法令全書では，*akt*という言葉が用いられたが，その後パンデクテン法学の影響で，法律行為（*Rechtsgeschäft*）の訳として*sdelka*という言葉も用いられるようになった。当時の民法学の権威的著作によれば，*akt*と*sdelka*は同義であった[4]。すでに法令全書の民法編には，法律行為の形式，瑕疵，条件などの規定が置かれていた。1905年の帝国民法典草案は*sdelka*を用いた。これは社会主義時代を経て，現在に至るまで受け継がれている。

1922年民法典のような市民社会的民法典が社会主義体制の下で存続することがいかにして可能であったかと言えば，それは適用範囲が縮小されることによって存続したのである。

「ロシアでは私的なものは一切認められない」と喝破したのはレーニンであったが，社会主義時代のロシアには「市民社会」は存在せず，「私法」という概念はなかった。社会主義体制は，生産手段の国家的所有，計画経済，そして富の配分の国家独占の原則から成立していた。生産手段の国家的所有は，具体的には，土地や地下資源，銀行や企業がすべて国有であることを意

---

[2] A.L.Saatchian ed., *Grazhdanskoe ulozhenie: proekt*, Moscow 2007.
[3] Makovskii, *supra*, p. 336.
[4] G.F.Shershenevitch, *Uchebnik russkago grazhdanskago prava*, 7th edition, St.Petersburg 1909, p. 155.

味する。株式会社はモスクワ人民銀行など，形の上ではいくつか存在したが，唯一の株主は国家であった。他の企業はすべて国営企業であった。

　国営企業は奇妙な存在で，国家から独立した法人として，自己の財産をもってその債務に責任を負う反面，国家は企業の債務に責任を負わないのが原則であった。しかし，自己の債務の責任を負うと言っても，国営企業は，自己名義の財産を所有していなかった。企業に属する土地や建物，機械設備等は国有であり，企業は「運用管理権」という仮象の権利をもつにすぎなかった。企業の長は，政府によって任命され，企業行動は政府が策定する経済計画に拘束された。したがって，私法としての会社法は存在せず，行政法（ないしは経済法）としての国営企業法がそれに代わって存在した。

　会社が存在しない以上，投資家も存在しない。個人が生産手段を所有することは禁じられ，たとえば個人が集まって事業に出資することは刑事罰の対象となった（「不労所得」）。社会主義時代には，所有には3形態あるとされた。国家的所有，社会的所有，および個人的所有である。社会的所有は労働組合やコルホーズの所有を意味したが，これらの組織は国家の一機関であって自律性をもたず，「社会的」というのは名ばかりであった。一方，個人の所有権の範囲は極めて限定されていた。個人が所有できる住居の広さまで低い限度が設定された。私的所有という言葉自体，禁句であり，代わって個人的所有という言葉が用いられた。そして「国家的所有」は他の所有形態に対して絶対的優位にあった。

　民法典は社会主義時代にあっても，社会主義化されたわけではない。本来「ブルジョア法」の中核である民法は，「非社会主義的」な部分を排除することによって，社会主義時代にも存続したのである。革命後の民法典には，まず営利法人関係の規定が存在しなかった。また，土地が国有化された結果として，土地や地下資源については，民法典ではなく，土地法典や地下資源法がこれを規律した。「物権法」という概念は，所有権の絶対性を反映するものとして，廃された。

　契約は，私人間では用いられ，その限りで民法の契約編には意味があった。しかし，国営企業間では，契約は締結されたものの，企業には基本的に契約の自由がなかった。経済計画によって契約の相手方，締結の可否，価格や納期などの条件が定められていたからである。企業間の契約については，民法

典の他に，国家調達法などの法律が適用され，むしろこれらの法律が中心的役割を果たした。

　社会主義が崩壊し，市場経済への移行が現実のものとなったとき，まず所有制度に関する改革が行われた。新しい所有権法が制定され，「私的所有」の概念が復活した。国家的所有の優位の原則は廃棄され，国家的所有と，私的所有（そして外国投資家の所有）とが対等に保護されることになったのである。私的所有の範囲は拡大されて生産手段である企業にも及んだ。個人が出資する企業の存在は，1988年の協同組合法で始めて公認され，ただちに多数の企業が設立された。また，既存の国営企業もその多くが民営化され，国家セクターから民間セクターに移行した。その結果，国営企業ではない，私的企業の法律関係を定める企業法が必要となり，原初的な会社法である，「企業，および企業活動に関する法律」が制定された。また，1991年には「民法の基本原理」という法律が制定された。これは社会主義時代末期に起草された連邦法草案を発展させたものであり，市場経済に適合するように改められてはいたが，きわめて概括的なものであった。

　しかし，社会主義の末期から1990年代初めに制定されたこれらの法律は，いまだ未熟な移行期の法律であって，本格的な市場経済の基本的な枠組みとなるものではなかった。たとえば，企業，および企業活動に関する法律では，閉鎖型株式会社と有限会社が混同されていた。1992年に制定された担保法も，資金需要が高まる中で，有効な担保を提供するものではなかった。こうした中で，市場経済の要となる，包括的な民法典の制定が日程に上がったのである[5]。

## 3　ロシア連邦民法典の制定

　新しい民法典を起草するにあたってどこに範を求めるかは困難な問題であった。70年を超える社会主義時代に，外国の民法典研究の蓄積があろうはずもない。そこで，1905年のロシア帝国民法典草案は，重要な基礎を提供した。帝政ロシア時代に民法は，法令全書第Ⅹ巻に収録されていた。これは

---

5）　Makovskii, *supra*, p. 316ff.

Speranskiiによって近代化されてはいたものの，基本は古いロシア法であり，近代的な民法典制定の必要はつとに認められ，起草作業は，すでに19世紀後半から開始されていた。草案は1905年に総則から順次公表されたが，第一次世界大戦の開始により，採択されず，革命に至ったのである[6]。

19世紀末から20世紀にかけては，民法典の法典化の時代であった。ドイツ民法典に先立って1881年に，スイス債務法が制定され，その後スイス民法典も1912年に発効した。1811年にフランス民法典をもとに制定されたオーストリア一般民法典も1910年代に大幅な改正をみた。ロシア民法典草案は，これらの法典に大きな影響を受けた。その内容は，編別構成はフランス民法典にしたがっているが，随所にドイツ法，スイス法の影響がみられる。草案をみると，各条項に関連する当時のロシア帝国法令全書の関連条項とともに，参照された外国の法典が挙げられている。たとえば草案の法律行為に関する条項には，ドイツ法の信義誠実（*Treu und Glauben*）の原則が反映されていた。また，法人の規定では，スイス法（チューリッヒ・カントン法）の引用が多い。

いずれにしても，この草案は，当時のヨーロッパの諸法典と比較しても遜色のないものであったとされ，1990年代に参照されてしかるべき資料であった。

もとより，20世紀初頭の民法典だけを範にして現代の民法典を起草することはできない。そこで，社会主義崩壊後のロシアでまず参照されたのは，1992年に制定された，ヨーロッパでは最新のオランダ民法典であった[7]。オランダ民法典がロシアの新民法典に大きな影響を与えたのは，それが新しい法典であったためだけではない。ロシアにおける体制転換の初期に，欧米諸国は，様々な支援を行ったが，いわゆる法制支援も大きな位置を占めた。この分野では，社会主義体制時代からロシアの法律家との交流の拠点であったライデン大学の研究所を中心に，オランダ政府の支持を得て民法制定支援のプロジェクトが策定され，ロシア民法典の方向性を定める結果となった。

---

[6] *Grazhdanskoe ulozhenie: proekt Vysochaishishe uchrezhdennoi Redaktsionnnoi Komissii po sostavleniiu Grazhdanskogo Ulozheniia*, St.Petersburg 1905. 草案各編は，2007年以降，ロシアで復刻された。

[7] オランダ民法典は1970年に家族法の部分，1976年に法人の部分が発効したが，1992年に残る財産法総則，物権法，債権総則，契約各則などが施行された。

128　Ⅲ　民法典

　ロシアでは，サンクト・ペテルブルグ大学の A.L.Makovskii 教授を中心に大統領府に起草委員会が設置された。ロシア政府は，各国に調査のために専門家を派遣した。この過程でアメリカの統一商事法典や，ドイツ民法典なども比較の対象となった。数年間の作業の後に，1994 年 12 月にまずロシア連邦民法典第 1 部が制定をみた。ついで 1996 年に同第 2 部，2002 年に第 3 部，2008 年に第 4 部が制定された。

　民法典は，以下の 4 部に分かれる。

　　第 1 部　総則
　　　　　　物権法
　　　　　　債権法総則
　　　　　　契約総則
　　第 2 部　契約各則
　　　　　　不当利得
　　　　　　不法行為
　　第 3 部　相続
　　　　　　国際私法
　　第 4 部　知的財産権法

　この編別構成は，第 1 部，第 2 部までは，パンデクテン方式にしたがっている。この点では，帝国民法典草案とは異なる。第 3 部では，相続法はあるが，親族法は含まれていない。この分野には，別に新たに制定された家族法典がある。家族法を民法から分離するのは，革命初期からのソビエト的伝統である。これは宗教色が強かった帝政時代の家族法を世俗化するために必要であったと言われる。一方，相続法は，常に民法典の一部であった。土地法については，土地法典を廃して，土地法の規定を民法典に戻すことが提案されたが，「土地所有の公的な性格を考慮して」，土地法典は独立した法典として存続することとなった[8]。

　知的財産権法を民法典に定めることについては異論も多かった。民法典第

---

8)　V.V.Chubarov, "Nesootvetstvie grazhdanskogo i zemel'nogo zakonodatel'stva i puti ikh resheniia", *Zhurnal Rossiiskago Prava*, 2005 No.9, p. 57.

4部は，2008年に制定されたが，特許法や著作権法などの個別分野では，1990年代初めに国際的な基準に則った法律が定められており，改めて民法典にこれらの事項を定めることの合理性には疑問があった。しかも，民法典第4部に知的財産権法を収めるにあたり，1990年代に定められた法律の規定がそのまま民法典に移行するのではなく，改正が行われ，その結果，知的財産法は国際水準から乖離したと批判された。事実，世界知的所有権機関（WIPO）などの国際機関は，民法典第4部に批判的である。

## 4 ロシア民法典の特色

　新ロシア民法典には，大きな特色が2つある。1つは，それが民法典と商法典とが一体化された，民商一元形式をとっていることである。すなわち，ロシアには商法典はなく，民法典が商事関係も規律するのである。これは直接には，同様の方式をとるオランダ民法典の影響である。帝政ロシア時代には，法令全書第X巻は，その第1部が民法で，第2部が商法であり，二元主義に立っていた。一方，1905年の民法典草案は，スイス債務法の影響の下に，民商一元主義を採択した。したがって，民商一元主義は，現代ロシアの民法典起草者にとって受け入れ難いものではなかったのである。

　さらに，この背景には，社会主義時代からの理論対立の影もみられた。1980年代に，ロシアの法学者の一部が民法とは別に，経済法という分野の確立を提唱した。すなわち，国営企業関係の取引については民法ではなく，もっぱら経済法がこれを規律するというのである。これは，社会主義体制下において資本主義の法が次第に新たな法形式にとって代わられるという見解にもとづいている。この見解は，社会主義体制下の民法の実際の機能に適合し，現実を反映した見解ではあったが，そうでなくともその意義が軽視されがちな民法を専門とする多くの学者の反発をかった。社会主義体制の崩壊後，民法典とは別に商法典の制定を主張したのは主にこの「経済法論者」であった。一方，民法典起草の中心になったのは，「反経済法論者」であった。彼らは，これまでの民法典から社会主義時代に縮小され，削除され，あるいは休眠状態であった規定を復活させることから出発した。社会主義時代に民法をいわば形骸化しようとした経済法論者が主張する商法典制定とは，こうし

た点で，相容れないものがあったのである。

　民商一元主義の結果は，総則の法人規定に現れている。法人に関する部分には，会社法に関する基本規定が置かれているのである。会社の種類は公開型・閉鎖型の株式会社を始め，5種があり，規定があるが，たとえば株式会社に関する規定は，わずか11ヶ条であり，到底詳細を定めるには至っていない。もとより，民法典起草者も，会社法のすべてを民法典で定める意図ではなく，別に会社法の制定が予定されていた。実際に，1996年には株式会社法，1998年には有限会社法が制定された。

　契約については，民事契約と商事契約を区別する必要性は認められなかった。民法典起草者によれば，契約各則が定める26の契約のうち，当事者双方が企業であるのは，一種類だけであり，このために別に経済法典を制定する必要はないという[9]。

　民商一元主義は，オランダでも機能しており，ロシアで採用されても不思議はないが，ロシア民法典の場合は，時として，社会政策的考慮により，商事関係が純粋な対等当事者関係として扱われない場合がある。たとえば担保の実行がその例である。民法典によれば，債務者の申立てにより，裁判所は，その裁量にもとづき，担保権の実行を1年を限度として猶予することができる。これはもとより債務者保護の規定であるが，しかし，これは金融機関が事業者に融資を行う場合にはもとより適当ではない。

　民法典の第二の特徴は，民事法関係を規律する基本法として，その規定が，他の法律に含まれる民事法の規定に優先することである。すなわち，特別法は一般法に優先する，新法は旧法に優先するという西側の原則は民事法に関する限り，妥当しないのである。民法典優位の原則の背景には，制定当時のロシア法の混乱した状況がある。1990年代初頭のロシアは相互に整合性を欠く個別的法律が次々に制定され，また短期間で改正された。租税法などはその例である。民法典起草者は，民事法の領域で，民法典優先を定めることにより，統一的な法制を確立することを企図したのである。

　しかし，これは反面において，民法典を同時に改正しない限り，個別法の改正は意味をもたないということである。民法典より後に制定された株式会

---

[9] Makovskii, *supra*, p. 432.

社法や倒産法は，その後の改正により，民法典の規定との間に矛盾が生じたが，民法典の改正が行われるまでいくつかの規定，たとえば破産債権者の配当順位に関する改正の実現には混乱が生じた。

## 5 ロシア連邦民法典の改正

民法典第1部が制定されてから20年が経過した。この間，会社法にとどまらず，抵当法，不動産登記法，法人登記法，倒産法など，様々な法律が制定された。一方，つとに民法典改正の必要性は指摘され，1999年秋には大統領府に民法典の法典化と改善のための会議が設立されていた。2007年に民法典第4部が制定されるのをまって，改正作業は本格化した。メドヴェージェフ前大統領はすでに就任前から「新しいロシアの経済的・民主的発展の黎明期に制定された」民法典改正の必要性を認めていたが，就任後，2008年7月18日の大統領令で，上記会議に民法典改正綱領の策定と草案の起草を指示した。そこでは，これまでに商事裁判所において形成された裁判実務を反映させるとともに実務の要請を取り入れ，さらにはEU法に接近させることが目的として挙げられた。

民法典改正綱領は，2009年10月に大統領が出席した会議で承認された[10]。これは総則，法人法，物権法，債権法，有価証券法，知的財産権法，国際私法の各編から構成されている。法人法は，一般会社法の制定を想定している。しかし，たとえば土地法典を廃止して民法典に取り込むか否かという問題や，プーチン大統領（第二期政権）時代に乱立気味であった国営公社（特殊法人）を会社法で規律すべきかなど，政治的な問題もあり，改正の実現には時間がかかっている。

民法典の改正は，当初は，10数年前に制定された民法典の不備や欠陥を是正し，その後の実務の発展に照らして現代化することにあった。しかし，起草作業が進むにつれて，民法典をめぐる基本的な対立が露わになった。民法典制定が市場経済への転換の基礎として重要な役割を果たしたことは認めつつも，民法典は，1990年代前半の議論を前提とし，すでに時代遅れであ

---

10) *Kontseptsiia razviitiia grazhdanskogo zakonodatel'stva RF*, Moscow 2009.

るという批判がみられた。金融関係の実務家や，渉外事件を扱うロシアの弁護士の多くは，民法典が，各種金融取引など，現代のビジネス社会の要請に対応できない，硬直した時代遅れの法典であると考えた。民法典には社会主義時代の「残滓」がある。新しい手法の取引を考案しても，裁判所は，民法典の「強行規定」を根拠にその効力を認めないことが少なくない。契約の自由が認められているにもかかわらず，本来，任意規定が中心であるはずの債権法でも，多くの規定が強行規定とされ，企業の自由な行動が制約されている[11]。

これに対して，起草委員の中心の 1 人である E.A.Sukanov 教授は，以下のように述べた。

> 法典改正の過程で我々は自己の利益のために公然とロビー活動をする大企業との圧力に遭遇している。我々はビジネスに反対するのではない。しかし，民法典は，株式会社法ではない。(中略)。民法典は，私人，中小企業，大企業，そして国家が当事者である関係を規律する一般法であり，すべての者にかかわる法である[12]。

別の論者は，次のように指摘した。

> 民法典の力だけでロシアに投資の流入のための好適な環境を確保できると考えるのはナイーヴである[13]。

これは，大陸法に根ざした民法典を支持する民法学者や裁判官と，自由度が高い，イギリス法の制度を支持する金融関係者や渉外弁護士との対立でもある。将来，モスクワを国際金融都市にしようとする経済発展省は，後者の立場である[14]。

---

11) D.I.Stepanov, "Proekt GK: ot paternalizma po-sovetski k istinnomu chastnomu pravu", *Korporativnyi Iurist*, 2012 No.5, pp. 98–100.
12) E.A.Sukhanov, "Interv"iu", *Arbitrazhnaia Praktika*, 2013 No.5, p. 17.
13) *Korporativnyi Iurist*, 2011 No.7, p. 6.
14) A.A.Goltsblat, "Rossiia kak mezhdunarodnyi finansovoi tsentr: sostavliaiushchie uspekha", *Zakon*, 2011 No.12, p. 53ff.

こうした対立が先鋭化する中で，草案起草の主体は，当初の大統領府法典起草委員会の下で起草作業を担った私法研究所から，2011 年に司法省に移行した。この間，会社法の部分の改正の遅れに不満をもった経済発展省が，独自に商事パートナーシップに関する法案を起草し，これが法律になるという事態もみられた。このような状況の下で，民法典の一括改正は断念され，「合意ができた部分から」随時改正されることになった。

そこで法律行為に関する部分が 2013 年 5 月に，国際私法に関する民法典第 3 部が同年 9 月に改正され，同年 12 月に担保法の部分の改正が実現し，さらに 2014 年 5 月には，法人に関する総則規定の大幅な改正をみた。この間，2012 年 12 月には，信義誠実の原則が，総則に導入された。

# 第 7 章　民法総則

## 1　民法典と民法典以外の民事立法

民法典第 3 条は,「民法典と民法の規範を含むその他の法令」と題して民法典と他の法令との関係について規定する。同条 2 項後段は,次のように定める。

　　他の法律に含まれる民法の規範は,本法典の規定に適合しなければならない。

これは「民法典の至上性」の原則を定めた規定である。民法典が制定された 1990 年代には立法は混乱をきわめ,民法の領域でも多くの矛盾した法令がみられた。現在でも,民法規範は民法典に限定されず,会社法,倒産法,家族法,環境法などの領域の数多くの法律に含まれ,必ずしも整合的ではない。コメンタリーの表現を借りるならば,民法典は,このように広範な領域に散財する民法規定の coordination centre でなければならない[15]。制定当時,民法典は「経済憲法」であり,「至上性」があるとも表現された。これは一般に西欧で認められている特別法は一般法に優先するという原則に反する制度であるが,法律立案過程が十分に整備されていないロシアではやむを得ない規定であったかもしれない。

　民法典に適合しなければならないのは,規範の内容にとどまらず,その用語も含む[16]。一方,民法典以外の民法規範が民法典の規定を補完し,また

---

[15]　T.E.Abova et als. eds., *Kommentarii k grazhdanskomu kodeksu RF, chasti pervoi*, Moscow 2005, p. 31.

[16]　O.N.Sadikov ed., *Kommentarii k grazhdanskomu kodeksu RF, chasti pervoi*, Moscow

は具体化する場合は，この規定にいう民法典との不適合の場合ではないとされる。他の法律の民法典との不適合が「社会と国家の利益により必要であるとき」には，民法典の規定を改正する必要がある[17]。

　これまでこの規定が問題となった例としては，民法典と倒産法の規定との不一致がある。民法典は，法人の清算の場合における債権者の配当順位を定めている（第64条1項）。この規定が，1998年倒産法が定める順位と異なっていたのである。民法典第3条2項の規定にしたがえば，この場合には民法典の規定が優先することになる。実際には，民法典が2006年に改正され，遅ればせながら規定の整合性が達成された。しかし，この他にも民法典と住宅法典，土地法典などとの不整合の問題が指摘されている。前者については，共有の建物の処分に共有者全員の同意を要求する民法典と4分の3の多数決で足りるとする住宅法典との不整合であり，後者は土地の処分可能性に関する差異である。

　第3条2項はもともと立法者に対する制約であって，法適用に関する規定ではないという見解もある。民法典制定の中心であった私法研究所が刊行したコメンタールは，民法全体に占める民法典の地位に照らして，「民法に関する他のすべての規範的アクトは，民法典にしたがって採択されなければならない」と解説する[18]。これはこの規定が，立法者を名宛人としていることを前提としている。

　実際には，特別法に民法典との関係について規定が置かれることが少なくない。たとえば抵当法は以下のように定める。

　　ロシア連邦民法典が定める抵当権に関する一般規定は，民法典，または本連邦法に異なった規定がない場合に抵当権設定契約に適用される（第1条3項）。

　一方，民法典も以下のように規定する。

---

　　 2005 p. 14.
[17]　*Ibid.*, p. 31.
[18]　S.A.Stepanov ed., *Kommentarii k grazhdanskomu kodeksu RF*, Moscow 2006, p. 40.

ロシア連邦民法典の担保に関する一般規定は，民法典と抵当法に別段の定めがない場合に適用される（第334条2項）。

少なくとも抵当法の規定は，民法典の一般規定に優先することは認められているのである。

## 2　慣　習

慣習は，社会主義時代には法源ではなかった。権力が関知しないところで法規範が生成されることは許容されなかったのである。しかし，現行民法典は，総則に「ビジネス上の慣習」と題する規定を置いて，慣習の法源性を認めた。当初の規定では，慣習は事業活動の領域に限定するような表現が用いられた。2013年改正後の規定は，標題を単なる「慣習」とし，「事業活動，その他の領域」と規定の仕方を改めて，事業活動以外の領域における慣習をも認めた。

慣習とは，「事業活動，その他の領域に定着し，広く適用されている行動の規範」であり，立法に定められていないものをいう。文書化されているか否かは問わない（第5条1項）。慣習は，当事者間の関係を拘束する立法，または契約に反する場合には適用されない（同条2項）。すなわち，契約の条件や強行法規に反する慣習は適用されない。

国際的な慣習としては，国際商業会議所のINCOTERMSや信用状統一規則などが挙げられる。一方，国内的な一般的慣習はきわめて稀であるとされる。しかし，民法典の個別規定には慣習への言及がある。たとえば債務の履行に関する基本規定は，債務の履行は，債務の条件と法令の要求にしたがい，適正に履行されなければならないとし，そのような条件や要求がない場合には，ビジネス上の慣習，その他通常の要求にしたがって履行されなければならないと定める（第309条）。

## 3　民法の基本原則

民法典は民法の基本原則を以下のように規定する。

民法は，民法によって規律される関係の当事者の対等，所有権の不可侵，契約の自由，何人によるかにかかわらず，民事への恣意的介入の禁止，民法上の権利の障害なき行使の必要性，侵害された権利の回復の保障，およびその権利の裁判的保護の原則を基本とする（第 1 条）。

これらの原則の多くは，西欧諸国の民法では広く認められているものであるが，民事への恣意的介入の禁止，および民法上の権利の障害なき行使の原則については説明を要する。

民事への恣意的介入の禁止は，社会主義時代に行われたような，国家による民事介入の禁止を念頭に置いた規定であるが，立法過程でその趣旨が曖昧にされた。この規定では，民事への恣意的介入の禁止の主体が明確に定められていない。しかし，コメンタールの 1 つは，本規定が「すべての者，および国家」による介入を禁止するものであるとする[19]。

1990 年代には，国家が弱体化していたこともあって，国家による企業活動に対する介入例はほとんどみられなかったが，2000 年代になってからはこうした介入がみられるようになった。サハリン II（石油ガス開発）プロジェクトで日欧共同出資の Sakhalin Energy 社がロシア政府の圧力の下に権益の一部を Gazprom に譲渡することを余儀なくされた事件は，記憶に新しい。経済活動に対する国家介入は例外ではなく，「行政的圧力をいかに減少すべきか」という論文が 2010 年に刊行されたほどである[20]。租税機関など，行政機関による調査権の濫用に関しては，メドヴェージェフ政権の時代に「国家機関・地方機関による監督・統制権の行使に際しての法人，および個人事業者の権利の保護に関する法律」が制定され，行政機関の権限行使手続の整備が図られた[21]。

行政機関による不法行為に対する賠償請求との関係で，『最高商事裁判所通報』誌には次のような指摘がある。

---

19) Abova, *supra*, p. 24.
20) A.Iakovlev, "Kak umen'shet' silovoe davlenie na biznes v Rossii", *Voprosy Ekonomiki*, 2011 No.11.
21) 2008 年 連邦法 FZ-294.

この 15 年間の私的所有関係と事業活動の発展は，公権力と私的主体との関係に本質的な変化をもたらし，法人，および事業者の商業的利益を公権力による違法な介入から保護するために，不法行為法の適用について裁判実務を対応させる必要が生じた。

これまでは，因果関係や損害の額に関する厳格な立証責任など，裁判実務では「被害者に対する否定的な偏向」があった。その結果，

ロシアでは国家賠償請求により私的利益の保護を図ることは極めて困難であり，または不可能であるという確信が形成された。ロシア連邦を相手方とするロシア市民の訴えが，ヨーロッパ人権裁判所で他の国と比較して記録的に多いことも，こうした見解を助長している。しかし，最高商事裁判所は，こうした否定的偏向を克服し，いくつかの重要な決定を行い，これを information letter の形で公表した[22]。

一方，民法上の権利の障害なき行使の自由の原則は，自己の能力と財産を事業活動，その他法律によって禁じられていない活動に用いる自由を定めた憲法第 34 条 1 項などの規定に由来する。

民法典は，自然人・法人が自己の意思にもとづき，その利益のために民法上の権利を取得し，行使すると定める。これらの者は，法律に反しない限り，契約において権利を設定し，条件を定める自由を享受する。もっとも，民法上の権利は，連邦法にもとづいて，憲法体制の基礎，倫理，他人の健康，権利，または法的利益，国防，国家安全保障のために限り，制約されることができる（第 1 条 2 項）。

この制約は人権一般に関する憲法の規定を再現したものである（第 55 条 3 項）。憲法の規定によれば，こうした制限は連邦法にもとづいてのみ可能である。政府決定や大統領令を根拠とする制約は認められない。また，財産の収用については，裁判所の判決によらなければならない。財産収用の場合に

---

[22] *Vazhnishie pravovye pozitsii Verkhovnogo Arbitrazhnogo Suda RF: 2009-2012*, pp. 117-118. 2011 年 5 月 31 日 information letter.

表11　商事裁判所が審理した民事行政事件　2012-2013年

| | 2012 | 2013 |
|---|---|---|
| 第一審民事事件既済事件 | 1,409,545 | 1,247,863 |
| （知的財産権裁判所） | ── | 454 |
| 契約の締結・変更・解除に関する事件 | 13,432 | 13,474 |
| 契約の効力を争う事件 | 15,915 | 14,016 |
| 債務不履行または不相当な履行 | 647,657 | 684,797 |
| 　売買契約 | 19,748 | 19,716 |
| 　エネルギー供給契約 | 107,592 | 121,541 |
| 　納入契約 | 126,007 | 131,536 |
| 　賃貸借契約 | 80,505 | 81,585 |
| 　請負契約 | 62,013 | 71,887 |
| 　運送契約 | 174,191 | 17,344 |
| 　保険契約 | 108,251 | 110,512 |
| 　消費貸借・融資契約 | 14,208 | 14,569 |
| 　有償役務契約 | 92,021 | 93,359 |
| 　所有権その他の物権の保護 | 29,480 | 24,761 |
| 　　所有権確認請求事件 | 17,139 | 13,435 |
| 　　目的物返還請求事件 | 6,168 | 4,133 |
| 契約外債務にもとづく損害賠償請求事件 | 9,443 | 11,450 |
| 不当利得返還請求事件 | 21,268 | 18,895 |
| 有価証券関係事件 | 1,101 | 798 |
| 事業上の評判の毀損事件 | 913 | 834 |
| 知的財産権関係事件 | 5,069 | 9,243 |
| （知的財産権裁判所） | ── | 146 |
| 国家登記に関する事件 | 6,466 | 6,084 |
| 予算関係事件 | 2,935 | 3,152 |
| 法的規範的アクトの効力を争う事件 | 1,452 | 1,447 |
| 行政処分の効力を争う事件 | 103,439 | 108,925 |
| 　執行官の処分を争う事件 | 13,776 | 13,532 |
| 行政罰事件 | 102,743 | 119,278 |
| 租税を賦課する決定 | 372,677 | 159,974 |

出典：http://www.arbitr.ru/_upimg/6A5186F13476D4165EB471E30FE28547_3.pdf

は，事前の，かつ等価の補償が必要である。

## 4　信義誠実の原則と権利濫用の禁止

2013年民法典改正により，民法典第1条には，以下の2項が追加された。

民法上の権利の設定，行使，および保護，または義務の履行において，当事者は良心的（dobrosovestno, in good faith）に行動しなければならない（3項）。

何人も自己の違法，または非良心的な行動から利益を得てはならない（4項）。

　第3項は信義誠実の原則（Treu und Glauben, good faith doctrine）をロシア法に導入したものと説明されている。もともとこの原則はドイツ法に由来し，さらにはローマ法に遡ることができる。しかし，ロシア民法典は，大陸法の系統に属するにもかかわらず，この原則は採用していなかった。この点について民法典起草者の1人である Makovskii 教授は，草案にはこの規定が入っていたが，議会審議の段階で，ロシアの現状では裁判官に広範な裁量権を与えることは好ましくないとして削除されたと回顧する[23]。

　2013年民法典改正の際にも，この原則を採用するか否かは争点の1つであった。起草過程における総則の部分の責任者である Sukhanov 教授によれば，民法典に信義誠実の原則を規定することには，「ビジネス弁護士」から強い抵抗があった。これらの弁護士は，この原則を採用していない，イギリス法を根拠に，その採用が裁判上のコストを増加させ，また予測可能性を損なう，といった議論を展開した。しかし，同教授によれば，財産的紛争においても，当事者はコストの削減ではなく，正義にしたがった解決を裁判官に期待しているのであり，私法的規律はまず経済外的な概念である正義と倫理を基礎としなければならない[24]。

　これに対しては，民法典改正後も，このような規定の運用が困難であるということを理由に「権利のメタ法的制約」に反対する意見がある[25]。「ナイフをとって民法典から過剰な強行規定を削らなければならない」[26]というの

---

[23] V.A.Mikriukov, "Printsip dobrosovestnost'-novyi nravstvennyi ogranichetel' grazhdanskikh prav", *Zhurnal Rossiiskogo Prava*, 2013 No.6, p. 22 に引用。

[24] E.A.Sukhanov, "O chastnykh i publichnykh interesakh v razvitii korporativnogo prava", *Zhurnal Rossiiskago Prava*, 2013 No.1, p. 6.

[25] Mikriukov, *supra*, pp. 21–23.

[26] Cited in Sukhanov, *supra*, p. 7.

であるが、大陸諸国や日本の法運用からみても、これは必ずしも適切な批判とは思われない。

「良心性（dobrosovestnost'）」という概念は、改正前の民法典にも存在した。すなわち、法人の機関の責任に関する規定では、法人の名において行為するものは、「法人の利益のために良心的かつ合理的に行動する」義務を負った（第53条3項）。また、法律に直接の規定や類似の規定がなく、契約や慣習によっても当事者の権利・義務を決定することができないときは、民法の基本原理と意義、ならびに良心性、合理性、および正義の求めるところによらなければならない（第6条2項）という規定もあった[27]。

非良心的という概念は、ロシアでは2通りの意味に用いられている。1つは、行為者が信義誠実の原則に反して、背信的に行動する場合であり、いま1つは、日本民法典にみられるように一定の事実を知っているか否かを基準とする場合（善意・悪意）である。第1条、第10条にいう良心的、非良心的とは、前者を意味する。後者は、善意取得の規定などに登場する。

非良心的行為は、従来、権利濫用の一種として、法的保護を受けないものとされていた。たとえば、

【裁判例】
債務者の非良心的な行為により融資契約に瑕疵があり、債務者が融資金を費消したにもかかわらず元本と利子を支払わない状況の下では、債務者が、この瑕疵を理由に融資契約の無効を主張することは、民法典第10条1項に反して許容されない。最高商事裁判所によれば、「権利の濫用を許さないことは、法の一般に認められた原則である」[28]。

【裁判例】
ある企業の取締役が、会社を相手方として、役務の対価の支払いを求めて出訴した。裁判所は、取締役が自己の権限を濫用して、会社からの追加的支払いを得るために自ら会社と法的助言を提供する契約を締結したと認定して訴えを斥けた[29]。

---

27) 他に第220条、223条、302条など。
28) 最高商事裁判所幹部会決定 2011年12月13日 No.10473/11.

【裁判例】

警備会社である有限会社 Professional-5 は，株式会社 APREO に対して，供与した役務（会社警備）の対価 1,987 万ルーブルの支払いを求めて訴えを提起した。第一審，控訴審，破毀審共に原告の訴えを認めた。これに対して株式会社 APREO は，最高商事裁判所の監督手続による審理を求め，受理された。

　当事者間の役務提供契約は，役務の対価として 576 万ルーブルを定めていた。契約は，両当事者の合意により，3 ヶ月後に解除された。原告は，この 3 ヶ月間の対価として上記金額を請求したものである。

　被告側は，この金額を 1 年間の役務提供の対価と理解していたところ，原告によればこれは月額であり，原告は，解除に至るまでの 3 ヶ月余の役務の対価として，1,987 万ルーブルを請求したのである。警備役務の平均的対価は，この地方では月額 3 万ルーブルである。被告側は，契約書は偽造されたものであると主張したが，裁判所は筆跡鑑定の結果，この主張を斥けた。この判決の評釈によれば，この契約では，被告会社の取締役と警備会社との間に通謀があり，市場価格をはるかに上回る金額で契約が締結されたのであった。しかし，本件の場合に，取締役の行為は，会社法上の利害関係取引規定の要件を満たさず，会社法に依拠しては，この契約の効力を否定する根拠がなかった。

　最高商事裁判所は，下級審は，役務の事実上の範囲とその価値を考慮しなかったと指摘して事件を差し戻した。最高商事裁判所によれば，権利の裁判上の保護は，民法的関係の当事者の合理性と良心性 bona fide の原理を基礎とする。この原則に反する場合には，裁判所は良心的ではない当事者の権利の保護を拒絶することができる。証拠によれば，警備役務の 1 年間の対価は，APREO の資産総額を上回るものであった。このような事情は，当事者がなぜこのような契約を締結したか，警備会社がこのような対価を求めることの相当性と APREO がこのような条件を受け入れたことの合理性を裁判所が審理する必要性を示唆するもので

---

29) 東シベリア管区裁判所決定　2005 年 6 月 14 日　No.A19-4256/04-40-F02-2635/05-S1．

ある[30]。

　最高商事裁判所は，最後の例を明示的に権利濫用にあたると認めたわけではないが，評釈は，これを裁判所が警備会社による権利濫用と認めた例であるとしている。

　権利濫用一般について言えば，会社法や倒産法の分野では，企業家による権利濫用がしばしばみられる。たとえば，株主が同一の議題につき，臨時株主総会を開催するように取締役に繰り返し請求し，これを拒絶する取締役会議の決定の無効認定を裁判所に求めた事件で，裁判所は株主の権利濫用を認定した。会社はこれまでにこの株主の請求を容れて3回株主総会を開催していた[31]。また，倒産事件については，商事裁判所は，手続が財産の収奪，競争相手の排除に利用されうることを視野に入れて，第10条を念頭に置きつつ，事件の具体的事情を詳細に調査する必要があると判示した[32]。

　知的財産権関係では，以下のような事件がある。

【裁判例】
　日本企業Aは，香港企業による類似商標登記に対する異議をロシア特許庁に申立てたが，却下された。そこでAは，この決定の無効を主張して商事裁判所に出訴した。この事件では，日本の企業のA＿＿ Electric Co. ltd の商標に対して，A＿＿ Universal Industries Ltd. の商標を登録した。特許庁は，Aが1929年に設立され，ロシアでも消費者に知られた会社であり，香港企業による登録は，消費者を欺罔するものであると主張したというAの主張を認めなかった。これに対して，最高商事裁判所は，Aの商標の周知性を認める一方，香港企業は，実際には何ら関係がないAとあたかも同一の企業であるかのように宣伝していたと指摘し，香港企業の行為をパリ条約上の不正競争であり，権利濫用であると判示した。特許庁の決定は無効とされ，特許庁は，香港企業の登録を取り消すことを命じられた[33]。

---

30) 最高商事裁判所幹部会決定　2006年11月14日　No.8259/06.
31) 最高商事裁判所幹部会　2008年11月25日　information letter No.127, Item 4.
32) 最高商事裁判所幹部会　1999年1月20日　information letter.

なお，当事者の良心性とその行為の合理性は推定される（第10条5項）。これは法律の具体的な規定が民法上の権利の保護を当事者の良心性と合理性にかからしめた場合を想定した規定である。たとえば，法人の名において行動する者は，法人の利益のために，良心的，かつ合理的に行動する義務を負う（第53条3項）が，この義務違反を主張する者が，非良心性，非合理性を証明する義務を負うことになる。

信義誠実の原則を権利濫用禁止とオーバーラップして理解する民法典の立場は，2013年の改正後も継続している。民事上の権利の行使に関する第10条の規定は，第1条への信義誠実の原則の導入に伴って以下のように改正された。

> 民法上の権利をもっぱら他人に損害を与えることを目的として行使すること，違法な目的で脱法行為を行うこと，および民法上の権利の故意の非良心的な行使は許容されない（権利濫用）（同条1項）。

改正前の規定は，権利濫用の禁止を定めていたが，脱法行為，および非良心的な行為については言及していなかった。なお，脱法行為禁止は，1922年の民法典にも規定があった。2013年改正までは，権利濫用，「その他の行為」が禁止されていたが，この「その他の行為」の範囲は明確ではなかった。改正後は，権利濫用は，

▶故意に他人に損害を与える行為
▶脱法行為
▶その他民法上の権利の明らかな非良心的行使

を包括することになった[34]。

---

33) 最高商事裁判所幹部会　2008年11月25日　information letter No.127, Item 8.
34) V.Dobrovolskii, "Printsip dobrosovestnosti pri rassmotrenii korporativnykh sporov", *Korporatvnvi Iurist*, 2013 No.5, p. 43. V.Vytrianskii, "Osnovnye izmeneniia i dopolneniia, predplagaemye k vneseniiu v chast' pervuiu GK RF", *Khoziaistvo i Pravo*, 2012 No.7, p. 4.

なお，第1項の違反の効果としては，改正前の規定は，裁判所，および仲裁廷は行為者に法的保護を与えない，すなわち行為者の請求を拒絶すると定めたのみであった。これに対して，新規定は以下のように規定する。

> 第1項の規定の違反の場合は，普通裁判所，商事裁判所，または仲裁廷は，権利濫用行為の性質，その結果を考慮してその者の権利の保護を全部，または一部拒絶し，また法律が定めるその他の措置をとることができる（同条2項）。

脱法行為が他人の権利の侵害をもたらしたときは，権利を侵害された者は，それによって生じた損害の賠償を請求することができる（同条4項）。

この他に，民法上の権利は，競争の制限，または市場における支配的な地位の濫用のために用いられてはならない（同条1項）。競争法の規定が民法典に現れるのは奇異に思われるが，中欧諸国の民法典にはこのような規定がみられる。

民法典総則は，損害賠償に関する基本規定をも含んでいる。すなわち，民法典によれば，権利を侵害された者は，法律，または契約によりさらに低額の賠償が定められていない限り，損害の完全賠償を求めることができる（第15条1項）。この場合の損害とは，権利を侵害された者が権利回復のために支払い，または支払うべき費用，その財産の損害（実損），ならびにその権利が侵害されなければそのものが受け取ったであろう利益（逸失利益）を意味する（同条2項）。権利を侵害した者が，その侵害行為により利益を得た場合には，権利を侵害された者は，この収益以上の額の賠償を他の損害とともに請求することができる（同条2項後段）。

## 5　法　人

### 5.1　法人の概念

民法典総則は，第2編（*podrazdel*）において「人」について定める。第3章は，自然人，第4章が法人について規定する。

法人とは，分別された財産をその所有権，経済管理権，または運用管理権

の下に保有し，自己の債務につき，これらの財産をもって弁済し，自己の名において，財産的，および非財産的権利を取得し，また，行使し，義務を負い，裁判所で原告，または被告となることができる組織をいう（第48条1項）。

　法人の設立に際して，設立者（参加者）は，その法人との関係で，債権，または物権をもつことができる。（ⅰ）参加者が法人に対して債権をもつのは，商事パートナーシップ，商事会社，生産協同組合，および消費協同組合である。（ⅱ）これに対して，その設立者が法人との関係で，所有権，その他の物権をもつ組織は，国公営企業，および施設（*uchrezhdenie*）である（同条2項）。

　（ⅲ）設立者（参加者）がその法人に対して物権も債権ももたないのは，社会的，または宗教的団体（連合体），福利組織，その他の基金，および法人の連合体（協会，および連盟）である（同条3項）。

　このような法人の分類は，諸外国と比較しにくいが，（ⅰ）は基本的に商事会社，および商事パートナーシップである。ロシア法では，組合も法人格をもつ。しかし，会社の発起人や株主，社員が会社と債権的関係にあるというのは理解困難である。

　（ⅱ）の例は，国公営企業である。国公営企業の財産の所有者は，国（連邦，または連邦構成主体）であり，国公営企業は，自己に属する財産の所有権はもたない。国は，これらの財産を国公営企業から取り戻すことができる。（ⅲ）は，財団に近く，設立者は，一旦，資産を拠出すれば，法人に対して何ら財産権をもたない。

　法人は，定款に定められたその活動の目的にしたがって，民法上の権利を享受し，その活動に関連する義務を負う。しかし，商事会社は，法律が禁止していない，すべての種類の活動に必要な権利を享受し，義務を負うことができる（第49条1項）。言い換えれば，商事組織には，その目的による制約がなく，*ultra vires* の問題は生じない。

　上記の三分類とは別に，法人は，商事組織（営利組織）と非商事組織（非営利組織）に分類される（第50条）。その活動の基本的な目的が営利の追求にある法人は，商事組織であり，営利の追求を基本目的とせず，利益を参加者間で分配しない組織が非商事組織である（同条）。非商事組織は，その設立目

的に寄与する範囲内においてのみ，その目的のために営利活動を行うことができる。

## 5.2　法人の種類

法人は，以下のように分類される。

商事組織
　　商事パートナーシップ（*tovarishchestvo*）
　　　　完全パートナーシップ（合名会社）
　　　　制限パートナーシップ（合資会社）
　　商事会社
　　　　有限会社
　　　　株式会社
　　commercial partnership（*khoziaistvennoe partnerstvo*）
　　生産協同組合
　　国公営企業
非商事組織
　　消費協同組合
　　社会的，または宗教的団体
　　施設（*uchrezhdenie*）
　　福利基金，その他の基金

商事組織の共通の要件は，定款に定められた資本が，設立者の間の持ち分（出資分）に分割されていることである。会社の資産，およびその取得した利益は会社が所有する（第66条1項）。

商事組織に関しては，民法典の規定の他，以下の特別法がある。

▶有限会社法
▶株式会社法
▶商事パートナーシップに関する法律

148 Ⅲ 民法典

▶国公営企業に関する法律

　パートナーシップと商事会社は，ロシア語では，*tovarishchestvo* と *obshchestvo* として区別された。2011年までは，パートナーシップには，合名会社と合資会社だけがあった。しかし，民法典の改正作業が遅れている間，経済発展省を中心に，新たな法人形態を定める特別法が制定された。commercial partnership（*khoziaistvennoe partnerstvo*）に関する法律である[35]。これは，アメリカ法の LLC に由来するとされる。この法律によれば，これは2名以上の者（法人も可）により設立される商事組織であり，その経営には，パートナーの他，パートナーシップ契約にもとづき，それが定める範囲内で，他の者も参加する。パートナーは，パートナーシップの債務につき責任を負わず，損失は出資額の範囲内で負担する（第2条1項，3項）。パートナーシップは法人であり，そのようなものとして，債務について，パートナーシップのすべての財産をもって責任を負う（第3条1項）。

　一方，非商事組織については，一般法として，非商事組織に関する法律がある他，社会団体に関する法律，宗教的組織に関する法律，および政党法などがある。

　国公営企業は，*unitar'noe predpriiatie* - unitary enterprise と呼ばれる。この unitary という言葉は，ラテン語の unitas に由来し，単一性，統一性を意味する。国公営企業の「単一性」は，以下の特色に現れていると説明される。（ⅰ）国公営企業は，国有財産（連邦，または連邦構成主体），ないしは地方自治体（市と村）の財産を基礎としてのみ，設立される，（ⅱ）設立者は，単一である，（ⅲ）国公営企業の財産は，株式や持ち分に分割されない，（ⅳ）国公営企業に属する資産は，連邦，連邦構成主体，または地方自治体の所有にとどまり，企業には所有権がない，（ⅴ）所有権者のみが，国公営企業の経済戦略を決定し，その重要な決定に同意を与え，目的にしたがったその資産の利用を監督する[36]。

　民法典は，「国公営（unitary）企業」を，自己の属する資産に対して所有

---

[35]　2011年12月3日　連邦法　FZ380.
[36]　M.Iu.Tikhomirov ed., *Kommentarii k federal'nomu zakonu o gosudarstvennykh i munitsipal'nykh unitar'nykh predpriiatiiakh*, Moscow 2004, pp. 17-19.

権をもたない商事組織と定義する。unitary 企業としては，国営（連邦，連邦構成主体）企業と公営企業（地方自治体）のみが設立される（第113条1項，2項）。

国公営企業は，自己の属する資産に対して所有権はもたないが，経済管理権，または運用管理権をもつ。後者をもつ企業は，企業としての行為能力（自主権）が前者に比べて制約され，国庫直轄企業（*kazennoe predpriiatie*）と呼ばれる（第115条）。

国公営企業に関しては，2002年に国公営企業法が制定された[37]。

民法典は，国公営企業は，その債務につき，自己の全財産をもって責任を負うと定める。しかし，国庫直轄企業の場合は，資産の所有者（ロシア連邦，連邦構成主体，または地方自治体）が補充的責任を負う（第113条5項）。国公営企業法も，同様の規定をもつ。さらに，同法によれば，ロシア連邦，連邦構成主体，または地方自治体は，原則として国公営企業の債務につき，責任を負わないが，その企業の倒産が，これら国公営企業の資産の所有者（ロシア連邦，連邦構成主体，または地方自治体）によって惹起された場合は，例外として，債務を弁済するのに不足する部分を，これらの主体に負担させることができる（第7条2項）。

## 5.3　国営公社

2007年以降，上記の法人に加えて，Rostekhnologii, Rossatom, Rossnanotk, 外国貿易銀行など，一連の国営公社 *goskorporatsiia* が法人として創設された。国営公社が，国公営企業と異なるのは，まず第一に，これらの組織に関して，それぞれ特別な設置が制定されたことによる。設置法は，国営公社それぞれの目的，権限，および内部組織について定める。また，民法典の法人に関する部分には，国営公社への言及がない。第二に，国営公社は，営利追求を主たる目的とはしない，非商事組織とされる。そのような法人として，国営公社に関しては，非商事組織に関する法律に一ヶ条が割かれている。第三に，国公営企業では，その財産は，連邦，連邦構成主体，地方自治体が所有し，国公営企業は，経済管理権，または運用管理権をもつにとどま

---

[37]　2002年11月4日　FZ-161.

る。これに対して，国営公社においては，基本資産は，設立者である国（連邦）が拠出するが，その所有権は，国に留保されず，国営公社に移転する。第四に，国営公社は，事業活動を行うだけではなく，行政的な機能を果たす場合がある。たとえば Rossatom は，発電など原子力事業を行うだけではなく，原子力の分野で規制・監督的機能を果たす。

　国営公社は，すぐれてプーチン政権の所産であるが，批判も少なくない。第一に，国営公社は，国家の資産を拠出して設立されるが，国家資産を国家セクター以外に移転することは，民営化であり，民営化法が定める手続を履践しなければならないにもかかわらず，それがなされていない。この点は，2007 年 12 月に Rossatom が設立されたときに，民営化法が改正されて，整合性が確保されたが，それ以前に設立された国営公社は，改正前の民営化法に反して設立されたことになる[38]。

　第二に，これは重要なことであるが，国営公社には，民法典，その他の法律による規律が及ばない。国営公社には，非商事組織に関する法律が適用されるものの，ガバナンスに関する規定は，適用を除外されている。たとえば Rossatom 設置法では，非商事組織の監督に関する法律の規定の適用が除外されている（第 6 条 2 項）。開発銀行に関する法律では，開発銀行は，一般の銀行とは異なり，中央銀行の監督が及ばない。

　国営公社のガバナンスに関しては，国営公社それぞれの設置法が，規定する。最高の管理機関は，監査人会（*nabliudatel'nyi sovet*）である。これは通常の会社では，取締役会とも呼ばれる。たとえば，Rossatom では，この監査人会の構成員は，大統領の代理人の他，関係省庁の幹部であるが，すべて大統領により任命され，罷免される。CEO にあたる general director も同様である。大統領は，こうした人事権の他，Rossatom に拠出される国家資産を承認し，国公営企業を国営公社の支配下に移転することもできる。

　また，国営公社は，国家機構の外にあるために，会計検査院の権限が及ばなかった。

　結局，国営公社は，国家資産とともに，行政機能の一部を移転された組織（法人）であるが，実際には，国家機関としての監督も，民間組織としての

---

38) Dobrovol'skii, *Primenenie korporativnogo prava*, Moscow 2008, pp. 44–46.

監督も受けずに、多大な資産を所有し、運営する組織なのである。実際上、莫大な国の資産が無制限の利用に委ねられているという批判も有力である。2009 年の大統領の上院への教書は、大部分の国営公社の段階的な株式会社化の必要性を指摘した。民法典の改正綱領も、同様の立場をとる[39]。

こうした批判を承けて、非商事組織に関する法律が 2011 年に改正され、会計監査に関する限り、国営公社も、会計検査院の検査に服することになった。

### 5.4 法人法改正

株式会社に関しては、民法典改正綱領の中で、閉鎖型株式会社の廃止が提案された。基本的に、閉鎖型株式会社と有限会社との間には、資本が株式に等分されるか、持ち分に分割されるか以外に大きな差異はない。統計的には、同種の会社でありながら、有限会社の数が圧倒的に多い。そこで、2014 年民法典改正により、株式会社は、public company と non-public company とに分けて、前者により厳格な corporate governance を要求することになった（「第 14 章 株式会社法」参照）。

## 6 民法上の権利の目的物

民法上の権利の目的物は、「現金、書面による有価証券を含む物、現金ではない金銭（支払い手段）、および書面によらない有価証券、または財産権を含むすべての財産、労働、および役務の成果、保護される知的活動の成果、ならびにこれらに比肩する識別手段（知的財産）、および非物質的利益」である（第 128 条）。これは限定列挙である。

物のうち不動産には、土地、地下資源の鉱区、建物、施設、未完成の建造物など、土地の堅固な定着物の他、国家登記に服する船舶、航空機、内航船舶、宇宙衛星なども含まれる。金銭、有価証券などは動産である。「財産複合体」としての企業については、特別な規定により、不動産とされる（第 132 条 1 項）。不動産に関する権利の得喪変更は、国家登記に服する（第 131

---

[39] Sukhanov, *Problemy reformirovaniia grazhdanskogo kodeksa Rossii*, Moscow 2013, pp. 90-91.

条 1 項)。

　民法典は，さらに有価証券と非物質的利益に関してそれぞれ一章を割いている。有価証券については，ロシアでは有価証券市場に関する法律があるが，これは市場規制を目的としており，日本の金融証券取引法と異なり，有価証券の定義をもたない。有価証券の定義は民法典に定められている。有価証券の章は，2013 年の改正でペーパーレス証券にも対応できるように改正された。民法典の有価証券の定義規定によれば，

> 有価証券とは，法律が定める要件に適合し，債権，その他の権利を表象し，その行使，および移転がその書面の提示により可能である文書をいう。債権，その他の権利であって，法律の要件にしたがって有価証券を発行する者による発行決議，その他発行者の決定に表象され，その行使，および移転が本法典第 149 条にもとづくその登録を遵守した場合にのみ可能な証券も，有価証券である（非文書有価証券）（第 142 条 1 項）。

　なお，日本の金融商品取引法は，私法上の有価証券が発行されていない，登録国債，登録社債，株券不発行の株式などの「有価証券表示権利」と，その発生，または譲渡について，電子記録債権法の規定により，電子登録を要件とする金銭債権とをペーパーレスではあるが，有価証券に含めている[40]。

　有価証券の章は，総則と書面による有価証券，非書面有価証券の節に分かれ，後二節では，有価証券の行使，譲渡，異議，損害賠償，文書有価証券については善意取得（第 143.1 条）などについて定める。

　一方，非物質的な利益とは，民法典では，生命，および健康，名誉と良き名前，事業上の評判，私生活の不可侵，住居の不可侵，個人，および家族の秘密，移転の自由，居所・住所選択の自由，個人の名前，著作者人格権などを指す。これらは生得の権利，または法律により与えられた権利として，譲渡その他の方法で移転されることはできない（第 150 条 1 項）。

　非物質的な利益は，民法上の権利一般と同様に保護されるが，さらに，以下の方法によっても保護される。

---

[40] 松尾直彦『金融商品取引法　第 2 版』(商事法務，2013 年) 47-54 頁。

▶個人的非物質的権利の侵害の裁判所による認定
▶違反に関する裁判所の決定の公表
▶個人的非物質的権利の侵害行為，ないしは侵害の恐れがある行為の差止め，または禁止，ないしは非物質的な利益の侵害行為，侵害の恐れがある行為の差止め，または禁止

とくに重要であるのは，個人の非物質的権利の侵害，または非物質的利益の侵害の場合に，精神的損害の賠償が認められることである（第151条1項）。
民法典は，この箇所に非物質的利益について2つの規定を置いている。名誉，尊厳，および事業上の評判の保護に関する規定（第152条）と自然人の肖像（肖像権とは規定していない）に関する規定である（第152.1条）。後者は2006年の民法典改正で新設された規定である。個人の肖像の利用は，本人の同意がある場合にのみ許容される。ただし，肖像の利用が，国家，社会の利益，その他公共の利益に適合する場合，肖像が公共の場所や公共の催しでとられた場合などは例外とされる。

## 7　民法上の権利の保護

民法上の権利は，裁判所により，以下の手段により保護される（第12条）。

▶権利の確認
▶権利侵害以前の原状回復，および権利侵害行為，または権利侵害の虞がある行為の差止め
▶取消しうべき行為の無効認定とその行為の無効の結果の適用，および無効行為の無効の結果の適用
▶国家機関，および地方自治機関の行為の無効認定
▶権利の自力救済
▶義務の特定履行の強制
▶損害賠償
▶遅延賠償の取立て

▶精神的損害の賠償
▶法律関係の消滅，または変更
▶裁判所による，国家機関，または地方自治機関の違法な命令の不適用
▶その他法律が定める手段

なお，自力救済は認められるが，その方法は侵害行為に比例し，その阻止のために必要な範囲にとどまらなければならない（第14条）。

民法典には，従来の法典と同様に，国家賠償に関する規定もある（第16条）。

> 国家機関，地方自治機関，またはこれらの機関の職員の違法行為（不作為を含む）により，自然人，または法人に惹起された損害は，ロシア連邦，相当する連邦構成主体，または地方自治体により賠償される。これは法令に反する決定を行った場合を含む。

2013年の民法改正により，さらに国家機関等の適法な行為により損失を被ったものに対する損失補償の規定が導入された（第16.1条）。

## 8　法律行為

### 8.1　法律行為の概念

ロシア民法典は，フランス民法典やドイツ民法典などの大陸法の系譜に属する。大陸法系の民法典の基本概念の1つに法律行為（*acte juridique, Rechtsgeschäft*）の概念がある。1907年に出版されたA.M.Guliaevの民法に関する著作は，法律行為（*iuridicheskii akt*）を一定の法律効果を生じさせることを目的とする行為と規定した。著者によれば，法律行為の2つの要素は，意思とその表示であった。ボリシェビキ革命の後も，この概念は*sdelka*（*transaction*）として存続した。

現行の民法典は，社会主義時代の民法典と同様に，法律行為を以下のように定義する。

法律行為（*sdelka*）とは，民法上の権利，または義務の設定，変更，または消滅を目的とする私人，または法人の行為をいう（第 153 条）。

ロシア法は，複数当事者間の法律行為のみならず，単独行為も法律行為と認める。法律行為は，単独行為と契約（複数当事者間の行為）とに分けられる。後者には会社設立のような，いわゆる合同行為も含まれる。2013 年の民法典改正により，合同行為の効力について，新たに一節が設けられた。合同行為の成立のためには，当事者全員の意思の合致が必要である（第 154 条 3 項）。

## 8.2　法律行為の方式

社会主義民法の下では，法律行為の方式は厳格に規制されていた。たとえば国営企業間の契約には，公証人の認証が必要であった。これは国家が関与しないところで契約が発効することを防止するためであった。また，外国貿易契約には，ロシア側に複数の署名が必要とされた。方式違反の契約は，絶対的（対世的）に無効であった。しかし，こうした厳格な方式性の要求は，現行の民法典では大幅に緩和された。これは取引の安全を考慮してのことである。

法律行為は，書面によらず，口頭による法律行為も認められる（第 158 条 1 項）。口頭による契約は，法律行為の当事者の行動により，法律行為をなすことが明らかである場合に成立する。沈黙は，法律，または当事者の合意に定められた場合に限り，法律行為をなす意思の反映と認められる（同条 2 項，3 項）。口頭による契約は，法律，または当事者の合意により書面による方式が要求されていない場合にのみ可能である（第 159 条 1 項）。

書面による法律行為には，単純な書面による法律行為と公証人の認証を要する法律行為とがある。単純な書面による法律行為は，法律が定める場合には，定められた手続にしたがって，電子署名を利用することもできる（第 160 条 2 項）。

以下の場合には，法律行為は，口頭ではなく，書面によらなければならない。

　（ⅰ）法人間の法律行為，または法人と私人との間の法律行為
　（ⅱ）法定最低賃金の 10 倍以上の金額の私人間の法律行為

（ⅲ）法律が定める場合には，（ⅱ）以下の金額の私人間の法律行為

　法律行為の書面性の要求に反した場合でも，その法律行為は無効になるわけではない。当事者は，紛争の際に，その法律行為の存在と条件を証明するために証人の供述に依拠することはできないという不利益があるが，書証，鑑定人の意見，その他の証拠を援用することはできるとされる（第162条）。2013年改正までは，外国貿易契約は書面によることを要したが，これは削除された。

　法律行為は，単に書面によるのみならず，公証人による認証が必要とされる場合がある。これは典型的には不動産取引や，担保設定契約などにみられる。

　2013年改正民法典は，以下のように定める。

　　法律行為の公証人による認証とは，各当事者が当該法律行為をなす権限があるか否かを含めて，法律行為の法適合性を公証人，または認証を行う権限をもつ公務員が，公証人，および公証活動に関する法律が定める手続にしたがって点検することをいう（第163条2項）。

　公証人による認証を要する法律行為に認証が欠けているときは，その法律行為は無効である。

　また，法律行為の方式とはされていないが，一定の法律行為は，国家登記に服する。土地，その他不動産に関する取引などである。法律上国家登記が義務的である法律行為は，その登記が完了するまでは発効しない（第164条1項）。

　公証人による認証，および国家登記の申請には，相手方の協力を要するのが一般的である。当事者が法律行為の一部，または全部を履行したにもかかわらず，相手方が公証人による認証に協力しない場合には，履行した当事者の申立てにより，裁判所は，この法律行為の有効性を認める権限をもつ。この場合には，公証人の認証は，不要である（第165条1項）。

　国家登記の申請に相手方が協力しない場合には，当事者は，裁判所の決定を得て，登記を申請することができる（同条2項）。これらの場合に，公証人による認証，または国家登記申請に協力しなかった相手方に対しては，損害

賠償請求が可能である。ただし，これには1年の時効が適用される（同条3項，4項）。

## 8.3 無効行為と取消行為

瑕疵ある法律行為には無効な行為と取消可能な行為がある。これは日本法やドイツ，フランス法と同様である。民法典は，瑕疵ある法律行為を列挙し，その効果をそれぞれについて定める。法律行為は，意思表示にもとづくものであるから，意思の自由がなかったり，意思表示に瑕疵があった場合には，その法律行為の効果に影響する。また，法律行為が，法令に反したり，公序に反する場合もありうる。

民法典は，以下のように定める。

> 法律行為は，法律が定める場合に，裁判所が無効と認めるとき（取消行為），または裁判所の承認の如何を問わず（無効行為），効力をもたない（第166条1項）。

すなわち，取消行為は，法律行為の当事者，または法律が定めるその他の者の訴えをまって，裁判所が当該行為の効力の存否を決定する。このような法律行為は，それが法律行為の効力を争う者に不利益をもたらすなど，その者の権利，または法的利益を損なう場合に効力をもたないものと認められる（同条2項）。裁判所がその行為を無効と認めるまでその行為は有効であり，裁判所が無効と認めた場合に，その法律行為は行為時に遡って効力を失う。これに対して，無効行為は，当事者の訴えなくしても当初から効力をもたない。

【裁判例】
連邦内務省職員宿舎の敷地の民営化が禁止されている以上，法人による私的所有を目的とするこの土地のあらゆる処分行為は違法であり，この土地からの職員の退去請求を裁判所は認容することができない。この場合に裁判所は，当該法律行為の無効確認の訴えの有無にかかわらず，このような法律行為を無効と認めることができる[41]。

1964年の民法典は，無効と取消の区別を認めなかった。瑕疵ある法律行為の効力を当事者の意思（訴えを提起するか否か）にかかわらせることを否定し，瑕疵ある法律行為をすべて無効としたのである。実際にも，市場が存在しない以上，取引の安全を考慮する必要がなく，瑕疵ある行為はすべて無効としても支障がなかったという事情もある。しかし，市場経済の下では，表意者保護の要請と取引安全の要請が衡量されなければならず，瑕疵ある法律行為の効力をすべて否定するわけにはいかない。そこで現行民法典は，取消行為と無効行為を区別することとしたのである。

　ところで民法典は，無効行為を *nishtozhnyi akt*，取消行為を *osporimyi akt* と呼ぶが，取消行為も裁判所が訴えを容れれば無効 *nedeistvitel'nyi* となる。第173条以下は，取消行為に関する規定である。無効行為は，*nishitozhnyi* であると直接表現されるが，取消行為は，「裁判所により無効 *nedeistvitel'nyi* と認められることができる」と規定され，さらに申立権者の範囲が特定される。また，取消のためには，相手方が何らかの事実を知り，または知りうべかりしことを立証する必要性が規定されることもある。さらに，善意の第三者が存在する場合に，取消権が制限される可能性もある。

　取消行為と異なり，無効行為は，裁判手続を経るまでもなく効力をもたない。しかし，法律行為の無効の結果としての原状回復（「無効行為の効果の適用」）を主張するためには裁判上の請求を行うことが必要である。これは不当利得返還（*restitutsiia*/restitution）の問題である。取消行為の場合は，取消請求自体に無効行為の効果の適用（不当利得返還請求）が含まれるが，無効行為の場合には，行為の効力を裁判所で争う必要がないために，無効行為の効果の適用は別途裁判所に請求することになるのである。

　無効行為の効果の適用＝不当利得返還の請求は，法律行為の当事者，または法律が定める者が行うことができる。無効行為の効果の適用を伴わない，単なる法律行為の無効確認の請求も，2013年改正により，請求者が，当該法律行為が無効と認められることに法的に保護される利益をもつ場合に可能となった（同条3項）。

---

41）　最高商事裁判所決定　2004年1月27日　No.13838/04.

なお，裁判所は，公益のために必要な場合，その他法律に定められた場合には，当事者の請求をまたず，職権で無効行為の効果を適用することができる（同条4項）。

無効行為の効果は，不当利得の返還にある。すなわち，各当事者は，相手方に，法律行為の結果として受領した物を返還し，現物による返還が不可能である場合には，その価額を返還する義務を負う（第167条2項）。なお，2013年改正で，裁判所は，法秩序の基礎，または倫理に反する場合には，無効行為の効果を適用しないことができるという規定が挿入された（同条4項）。

法律行為の無効の効果の適用請求，および無効確認請求には，3年の時効が適用される。時効は，無効な法律行為の履行が開始された日から起算される。当事者以外による請求の起算点は，その者が無効な法律行為の履行の開始を知り，または知りうべかりし日である。ただし，この期間は，履行開始日から10年を超えてはならない（第181条1項）。

2013年民法典改正により，新たに以下の条項が導入された。

> その行動から，法律行為の効力を保持しようとする意思が明らかである者は，その意思を明らかにした時点でその者が知り，または知りうべかりし根拠にもとづいては，その法律行為の効果を争うことができない（第166条2項）。

たとえば，融資を受けた者は，その融資金を使用した時点で，融資契約の効力を保持しようとする意思を示したのであり，その者が，融資契約の瑕疵を知り，あるいは瑕疵を知るべきであったときは，瑕疵の存在を根拠として，融資契約の効力を争うことはできないことになる。

## 8.4 瑕疵ある法律行為

### (1) 法令違反の行為と公序違反の行為

法令に反する法律行為は，法律に異なった規定がない限り，取消行為である。一方，法令に違反し，かつ公益を損ない，または第三者の権利，ないしは利益を損なう法律行為は，法律がこれを取消行為と定めるか，行為の無効

以外の効果を定めていない限り，無効行為である（第168条1項，2項）。

　従来，法令違反の法律行為は，すべて無効行為とされていたが，2013年民法典改正で，原則取消行為と原則無効行為に二分された。これは以下に述べる公序違反行為の効果に関係する。

　2013年改正後の民法典は，公序違反について以下のように規定する。

> 法秩序の基礎，または倫理に反する目的で故意になされた法律行為は，無効行為である。法律が定める場合には，裁判所は，故意にこのような法律行為をなした者の収益を国庫に没収することができる（第169条）。

　2013年改正までは，単純な法令違反の法律行為と公序違反の行為は，その効果の点では区別されたが，ともに無効行為であった。これに対して，現行法では，法令違反の法律行為は原則として取消行為とされる一方，公益を損なう行為が別に無効行為として規定され，さらに公序違反の法律行為の規定が加わる形になった。

　公益を損なう法律行為と公序違反の法律行為の区別は必ずしも明確ではない。これまで，裁判所は，公序違反の認定に慎重であった。これは，公序違反の行為に対しては，当事者の収益を国庫に没収する規定があったため，法令に反する行為であっても，「反社会性」がそれほど高くない法律行為を公序違反とすることがためらわれたのが一因と思われる。

【裁判例】
　医療保険業のライセンスをもたない保険会社との間に締結された任意の医療保険契約は，その反社会性が立証されていないために，公序違反（民法典第169条）による無効の対象とはならない[42]。

【裁判例】
　銀行 Mosbiznesbank が，有限会社 Edel'veis に対して6,400万ルーブルの利息支払いを求めて訴えを提起した。第一審裁判所はこの請求を認容

---

42) 最高商事裁判所決定　1998年7月14日　No.1173/98.

したが，控訴審裁判所は，訴えを斥けるとともに，融資契約に外貨規制法に反して「法秩序の基礎に反する」として，当事者が受け取った金額を国庫に没収した。しかし，最高商事裁判所は，この決定を破棄した。

最高商事裁判所によれば，この契約は，カザフスタンからの小麦の輸入の支払いに当てるための融資契約であった。原告銀行は，Edel'veis のためにドルを調達し，カザフスタンの仲介企業の口座に送金した。Edel'veis は，融資を返済したが，利息を支払わなかったために，銀行が訴えを提起した。原告は契約を履行したのであり，被告は利息の不払いによる契約不履行にある。しかし，銀行によるドルの取得は，当事者間の融資契約の枠外の独立した性格の法律行為であり，融資契約の法的効力に影響を及ぼすものではない。融資契約と外貨の購入・送金契約を不可分のものとみなし，民法典第169条にもとづいて，当事者が受領した金員を国庫に没収した下級審の判断は，違法であり，かつ根拠がない[43]。

【裁判例】
Cheryabinsk 市の租税当局は，有限会社 Spetsstroi と Cheriabinvest-bank 銀行との間の代物弁済契約が無効であるとして訴えを提起した。第一審裁判所は訴えを斥けたが，控訴審裁判所は，この取引が租税滞納中の当事者の支払い手続に違反し，法秩序の基礎と倫理に故意に反するとして無効と認め，両当事者から4,700万ルーブルを没収した。しかし，最高商事裁判所は，この場合には，民法典第169条ではなく，第168条が適用されるべきであるとして，没収処分を違法と認めた[44]。

今後は，公益を損なう法律行為については，収益没収の規定が適用されないため，法律行為が公序違反ではなく，公益を損なうとして無効になる例は増加すると思われる。

単なる法令違反に関する事例としては，以下のような判例がある。

---

43) 最高商事裁判所決定　2000年4月18日　No.9490/99.
44) 最高商事裁判所決定　1998年3月10日　No.5624/97.

【裁判例】

国営企業が会社の株式の代金として金銭，および資産を払い込む行為は，行為時の立法が連邦の所有に属する企業の資産の処分と管理を国家資産委員会の権限とし，この場合にその同意が欠けていたことに照らして，無効である[45]。

【裁判例】

売買契約締結時に，買い主は，国家資産，公的資産の取得に国家資産委員会の同意が必要なことを知るべきであったのであり，本件病院の譲渡契約は無効である[46]。

2003年までは訴訟時効が10年という長期であったために，民営化の結果，私的セクターによって取得された権利が長期間安定しなかった。裁判所は，民営化の手続に瑕疵があっても国や地方の資産の原状回復（不当利得返還）請求の訴えを斥けることも少なくなかった。

【裁判例】

本件建物の売買契約は，法令違反，または国家や社会の利益に故意に反することを目的に締結されたと認めることはできない。当該契約は，関連する法令が制定される前に締結されており，また，地区行政当局は，契約承認の決定を行い，国家資産管理委員会も所有権確認の証明書を発行するなど，契約を追認する行為を行っている。本件建物は，半壊建造物であり，市にとっていかなる価値ももたない。建物は実際の価値に応じた価格で処分され，市は受け取った代金を有用な目的に使用した。一方，建物を取得した者が，これを再建した結果，かつての建物はもはや存在しない。直接の売り手となった機関はすでに清算され，市は買主に，建物再建にかかわる損害を賠償する代金を返却する可能性をもたず，それゆえに原状回復は不可能である[47]。

---

45) 最高商事裁判所幹部会決定　2001年7月31日　No.7982/00.
46) 最高商事裁判所幹部会決定　2001年9月25日　No.3411/01.
47) 最高商事裁判所幹部会決定　1996年6月18日　No.9/96.

なお，民営化立法違反に関して生じた契約解除の紛争は，仲裁手続の対象とすることはできない。当事者間の仲裁条項は無効（nishtozhnyi）である[48]。

### (2) 仮装契約と迂回契約

民法典第170条は，第1項で仮装法律行為，第2項で迂回法律行為について，これらを無効行為と定める。仮装法律行為や迂回法律行為に関する規定は，社会主義時代の民法典にもみられた。とくに迂回法律行為は，住宅や自動車の所有や売買などに関する様々な規制を潜脱するための方便として多用された。現行民法典は，以下のように規定する。

> 仮装法律行為，すなわちその法的効果をもたらす意図なくして，外見だけのためになされる法律行為は，無効である。
> 迂回法律行為，すなわちその条件を含めて，他の法律行為を隠蔽するためになされる法律行為は，無効である。当事者が実際に意図した法律行為には，その法律行為の本質と内容にしたがって，その法律行為に関する規定が適用される（第170条1項，2項）。

仮装法律行為の例は，債務者が執行を免れるための資産処分である。破産前の債務者が資産を第三者に外見上のみ処分し，資産を隠匿する例は少なくない，これは倒産法上，管財人による否認権の対象となるが，民法上も無効である[49]。以下は，会社の倒産手続において，債権者が債務者と通謀して仮装の債権を創出し，債権を届け出た例である。

【裁判例】
個人事業者Dは，有限会社Tiumen' Proekt Servis（TPS）とTsement-stroi（TS）とを相手方として，両者の間の2010年10月の各種商品引渡し契約の無効を主張して裁判所に出訴した。第一審，控訴審，破毀審ともに原告の訴えを斥けた。

---

[48] 最高商事裁判所幹部会決定　2001年4月10日　No.3515/00.
[49] 最高商事裁判所決定　2002年2月6日　No.2352/01.

Dは，TPSの株式の24.5％を保有する社員である。TPSについては裁判所により，2011年4月に倒産法上の監視手続が開始され，7月に破産認定がなされた。TPSとTSとの間には，前者を買い手とし，購入価格が1億5,000万ルーブルを超えるセメント購入契約が前年に締結されていた。原告は，この取引が仮装契約であり，人為的に債務を作り，TPSを再建者名簿に記載するための取引として無効であると主張した。下級審は，一連の取引には実態があり，仮装契約ではないと判断した。

最高商事裁判所の決定によれば，仮装契約であるか否かを認定するにあたって，契約書類が適法に作成されているか否かだけではなく，会計書類など他の文書も調べる必要がある。TPSが契約所定の量のセメントを期日内に調達することは技術的に不可能であると主張したが，第一審裁判所は，この点の審理を尽くさなかった。また，原告による，実際にセメントが納入されたか否かに関する証拠提出の申立てと鑑定人委嘱の申立ても第一審裁判所によって却下された。最高商事裁判所は，第一審裁判所は，原告側の証拠提出請求を斥け，職権による証拠調べもしなかったことにより，紛争の正しい解決のために必要な事実を確定するための条件を創出しなかったとして下級審の判決を破棄し，事件を第一審に差し戻した[50]。

【裁判例】
共同事業契約において，株式会社Aは，自己の所有にかかる建物の一部を有限会社Bの使用に供する義務を負った。しかし，裁判所は，この建物の所在地が有限会社の住所と異なること，有限会社が実際のこの場所に所在したことがなかったこと，建物の一部が有限会社に移転されたことがなかったことなどから，当事者は共同事業を行わず，契約は単に有限会社を登記するための方便であったとしてこの共同事業契約を仮装契約と認めた[51]。

---

[50] 最高商事裁判所幹部会決定　2012年10月18日　No.7204/12.
[51] モスクワ管区商事裁判所決定　2004年6月16日　No.KG-A40/4524-04.

【裁判例】

原告Sは，有限会社TsarevoとBaltstroiのそれぞれ50％の持ち分の所有権確認と移転登記を求めて裁判所に出訴した。第一審には，第三者としてカリーニングラード州の国税監察官が参加した。第一審裁判所は，原告の訴えを斥けたが，控訴審はこれを破棄し，破毀審裁判所もこれを支持した。しかし最高商事裁判所は破毀審の決定を覆し，原告の訴えを斥けた。

　この事件では，Sの母親とSとの間で2009年3月13日に会社の持ち分の贈与契約が締結された。第一審裁判所が訴えを斥けたのは，訴えの提起がSの母親に対して別件債務について地区裁判所が取立て命令を出した後であり，この贈与契約が執行を免れるための仮装契約と認めたためであった。これに対して控訴審裁判所は，持ち分譲渡は適法に行われ，出訴が地区裁判所の判決後であることは，それだけでは仮装行為の証拠にはならないと判断した。しかし，最高商事裁判所によれば，持ち分の譲渡が実際には行われておらず，母親は，贈与契約の後も両社の社員総会に出席して議決権を行使している。一方，Sはこれに対して異議を申立てず，地区裁判所が持ち分を差し押さえて初めて持ち分を擁護する行動に出た。最高商事裁判所は，両者の近親関係を考慮すれば，この贈与は外形のためだけのものであり，法的効果をもたないと判示した[52]。

迂回法律行為は，当事者が本来意図する法律行為に関して規制がある場合に，この規制を免れるために外形上，別な法律行為の形式を装う行為である。

【裁判例】

Tekhmashimportは，保険会社Mikoraを相手方として30万ドル（内20万ドルは保険金）の支払いを求めて訴えを提起した。第一審は，請求を認容したが，控訴審は訴えを斥けた。

　両社間の当初の契約は，Tekhmashimportが1,000万ドルをMikora

---

[52] 最高商事裁判所幹部会決定　2011年12月13日　No.10467/11.

に 3 ヶ月間委託する信託契約であった。その数日後に両社は，同額の 3 ヶ月間の従業員保険契約を締結した。保険事故がない場合には，Mikora は 1% の利息と 6.5% のボーナスを支払う義務を負った。Tekhmashimport によれば，これは，Mikora が信託業務に必要な銀行ライセンスをもっていなかったこと，保険契約が付加価値税に関して有利であることを理由に，Mikora の要請により，さきの保険契約を更改したものであった。

これに対して最高商事裁判所は，ボーナスの支払いが保険契約に通常みられる条項ではないことを指摘し，銀行法違反の有無を調査し，当事者の真意を確認する必要があるとして，下級審の決定を破棄し，事件を差し戻した[53]。

【裁判例】

K は，ロシア企業 AlTseKo Invest と外国企業 Penfields Holdings Ltd を相手方として，両者間の代理契約の無効と無効行為の効果の適用を求めて出訴した。第一審，控訴審は訴えを認容したが，破毀審はこれを覆し，事件を第一審に差し戻した。第一審裁判所は再び同じ結論に達し，控訴審もこれを支持したが，破毀審はこれを破棄した。

最高商事裁判所の認定によれば，外国企業は，2004 年に AlTseKo Invest と代理契約を締結し，モスクワ州ドミトロフ市に所在するガソリンスタンドとその土地を取得して登記し，その上で所有権を外国企業に移転することを委任した。原告 K は，AlTseKo Invest の持ち分の 25% を保有する社員である。原告は，2007 年に AlTseKo Invest がその所有するガソリンスタンドを売却したことを発見した。K の主張によれば，この代理契約は，実際には利益相反でかつ大規模取引として取締役会，社員総会で承認を必要とする取引を隠蔽するものであった。そもそもガソリンスタンドは，AlTseKo Invest が自己のために取得したもので，第三者に売却することは予定されていなかった。破毀審裁判所は，代理契約は通常の経済活動に伴う行為であり，大規模取引として社

---

[53] 最高商事裁判所決定 1996 年 7 月 30 日 No.1606/96.

員総会の承認を要するものとは認められないと判断した。しかし、この判断は誤りである。第一審の認定によれば、AlTseKo Invest は本件ガソリンスタンドを 2004 年に社員総会の承認を得て大規模取引として取得し、これを長期賃貸して利益を上げていた。その市場価格は 1 億ルーブルを超えていた。これは資産の 25% を超えるものとして大規模取引となる。なお、代理契約は、契約記載の日付よりも後に締結された。

また、AlTseKo Invest の general director である A は、同時にガソリンスタンドの買主である Penfields Holdings Ltd の唯一の株主であり、この不動産取引、およびこれに関連した代理契約には利益相反性がある。この取引で AlTseKo Invest が得る対価はわずか 5 万ルーブルであり、会社の損害が生じたことは明白である。

このような状況を総合的に考慮して、第一審、および控訴審は、代理契約は、AlTseKo Invest がガソリンスタンドを売却する契約を隠蔽する契約であると判断した。代理契約により隠蔽されたガソリンスタンド売買契約は、大規模取引で、かつ利害関係取引であり、社員総会の承認が必要であるにもかかわらず、これを欠き、したがって無効であるとした第一審、および控訴審は是認される[54]。

迂回法律行為と認められた場合には、本来意図された行為に関する規定が適用される。

【裁判例】
不動産、機械設備、自動車の売買契約を企業売買契約を隠蔽するものと認定した場合、裁判所は当該法律行為に企業売買に関する規定を適用すべきであった[55]。

### (3) 法人の目的外行為

法人の目的外行為（定款に定められた目的を逸脱した行為）は、無効行為ではなく、取消行為である。社会主義民法は、法人の目的外行為を絶対的に無効

---

54) 最高商事裁判所幹部会決定 2010 年 12 月 28 日 No.10082/10.
55) 最高商事裁判所決定 2002 年 1 月 30 日 No.6245/01.

としたが，現行民法典は，これを取消行為としただけではなく，相手方がこの制限を知り，または知りうべかりしことが証明された場合に限って取り消しうると定めた。これは，法人の利益と相手方の保護の必要性とを衡量し，善意無過失の相手方を保護する趣旨である。

> 裁判所は，設立文書に明確に制限された目的に反して行われた法人の行為を，その相手方がその制限を知り，または知りうべかりしことが証明されたときは，法人，法人の発起人（社員），その他，その者の利益のために制限が設定された者の訴えにもとづいて，無効と認めることができる（第173条）。

【裁判例】
当該基金が，その権利能力を逸脱し，また銀行ライセンスなくして契約を締結した場合には，その契約は，相手方がその契約の違法性を知り，または知りうべかりしことが証明されたときは，この契約は基金，その発起人（社員），または基金の活動を監督・規制する国家機関の訴えにもとづいて，無効と認められることができる[56]。

なお，定款の目的による法人の行為能力の制限（*ultra vires*）は，現行法では，非営利法人に限って認められる。商事組織——会社等——には目的による制限はない。商事組織は一般的な権利能力をもつ（第49条1項）。第173条は，国公営企業や，非商事組織など，行為能力が制限されている組織にのみ適用される[57]。

(4) 法人の機関・代理人等による権限行使の条件違反, 権限踰越, 権限濫用行為
改正前の民法典と有限会社法では，定款に違反した契約が無効行為か，取消行為かは明らかではなかった。

---

[56] 最高商事裁判所決定 2002年6月11日 No.441/02.
[57] Stepanov, *supra*, p. 222.

第 7 章　民法総則　169

【裁判例】
ロシアの有限会社 Velorr の社員 C は，5.9％ の持ち分を保有していたが，これを外国企業 Eurotech Development に売却する契約を締結した。しかし，Velorr の定款には，第三者への持ち分譲渡を禁止する条項があった。第一審裁判所は，2013 年改正前の民法典第 174 条を適用し，これを取り消しうべき行為とした。最高商事裁判所もこの結論を支持した。最高商事裁判所は，Eurotech Development は契約の際に定款を見なかったはずはなく，譲渡禁止規定を知っていたはずであり，その違反の結果も予見すべきであったと判示した[58]。

ロシアでは，法人の機関による様々な権限踰越行為が後を絶たない。以下は，紛争の典型例である。

【裁判例】
貯蓄銀行である Buriat 銀行は，株式会社 Sapozhok に対して 2 億ルーブルの貸金返済と利息，および遅延利息の支払いを求めて訴えを提起した。これに対して被告は，会社の general director が権限を逸脱したことを理由に，融資契約と担保契約が無効であると主張して反訴を提起した。第一審裁判所は，原告の請求を認め，反訴を斥けた。上級裁判所もこれを支持した。被告は，最高商事裁判所に異議申立てを行った。
　最高商事裁判所は，下級審の判断を破棄し，事件を差し戻した。最高商事裁判所によれば，Sapozhok は，国営のスタジオが民営化されたものであるところ，民営化の結果設立された株式会社には特別な規定が適用される。大統領令によって承認された模範公開株式会社規程によれば，会社の総資産の 10％ を超える資産の処分は，株主総会の排他的権限とされた。同額以上の借入れや出資については，取締役会の承認が必要であった。このような制限は，債権者が知り，または知りうべかりし事実であった。
　ところが本件契約は，資産価値の 10％ を超えるものとして，株主総

---

[58] 最高商事裁判所幹部会決定　2011 年 12 月 13 日　No.10590/11.

会の承認を要するにもかかわらず，general director のみによって署名された。株主総会は，事後承認も与えていない。それゆえに担保契約は，民法典第 168 条に反して無効である[59]。

【裁判例】
閉鎖型株式会社 Parma は，外国企業 Tukor Holding Co. を相手方として，当事者間で締結をした契約の無効確認を求めて訴えを提起した。この契約によれば，Tukor は，Gazprom の株式を取得し，Parma にこれを移転し，原告はその代金を支払う義務を負った。契約は Parma 側では副社長が署名した。原告は，副社長にはこの契約を締結する権限がなく，第 174 条にしたがって，契約は無効であると主張した。第一審，控訴審裁判所ともに，原告の訴えを認容した。しかし，最高商事裁判所は，下級審が，副社長が会社の機関ではないと認めたことは是認したが，下級審は，定款上の副社長の権限を審理せず，また副社長が会社の執行機関であるか，また会社の代理人として行為したか否かを審理しなかったと指摘した。また，被告は，Gazprom の株式を取得し，これを原告に移転したのであり，原告はその代金を支払う義務を負う。この株式取得の確認書には，Parma の general director が署名した。これが代理権なき行為の追認に当たるかも審理する必要がある。最高商事裁判所は，事件を第一審裁判所に差し戻した[60]。

こうした権限踰越行為の効力を法人が否認し，原状を回復することは，容易ではない。その一因は，民法典の規定の不備にあった。2013 年の民法典改正は，この問題にも焦点をあて，法律行為の規定を整備した。すなわち，

委任状，または法律に定められた権限，ないしは法律行為がなされる状況から明らかである権限に比べて，私人が法律行為を行う権限が，契約，法人の支店規程，または駐在員事務所規程により制限されている場合，または法人の機関が委任状なくして法人の名において法律行為を行う権

---

[59] 最高商事裁判所決定 1997 年 3 月 4 日 No.3326/96.
[60] 最高商事裁判所決定 1998 年 3 月 3 日 No.6477/97.

限が，法人の設立文書，その他その活動を規律する文書により制限されている場合に，その法律行為を行うにつき，私人，または法人の機関がその制限を踰越したときは，裁判所は相手方がその制限を知り，または知りうべかりしことが証明された場合に限り，その制限がその利益のために設定された者の訴えにより，法律行為を無効と認めることができる（第174条1項）。

　第1項は，法人が，定款や委任状により，その機関や代理人の権限に制限を課したにもかかわらず，これらの者がこの制限を逸脱した場合の規定である。たとえば会社が取締役の権限に制限を課し，一定の行為に複数の取締役の承認を要求しているにもかかわらず，取締役が単独で契約を締結した場合などである。

　この規定が複雑にみえるのは，私人と法人の機関の行為とが並行して規定されているからであろう。第1項は，（ⅰ）私人が法律行為を行う権限が，契約，法人の支店，または駐在員事務所規程により制限されている場合，（ⅱ）法人の機関が，法人の名において委任状なくして法律行為を行う権限が，法人の設立文書，その他法人の活動を規律する文書により制限されている場合に分けて規定している。そしてこのような私人や法人の機関の権限が，委任状，法律に定められた権限，または「法律行為がなされる状況から明らかである」権限に比べて制限され，かつこれらの私人，または法人の機関がその権限を逸脱した場合に，裁判所は，相手方が，その制限を知り，または知りうべかりしときに限って，当該法律行為を無効と認めることができるという趣旨である。このような訴えを提起することができるのは，「制限がその利益のために設定された者」である。

　いずれの場合でも，裁判所は法律行為を無効と認定することができると定められている。すなわち，裁判所には無効認定の裁量権がある[61]。

　これに対して，第174条2項によれば，

　　裁判所は，代理人，または委任状なくして法人の名において法律行為を

---

61) O.N.Sadikov ed., *Kommentarii k grazhdanskomu kodekusu RF, chaschi pervoi*, 3rd edition, Moscow 2005, p. 485.

なしうる法人の機関によりなされた，代理される者（代理人に対する本人），または法人の利益を損なう法律行為は，相手方が，当該行為が本人，または法人の利益に対する明らかな損害を惹起することを知り，または知りうべき場合に本人，または法人〔中略〕の訴えにより，これを無効と認めることができる。

さらに，この規定は，代理人と相手方，または法人の機関と相手方の間に，代理される本人，または法人の利益を損なう共謀（sgovor），その他の共同行為が行われた場合も同様であると定める。

1項と比較すると，2項は，権限踰越の有無を問わず，代理人が本人の利益を損なう法律行為を行った場合と法人の機関が法人の利益を損なう法人の機関の行為について定めている。実際，代理人や法人の機関が，その権限内であっても，権限を濫用し，本人や法人の利益に反して法律行為を行うことはしばしばみられる。とくに代理人や法人の機関が相手方と通謀することは少なくない。しかし，従来は，権限踰越がない限り，こうした法律行為の効力を争うことは不可能であった。2013年民法典改正は，こうした法の空白を埋めて，本人や法人の利益を保護することを意図したものである。

代理人・法人の機関による権限踰越を争う場合の困難は，権限踰越を相手方が知り，または知りうべかりしことの証明である。次のケースは取締役の利益相反でわかりやすい例である。

【裁判例】
A銀行では，3億ルーブルを超える融資は，理事会と経営会議の承認を要することになっていた。本件有限会社に対する融資はいずれの承認も得ず，また追認もなかった。破毀審は，有限会社がA銀行取締役の権限に制限があることを知り，または知りうべかりしことの証明がなかったと判断した。しかし，契約締結時，この取締役は，銀行の外貨部門の責任者であり，後に理事会副議長になったが，同時に借り手である有限会社の唯一の発起人であり，かつ取締役であった。したがって融資契約の相手方である有限会社側は，銀行の取締役の権限に制限があることを知り，または知りうべきであったと最高商事裁判所は認定し，この契約

を無効とした控訴審判決を支持して破毀審の判断を覆した[62)]。

【裁判例】
担保契約は，担保設定者側では，定款にもとづいて，理事会議長により署名された。理事会議長の権限が定款にもとづくことは，契約に言及されていた。契約のこのような記載は，法律行為の相手方は，会社の定款を閲覧し，理事会議長に不動産の担保設定契約に署名する権限があるか否かを調査すべきことを意味する。定款によれば，理事会議長に権限はなく，本契約は，民法典第174条により，無効である[63)]。

【裁判例】
株式会社の代表取締役が，会社を代表して銀行と担保設定契約を締結するにあたり，その権限を証明するために偽造文書を銀行に提示した。これは刑事事件捜査の過程で明らかになった。本件契約締結時に，銀行は代表取締役に建物を担保に供することを授権する株主総会決議が存在せず，代表取締役に権限がないことを知らず，または知ることもできなかったと最高商事裁判所は認めた[64)]。

問題は，会社との取引において，相手方が会社の定款を知っていることが推定されるか否かである。最高商事裁判所は，当初，契約に定款が引用されている場合，たとえば「定款にもとづく権限を行使する代表取締役A」といった表現がある場合には，相手方は，当然に定款の内容を知るものとみなされた。しかし，1998年の最高商事裁判所総会決議「民法典第174条の適用に関する若干の問題について」で裁判所は，契約を締結する者が，法人の定款にもとづいて権限を行使しているという契約の記載を，契約締結の具体的な事情を考慮し，他の証拠も勘案して評価しなければならないとした[65)]。その後の下級審の判例は分かれており，相手方が定款を知悉していることを

---

62) 最高商事裁判所決定　1999年4月6日　No.329/99.
63) 最高商事裁判所決定　1996年3月26日　No.7/96.
64) 最高商事裁判所決定　1997年2月11日　No.8365/95.
65) 最高商事裁判所総会決定　1998年5月14日．

推定する例も少なくない。そもそも「民事取引のすべての合理的な主体は，取引の相手方の定款上の権限を調査するものである」[66]。この論者は，すべての場合に相手方は定款による制限を知っていたと推定されるべきであるが，権限の制限が定款以外の文書に定められている場合には，相手方はそのような制限を知っていたとは推定されないと指摘する。

【裁判例】
株式会社が銀行との間で保証契約を締結した事例で，会社の取締役は，定款上与えられた権限を超えて契約を締結した。最高商事裁判所は，下級審は，取締役の権限に対する制限を銀行が知っていたか否かを審理すべきであり，その際には，会社が銀行の顧客であること，銀行が会社の取締役の権限に関心をもっていたことは，銀行の与信委員会の記録がこれを証明していると指摘した[67]。

第174条において契約無効の訴えを提起できるのは，代理権の制約がその者の利益のために設定された者のみである。

【裁判例】
債権者は，保証人に対して売買代金の保証債務の履行を求めて訴えを提起した。保証人は，反訴として，売買契約が，売り主側の会社の社長がその権限を超えて締結したものであって，無効であると主張した。第一審裁判所は，保証人はそもそも契約の当事者ではなく，契約の無効を主張する権利はないと認定した。控訴審裁判所はこの判決を破棄したが，破毀審裁判所は，控訴審裁判所の判断を支持した。破毀審は，当事者が権限を踰越した契約の無効の訴えを提起できるのは，民法典第174条によれば，代理権の制約がその者の利益のために設定された者のみであり，保証人はこれにあたらないと判断した[68]。

---

[66] V.A.Belov ed., *Praktika primennii grazhdanskogo kodeksa RF, chasti pervoi*, Moscow 2010, pp. 331–332.
[67] 最高商事裁判所決定 1999年4月6日 No.2717/98.
[68] 最高商事裁判所IP 1998年1月20日 No.28.

## (5) 必要な同意を欠く法律行為

2013年改正民法典は，法律に定められた，第三者，法人の機関，または国家機関，ないしは地方自治機関による同意を要する法律行為について規定を新設し，必要な同意を欠く法律行為を原則として無効行為とした。これは相手方が行為時に同意の欠缺を知り，または知りうべかりしことが立証された場合に限る（第173.1条）。

## (6) 錯　誤

錯誤の下に行われた法律行為は，錯誤の下に行動した当事者が，真実を知っていれば状況を合理的，かつ客観的に評価してその法律行為を行わなかったほどに本質的であった場合には，その当事者の訴えにより，裁判所がこれを無効と認定することができる（第178条1項）。

以下の場合には，錯誤は本質的なものと推定される（同条2項）。

▶明らかな言い間違い，誤記，誤植
▶法律行為の対象に関する錯誤，とくに取引において本質的とみなされている品質に関する錯誤
▶法律行為の性質に関する錯誤
▶法律行為の相手方，または関係者に関する錯誤
▶みずからの意思表示において言及した事実に関する錯誤，または意思表示がその存在を基礎としていることが相手方にとって明らかである事実に関する錯誤

ここに言う「法律行為の性質」が何を意味するかは民法典では明確ではない。コメンタールでは，たとえば契約が代理店契約か，委任契約か，または委託販売契約であるかなどの場合が挙げられている[69]。

法律行為の動機の錯誤は本質的な事実の錯誤ではない（同条3項）。

---

69) T.E.Abova and A.Iu.Kabalkin eds., *Kommentarii k grazhdanskomu kodeksu RF, chasi pervoi*, 3rd edtion, Moscow 2007, p. 527.

なお，裁判所は，「その錯誤を，通常の注意力をもって行動した者が識別できなかった場合には，法律行為の内容，関連する事情，および当事者の特質を考慮して」当該法律行為を無効と認めないことができる（同条5項）。

法律行為が錯誤により無効と認められた場合の処理については，原状回復が原則である。しかし，以下のような規定も置かれている。

> その訴えにより法律行為が無効と認められた当事者は，相手方にこれによる現実の損害の賠償を請求することができる。ただし，相手方が錯誤の事実を知り，または知りうべかりしときはこの限りではない。錯誤が相手方にかかる事実により惹起された場合も同様である。

一方，錯誤が相手方の責にかかる事実により惹起された場合には，錯誤に陥った当事者には損害賠償請求権がある。ただし，因果関係と相手方の有責性を立証する必要がある（同条6項）。

### (7) 欺罔，暴力，強迫，または不利な状況による法律行為

裁判所は，被害者の訴えにより，暴力，または強迫による法律行為を無効と認めることができる。欺罔による法律行為も同様である（第179条1項，2項）。

この場合，欺罔とは，「取引の条件から要求される良心性に照らして伝えるべき事実について沈黙した場合を含む」とされる（同条2項）。

また，ロシア民法典は伝統的に掠奪的，ないしは隷属的法律行為を規制してきた。

> 裁判所は，困難な事情の集合を相手方が利用することにより，当事者が行うことを余儀なくされたきわめて不利な条件による法律行為（隷属的取引）を，被害者の訴えにより，無効と認めることができる（同条3項）。

### 8.5 集会の決議

2013年民法典改正により，法律行為に関する第9章の後に第9.1章「集会

（sobranie）の決議」が追加された。これは株主総会や社員総会，債権者集会など，集団的に行われる意思決定（合同行為）の効力に関する章である。ただし，これは法律，または法律に定める手続により，異なった規定が存在する場合には適用されない（第 181.1 条 1 項）。

集会の決議は，その集会に参加する権利があるすべての者に対して効力をもつ（同条 2 項）。集会の決議は，当該組織の参加者の 50% 以上が出席し，その過半数の賛成により採択される（第 181.2 条 1 項）。

集会の決議には取消しうべき決議と無効な決議とがある。瑕疵ある決議は，法律に定めがない限り，取消しうべき決議である。

取消しうべき決議は，以下のとおりである（第 181.4 条）。

▶参加者の意思表示に影響する招集手続の重大な違反
▶参加者に集会参加の権利がなかったとき
▶参加者の平等の原則の違反
▶集会の記録作成手続の重大な違反

一方，無効な決議は以下のとおりである（第 181.5 条）。

▶議題に含まれていない事項に関する決議（全員が参加した場合は例外）
▶定足数不足の決議
▶集会の権限に属さない事項の決議
▶法秩序の基礎，または倫理に反する決議

## 9　代理行為

任意代理人は，委任状にもとづいてその権限を行使する。

公証人の認証を要する法律行為，および権利，ないしは法律行為の国家登記申請の委任，ならびに国家登記簿上の権利の処分に関する委任状は，公証人の認証を得なければならない（第 185-1 条 1 項）。

委任状が提示された相手方が，委任の終了を知らず，また知ることができなかった場合には，その代理人の行為によって相手方が取得した権利，およ

び義務は，相手方，およびその承継人との関係で効力を保持する。

2013年民法典改正により，委任状に定められた一定の期間，たとえば債務返済まで，または委任状に定められた場合以外に撤回することができない撤回不能委任状の制度が導入された。これは金融の分野では広く行われていた制度である。ただし，債務が弁済された場合，または代理人がその権限を濫用した場合，または濫用の可能性が明らかであるような事態が発生した場合には，委任状を撤回することができる。撤回不能委任状は，公証人による認証を要する（第188-1条1項，2項）。撤回不能委任状は，複委任することはできない（同条3項）。

委任状は以下の原因により，失効する（同条1項）。

▶委任期間の終了
▶本人による委任の撤回，または共同で委任状を交付した者のうちの1人による委任状の撤回
▶代理人の辞任
▶委任状を交付した法人，または受任した法人の消滅（法人の分割・合併の場合を含む）
▶本人，または代理人に対して破産手続が開始され，その者が独自に委任状を交付する権限を失った場合
▶委任状を交付した自然人，または交付された自然人の死亡，行為能力制限の認定，失踪

代理人は，委任された行為をみずから行わなければならない。しかし，委任状において許されている場合，および状況からみてやむを得ない場合で，かつ委任状で複委任が禁止されていない場合には，その行為を複委任することができる（第187条1項）。複委任を行った者は，合理的期間内にその旨を本人に通知し，複代理人に関する必要な情報を提供しなければならない。この義務を履行しなかった場合には，代理人は，複代理人の行為につき，自己の行為と同様の責任を負う（同条2項）。複委任の場合の委任状は，公証人の認証を得なければならない（同条3項）。

無権代理，および代理人による権限踰越に関して民法典は，以下のように

定める。

　　他人の名において法律行為を行う権限がない場合，または権限を踰越して法律行為がなされた場合には，その法律行為は，その他人（本人）が当該行為を追認しない限り，行為者が自己の名において，自己の利益のためになされたものとみなされる。本人が追認するまでは，相手方は，本人，または行為者に対して，当該法律行為の撤回を表明することができる。ただし，相手方が，行為者に権限がないこと，または行為者が権限を踰越していることを知り，または知りうべかりしときを除く（第183条1項）。
　　本人が追認を拒否し，または相手方の追認請求に合理的期間内に回答しなかったときは，相手方は行為者に履行を請求するか，行為を取消し，損害賠償を請求することができる。ただし，相手方が，行為者に権限がなく，または行為者が権限を踰越していることを知り，または知りうべかりしときは，損害賠償を請求できない（同条3項）。

民法典は，商事代理人についても規定を置いている。商事代理人とは，事業者が事業活動の領域で契約を締結する際に，恒常的かつ独立して事業者を代理する者をいう。法律行為において複数の当事者を代理することは，これら当事者の同意がある場合に許容される（第184条）。

# 第 8 章　物権法

## 1　概　観

民法典第1部第2編は,「所有権,その他の物権」と題されている。物権（*veshchnoe pravo*）の概念は,帝政ロシア時代の文献では広く用いられていた。しかし,10月革命後,土地が国有化され,行政法としての土地法典が制定されるとともに,土地の私的所有権,ひいては私的所有権一般と結びつけられていた物権の概念は,ブルジョア法的な概念として排斥された。この概念が復活したのは,1990年代になってからのことである。

第2編は,物権総則,所有権の取得,所有権の消滅,共有,土地の所有権,その他の物権,住居の所有権,その他の物権,経済管理権,および運用管理権,所有権その他の物権の擁護の各章から構成される。

## 2　所有権,その他の物権

### 2.1　所有権

社会主義時代には,私的所有権は著しく制限されていた。生産手段国有の原則から,土地,地下資源,企業に対する私的所有は一切認められなかった。住宅や自動車の私的所有にも数量制限があり,たとえば住宅に関しては,1人当たりの最高面積（12平方メートル）が定められていた。そもそも私的所有という言葉自体が禁句であり,代わりに個人的所有という言葉が用いられた。

こうした「国家的所有の優越」は,社会主義の末期に,「所有形態の平等」の原則にとって代わられた。1989年に制定されたソビエト連邦所有権法は,国家的所有と私的所有,および混合的所有（外資参加の企業形態）の平等を認

めた。これは1993年のロシア連邦憲法の以下の規定に引き継がれた。

> ロシア連邦においては，私的所有，国家的所有，地方的（municipal）所有，その他の所有形態が認められ，平等な保護を享受する（第8条2項）。

民法典も，この規定を踏襲する（第212条1項，2項）。国家的所有は，連邦の所有と，連邦構成主体（共和国，地方，州，連邦特別市，自治管区）の所有とをともに含む。ただし，法律によって，異なった扱いを定めることは可能である（同条3項）。社会主義時代には，公的な所有は，国家的所有のみであったが，現在では，連邦構成主体または地方自治体（市，村：municipality）による所有も認められている。

憲法は，さらに，私的所有の保護を宣言している。

> 私的所有権は，法律によって保護される。
> 何人も，単独で，または共同で，財産を所有，占有，利用，処分する権利をもつ。
> 何人も，裁判判決によらなければ，自己の財産を奪われない。国家の必要のための財産の強制的譲渡は，事前の，等価の補償を条件としてのみ行われる（憲法第35条）。

物権法総則は，所有権に関する一般規定から始まる。

> 所有者は，自己の財産を占有，利用，および処分する権利を享有する（第209条1項）。

これはフランス民法典に遡る規定であり，ロシア帝国民法典草案にも同様の規定があった。具体的には，

> 所有者は，自己の裁量により，自己の属する財産につき，他人への所有権の移転，所有者としての財産の占有権，利用権，および処分権の移転，担保の設定，負担の設定，その他の方法による処分行為を含めて，法令

に反せず,またその他の者の権利,または法的に保護された利益を損なわない行為を行うことができる(同条2項)。

　私人,および法人は,法律が定める例外を除き,いかなる財産も所有することができる(第213条1項)。私人,および法人が所有する財産の数量,および価額は,民法典第1条2項に定める目的のために法律が定める例外を除き,制限されない(同条2項)。

### 2.2　所有権の発生,消滅,および移転

　所有権は,法律行為の他,目的物の生産や加工,埋蔵物の発見など,多様な原因により発生するが,その1つに取得時効がある。すなわち,不動産を善意(*dobrosovestno*)で公然と,かつ継続して15年間,また不動産以外の財産であれば5年間自己の所有物として占有していた私人,または法人は,その財産の所有権を取得する(第234条1項)。登記に服する財産を時効により取得した者の所有権は,その登記により発生する。また,物権的返還請求権の目的物の占有者による当該目的物の時効取得のための期間は,この請求権の時効の成立より前には進行を開始しない(同条4項)。

　所有権は,以下の原因により,消滅する(第235条1項)。

▶所有者による目的物の第三者への譲渡
▶所有者による所有権の放棄
▶目的物の毀損・滅失
▶その他法律が定める原因

　所有者からの財産の強制的な収用は,法律にもとづく場合を除いては,許されない。これは債務の強制執行による所有権の喪失の他,強制収用,徴発,没収などの場合である(第235条2項)。徴発は,疫病や事故など緊急事態の際に,社会的利益のために行政機関の決定により,法律に定められた手続と条件により,特定の財産が収用される制度である。この際には,対価が支払われる。緊急事態の終了後,所有者は,財産の返還を裁判手続により求めることができる(第242条)。

2012年以降，汚職対策，テロリズム対策などで，取得源が明らかではない特定の財産などの没収の可能性が拡大された。まず，2012年の民法典改正により，汚職対策の一環として，所有者が，自らが取得した収益が合法的であることを証明しなかった場合に，その財産を裁判判決にもとづいて国庫に没収する規定が導入された（第235条2項8号）。続いて2013年の民法典改正により，反テロリズム法にしたがって，金銭，価値あるもの（tsennnost'），その他の財産，およびそこからの収益で，その取得の合法性を証明する情報が所有者により提供されなかった場合も，裁判判決にもとづいて，これらの財産は国庫に没収されることになった（同条8項9号）。

特定の財産が，法律上，その所有者の所有に属すべき目的物ではないと裁判所が認めた場合には，所有者は，所有権取得後，この目的物を1年以内に処分しなければならない（第238条1項）。定められた期間内に目的物が処分されなかった場合は，この目的物は強制買上げの対象となる（同条2項）。所有者には一定の対価が支払われる。これは，武器など，流通が制限された目的物を想定しているが，かつては個人が文化財を所有している場合などに適用された規定である。

なお，所有権の移転は，その財産上の他の物権の消滅事由とはならない（第216条3項）。

### 2.3　共　有

2名以上の者の所有にかかる財産は，共有財産である。共有には，各所有者に定められた持ち分がある場合（持ち分ある共有 dolevaia sobstvennost'）と持ち分を定めない共有（sovmestnaia sobstvennost'）とがある（第244条1項，2項）。共有は，法律が定める場合以外は，持ち分ある共有である（同条3項）。持ち分が法律，または共有者全員の合意により定められていない場合は，持ち分は平等とみなされる（第245条1項）。共有者全員の合意により，各共有者の出資額に応じた持ち分の決定と変更の手続を定めることができる（同条2項）。持ち分ある共有財産の処分は，共有者全員の合意による（第246条1項）。一方，各共有者は，任意に自己の持ち分を譲渡，贈与，遺贈し，または担保を設定するなど，処分することができる（同条2項）。共有物の占有と利用は，共有者全員の合意によるが，合意が達成されない場合は，裁判所の

決定にしたがう（第247条1項）。共有者の1人が持ち分を売却する場合は，残りの共有者には同一の価格，その他の条件による先買権が認められる（第250条1項）。共有財産の分割は，共有者全員の合意により可能である（第252条1項）。各共有者は，自己の持ち分の分割を求めることができる（同条2項）。共有者全員の協議が整わないときは，共有者は，自己の持ち分の現物による分割を裁判所に請求することができる。現物による分割が，共有財産に対する不相当な損害なしには不可能である場合には，分割を請求する共有者は，他の共有者に自己の持ち分の価額の支払いを請求することができる。これには他の共有者の同意を要する（同条3項，4項）。

持ち分ある共有，持ち分なき共有を問わず，共有者の債権者は，その共有者に他の財産がない場合には，債務者である共有者に対して，その共有財産を他の共有者に市場価格で売却するように求め，この対価を債務の弁済に充てることができる。残りの共有者が同意しない場合には，債権者は裁判手続により，債務者の持ち分を競売に付することができる（第255条）。

夫婦共有財産は，当事者間に異なった合意がない限り，後者の持ち分なき共有（*sovmestnaia sibstvennost'*）である。ただし，婚姻以前からの財産，または配偶者が婚姻中に贈与され，または相続した財産はこの限りではない（第256条）。

農業経営（*krest'anskoe khoziaistvo*）の財産も，法律に異なった規定がなく，当事者間に別段の合意がない限り，同様に持ち分なき共有に属する。これは具体的には，社会主義時代のコルホーズ経営が解体された後にとって代わった農業経営の形態である（第257条）。

## 2.4 経済管理権と運用管理権

社会主義体制の下では，経済の主体は，国営企業であった。国営企業は，それ自体，国家的所有の対象であった。問題は，国営企業の資産，たとえば工場などの生産設備，事務所などの建造物，機械，原材料などに対する国営企業の権利をどのように説明するかにあった。国家的所有の対象である企業が，同じく国家的所有の対象である生産設備などに対してもつ権利は，所有権としては説明できない。同様の問題は，国家機関と国家機関に属する資産との関係でも存在した。そこで，権利の主体に与えられた裁量権の程度に応

じて，経済管理権（*pravo khoziaistvennogo vedeniia*）と運用管理権（*pravo operativnogo upravleniia*）の二種の権利が創出されたのである。これらの権利は所有権に近いが一定の制限があり，「所有権者以外の者の物権」とされる。

まず，経済管理権の主体は，国庫直轄企業以外の国公営企業である。これらの企業は，連邦，連邦構成主体，または地方自治体の所有権の対象である。これらの企業は，自己に属する財産に対して，所有権はもたないが，その財産に対する経済管理権を与えられ，民法典の規定にしたがって，これら財産を占有，利用，処分する（第294条）。これは，形式上は完全な所有権であるが，資産の所有者である連邦，連邦構成主体，または地方自治体がこれらの企業に対してもつ権利によって制約されている。

すなわち，連邦，連邦構成主体，または地方自治体は，国公営企業の設立，その活動の目的，その再編，および清算に関する決定を行い，director を任命し，企業の財産の目的に従った利用と保全に対する監督を行う。また，所有者である連邦，連邦構成主体，または地方自治体は，企業から利益の一部を受け取る権利をもつ（第295条1項）。企業は，自己の属する財産の処分権をもつが，不動産については，所有者の同意なくしてこれを賃貸し，これに担保を設定し，あるいは会社に現物出資するなどの方法で処分することは許されない（同条2項）。不動産以外の財産は，自由に処分できる。

これに対して，運用管理権の主体は，施設（*uchrezhdenie*）と国公営企業のうち，国庫直轄企業である。施設，および国庫直轄企業は，自己に属する財産を法律に定められた範囲内で，自己の活動の対象とその財産の利用目的にしたがってこれを占有，利用し，法律に別段の定めがない限り，財産の所有者の同意を得て，その財産を処分することができる（第296条1項）。

この限りでは，経済管理権と運用管理権には，大きな差異はないようにみえる。しかし，財産の所有者の権利に関しては，本質的な相違がある。すなわち，後者では，所有者（国，連邦構成主体，または地方自治体）は，国庫直轄企業や施設に配分された，余剰で利用されていない，またはその目的にしたがって利用されていない財産，およびこれらの主体がそのために配分された資金により取得した財産を取り上げることができる。このように取り上げた財産を，所有者は，任意に処分することができる（同条2項）。

国庫直轄企業は，配分された財産を，所有者の同意がある場合にのみ，譲渡，その他の処分をすることができ，法令に異なった規定がない限り，生産物を売却することもできる（第297条1項）が，その収益の配分方法は，所有者がこれを決定する（同条2項）。

施設は，非商事組織である法人の1つとして，民法総則に規定されている（第120条）。すなわち，施設は，所有者によって設立され，行政的，社会・文化的，その他の非営利的機能を遂行する非商事組織である。具体的には，大学，学校，病院，博物館の他，刑務所などの行政施設もこれにあたる。施設の財産の所有者は，施設を設立した私人（自然人・法人），ないし連邦，連邦構成主体，または地方自治体であり，施設は，自己の財産に対して運用管理権をもつにとどまる（第120条1項）。私人によって設立された施設は，私的施設（*chastnoe uchrezhdenie*）であり，連邦，連邦構成主体，または地方自治体によって設立された施設は，自律的施設（*avtonomnoe uchrezhdenie*），予算上の施設（*biudzhetnoe uchrezhdenie*），または国庫直轄の施設（*kazennoe uchrezhdenie*）である。

私的施設，および国庫直轄施設は，自己の債務につき，その処分可能な金銭によって弁済し，それで足りないときは，所有者が補充的責任を負う。自律的施設の場合は，不動産，およびとくに価値がある動産を除く，自己の運用管理権の下にあるすべての財産により，債務を弁済する。予算上の施設は，自己の運用管理権の下にあるすべての財産を債務の弁済に充てる（同条2項）。

私的施設の営利活動は制限され，施設に属する財産は，施設自身は処分できない（第298条1項）。自律的施設は，所有者の同意なくして，不動産，またはとくに価値がある動産を処分できない。他の財産の処分は可能である（同条2項）。予算上の施設は，とくに価値がある動産の処分についてのみ，所有者の同意を要する（同条3項）。

## 3 土地に対する所有権，その他の物権

### 3.1 土地所有権

社会主義憲法が，土地や地下資源，その他の天然資源の国家独占を定めていたのに対して，現行憲法は，土地，その他の天然資源は，私的所有，国家

的所有,地方的所有(市や村の所有),その他の所有形態に置かれることができる旨定める(第9条2項)。私人,およびその団体は,土地を私有する権利を享有する(第36条1項)。所有権者による,土地,その他の天然資源の占有,利用,および処分は,それが環境を害わず,他人の権利,および法的利益を侵害しないときは,自由である(同条2項)。土地の利用条件と手続は,連邦法によって定められる(同条3項)。

民法典は,土地に対する所有権,その他の物権について一章を割いている(第17章)。社会主義時代を通して,土地は国家的所有の対象であり,土地関係は,行政法である土地法典が規律し,民法の領域には含まれなかった。社会主義体制の崩壊後も,土地法典は,大規模な改正を受けながら,なお存続し,現在に至っている。土地法典も,土地の国家所有の国家的独占の原則は,すでに放棄し,土地の私的所有を認めている。そこで土地所有の私法的側面にかかわる事項は,民法典が規律するところとなったのである。

もっとも,土地の私的所有が認められるようになった後の土地法典の必要性については,議論がある。実際問題として,土地所有権の移転に伴う建物所有者の土地に対する権利などの点で,民法典と土地法典の規定には,矛盾がみられ,土地法典廃止論も主張された[70]。

土地の所有関係をいかに規律するかについて見解の対立があったため,1995年に制定された民法典第1部の中で,この第17章だけは,土地法典の大改正をまって施行されるものとされ,2002年の土地法典改正を承けてようやく発効した。

土地所有権に関する民法典の原則規定は,以下のとおりである。

> 土地を所有する者は,その土地が法律により流通から除外され,または流通を制限されていない限り,その土地を売却,贈与し,その土地に担保権を設定し,または賃貸するなどの方法で処分することができる(第260条1項)。

---

[70] V.V.Chubarov, "Nesootvetstvie grazhdanskogo i zemel'nogo zakonodatel'stva i puti ikh resheniia", *Zhurnal Rossiiskogo Prava*, 2005 No.9, p. 57. S.A.Bogoliubov, *Zemliia i Pravo*, Moscow 1998, pp. 100-101.

法律により，農地など，土地の利用目的を設定することができるが，このような目的が定められた場合は，目的外利用は認められず，土地の利用は，この目的の範囲内で行われる。

土地の私有が認められたとはいえ，実際には，都市部では，土地の私有はみられず，私人や企業による土地の利用は，公有地のリースの形式をとることが多い。

### 3.2 土地と土地上の建物等

土地と土地上の建物等の不動産の所有者が異なる場合について，民法典は，以下のように定める。

> 他人が所有する土地の上に建物，施設などの不動産を所有する者は，土地所有者によって供与された，その不動産が設置された土地を利用する権利をもつ（第271条1項）。

他人の土地の上に建物等の不動産を所有する者は，その不動産の敷地利用権利をもつ。これは日本では，地上権に相当するが，ロシア法では，単に土地利用権とされる。この利用権が，法定の利用権であるのか，土地所有者との合意により定められる権利であるのかは，法文からは定かではない。ただ，同じ条文の第3項に「法律，または当事者間の合意で定められた条件」に言及されているので，当事者間の合意が予定されていると考えられる。

土地所有権の移転は，その土地上の建物等の不動産の所有者の土地利用権に影響しない。土地上の建物等不動産の所有権が，第三者に移転した場合は，この譲受人は，土地利用権を譲渡人と同じ範囲と条件で取得する（同条2項）。

土地と土地の上の建物等不動産が同一所有者に属していて，建物等の所有権が第三者に移転した場合には，新所有者には，その建物等不動産の敷地であって，その利用に必要な土地の所有権も移転する（第273条）。

建物と敷地所有権との関係については，以下の例がある。

【裁判例】
公開型株式会社 Orbis＋は，有限会社 Fashkomstroi とモスクワ市土地

資源局を相手方として，文化宮殿利用のための敷地の画定と，土地利用権の確認を求めてモスクワ市商事裁判所に訴えを提起した。訴えによれば，1994年に，当時未完成の建物であった文化宮殿は，権限ある機関の決定により，有限会社 Orbis に現物出資された。Orbis は，後に株式会社化され，Orbis＋となり，建物の所有権を取得した。土地法典は，国公有地上の建物の所有者から建物を取得した者は，前所有者と同様の条件で，建物の利用に必要な敷地の利用権を取得すると定める。同社は，この規定にしたがって，敷地の利用権も取得した。しかし，この間，モスクワ市当局の違法行為により，本件建物は，Orbis＋から最終的には，土地開発業者に所有権が移転され，登記された。これら一連の移転行為と登記の無効は，別の裁判手続により確定している。本件建物は，この過程で，Fashkomstroi により，取り壊された。

第一審裁判所は，本件建物が Orbis＋から違法に奪われ，土地をめぐる紛争の間に取り壊されはしたが，Orbis＋は，敷地の利用権は，喪失していないと判示した。第一審は，原告に，3,808平方メートルの敷地利用権を認めた。控訴審は，この決定を破棄したが，破毀審では，第一審判決が支持された。

最高商事裁判所も破毀審決定を維持した[71]。

### 3.3　土地に対する所有権以外の物権

土地に対する所有権以外の物権として，民法典は，土地の相続可能終身占有権，土地の恒久的（無期限）利用権，地役権を列挙する（第216条1項）。これらの権利は，地役権を除いて，社会主義体制崩壊後の市場経済への過渡期の所産であるか，あるいは制度を整合的に説明するために社会主義時代に創出された権利である。

#### （1）相続可能終身占有権

相続可能終身占有権は，土地を目的物とする権利であり，1990年代初期の土地の私有化の過程で登場した。これは社会主義時代に国家的所有の対象

---

[71]　最高商事裁判所幹部会決定　2009年6月23日　No.3525/08.

であった土地（主として農地）を，市場経済への転換の過程で私人に供与する場合に与えられる権利であり，権利者は，土地の占有権と利用権のみをもつ（第266条1項）。権利者は，土地上に建造物，施設その他を建設し，これを所有することができる（同条2項）。

終身占有権者による目的物の処分は，原則として認められないが，相続による移転は認められる（第267条）。これは譲渡制限以外は限りなく所有権に近いが，農地の流通を制限するために，所有権という構成が認められなかったのである。

(2) 恒久的（無期限）利用権

社会主義時代には土地は国家的所有の対象であったから，国家機関や国営企業は，土地を無償・無期限に利用することができた。市場経済への移行とともに，これらの機関や組織の土地に対する権利を新たに構成する必要が生じた。恒久的（無期限）利用権は，これらの機関や組織の土地に関する権利を説明する概念である。この権利は，土地を所有する連邦，連邦構成主体または地方自治体の機関によって供与される（第268条1項）。権利者は，土地を，それが供与された目的にしたがって利用することができる。土地上に建設された建物等は，権利者の所有物である（第269条1項，2項）。

(3) 地役権

地役権は，不動産の制限的利用権である。土地など，不動産の所有者は，隣接の土地所有者に，その隣接地の制限的利用権の供与を求めることができる。地役権は，隣接の土地の通行，電線や水道管，排水管の設置などのために設定される（第274条1項）。地役権は，当事者間の合意で設定され，登記を要する。地役権の設定や条件に関して合意が成立しないときは，紛争は，裁判手続により解決される（同条3項）。地役権は，それが設定された土地の所有権が移転しても，その効力を保つ（第275条1項）。

3.4 土地の強制買収

土地は，連邦，連邦構成主体または地方自治体の必要のために，強制買収の形式で収用することができる（第279条1項）。収用は，ロシア連邦，連邦

構成主体，または地方自治体により各々行われる。買収価格は，所有者との合意によって定められる。価格には，土地，および土地の上の建物等不動産の市場価格の他，所有者の逸失利益なども考慮される（第281条1項，2項）。所有者が，買収に同意しないとき，または買収条件につき合意が達成されないときは，収用決定を行った機関は，裁判所に収用の申立てを行うことができる（第282条）。

土地は，この他，土地の目的外利用，または農業生産力を大きく低下させる利用，環境を著しく悪化させる利用などの場合にも，買収の対象となる。収用決定は，行政機関によって行われるが，土地所有者が決定に同意しないときは，行政機関は裁判手続によって土地を収用しなければならない（第284-286条）。

## 4　所有権，その他の物権の保護

民法典第20章は，物権の保護，すなわち物権的請求権について定める。まず，冒頭に，物権的返還請求権の規定がある（第301条）。

> 所有権者は，他人による違法な占有から自己の財産を取り戻すことができる。

これはローマ法の *rei vindicatio* 以来の制度で，たとえば株式を違法に奪われたり，担保の目的物が違法に処分されたりした場合にロシアでは広く利用されている。

【裁判例】
公開型株式会社 UralNIILP の株主 R は，UralNIILP，有限会社 Grinbud, Al'ternativa 等を相手方として，民法典第301条にもとづく株式返還を求めて，訴えを提起した。

UralNIILP 社は，2005年4月25日の株主総会決議で，多額の借入契約と担保設定契約を大規模取引の手続にしたがって承認した。原告 R は，当時同社の株式を5,169株保有していたが，この決議に反対して，

同社に株式の買取りを請求し，裁判判決によってこれを認められた。株式は，会社の口座に移転され，その後，株式の一部は，被告 Grinbud 社等に順次，譲渡された。後に，この判決は破棄された。

　最高商事裁判所の決定によれば，株式返還を認めた本件第一審，および破毀審の結論は，会社による株式買取りを命じる判決が破棄されたことにより，R から会社への株式移転は違法であり，その後の第三者への株式譲渡は無効であるという判断にもとづいている。株式返還請求のためには，原告は，（ⅰ）自己に所有権があること，（ⅱ）現在，目的物を占有している者の占有が違法であることを証明しなければならない。本件株式は，原告自身の請求により，すなわち，原告の行為により，裁判手続を経て，UralNIILP に移転した。その後のこの判決が破棄されたことは，株式が原告の意思に反してその占有を離脱したこと意味しない。本件訴訟は，すでに株式の所有権を喪失した R によって提起されたものであり，認容することはできない。最高商事裁判所は，破毀審裁判所の決定を破棄した[72]。

　一方，所有権者の保護に対して，善意取得者の利益も考慮されなければならない。そこで次の条項で所有者の返還請求権が制限され，善意取得者の保護が図られている（第 302 条 1 項）。

> ある財産が，それを処分する権限がない者から有償で取得された場合であって，取得者がその事実を知らず，かつ知ることができなかったとき（善意取得者）は，所有者は，その財産が所有者，または所有者がその占有に財産を委ねた者により失われ，または盗まれ，その他意思に反して占有を離れた場合に，これを取戻すことができる。

　言い換えれば，目的物が，紛失，窃盗など，所有者の意思に反して第三者の占有の下に置かれた場合以外は，所有者は，善意の第三者に対抗できない。ただし，第三者が処分権がない者からその目的物を取得した法律行為（売買

---

[72]　最高商事裁判所幹部会決定　2009 年 7 月 14 日　No.5194/09.

など）が，有効な行為であったことを要する。

【裁判例】
　国家資産基金（当時）は，株式会社 Y1 と有限会社 Y2 を相手方として，両者間の株式 1,500 株の売買契約の無効確認と株式の返還を求めて，訴えを提起した。国家資産基金は，民営化された企業の株式を Y2 に売却したが，後にこの株式の処分は，違法な処分として，裁判所により無効と認められた。Y2 は，株式の返還を命じられたが，すでにこの株式を Y1 に売却していた。
　国家資産基金は，Y2 に株式の処分権がない以上，Y1/Y2 間の売買契約は無効であると主張した。しかし，下級審裁判所も，最高商事裁判所も，Y1 が所有権を取得したか否かは，民法典 302 条に即して検討されなければならないと判示した。最高商事裁判所も，同条が株式など，有価証券に適用されることを確認した[73]。

　2013 年民法典改正により，有価証券の善意取得については，民法総則の有価証券の章に特則が導入された（第 147.1 条）。
　日本法では，民法の善意取得（即時取得）の対象は，動産である。ドイツ法も同様である。これに対して，ロシア法のこの規定には，「財産」とだけ規定され，善意取得の目的物は動産に限定されていない。判例では，不動産をめぐる紛争でも，善意取得の成立を認めている。

【裁判例】
　ある個人事業者 X は，有限会社 Y を相手方として，建物返還請求の訴えを提起した。X の主張によれば，係争物件は，X が強迫されて訴外株式会社に売却したものであった。Y はこの訴外株式会社から物件を取得し，民法典第 302 条により，善意の取得者であるから，X には取戻権がないと主張した。X と訴外株式会社の売買契約は，裁判所により，別途，無効とされていた。しかし，訴外株式会社は，目的物上に担

---

[73] 最高商事裁判所幹部会　1998 年 4 月 21 日　information letter No.33.

保権を設定し，債務不履行により，この目的物は，Y によって競売で取得されたという経緯がある。

下級審は，Y が善意取得者であるか否かについて，見解が分かれた。しかし，最高商事裁判所は，Y が執行官が組織した競売により本件目的物を取得したことを指摘し，X の第 302 条にもとづく取戻権を認めなかった[74]。

【裁判例】

有限会社 Konstanta の社員である K は，同社と有限会社 Turservis を相手方として，両者間の 2001 年 3 月 29 日付のオフィス・ビルディング売買契約の無効確認を求めて，サハリン州商事裁判所に訴えを提起した。手続には，サハリン州の土地登記機関が補助参加した。

原告の主張では，この取引は会社法上の大規模取引で，かつ利害関係取引として係争中であり，所有権の移転と登記の時点で，この建物は，差し押さえられていた。これは本件目的物の処分を禁ずるユジノ・サハリンスク普通裁判所の 2001 年 5 月 15 日，および 6 月 21 日の仮処分決定によるものであった。差押えは，6 月 25 日になされた。しかし，差押えの登記はなされなかった。

商事裁判所の下級審は，買主は，建物の引渡し時に，差押えの事実を知り，または知りうべかりしことが証明されていないとして，原告の訴えを斥けた。

最高商事裁判所は，本件目的物が，9 月 21 日に買主に引き渡され，9 月 26 日に登記されたと認定した。売買契約は，差押えの時点では，すでに締結されていた。民法典第 425 条によれば，売買契約は，締結の時点で発効する。不動産の売買契約も，登記ではなく，契約締結の時点で発効する。差押えの登記がなされれば，売買契約の締結が，差押えに先行していても，登記の目的物の引渡しと登記は無効である。目的物の引渡しと登記が，差押えの後，差押え登記の前に行われた場合でも，取得者が，差押えの事実を知り，または知りうべきであったことが証明され

---

[74] D.Murzin ed., *Grazhdanskiii kodeks RF s postateinvm prilozheniem materialov sudebnoi praktiki*, Moscow 2001, pp. 298-299, 372-373.

れば，目的物の引渡しと登記は違法となる。
　最高商事裁判所は，本件ではこの証明がないとして，下級審の決定を支持した[75]。

　このように，最高商事裁判所は，不動産の場合でも，善意取得の可能性を認めている。もっとも，不動産は登記を要するため，登記名義人以外から不動産を取得した者は，基本的には，善意の取得者とは言えないと思われる。
　この点は，最高商事裁判所の担保法に関する総会決議にも表れている。決議第 25 項は，担保の目的物を第三者が取得した場合の担保権の帰趨に関する事項である。第三者が，有償で担保権の目的物を取得した場合，担保権の存在を知らず，知りうべきではなかった場合には，第三者には担保権は対抗できない[76]。最高商事裁判所の解説によれば，目的物が移転するすべての場合に担保権が自動的にこれにしたがうことは，第三者が，目的物上の担保権の存在を知り，または知り得た場合，言い換えれば，担保権の存在が公示されている場合には，正当化できる。これは，（ⅰ）登記簿に担保の記載があるとき，（ⅱ）目的物を担保債権者が占有しているとき，（ⅲ）目的物に担保権設定の表示がなされているときである[77]。
　第三者の善意の判断基準について，最高商事裁判所と最高裁判所は，以下のように指摘した。

　　目的物の取得者は，取得時に譲渡人による処分が違法であったことを知らず，また知り得なかったこと，とくに譲渡人の権限を明らかにするために，すべての合理的な措置をとったことを立証すれば，善意の取得者と認められる。取得者は，目的物の取得時に国家登記簿の名義人が譲渡人ではなかったとき，またはその財産につき，争訟があることが注記されていたときには，善意の取得者とは認められない。しかし，譲渡人が登記上の名義人であることだけでは，取得者の善意について争いがない

---

75) 最高商事裁判所幹部会決定　2008 年 9 月 16 日　No.6343/08.
76) 最高商事裁判所総会決定　2011 年 2 月 17 日　No.10.
77) *Vestnik Verkhovnogo Arbitrazhnogo Suda, prilozhenie, Vazhneishie pravovye pozitsii VAS RF v razvitii chastnovo prava Rossii*: 2009–2011 gg., p. 111.

とはいえない。また，取得者と譲渡人の取引は，譲渡人に目的物の処分権がなかったことを除き，すべての点で有効でなければならない。所有権者は，取得者の主張に対して，取得者が，譲渡人の処分権に疑義をはさむべきであったと反論することができる[78]。

目的物が無償で取得された場合には，所有権者には無条件の返還請求権が認められる（第302条2項）。金銭，および呈示（持参人払）有価証券は，善意取得の対象とはならない（同条3項）。

財産の返還請求の際には，所有権者は，その占有が違法であることを知り，または知りうべかりし占有者に対して，占有期間中の目的物からの収益の返還を請求することができる。これには所有権者が得べかりし利益を含む（第303条）。

占有の侵害を伴わない所有権侵害に対しても，所有権者は，侵害の除去を請求することができる（第304条）。

物権的請求権は，所有権者にとどまらず，相続可能終身占有権，経済管理権，運用管理権，その他法律，または契約が定める権利にもとづいて財産を占有する者にも認められる（第305条）。

## 5　土地法典

現行の土地法典は，2001年に制定された[79]。それまでは，社会主義時代の土地法典が，度重なる改正を受けながら適用されていた。土地の私的所有の範囲，土地取引・流通の可能性について，尖鋭な対立があり，制定が遅れたのである。

土地法典は，土地関係を規制する行政法である。土地法典によれば，土地法典を中心とする土地法の規制対象は，土地の利用と保護に関する事項である（第3条1項）。一方，土地の占有，利用，処分の財産的関係，および土地に関する取引は，民法により規律される（同条3項）。

土地法典は，土地所有権，恒常的（無期限）利用権，相続可能終身占有権，

---

78)　最高裁判所・最高商事裁判所総会共同決定　2010年4月29日　No.10/22, Item 38.
79)　2001年10月25日制定　連邦法　FZ-136。

および地役権について定義規定を置いている。これは民法典と重複する。これらの権利に加えて，土地法典は，短期無償利用権，外国人による土地賃借権についても規定する。現行の土地所有権，利用権が社会主義時代の土地の国家的所有権から派生していることを考慮すれば，行政法である土地法典にこれらの権利に関する規定があるのは，必ずしも奇異ではないが，両者の定義が完全には一致しないところが問題である[80]。

また，土地法典は，

> しばしば土地の利用と保護の規制の範囲を超えて，正当な根拠なしに民事法的規制の範囲に立ち入っている[81]。

土地法典は，外国人の土地所有に関して規定を置いている。すなわち，

> 外国人，無国籍者，および外国法人は，国境地帯の土地を所有することはできない（第15条3項）。

外国人の土地利用に関しては，外国投資法に言及があるが，外国投資家による土地に対する権利の取得を定めているにとどまり，土地所有権取得を認めているわけではない（第15条）。

しかし，土地法典の規定の反対解釈により，国境地帯以外では，外国人も土地を所有することができると理解されている。もっとも，土地法典は，外国人に関して，土地を賃借できる旨を別途，定めている（第22条1項）。土地の賃貸借は，一般原則にもとづいて可能であるから，これはとくに外国人に関する注意規定である。

実際には，都市部では私有地はほとんどなく，土地は国有（連邦，または連邦構成主体の所有）か地方自治体の所有であり，その賃借が私人や企業による土地の主たる利用形態である。私人や企業が，オフィス・ビルディングや事務所を所有することは可能であるが，その建物の敷地の利用は，賃借権に

---

80) Chubarov, *supra*.
81) G.V.Chubukov et al eds., *Kommentarii k Zemel'nomu Kodeksu*, 2nd editon, Moscow 2006, p. 8.

もとづくことが一般的である。

## 6　不動産登記

不動産に対する権利は，国家登記に服する。不動産に対する権利とは，所有権，経済管理権，運用管理権，相続可能終身占有権，恒久的利用権，抵当権，地役権等である（第131条1項）。

登記に関する法律は，1997年に制定された不動産，および不動産取引の登記に関する法律である[82]。不動産登記を管掌するのは，連邦経済発展省に属する連邦国家登記，土地調査，および地理庁である。不動産，および不動産に関する取引は，すべて不動産に対する権利，および不動産に関する取引の単一国家登記簿に登記される。

国家登記は，「不動産に対する権利の発生，制約（負担），移転，または消滅の国家による承認と認証の法的行為である」（第2条2項）。登記を要するのは，不動産所有権，その他，不動産に対する物権と不動産に関する法律行為である。物権にとどまらず，抵当権，信託運用権，賃借権など不動産に対する制限的権利（負担）も登記に服する（第4条1項）。民法典の規定によれば，国家登記を要する権利は，登記によってはじめて発生，変更，または消滅する（民法典第8.1条）。

ロシアでは，不実の登記申請による不動産侵奪行為が後を絶たない。これを考慮して，2012年の民法典改正により，民法総則に国家登記に関する規定が新たに導入され，不動産登記法も翌年に大幅に改正された（第8.1条）。民法典では，登記機関の審査は，「登記の基礎の合法性，その他法律が定める事実，および文書」に及ぶものとされた（同条5項）。不動産登記法では，登記拒絶の根拠が拡大された。

民法典によれば，登記された権利は，裁判手続によってのみ，争うことができる。登記上の権利者は，法律が定める手続により，登記が変更されない限り，権利者とみなされる（同条6項）。登記された権利について紛争が生じた場合に，登記簿の記載の不実を知り，または知りうべかりし者は，その記

---

[82]　1997年7月21日　連邦法　N 122-Ф3.

載を援用することができない（同）。登記簿には，また，以前に登記された権利者による異議を，その申請により記載することができる。3ヶ月以内に申請者が裁判所に出訴しない場合は，この注記は抹消される。出訴した者は，登記簿に，その権利が係争中である旨の記載を求めることができる（同条7項）。

　裁判の間，被告である相手方の下に目的物が留まるように，裁判所は，原告の申立てにより，被告に目的物の処分を禁止し，国家登記簿の登記を変更することを禁止する仮処分を命じることができる[83]。

　登記機関の責により，違法な登記拒絶，登記の違法な懈怠，登記簿への違法，または不実の記載，登記手続の違法により生じた損害については，連邦国庫から損害が賠償される（同条9項）。

---

83) 最高裁判所・最高商事裁判所総会共同決定　2010年4月29日　No.10/22, Item 34.

# 第 9 章　債権法 I ——契約法

## 1　契約法の法源

　日本法と同様に，契約に関する規定は，民法典の各編に散在している。まず，債務編（債権法）中の契約法総則が契約法の基本原則や，契約締結に関する規定を置く。債務履行の担保——担保権や保証——についての規定は，債務履行の担保と題する債権編第 23 章にある。契約の履行に関しては，同じく債権編の債務履行に関する第 22 章がこれを定め，契約不履行責任は，債務不履行に関する第 25 章に規定が置かれている。また，契約は，法律行為であるから，民法総則の中の法律行為の規定が適用される。契約の瑕疵——無効・取消原因——に関する諸規定である。さらに売買や賃貸借，銀行融資など個別の典型契約に関しては，債権編契約各則に規定がある。
　民法典以外にも，契約に関係する法律は少なくない。消費者保護に関する法律やリースに関する法律がその例である。
　国際売買契約に関しては，ロシアは国際物品売買契約に関する条約の加盟国である。民法典の契約法には，この条約の規定が反映されている。民法典の規定によれば，国際条約の規定は，民法典の規定に優先する。

## 2　契約の自由

　契約は，複数の者による民事法上の権利，および義務の設定，変更，または消滅に関する合意と定義される（第 420 条 1 項）。契約には第 9 章（法律行為）の規定が適用される（同条 2 項）。
　民法典は，契約の自由を明文で定めている。すなわち，私人，および法人は，契約締結の自由を享受する。契約締結の強制は，民法典が定める例外を

除いては認められない（第421条1項）。民法典が定める例外とは，いわゆる公共契約である。これは商業組織が締結する契約であり，相手方から申込みがあった場合には，商品の販売，またはサービスの提供を拒むことができない。小売販売契約，一般旅客運送契約，電力等の供給契約，ホテルの宿泊契約などがこれにあたるとされる（第426条1項）。

　契約の条件は，法令が定める場合を除き，当事者が任意にこれを決定する（第421条4項）。契約は締結時に当事者にとって義務的である法令の規定にしたがわなければならない（強行法規）（第422条1項）。契約締結後に契約締結時と異なる規定をもつ法律が制定された場合にも，契約はその効力を保持する。ただし，新たに制定された法律が，遡及効を定めている場合は，この限りではない（同条5項）。

　契約の条件が任意法規により定められているときは，当事者はこの規定の適用を排除し，または異なった条件に合意することができる（第421条4項）。契約の条件が当事者の合意，および任意法規により定められていないときは，契約の条件は，当事者間の関係に適用可能な商取引の慣習により決定される（同条5項）。

　企業の契約の自由は，社会主義計画経済の下では存在しなかった。国営企業間でも契約は締結されたが，契約の相手方は，国家経済計画によってあらかじめ定められていて，選択の自由はなかった。契約の内容（価格，納期など）も経済計画が詳細に定め，企業の裁量の余地はわずかであった。企業間で契約が締結されたのは，もっぱら国家による統制と記録のためであった。これが現行民法典では契約の自由が原則に代わり，公共契約だけが例外とされるに至ったのである。

　契約は，強行法規に反することはできない。しかし，問題は，強行法規の範囲が明確ではないことにある。ある規定が強行規定であるか，任意法規であるか，法文からは判然としないことが多い。裁判所は，この点で疑問がある場合には，強行法規として扱うことが多いと言われ，「規定の強行性の推定」が存在するとも指摘される。実際にも，当事者が任意に合意できる条件であると考えて締結した契約が，裁判所により，強行法規違反としてその効力を否定される場合もある。

## 3　契約の解釈

民法典には，契約の解釈に関する規定がある。

> 契約の条件の解釈に際しては，裁判所は，契約の文言，および表現の文字どおりの意味を考慮する。契約条件の文字どおりの意味が不明瞭であるときは，その意味は，契約の他の条件，および契約全体の意味と照合することにより，確定される。
> 前項の規定により契約の内容を確定できないときは，契約の目的を考慮して，当事者の共通の意思が明らかにされなければならない。この場合には，契約に先立つ当事者間の交渉や交信，当事者間の慣行，商慣習，当事者の事後の行動などを含めてすべての事情が考慮される（第431条）。

この規定によれば，契約の文言にしたがった文理解釈がまず試みられるが，文理解釈によって契約の意味が明らかにできないときは，契約締結に至る交渉過程や，当事者の契約締結後の行動など，すべての事情が考慮される。このアプローチは，契約の解釈をもっぱら契約の文言に限定するイギリス法のアプローチとは異なり，大陸法の系統に属するものである。したがって，契約の解釈が裁判所で争われる場合には，契約書以外に，当事者間の交渉の記録など，すべての証拠が許容されることになる。

## 4　契約の締結

契約は，当事者間で，契約のすべての本質的な条件について合意が成立したときに締結されたものとみなされる（第432条1項）。この「本質的条件」という用語は，国際物品売買契約に関する条約に由来する。何が本質的な条件であるかについて，民法典は，契約の目的物の他は，法令が定める本質的条件，当該種類の契約に必要な条件など，抽象的にしか規定していない。価格は，判例上，本質的な条件とされる。

契約は，当事者の契約締結の申込みと，相手方の承諾により，締結される。

契約は，申込者が承諾の通知を受領したときに締結されたものとみなされる。法律上，要物契約とされる契約では，財物の引渡しのときに契約は成立する。国家登記を必要とする契約は，法律に別段の定めがない限り，登記のときに締結されたものとみなされる（第433条）。

申込みは，相手方が申込みを受領したときから申込者を拘束する（申込者は，相手方の承諾期間内は，申込みを撤回できない）。申込撤回の通知が申込みの受領に先行し，または申込みの到達と同時であったときは，申込みは受領されなかったものとみなされる（第435条）。

承諾は，完全かつ無条件でなければならない。沈黙は，法律に規定がある場合，商慣習がある場合，または当事者間のそれまでの取引慣行による場合以外は，承諾とは認められない。申込みを受領した者が，承諾期間中に，契約条件を履行した場合は，承諾とみなされる可能性がある。商品の引取り，代金の支払いなどの場合である（第438条）。

なお，民法典は，「予備的契約」についても定めている。予備的契約とは，当事者が，物の引渡し，またはサービスの供与に関する契約（基本契約）を将来締結することに合意し，その条件を定める契約である（第429条）。

## 5 契約の変更，または解除

契約総則の規定では，契約は，相手方による契約の重大な違反，その他法令，または契約が定める場合にのみ，一方当事者の請求にもとづいて裁判所により変更，または解除されることができる。

債権総則には，債務の履行の一方的拒絶，または履行条件の一方的変更は，法律が定める場合以外は許容されないという規定がある（第310条）。ただし，事業活動に関連する契約（商事契約）の場合には，契約により，履行の一方的拒絶，または履行条件の一方的変更について合意することができる。

## 6 契約（債務）の履行

### 6.1 契約（債務）の履行に関する基本規定

債権総則は，債務の履行に関する基本規定を定める。

債務は，債務の条件，および法令の求めるところにしたがい，またこのような条件，または法令の要求が存在しないときは取引の慣習，またはその他通常提示される条件（要求）にしたがって，相当な方法で履行されなければならない（第309条）。

債務は単に履行されるのみではなく，相当な方法で履行されなければならない。相当な方法とは，債務の目的物，主体，場所，期日，履行の方法などに関する条件がすべて正確に遵守されることをいうとされる[84]。

### 6.2　契約（債務）の履行地

契約（債務）の履行地が法令，または契約により定められておらず，商慣習，または債務の本質から明らかではないときは，債務の履行地は，以下のとおりである（第316条）。

▶土地・建造物，設備，その他の不動産の引渡しを内容とする契約──不動産の所在地
▶商品，その他の財産を引き渡す債務で，その運送が前提となっている場合──最初の運送業者への引渡し地
▶事業者が商品，財産等を引き渡すその他の債務──債務発生のときに債権者に知られた商品の製造，または保管場所
▶金銭債務──債務発生時の債権者の住所地，または債権者が法人であるときは，債務発生時の所在地，また，履行時までに債権者の住所，または所在地が変更されたときは，新住所，または所在地（ただし，移転に伴う費用は債権者負担）
▶その他の債務──債務者の住所，または債務者である法人所在地

### 6.3　金銭債務の通貨

金銭債務は，ルーブルで表示されなければならない。金銭債務は，または

---

[84]　Abova et als. eds., *supra*, p. 805.

通貨単位で定められた額に相当するルーブルによる支払によることができる。この場合のルーブル交換比率は，法令，または契約に異なった定めがないときには，支払時の公式交換レートが適用される（第317条）。

### 6.4 契約の変更，および解除の手続

当事者は，もとより，契約に解除規定があるか，あるいは契約締結後に合意があれば，契約を変更，または解除することができる。裁判所に契約の解除，または変更を請求できるのは，相手方が契約の解除，または変更を拒絶したとき，または定められた期限内に相手方から回答がない場合である。期間が定められていない場合は，変更，または解除の申込み後，30日経過後に裁判所に訴えを提起することができる（第452条）。

【裁判例】
本件請負契約には，請負人のすべての義務の履行遅滞の場合に契約を解除する旨の規定がある。注文主は，請負人が納期が到来しても仕事を開始しないことを理由に契約を解除することができる[85]。

しかし，こうした合意がない場合，一方当事者による契約の解除，または変更は，相手方による契約の重大な違反があった場合に限られる。重大な違反とは，一方当事者が，契約の締結により期待することができた結果を著しく失うような損害を生じさせるような違反をいう（第450条2項）。

契約の解除により，当事者の債務は消滅する（第453条3項）。法律，または契約に異なった定めがない限り，契約の変更，または解除までに履行した部分の返還を求めることはできない（同条4項）。

解除の場合でも，損害賠償請求権は，当然に与えられるわけではない。これは相手方による契約の重大な違反が解除の原因となった場合に限られる（同条5項）。

---

[85] 最高商事裁判所幹部会決定　1996年8月6日　No.517/95.

## 6.5 重大な事情変更による契約の変更，または解除

法律，または契約に別段の定めがない限り，契約締結に際して当事者が基礎とした事情の重大な変更は，契約の変更，または解除の原因である（第451条1項）。

重大な事情変更とは，当事者がそのような事情の変更を合理的に予見できたとすれば，契約がおよそ締結されないか，あるいは著しく異なった条件で締結されたであろう程度に事情が変わった場合を意味する。

当事者間で，事情変更を原因とする契約の変更，または解除について合意が達成されなかったときは，契約は，利害関係人の請求にもとづいて，裁判所により解除され，または変更されることができる。これは以下の条件を同時に満たす場合に限られる。

▶契約締結時に当事者が事情の変更が生じないことを基礎としたこと
▶事情の変更が，その発生後，利害関係ある当事者が，契約の性質，および取引の条件から求められる程度の配慮と注意をもってしても克服できない原因によって生じたこと
▶条件の変更なくしては，契約に定められた当事者の財産的利益の関係を損ない，利害関係がある当事者が契約の締結により期待できた結果が著しく失われること
▶商慣習，または契約の性質から，事情変更の危険を利害関係がある当事者が負わなければならないことにならないこと

事情変更の場合の契約の変更と解除では，解除が基本である。契約の変更は，契約の解除が社会の利益に反するか，解除が，変更した契約を履行した場合のコストを著しく上回る場合に限られる（同条4項）。

事情変更の原則は，日本でも議論されてきたが，ドイツでは判例法上認められており，2001年の債権法改正で民法典第313条として明文の規定となった。一方，旧ロシア民法典にはこのような規定は存在しなかった。

事情変更の原則は，当事者の契約に異なった規定がある場合や，契約の性質上異なった扱いが必要である場合には適用されない。たとえば長期の契約

において当事者が対価を固定する条項に合意した場合は，両当事者は，価格変動のリスクを引き受けたものとみなされる[86]。

裁判所は，この規定の適用に慎重である。

【裁判例】
建設コストの上昇は，当事者が契約にこのような場合を想定した規定を定めており，重大な事情の変更ではない[87]。

【裁判例】
保証人が外貨建ての保証契約の重大な事情変更による解除を求めた事案で，最高商事裁判所は，1998年の経済危機が保証人の債務に関する重大な事情変更にあたるかを決定しなければならないとし，経済危機は，客観的な出来事で，すべての商業組織が遭遇した事情である。それゆえに，外貨建て保証契約の解除と保証契約の消滅が，このような事情の変更によって正当化されるかを裁判所は判断しなければならないと指摘した[88]。

## 7 契約（債務）不履行等の責任

### 7.1 基本規定

債務の不履行，または不相当な履行の責任について，民法典は，以下のように定める。

故意過失により，債務を履行しなかった者，または不相当な方法で履行した者は，損害賠償責任を負う。ただし，法律，または契約により，異なった責任原因が定められている場合は，この限りではない。
何人も，債務の性質および取引の条件により求められる程度の配慮と注意をもって，債務の相当な履行のためにあらゆる措置を尽くしたときは，

---

[86] Sadikov ed., *supra*, p. 1012.
[87] 最高商事裁判所決定 1998年10月6日 No.249/98.
[88] 最高商事裁判所幹部会決定 2001年8月7日 No.4876/01.

責任がないものと認められる（第401条1項）。

債務不履行の例としては，最高商事裁判所の以下の決定がある。

【裁判例】
有限会社 Mechel-Energo は，同じく有限会社である Turboblok-Servis 社との間で2008年2月25日に請負契約を締結した。請負人は，地質学的調査を行い，報告書を作成し，プロジェクトに必要な許可を取得するものとされた。履行期限は2008年11月29日に延期されたが，仕事は完成しなかった。注文主は，債務の履行に利益を失い，請負人に損害賠償を求めて裁判所に出訴した。
　最高商事裁判所は，民法典第405条を適用し，債務者の履行遅滞により，債務の履行が債権者にとって利益がなくなったときには，債権者は，履行の受領を拒絶し，損害賠償を請求することができると判示した[89]。

後段に関しては，以下の例がある。

【裁判例】
Gazprom 社の株主名簿管理機関である Y 社は，偽造の文書にもとづく株主名簿書き替えを防止するために必要な措置をとらず，その結果，株主 X は，その意思に反して多数の株式を失った。最高商事裁判所は，Y 社の責任を認めた[90]。

責任の不存在は，債務を履行しなかった者が証明するのが原則である（第405条2項）。しかし，これには重要な例外がある。事業活動を行う場合の債務の不履行，または不相当な履行の場合には，債務者は，それが不可抗力によって不可能であったことを証明しない限り，責任を負う。すなわち，商事取引においては，債務者は，不可抗力を証明した場合以外は，免責されない（第401条3項）。不可抗力は所与の条件の下で，「非常，かつ防止することが

---
[89] 最高商事裁判所決定　2013年12月7日　No.9223/13.
[90] 最高商事裁判所幹部会決定　2002年11月26日　No.5134/02.

できない」状況を指す。不可抗力には，相手方の義務違反の場合や，市場において債務を履行するために必要な商品がないこと，債務者に資力がないことなどは含まれない（同）。

一方，債務者が企業ではなく，公的機関であるときは，最高商事裁判所は，予算配分がなされなかった場合などには，不可抗力を認めている。

【裁判例】
ある国家機関が，株式会社から，役務提供の対価の不払いのために訴えられた。最高商事裁判所は，被告の履行遅滞が連邦予算からのこの国家機関への予算配分の遅れのために生じたと認め，被告の有責性を否定した[91]。

コメンタールによれば，不可抗力とは，洪水や地震などの自然災害，軍事行動，疫病，急激な温度変化，大規模なストライキ，ならびに政府の行為を含む。この場合の政府の行為とは，quarantin，禁輸，貿易制裁などを含む[92]。

【裁判例】
株式会社 KIT Finance Investment Bank は，有限会社 Forumula に対して，後者が保管契約にもとづいて倉庫に保管していた動産の喪失による123万ルーブルの損害賠償を求めて出訴した。第一審，控訴審裁判所ともに，本件は火災による目的物の滅失で，これを不可抗力と認めて，原告の訴えを斥けた。破毀審裁判所もこれを支持した。

本件では，火災と冠水により，倉庫に保管されていた商品が完全に滅失した。火災は鎮火まで13時間を要する大火であり，倉庫への延焼を防ぐことは不可能であったと下級審は認定した。民法典第901条は，倉庫保管契約において，保管者は，目的物の滅失につき，第401条の一般

---

[91] D.V.Murzin ed., *Grazhdanskii kodeks RF s postateinymi materialami iz praktiki VAS RF*, Moscow 1999, pp. 402–403. See also S.V.Sarbash, *Arbitrazhnaia praktika po grazhdanskim delam*, Moscow 2000, pp. 379–384.

[92] Sadikov ed., *supra*, pp. 901–902.

原則にしたがって責任を負うとした上で，職業的保管者（倉庫業者）は，滅失が不可抗力によることを証明しない限り，責任を負うと定めている（目的物の性質，または契約者の故意・過失を証明した場合も免責）。一方，保管契約は，洪水や疫病など，不可抗力の原因を規定している。したがって，保管者が免責される唯一の根拠は，外部から生じ，主観的な要素に依存しない，不可抗力にあたる事由である。そして当該事情が不可抗力にあたるか否かは，2つの要素，すなわち非常性と防止不可能性が共に満たされるか否かによって決定される。非常性とは，通常の生活の範囲から逸脱した，通常の生活上の危険に含まれない，例外性を意味する。一方，防止が不可能であることは，主観的ではなく，客観的に決定される。しかし下級審は，火災の鎮火に要した時間などにとらわれて，目的物滅失の防止が可能であったか否かについて判断していない。最高商事裁判所は，下級審の判決を破棄し，原告の訴えを認めた[93]。

債務者は，債務不履行，または債務の不相当な履行によって債権者に生じた損害を賠償する責任を負う（第393条1項）。損害賠償に関しては，民法総則に規定がある。

一般原則として，民法典は，完全賠償の原則を定める。これは債務不履行の場合と不法行為の場合とをともに含む。すなわち，権利を侵害された者は，法律，または契約により，それよりも低い額が定められていない限り，惹起された損害の完全な賠償を請求する権利がある（第15条1項）。これはドイツ法にもみられる原則である。この場合の損害とは，権利を侵害された者は，侵害された権利，または損なわれた財産の回復のために費やし，または費やすことになる支出（現実損害），および民事取引の通常の条件の下で，その者の権利が侵害されなければ得られたであろう，失われた収入（逸失利益）を意味する。ただし，法律により，賠償の対象が現実損害に限られる場合もある。民法典が定めるエネルギー供給契約がその例である（第547条）。

損害賠償の範囲は，直接損害に限られ，間接損害には及ばない[94]。すなわち，賠償の対象となるのは，債務の不履行，または不相当な履行により，

---

93) 最高商事裁判所幹部会決定　2012年6月21日　No.3352/12.
94) Sadikov ed., *supra*, p. 887.

直接に，不可避的に生じた損害に限られる（直接的・不可避的因果関係）。債務不履行，または不相当な履行と明らかに「離れた」損害は，賠償の対象とならない。この場合の「離れた」とは，空間的・時間的概念であるとされる[95]。

　論者によっては，損害賠償によって，債権者が過度に利を得ることになってはならないと指摘する者もいる。これは相手方の債務不履行によって，当事者が履行しなくとも済んだことによる利益などを指す。損害賠償額の算定に当たっては，このように債権者側が得た利益も考慮しなければならないというのである[96]。

　債権者は，債務不履行による損害賠償を請求する場合には，損害発生の事実と，債務の不相当な履行と損害発生との間の因果関係を証明しなければならない。

【裁判例】
　閉鎖型株式会社 Aviakompania Polet は，ロシア連邦国防省を相手方として，ある飛行機の補修に伴う支出の賠償を請求する訴訟を提起した。補助参加人として連邦国家資産管理委員会と Aviator-Sp 社が手続に参加した。モスクワ市商事裁判所と控訴審裁判所の判決は，二度にわたってモスクワ管区破毀審裁判所によって破棄されて，新たな第一審の審理に差し戻された。第一審裁判所は，新たな審理で訴えを斥けた。控訴審は，この決定を破棄したが，破毀審裁判所は，第一審裁判所の決定を支持した。

　最高商事裁判所が確定した事実によれば，Polet 社は，2000 年に連邦国防省，および国家資産省（当時）から航空機 1 機を 3 年間の期間で賃借した。この航空機は，欠陥がある状態で Polet 社に引き渡された。Polet 社は，この事実を契約時に認識していた。

　リース期間の終了後，州商事裁判所の確定判決により，Polet 社は，国防省にこの航空機を返還することを命じられ，2008 年に航空機はエンジンもない，劣悪な状態で返還された。Polet 社の主張によれば，契

---

95) Abova et als. eds., *supra*.
96) *Ibid.*

約上，Polet社は，この航空機の改良を国防省に許されていた。両者の追加的合意によれば，この初期補修の費用は，リース料と相殺されることになっていた。ところが，初期補修の成果を受領しなかった国防省の責により，初期補修は完了しなかった。そこで，Polet社は，初期補修に要した費用の賠償を国防省に請求したものである。

しかし，民法典の賃貸借の規定によれば，賃借期限の終了後，賃貸人は，契約に目的物のさらなる消耗を許容する規定がない限り，目的物を少なくとも引渡し時の状態で返還される権利をもつ。本件では，Polet社は，航空機を初期補修にもとづく良好な状態，すなわち，許容された消耗の範囲内の技術的状態で保存したことを証明しなかった。また，Polet社は，国防省の責により，初期補修がなされなかったと主張するが，記録によれば，初期補修は完了しており，国防省が初期補修を妨害したことは，認められない。

商事裁判所は，Polet社は，民法典第393条1項の規定に反して，発生した損害と国防省の行為との間の因果関係を証明していないとして，原告の訴えを斥ける破毀審裁判所の判断を支持した[97]。

権利を侵害した者が，その結果収益を得たときは，権利を侵害された者は，その他の損害の賠償に加えて，この収益額を下回らない額の逸失利益の賠償を請求することができる。

債務の不相当な履行の場合は，遅延利息の支払いと損害賠償によっても，債務者は，特定履行の義務を免れない。一方，債務不履行の場合は，損害賠償と遅延利息の支払いにより，債務者は，債務履行の義務を免れる。債権者が，履行の遅滞により，履行の利益を失って履行の受領を拒絶した場合には，債務者は，債務の現実の履行を免れる（第396条）。

債務の不履行，または不相当な履行が，両当事者の責による場合は，裁判所は，債務者の損害賠償額を減額する。また，裁判所は，債権者が故意，または過失により，損害の増加に寄与し，またはその拡大阻止のために必要な措置をとらなかった場合には，損害賠償額を減額することができる。

---

[97] 最高商事裁判所幹部会決定　2012年6月26日　No.2092/12.

### 7.2 損害賠償の予定

ロシア法では，債務の履行を担保する手段の1つとして，損害賠償の予定（*neustoika*）の制度がある。これは社会主義時代からある制度で，liquidated damages と訳されることもある。しかし，民法典の規定は，これを penalty としており，英米法の liquidated damages とは異なる。

民法典の規定によれば，損害賠償の予定とは，債務者が，債務不履行，または不相当な履行，とくに履行遅滞の場合に，債権者に支払うべく，法律，または契約により定められた金額である（第330条1項）。約定損害賠償支払いの合意は書面でなされなければならない（第331条）。債権者は，損害額を証明することなく，この金額を債務者に請求することができる。ただし，債務者が債務不履行，または債務の不相当な履行に有責ではない場合には，約定損害賠償額の支払いを請求することはできない。

予定損害賠償額が定められている場合は，損害賠償請求は，予定損害賠償額がカバーしていない損害について別途なされるのが原則である。ただし，契約により，損害賠償を約定額に限定すること，約定損害賠償にかかわりなくこれを超えて完全賠償を求めること，または債権者が，約定損害賠償と損害賠償を選択することなどを定めることができる（第384条1項）。ただし，約定額を超えた部分に関しては，損害と因果関係を立証しなければならない。

ところで，裁判所は，約定損害賠償額の減額を命じることができる。これは，予定賠償額が，債務額に「明らかに不均衡であるとき」である（第333条）。約定賠償額減額請求の例は少なくない。裁判所は，極端な不均衡の場合に減額を認めている。基本債務の20倍を超える額，ロシア中央銀行のリファイナンス率の6-10倍の利息などが減額された例がある[98]。

【裁判例】
> ロシア最大の電力会社 EES は，有限会社 FNK エンジニアリングの請負業務の履行遅滞による遅延賠償を求めてロシア国内の仲裁機関に仲裁を申し立て，仲裁判断を得て，モスクワ市商事裁判所に仲裁判断の執行

---

[98] 最高商事裁判所幹部会決定 2004年8月10日 No.2613/04, 1998年4月14日 No.1538/98, 2000年4月11日 No.1048/99.

申立てを行った。商事裁判所は，予定損害賠償額が，明らかに均衡を逸しているとして執行申立てを斥け，破毀審裁判所もこれを支持した。EES は，最高商事裁判所に異議を申し立てた。

本件では，EES が契約に定めた予定損害賠償額は，遅滞が短期であったにもかかわらず，FNK エンジニアリングの業務の対価を上回り，このような場合に商慣習として適用されるロシア中央銀行のリファイナンス率の何倍にもなるものであった。最高商事裁判所は，下級審の判断を支持して異議申立てを斥けた[99]。

### 7.3　金銭債務の不履行の責任

各種金銭債務の不履行については，債務者は，遅延利息を支払わなければならない。利息の額は，債権者の住所地，また法人の場合には，所在地における，債務履行時の銀行金利である。もっとも，契約で異なった遅延利息を定めることもできる。裁判手続により，利息を取り立てる場合には，裁判所は，訴え提起時，または判決時の金利を適用することもできる。金銭債務の履行遅滞による損害が遅延利息を超える場合には，債権者は，その超過額をあわせて請求することができる（第395条）。

### 7.4　債権者遅滞（受領遅滞）

履行遅滞の場合には，債務者は，履行遅滞による損害賠償の責任を負う。履行遅滞にある間に債務が履行不能となった場合も同様である。履行遅滞の間に債権者が，債務の履行に利益がなくなったときは，債権者は履行の受領を拒絶し，損害の賠償を請求することができる（第405条）。

債権者が，債務者が提供した債務の相当な履行の受領を拒絶したとき，または債務者の履行を受領するために法定，または契約に定められ，ないしは商慣習，または債務の本質から必要とされる債務履行の受領のための準備行為を怠った場合は，債権者は，遅滞にあるとみなされる（第406条1項）。債権者の履行遅滞の場合は，債権者が，自己の責によらない事情で遅滞が発生したことを証明しない限り，債務者は遅滞により生じた損害の賠償を債権者

---

[99]　最高商事裁判所幹部会決定　2013年4月23日　No.16497/12.

に請求することができる（同条2項）。

## 8 債権譲渡

債権は，法律行為（債権譲渡）により，第三者に移転されることができる（第382条1項）。債権譲渡には，法令，または契約に別段の定めがない限り，債務者の同意を要しない（同条2項）。ただし，債務者が書面により債権譲渡の通知を受けなかった場合は，新債権者は，その結果のリスクを負う。たとえば当初の債権者への弁済は，有効な弁済とみなされる。

債権者個人に専属する権利，たとえば扶養料請求権や生命・健康に対する損害賠償請求権は，第三者に譲渡できない（第383条）。また，債権者個人の属性が債務者にとって本質的な意味をもつ債権は，債務者の同意なくして譲渡できない（第388条2項）。

法律，または契約に別段の定めがない限り，債権は，その譲渡までに存在した範囲と条件とにより，新債権者に移転する。とりわけ重要であるのは，担保権も，保証も債権とともに移転することである（第384条）。

債権を譲渡した者は，新債権者に対して，債権の有効性について責任を負うが，債務者による債務の履行に関しては責任を負わない。ただし，譲渡人が債務者による履行を新債権者に対して保証した場合は，別である（第390条）。

債権譲渡は，担保の手段として広く用いられている。

## 9 債務の消滅

債務は，その相当な履行の他，以下の原因により消滅する。

▶代物弁済
▶相殺
▶更改
▶債務の免除
▶同一の者が，債権者と債務者となったとき

▶履行不能
▶自然人である当事者の死亡，または法人の清算
▶国家機関の行為（第417条）

　国家機関の行為は，連邦や連邦構成主体にとどまらず，地方自治体の機関の行為も含む。国家機関の行為の例としては，各種の禁輸措置などが挙げられる[100]。

　この他に，公証人，または裁判所への供託も，債務消滅の原因となる。

　債務は，履行不能の場合，すなわちその履行がいずれの当事者の責にもよらない事情により履行ができなくなったときには消滅する（第416条1項）。債権者の有責な行為により，債務の履行が不能になった場合は，債権者は，自らが履行した部分の返還を請求することはできない（同条2項）。

## 10　契約各則

民法典第4編は，以下の典型契約を定める。

▶売　買
▶交　換
▶贈　与
▶財産預託・終身扶養
▶賃貸借
▶住居賃貸借
▶無償利用
▶請　負
▶科学研究・実験等委託
▶有償役務提供
▶運　送
▶消費貸借・融資

---

100)　Sadikov ed., *supra*, pp. 932-933.

▶ファクタリング

▶銀行預金

▶当座預金

▶決　済

▶保　管

▶保　険

▶委　任

▶委任なくして第三者の利益のためにする行為（事務管理）

▶委託販売

▶代理店

▶信託管理

▶フランチャイズ

▶単純パートナーシップ

▶懸　賞

▶公開入札

▶賭　博

　これらの多くは諸外国でもみられる契約であるが，事務管理は，事実行為であるにもかかわらず，契約に含まれている。また，委任，委託販売，代理店契約のように，相互の境界が明確ではない契約もある。

　これらは典型契約であって，これらの契約類型に当てはまらない契約や，数種類の契約類型が混合した契約を締結することも，契約自由の原則に含まれている（第421条2項，3項）。

　商事裁判所の統計は，紛争となった各種契約類型を示している（「第7章民法総則」表11参照）。

# 第 10 章　債権法Ⅱ——担保法

## 1　担保法の概観

　ロシア民法典では，担保に関する規定は，物権編ではなく，債権編に置かれている。担保権は，物権ではなく債権とされる。これはオランダ民法典と同様であるが，ロシアでは帝政時代の法令大全が，すでにこのような制度になっていた。法令全書第 X 巻は民法に関する規定を集めたものであるが，その構成はフランス民法典に類似している。第 X 巻第 4 部では契約法のうちの一章が債権の担保にあてられた。そこでは保証，担保権，遅延賠償などについての規定が置かれていた。

　担保法は，現行民法典の中でも欠陥が多い領域である。まず規定が存在しない事項，規定が不十分な事項が少なくない。債権担保や有価証券の担保はその例である。また，民法典と抵当法や倒産法，民事執行法との間に矛盾する規定が少なからずみられた。さらに債務者保護の過剰を指摘する論者もいる。担保権の実行については，かねてからその硬直性や煩瑣な手続が批判されていたが，この点は 2008 年の担保関連法改正により，大幅な改善をみた。担保法の分野では，最高商事裁判所の決定が法の空白を埋める役割を果たしていたが，2013 年の民法典改正では，その一部が法典化された。また，この改正により，債権担保に関する規定が整備された[101]。

　一般的に裁判所によるロシア民法典の適用の実務では，債権者よりも債務者の利益が保護される傾向があった。しかし，『最高商事裁判所通報』に掲載された 2009-2011 年の判例分析によれば，こうした傾向はすでに過去のも

---

[101]　2013 年 12 月 21 日　連邦法　367-FZ.

のであり，裁判所は現在は保証や担保にかかわる事件で債権者保護を強化する方向にある。このような例としてこの分析は，2011年の最高商事裁判所の担保法の適用に関する総会決議を引用して次のように述べた。

> しばらく前まで大多数の（下級審）裁判所は，当事者の合意により，少しでも被担保債務に変更があれば，変更された債務はもはや当該担保によって担保されないという原則に立っていた。これは担保の附従性の原理，担保権と被担保債務との厳格な牽連性……によって説明された。しかし，この見解は最高商事裁判所総会によって支持されなかった。最上級審の見解によれば，担保権設定契約に記載された額からの被担保債務の額の変更（金利の変更の結果を含む）は，担保権の消滅を理由に担保の目的物の差押申立てを斥ける根拠とはならない。また，被担保債務が増加した場合は，担保は，その変更がなければ目的物が担保したであろう額を担保する[102]。

現行民法典の担保に関する規定は，次のような一般規定から始まる。

> 債務の履行は，遅延賠償金，担保権，債務者の財産の留置，保証，銀行保証，手附，その他法律，または契約に定められた手段により担保される（第329条）。

一方，銀行，および銀行活動に関する法律にも担保に関する規定がある。これによれば，銀行融資の返済は，動産・不動産の担保権，銀行保証，その他連邦法，または契約に定められた手段により担保される（第33条）[103]。

これらの条項には触れられていないが，民法典には，この他に所有権留保の規定が契約各論の売買契約の部分にある（第491条）。すなわち，売買契約に，買主による代金の支払い，その他の事実の到来まで売主が所有権を保持する旨の定めがあるときは，買主はその間，目的物を処分することが許され

---

[102] "Vazhneishie pravovye pozitsii VAS RF v razvitii chastnogo prava Rossii: 2009-2011", *VVAS Prilozhenie k VIII Vserossiiskomu s"ezdu sudei*, 2012, pp. 110-111.
[103] 1996年2月3日　連邦法　17-FZ．

ず，また期限までに代金が支払われなかった場合には，売主は買主に目的物の返還を請求できる。また，契約各則には，ファクタリング契約に関する章があり，債権譲渡による担保が規定されている（第824条）。

民法典第329条に列挙された担保の手段は，限定列挙ではない[104]。法律の他，契約により，非典型担保に合意することも，民法典，および銀行法の規定からは可能である。しかし，一方では民法典総則の迂回契約に関する規定により，意図された担保形式が法定担保に関する規定の回避を目的とすると裁判所が認めた場合には，それは無効とされる可能性がある。

民法典の担保に関する一般的規定は，担保の附従性に関する規定を含む。すなわち，担保設定契約の無効は，被担保債務の無効をもたらさないが，被担保債務を定める契約の無効は，法律に別段の定めがない限り，担保設定契約の無効をもたらす（第329条2項，3項）。

民法典第329条に列挙された担保手段の中で，実際に中心的な役割を果たすのは，質権，および抵当権である。質権，および抵当権は，総称して *zalog* と呼ばれる。これは英語では pledge と訳される。不動産に設定される *zalog* は *ipoteka*（抵当権）であるが，動産上の担保にはとくに名称がない。質権に相当するのは *zaklad* であるが，この用語は民法典では使われていない。

担保制度に関しては，民法典に基本規定がある他，2013年12月の民法典改正までは，2つの法律があった。1つは不動産上の担保について定める抵当権に関する法律であり，今1つは，不動産以外の財産上の担保権について定める，担保に関する法律であった。後者は，1992年に制定された法律で，社会主義時代にはほとんど必要とされなかった担保制度をロシアに復活させたものである。この法律は，概念の混乱もあり，民法典が制定された後は，民法典の規定と抵触しない限度で効力をもつとされ，ほとんど顧みられなかったが，2008年の担保法改正により，不動産以外の目的物上の担保を定める法律として復権をみた。一方，抵当法は，1998年に制定された法律であるが，2008年担保法改正で大幅に合理化された。

民法典の担保権に関する部分は，2013年12月にさらに改正されたが，そ

---

104) Sadikov ed., *supra*, p. 816.

の際に，担保に関する法律は，廃止され，債権担保の規定は，民法典に取り込まれ，拡充された。

また，2002 年に制定された倒産法は，倒産手続における担保権の扱いについて定める。

なお，前述のように，民法典と特別法の関係は，民法典第 3 条の規定によれば，一般法である民法典が優先する。実際には，民法典が担保法の一般的な事項，たとえば担保の附従性や担保権実行の基本的な手続を定め，不動産担保に関する詳細は，抵当法が定める。

ロシアの担保法制は，2008 年の民法典他，担保関連法の改正により，相当程度改善され，2013 年 12 月の民法典改正により，債権担保については，詳細な規定が導入された。しかし，広く行われている有価証券の担保については，概略的な規定があるにとどまり，また担保物の換価手続についても，以前よりも後退した部分がある。ロシアの担保法は，いまだ多くの改善の余地を残している。

## 2 民法典の基本規定

### 2.1 物上担保

担保は，以下のように定義される。

> 担保（zalog）により，担保権者は，債務者による被担保債務の不履行，または不相当な履行の場合に，法律が定める例外を除き，被担保財産の価額から，その財産の所有者に対する他の債権者に優先して弁済を受ける権利を有する（第 334 条 1 項）。

> 不動産上の担保（抵当権）には，抵当に関する法律に規定がない部分に関しては，本法典の担保に関する一般規定が適用される（同条 4 項）。

民法典には動産担保に関する基本規定がなく，動産担保は，担保権の実行に関する規定では初めて登場する。

債務者本人，または第三者（物上保証人）は，自己の財産上に担保を設定

することができる。

「あらゆる財産」が担保権の目的物となりうる。目的物には物だけではなく，財産権（債権）を含む。ただし，流通から除外された財産，債権者個人と不可分な関係がある債権（扶養料請求権など），その他，他人への移転が法律により禁止されている債権は，担保権の目的物となることはできない（第336条1項）。

契約に別段の定めがないときは，担保権は，その実行のときまでのすべての債権，すなわち，利息，約定賠償金，遅延賠償金，および担保債権者が担保目的物の保存や占有取得に要した費用を担保する（第338条）。

物的担保には，目的物が債務者の占有の下に留まるものと，債権者の占有の下に移転するものとがある。民法典の原則では，契約に別段の定めがない限り，目的物は，債務者の占有下に留まる。不動産抵当，および商品の浮動担保の場合は，目的物は債務者の下に留まる（同条1項）。抵当権の目的物と担保の目的物である流通過程にある商品の占有は，債権者に移転しない（第357条1項）。

担保権設定者は，契約に別段の定めがなく，また担保の本質に反しない限り，占有下にある目的物をその使途にしたがって利用することができる（第346条1項）。また，担保権設定者は，法律，または契約に処分を認める定めがなく，担保の本質からも何らかの制限が導かれない場合は，債権者の同意の下に，目的物を処分することができる（同条2項）。なお，目的物を第三者の無償の利用に供するためには，債権者の同意を要しない（同条3項）。

有価証券に化体されている財産権（株式など）は，契約に別段の定めがない場合には，債権者の占有に移転されるか，または公証人に預託される（同条4項）。

### 2.2　担保権設定契約の方式と登記

担保権設定契約には厳格な方式がある。契約には以下の事項が定められる必要がある（第339条1項）。

▶担保の目的物
▶目的物の内容

▶目的物の評価額
▶被担保債務の額，および履行期限

　抵当法にも同様の規定がある。不動産目的物に関しては，その名称，所在地，その識別のために十分な記述も必要である（抵当法第9条2項）。なお，抵当権の目的物が債務者の所有に属する根拠——債務者がその不動産に対してもつ権利（たとえば所有権，賃借権）——も特定されなければならない。また，抵当法によれば，被担保債務も特定される必要があり，その債務が契約にもとづくときは，その当事者名も記載されなければならない（同条4項）。
　裁判所は契約の記載に厳格であり，担保の目的物が明確でない契約や目的物の評価額が記載されていない契約を不成立と認めた例がある。

　【裁判例】
　　ある銀行が株式会社に対して債務の履行を請求するとともに，担保が設定された会社所有の2台の自動車の差押えを裁判所に申し立てた。担保設定契約では，担保の目的物は，「債務者が所有する自動車，その他の交通手段」と定められていた。裁判では，債務者が複数の自動車を所有することが明らかになった。裁判所は，契約においては，目的物を自動車と定めるだけでは不十分であり，目的物を個々に特定する必要があると指摘し，本契約を不成立と認めた[105]。

　もっとも，抵当権設定契約において，担保の目的物である土地の記載が他の文書の記載と異なり，面積が小さいことを理由に契約を不成立とした第一審裁判所の決定を，以下の理由で破棄した破毀審裁判所の決定もある。

　【裁判例】
　　両当事者にとって担保の目的物として当該住所にある不動産に担保が設定されたことは明らかであり，当該住所にこれ以外の土地や建物は存在しなかった。問題の抵当権設定契約に記載された担保の目的物の特徴は，

---

[105]　最高商事裁判所幹部会決定　1998年1月15日　Item2.

当事者，登記機関，および裁判所が目的物である建造物を識別するのに十分である[106]。

2013年の民法典改正は，こうした裁判例を承けて，担保権設定者が事業者である場合には，担保の目的物や，被担保債権の特定の要件を緩和した（第339条2項）。

担保契約は書面で締結されなければならない。また，不動産担保では，契約は目的物それぞれの性質にしたがって登記されなければならない。この方式の違反は，契約の無効をもたらす。

民法典によれば，契約において，当事者は，裁判判決により差し押さえられた目的物の換価方法，または裁判外手続により目的物を差し押さえる可能性について合意することができる（第339条2項）。2008年担保法改正までは，担保権の実行手続は厳格に法定されており，当事者の合意によりこれを変更することはできなかった。しかし，改正により，当事者間の合意により，硬直した法定手続とは異なる簡易な手続を選択することができるようになった。もっとも，この条項の規定では，当事者が合意できる事項の範囲が必ずしも明確ではない。この点は，後に述べるように，抵当法では異なった規定が置かれている。

担保権設定契約は，その目的物の性質に応じて登記・登録を要する（民法典第339.1条31項）。民法典によれば，契約，または法律に別段の定めがない限り，担保権は，担保権設定契約の締結により発生する（第341条1項）。不動産担保について定める抵当法によれば，抵当権設定契約は登記を要し，契約は国家登記により発効する。国家登記を経ない抵当権設定契約は無効である（第10条1項）。これは上記民法典が定める，法律が定める例外である。

抵当権の目的物として抵当法は以下を列挙する（第5条）。

▶土地（国有，または地方自治体所有の土地を除く）
▶企業，および企業活動に利用される建物，施設，その他の不動産
▶住宅，およびフラット

---

[106] モスクワ州裁判所決定　2002年6月18日　No.KG-A40/3778-02.

▶ダーチャ，園芸小屋など
▶船舶，航空機，宇宙衛星

「財産的複合体」としての企業に抵当権を設定する場合は，抵当権は企業のすべての資産に及ぶ。建造物，および施設上の抵当権の設定は，同時にその建造物，および施設が所在する土地に抵当権が設定されるか，その土地に対する賃借権上に抵当権が設定される場合に許容される。抵当権設定は同じ契約でなされなければならない（抵当法第69条）。

船舶抵当については，船舶担保に関するジュネーブ条約とロシアの海商法典が適用される[107]。海商法典と抵当法の間には矛盾があると指摘されている。海商法典の起草者は抵当法の存在を知らず，抵当法の起草者は条約の存在を知らなかったという。両者に矛盾した規定がある場合は，条約と海商法典を優先させるべきであるとされる[108]。また，航空機については，登録制度がいまだ整備されていない。

不動産賃借権には，抵当法によれば，抵当法の規定が適用される（第5条5項）。不動産賃借権上に担保権を設定することはもとより可能であるが，これは本来，権利の担保であって，不動産の担保ではない。この点で，不動産賃借権は，ロシアではむしろ物権として扱われていることがうかがえる。

### 2.3 商品等の浮動担保

担保の目的物が債務者の下にとどまる動産担保では，合意により，その価値の合計が契約に定められた担保物の価値を下回らないことを条件に，目的物の構成や形状を変更する権利を債務者に与えることが認められる。民法典は，在庫商品，原材料，半完成品，完成された商品などをその対象として列挙する（第357条1項）。担保権設定者は，このような担保の目的物について担保台帳を作成し，担保の条件を記載し，担保物の構成や形状の変更をもたらすすべての行為を記録する義務を負う（同条3項）。債務者による担保の条件の違反の場合には，債権者は担保の目的物に自己の識別マークと印を付し，

---

[107] 連邦法 2003年6月30日 FZ-86.
[108] L.N.Naumova, *Kommentarii k federal'nomu zakonu "ob ipoteke"*, Moscow 2008, pp. 134–135.

違反が除去されるまで目的物の取引行為を禁止することができる（同条4項）。

### 2.4 債権担保

債権担保に関しては，従来，民法典には規定がなく，担保に関する法律にわずかな規定があるにとどまった。2013年民法典改正により，債権担保，銀行預金債権の担保，有価証券の担保について，民法典に規定が新たに導入された。債権に担保を設定することは，従来も理論的には可能であったが，たとえばその換価については，「競売による」ものとされた。実際には，債権担保は，債権譲渡などの形式をとって行われた。2013年の改正により，債権担保の実行方法として，当事者間，または第三者との間で債権譲渡に合意する方法が認められた（第358.8条2項，3項）。銀行預金についても，これまではその担保性を否定する裁判例があったが，2013年改正により，正面から認められた。

### 2.5 担保権の随伴性

担保の目的物の所有権が担保権設定者から有償，または無償の処分により第三者に移転したときは，担保権はその効力を保持する（第353条1項）。不動産については，登記上，担保権（抵当権）の存在は公示されているため，第三者の利益が害されることはない。しかし，動産担保については，債務者の占有下に目的物が残されることが多いにもかかわらず，公示手段がないために，担保権設定者が担保の存在を告げずに第三者に目的物を第三者に譲渡した場合に，善意の第三者の保護の欠ける結果になった。第三者の善意・悪意を問わず，担保権者はこの目的物上の担保権を行使できるからである。

しかし，この点について，最高商事裁判所は，2011年に新たな解釈を示した。これは動産担保において，目的物を占有していた債務者が，担保の存在を告げずに目的物を第三者に売却した事例である。これまでの解釈では，担保権者は，第三者が所有するに至った担保の目的物に対して担保権を行使することが認められていた。これに対して，総会決議は次のような解釈を示した。

> 民事法の一般原理，および精神（法の類推適用），および良心性，合理性，

ならびに公正さの要求（民法典第6条2項）にもとづき，担保権設定者から有償で譲渡された動産に対しては，その取得者が当該動産が担保の目的物であることを知らず，または知ることができなかった場合には，担保権を実行することはできない。この場合に裁判所は，取得者が担保が設定された目的物を取得したと考えるべきであったか否か，担保の目的物の取得の状況を検討する。裁判所は，とくに取得者が，売主のその動産に対する権利を証明する文書の原本，またはコピーを交付されたか否か，動産が引き渡されたときに動産上に担保の表示があったか否かを審理しなければならない[109]。

これは民法の一般原則に依拠し，担保権者の利益と取引の安全とのバランスを図った判断として評価される。

担保権者は，債権譲渡の規定にしたがって自己の担保権を譲渡することができる。ただし，これは譲受人に被担保債務の債務者に対する債権を同時に譲渡する場合にのみ有効である（第354条）。抵当権の譲渡の場合は，基本債権の譲渡が推定される。

被担保債務について債務引受がなされた場合は，担保権設定者と債権者の間に合意がない限り，担保は消滅する（第355条）。

【裁判例】

X銀行は，有限会社Aとの間で2009年7月22日に800万ルーブルの融資契約を締結した。この融資の返済を担保するために，同日に物上保証人Yが所有する高級自動車に担保が設定された。担保の目的物はYの下にとどまるものとされた。Yの自動車所有権は，2008年3月10日のZとの売買契約にもとづくものであった。

　Aが期限までに債務を弁済しなかったために，Xは，AとYに対して訴えを提起するとともに，担保の目的物の差押申立てを行った。第一審裁判所は請求を認容した。しかし，控訴審裁判所は，請求を一部認めたものの，目的物の差押えを含むその他の請求を退けた。破毀審裁判所

---

[109] 最高商事裁判所総会決定　2011年2月17日　No.10.

もこれを支持した。

控訴審は，X銀行には担保権がないと判断した。これは，YとZとの間の売買契約で，担保権の目的物である自動車の代金が未払いで，売買契約が解除され，Yにはその所有権がないことを根拠としていた。YZ間の紛争にかかわる2010年9月9日の裁判所の判決は，自動車についてZの所有権を認めた。これに対してXは，担保権設定契約時には，Yに所有権があったことを理由に，担保権は有効であり，Zに対しても効力をもつと主張した。

最高商事裁判所は，担保権設定時にYに目的物の所有権があったことを認め，YにZへの自動車の返還を命じた上記9月9日の裁判所の判決は，担保権設定契約を無効とするものではないと判断した。その根拠として，最高商事裁判所は，担保の目的物の所有権移転の場合でも担保権は存続すると定める民法典第353条の規定を援用し，有償契約である担保権設定契約の締結後，物上保証人の目的物に対する所有権が争われ，物上保証人がその目的物を取得するに至った契約が解除されても，担保権設定契約を無効とする根拠はないと判示した[110]。

### 2.6 後順位担保

担保の目的物である財産が，他の債権のための担保の目的物となったとき（後順位担保）は，後順位担保権者の債権は，先順位担保権者の債権が担保の目的物の価額から弁済を受けた後に，弁済される（第342条1項）。後順位担保は，法律により禁止されていない場合に認められる（同条2項）。担保権設定者は，当該目的物のすべての後順位担保権者に，目的物上の担保権に関する情報（債権額，履行期限など）を提供しなければならない。この義務の違反は，損害賠償請求の対象となる。ただし，担保権設定者が，後順位担保権者が，先順位担保の存在を知り，または知りうべかりしであったことを証明した場合は，この限りではない（同条3項）。

---

[110] 最高商事裁判所幹部会決定 2012年6月7日 No.16513/11.

【裁判例】

公開型株式会社ロシア農業銀行は，閉鎖型株式会社 Kristall Bel と公開型株式会社 VTB（銀行）を相手方として，被告会社間で 2007 年に締結された一連の担保権設定契約の無効確認を商事裁判所に求めた。第一審，控訴審裁判所は，この請求を認めたが，破毀審裁判所は，これを破棄し，原告の訴えを斥けた。

原告である農業銀行と Kristall Bel との間では，2006 年 5 月 16 日に融資契約が締結された。同時に Kristall Bel は，その機械設備を農業銀行に担保に供した。担保権設定契約には，債務者が，担保の目的物にさらに担保権を設定することを禁じる条項があった。一方，Kristall Bel は，VTB と 2007 年 6 月 19 日に融資契約を締結し，同時に担保権設定契約も締結された。両者の間では，さらに同年 9 月融資契約と担保権設定契約が締結された。ところが，Kristall Bel が VTB に担保に供した機械設備は，さきに農業銀行の担保に供した機械設備とほぼ重複していた。

Kristall Bel は，2008 年 6 月 24 日に破産を宣告された。

第一審裁判所は，Kristall Bel が，すでに担保が設定されている動産の一部に再度担保を設定したとして，Kristall Bell と VTB の間の担保権設定契約を民法典第 168 条（法令違反の法律行為）により，一部無効と認めた。これに対して破毀審裁判所は，Kristall Bel の農業銀行との契約違反は認めたが，これを VTB との担保権設定契約の無効の根拠とするには足りないと判示した。

最高商事裁判所は，民法典第 342 条（現行 342.1 条）によれば，債務者による契約に反した再度の担保設定の場合には，債務の期限前返済を請求し，これが容れられない場合は，目的物を差し押さえることができる。これは第 168 条が規定する，法律が定める法律行為の無効以外の効果であり，担保権設定契約は無効ではないとして，破毀審裁判所の判断を支持した[111]。

---

111) 最高商事裁判所決定 2009 年 12 月 8 日 No.10683/09.

判例の評釈によれば，現在，ロシアで動産担保は，公示方法がなく，担保債権者は，先行する担保設定契約における再担保禁止の合意を知ることができないのであり，後に担保を設定した債権者の統制が及ばないにもかかわらず，担保権失効の危険を負わせるのは，不公正であるという[112]。

## 3 担保権の実行

### 3.1 2008年民法典等改正

担保権の実行手続は，2008年の「担保の実行手続の改善に関する法改正について」の法律の制定により，大きな改善をみた。

民法典によれば，担保物の執行は，債務者の有責な債務不履行，または不相当な履行の場合に認められる。ただし，債務の違反が著しく軽微であり，債権者の請求が担保物の価額と不均衡である場合には，執行は許されない（第348条2項）。

民法典は，担保の実行手続についてはわずか二ヶ条の基本規定を置くのみである。担保の実行は二段階に分かれる。第一は担保の目的物の差押手続であり，第二は，その換価手続である。

第一の担保の目的物の差押手続は，債務名義を取得し，目的物がいまだ債権者の占有下にないときは，その占有を得る手続である[113]。担保債権者は，担保権設定者に対して訴えを提起し，裁判所の判決を得なければならない。この裁判所の判決が担保実行の根拠である債務名義となる。これにもとづいて執行手続により，担保権設定者の占有を解き，換価手続に移行するのである。2008年改正までは，不動産に対する執行は，公証人が認証した債権者と担保権設定者との合意がある場合以外は，裁判手続によらなければならず，この合意は，執行の原因が発生する前になされる必要があった。しかし，このような合意が不履行の発生後になされることは考えにくく，結局，不動産の場合は，執行は常に裁判手続によらなければならなかった。

---

112) A.Ivanov ed., *Pravovye pozitsii prezidiuma vysshego arbitrazhnogo suda RF 2009*, Moscow 2012, p. 292. なお，現行法第342条5項参照。

113) R.Bevsenko, "Izmenenie zakonov o zaloge", *Vestnik Verkhovnogo Arbitrazhnogo Suda*, 2009 No.3, p. 113.

これに対して，動産については，手続が緩和されており，目的物がいまだ担保権設定者の占有下にあるときは，裁判手続を経ることを原則としたが，当事者間の合意によることも可能であった。一方，担保物が債権者の占有に移転されているときは，当事者間の合意により手続を決定することが原則とされた。この合意はいつ締結されたものでもよく，公証人の認証も不要であった。

第二の換価手続は，担保の目的物を売却してその代価から担保権者が優先的に弁済を受ける手続である。民法典は，動産・不動産を問わず，公の競売により換価するものと定めていた（第350条）。債権者が直接，担保物の所有権を取得したり，競売を経ずに独自に第三者に処分したりすることはできなかったのである[114]。

このように不動産に関して，原則として裁判判決のみが債務名義となり，公証人が認証した執行証書では足りないという制度は債権者にとって煩瑣であり，時間とコストがかかる。さらに動産・不動産を問わず，換価のために常に競売を要するというのも債権者にとって不利であった。一般に落札価格が低く，また競売の透明性が不十分であったからである。

こうした問題を避けるために，非典型担保の制度が広く行われるようになった。そこでは譲渡担保，再売買予約，代物弁済，更改，といった形式が用いられた。しかし，非典型担保が裁判所によって承認されるか否かは，それがいわゆる迂回取引（民法典第170条2項）として無効とされる可能性があるために，不確実であった。

このような理由から，担保制度の改善は，とくに金融業界では長年の懸案とされてきた。これは2008年に，緊急経済対策の一環として，経済発展省の主導により，ようやく実現した[115]。改正法では，業界の要望を取り入れて担保権実行手続の基本原則が大幅に変わり，裁判外手続の可能性が拡大されたが，実際に機能するためにはいまだ不明点が残っている。

### 3.2　担保権実行手続——差押手続

2008年改正により，目的物の差押手続は，「当事者が裁判外手続による手

---

[114]　再度の競売が不首尾に終わった場合には担保権者が所有権を取得することができた。
[115]　2008年12月30日　連邦法　FZ–306.

続に合意しない限り」裁判所の決定によるものとされた。これは動産・不動産を問わない。改正前は裁判手続によることが原則であったが，原則と例外が逆転したのである（第349条1項）。裁判手続を経ない執行の合意は，債権者と担保権設定者との間で，いつでも（不履行発生後でなくとも）締結することができる。当初の担保権設定契約において定めることも可能である。

ただし，裁判外手続による差押えは，担保の目的物が，自然人が所有する住居である場合，目的物が著しい歴史的，美術的，その他文化的価値をもつとき，担保権設定者が失踪と認定されたとき，目的物に実行方法が異なる複数の担保権が設定されているとき，債権者が複数であるときには，認められない（同条3項）。

この合意は，原則として公証人の認証を要しない。しかし，裁判外手続による差押えについて定めた担保権設定契約が，公証人によって認証されているときは，債務者の債務不履行，または債務の不相当な履行の場合に，裁判所への申立てを経ずに，公証人の執行の署名（執行証書）にもとづいて差し押さえることができる（同条6項）。民法典は，不動産担保の実行手続の詳細を抵当法[116]に委ねている。抵当法は，公証人の執行証書よる目的物の差押えは，公証人が認証した抵当権設定契約にもとづいて認められると定める（抵当法第55条1項）。

担保権設定者が裁判外差押えの合意を遵守しなかったときは，債権者は，執行官の執行命令にもとづいて民事執行法にしたがって目的物を差し押さえる（担保権設定者の占有を解く）ことができる（第55条6項）。

改正前の民法典は動産・不動産を問わず，債務不履行が軽微な場合などに，担保権の実行を認めなかった。実務では，裁判所がこの規定を広く解釈して執行を拒絶する例がみられた。ある裁判所は，債務が保証契約によっても担保されていることを理由に執行を拒絶した[117]。

2008年の法改正で，この点に関して具体的な基準が示された。すなわち，不履行債務額が担保物の評価額の5％未満であり，かつ不履行期間が3ヶ月未満であるときは，不履行が「きわめて少額であり，担保権者の請求額が担保物の価値と明らかに不均衡」であることが推定される。なお，民法典の

---
116) 1998年7月16日　連邦法　FZ-102.
117) Bevsenko, *supra*, p. 121.

規定では，担保権設定契約には，担保物の評価額を定めることが要求されている。債務が分割して弁済される場合には，年間3回の遅滞までは許容される（第348条2項）。この点は従来の裁判実務と一致する。

### 3.3　担保権実行手続——換価手続

換価手続について，2008年改正前の民法典は，動産・不動産を区別せず，ともに換価は公の競売によるものと定められた。これに対して2013年改正後は，民法典に一般的な規定を置き（第350条，第350.1条），不動産については，さらに抵当法が定めるものとし，不動産以外については，民法典で別に一ヶ条を割いた（第350.2条）。なお，動産・不動産を問わず，（ⅰ）換価により支払われた金額が債務額に達しないときは，残額につき，債務者の一般財産に執行ができる，（ⅱ）換価された額が債務額を超えたときは，差額は担保権設定者に返還される。また，債務者，および担保権設定者が債務者と異なるときは，担保権設定者は，債務を弁済して担保権を消滅させることができる。

民法典の原則規定によれば，裁判手続による担保の目的物の換価は，裁判所の決定にもとづく公の競売による（第350条1項）。一方，裁判外手続による目的物の換価は，民法典，または当事者の合意にしたがって行われる競売（torg）による（第350.1条1項）。裁判手続による執行の場合には，担保権設定者に相当な理由があるときは，その申立てにより，競売は1年まで延期することができる（第350条2項）。旧担保に関する法律では，担保物の価値が延期によって著しく低下する場合や滅失の危険がある場合などには延期は認められないとされていたが，この限定は，民法典にはみあたらない。

裁判外手続による担保権実行に関しては，当事者間で，担保物が担保権者の所有に直接移転すること，または担保権者が競売手続きを経ることなく，担保物を委託販売契約により売却することに合意することができる。ただし，これは担保権設定者が，法人，または個人事業者である場合であって，事業活動に関する債務を担保するときに限られる（第350.1条2項）。

不動産の換価について，抵当法は，「公の競売」（第56条）と「当事者の合意にもとづく換価」（第59条）の二種の手続を定める。

裁判所により差し押さえられた不動産は，裁判手続による場合は，公の競

売（*publichnyi torg*—public auction）で換価される（抵当法第56条1項）。公の競売において競売を組織・実施するのは，手続法にしたがって「裁判判決の執行を担当する機関」，すなわち執行官である。

「当事者の合意にもとづく換価」は，裁判外手続により不動産が差し押さえられた場合に行われる。これは担保権者と競売を組織する者との契約にもとづいて組織される公開の競売（*otkrityi avktsion*—open auction）による（第59条1項）。連邦法が定める場合にのみ，参加者を限定した競売（closed auction）が可能である。競売の実施前に，競売の組織者，または抵当権者は，抵当権設定者に対して債務履行の通知を行う。これには期限内に履行しない場合に担保権を実行する旨の警告が含まれる。期限内に履行がなされないときに初めて競売の通知と公告がなされる。この規定の仕方は不明瞭で，履行期限を過ぎてもなお，履行の督促をしなければ担保権を実行できないようにも解釈できる。

一定の場合には，担保の目的物の価額の鑑定が義務的である。これには，担保物が不動産賃借権である場合（賃借権も抵当権の目的物になる），抵当権設定契約に定められた担保物の評価額が50万ルーブル（1ドル＝約35ルーブル）を超える場合などが含まれる。競売の開始価格は鑑定評価額の80％に設定されなければならない。

担保物の売却代金は，執行・換価の費用を控除した後，担保権者，他の債権者，そして（余剰があれば）担保権設定者の間に配分される。

一方，動産の換価手続は，2013年改正までは，「担保に関する法律」に規定されていたが，同法の廃止により，民法典に一ヶ条があるにとどまる。民法典によれば，不動産以外の担保物の換価が，執行官が組織する公の競売によって行われる場合には，執行官は，競売の10日前までに，債務者，および担保権設定者に書面で競売の場所と日時を通知しなければならない（第350.2条1項）。これに対して，「裁判外手続」により差し押えられた担保動産の換価が，競売によって行われる場合は，担保権者がこの通知の義務を負う。

競売は，（ⅰ）参加者が1人であったとき，（ⅱ）落札価格が予定価格を超えなかったとき，（ⅲ）落札者が期限までに落札価格を支払わなかったときに不成立となる（同条2項）。競売不成立宣言から10日を経た後は，抵当権者は，抵当権設定者と合意の上で，その目的物を買い取ることができる。こ

の合意が成立しなかったときは，第1回の競売後30日以内に再度の競売が行われる。この場合の予定落札価格は，初回よりも25％低く設定される。再度の競売が不首尾に終わったときは，抵当権者は，予定価格のさらに10％低い額で，目的物を取得することができる。(第350.2条2-5項)。

　担保に関する法律には，動産担保の換価手続について，具体的な規定があった。たとえば，担保権者が担保の目的物を取得する場合，担保権者が直接第三者に目的物を売却する場合，ないしは，委託販売する場合には，鑑定人による評価が義務的であった。その価格は市場価格以上でなければならないと定められていた。ただし，市場に流通している有価証券を担保権者が取得する場合で，担保権設定契約に価格，または価格を決定する手続が定められている場合は，例外であった。2013年の民法典改正で，この法律が廃止になった後，動産担保の換価に関する規定は，民法典の一ヶ条のみであり，新たな立法が必要であると思われる。

### 3.4　倒産手続における担保権の地位

　2002年倒産法は，担保権者に別除権を認めず，担保物も破産財団に含まれ，担保権者は，担保物の売却額から第三順位債権者として弁済を受ける旨定めた。しかし，倒産法は，順位外債権として，他に担保権実行・換価の費用や倒産手続開始後に生じた債権を定めているために，実際に担保権者が優先的に支払われる金額は限られていた。

　2008年に担保関連法とともに改正された倒産法は，担保物を破産財団に含める制度自体は維持したが，担保権者に担保物の売却額の70％の配当を保証した。被担保債権が融資契約にもとづく場合は，これが80％となる。残額は第一順位と第二順位の債権者に配当され，残りが費用に回るものとされる。

# 第 11 章　不法行為法

## 1　不法行為責任の基本規定

### 1.1　不法行為成立の要件

不法行為法は，民法典の債権法各則の一部を構成する（民法典第59章）。債権法各則は，契約にもとづいて発生する債務と事実行為にもとづいて発生する債務について定めるが，不法行為は，不当利得とともに，後者に属する。

社会主義時代の民法典の下における不法行為規定は，国家（公共）の基金からの補償制度ではなく，行為者による損害賠償制度をとる点で，資本主義国の不法行為法と基本的な相異はなかった[118]。ただし，精神的損害の賠償が認められず，現実的損害のみが認められたために，損害賠償額は極めて低かった。現行の民法典は，社会主義時代の制度を基本的には受け継いでいるが，精神的損害の賠償を認めるなどの改革も行われた。

不法行為責任の基本規定は，以下のとおりである。

> 私人の身体，または財産，ないしは法人の財産に対して惹起された損害は，その損害を惹起した者により，完全に賠償される（第1064条1項）。

> 損害を惹起した者は，損害が自己の責によって発生したのではないことを証明すれば，責任を免除される。ただし，法律により，損害を惹起した者に責任がない場合にも，損害賠償義務を定めることができる（同条2項）。

---

[118]　W.Gray, "Soviet Tort Law: New Principles Annotated", in W.Lafave ed., *Law in the Soviet Society*, Urbana 1965, p. 181.

この規定では，不法行為責任は，基本的には過失責任であり，例外的に法律により，無過失責任を定めることができる。立証責任は，原則として行為者にある。賠償の対象は，私人の場合には，身体，財産に対する損害，法人の場合は，財産に対する損害である。

　不法行為成立の要件に関しては，民法典に明文の規定はないが，上記の基本規定の分析から，学説上は，以下の要件が必要と理解されている[119]。裁判例では，最高商事裁判所の2000年の決定が，同様の要件を挙げている[120]。

（ⅰ）損害の発生
（ⅱ）損害を惹起した者の行為の違法性
（ⅲ）違法行為と損害発生との因果関係
（ⅳ）損害を惹起した者の有責性

　行為の違法性は「推定される」[121]。行為の違法性は，行為者による法規範の違反と被害者の主観的権利の侵害をともに含む。原則は，「あらゆる損害の惹起は，法律に異なった定めがないときは，違法である」とされる[122]。

　有責性（vina）とは，故意・過失を意味する。一般原則としては，行為者は，自己の行為が有責ではなかったことを証明すれば，責任を免れる。しかし，後述のように，無過失責任を定めた規定もある。故意は，結果を予見し，かつ望んだ場合，または少なくとも結果の発生を黙認した場合をさす。過失は，「所与の状況の下での注意，予見，配慮の欠如」と定義される[123]。

　不法行為の基本規定では，損害の「完全賠償」義務が定められている。民法総則の規定も同様である（第15条1項）。これはドイツ法系の概念である。

　損害（ubytka）の定義は，民法総則に定められている。

---

119) O.N.Sadikov ed., *Kommentarii k grazhdanskomu kodeksu RF, chasti vtoroi*, 5th edition, Moscow 2006, p. 831.
120) 最高商事裁判所幹部会決定　2000年4月18日　No.8051/99.
121) Sadikov, *supra*, p. 832.
122) *Ibid.*
123) *Ibid.* (「法律に定めがない限り，損害を発生させるすべての行為は違法である」) S.A. Stepanov ed., *Kommentarii k grazhdanskomu kodeksu RF*, Moscow 2006, p. 919.

損害とは，その権利を侵害された者が，侵害された権利の回復のために支出し，または支出しなければならない費用，その財産の喪失，または毀損（現実的損害），ないしはその者が，権利を侵害されなければ，民事取引の通常の条件の下で取得できたであろう収益（逸失利益）を意味する（同条2項）。

　この規定には，精神的損害への言及がないが，総則の民事上の権利の保護に関する規定では，列挙事項の中に，精神的損害の補償（konpensatsiia）が含まれ（第12条1項），また，別に特別な規定がある（第151条）。さらに不法行為の部分では，精神的損害に一節が割かれている。物質的損害は，賠償（vozmeshchenie）の対象であり，精神的損害は，補償の対象であるという概念上の区別がなされている。

　過失利益については，以下の例がある。

【裁判例】
　独立系ガス会社 Neftegazpostavka は，Gazprom, Tomsktransgaz, および Gazibkontakt に対して，ガス販売で得るはずであった利益の賠償を求めて訴えを提起した。原告は，被告等による独占禁止法違反行為の結果，ガスを供給販売することができなかったと主張した。反独占庁は，Gazprom がその独占的な地位を利用して，幹線パイプラインへのアクセスを制限することによって競争を阻害したと認定した。また，反独占庁は，他の被告が，原告の評判を貶めるような書簡を原告のガス供給先に送って，原告の業務を妨害したことも認めた。下級審は，原告の主張を容れ，最高商事裁判所も，逸失利益の賠償を認めた[124]。

　損害賠償責任を負うのは，損害を惹起した者であるが，法律により，損害を惹起した者以外の者に損害賠償責任を課することができる（第1064条2項）。これは使用者責任や，周囲に対する高度の危険を伴う活動にかかわる

---

[124]　最高商事裁判所幹部会決定　2002年4月24日　No.6695/01.

者の責任，たとえば自動車の所有者の責任や，原子力事故の場合の原子力施設のオペレーターの責任などをさす。

なお，法律，または契約により，損害を惹起した者が，発生した損害を上回る賠償額を被害者に支払う義務を定めることができる。また，法律により，損害を惹起した者以外の者が，発生した損害を上回る賠償額を被害者に支払う義務も定めることができる（同条1項）。

社会主義時代からの規定であるが，裁判所は，損害を惹起した者が故意に損害を惹起した場合を除き，その者の資産状況を考慮して，損害賠償額を減額することができる（第1083条3項）。

共同で損害を惹起した者は，被害者に対して連帯して責任を負う。裁判所は，被害者の申立てにより，被害者の利益のために，一般原則にもとづいて，共同不法行為者の負担を定めることができる（第1080条）。

## 1.2　不法行為の成立を阻却する事由

正当防衛による損害の惹起は，賠償責任は問われない（第1066条）。緊急避難の場合は，原則として，損害を惹起した者が賠償責任を負うが，裁判所は，損害が惹起された状況を考慮し，第三者に全部，または一部の損害賠償責任を課し，あるいは損害を惹起した者の責任を全部，または一部免除することができる（第1067条）。

行為能力者，または14歳以上，18歳未満の未成年者であっても自己の行為の意味を理解できず，または行為を制御できない状況で損害を惹起した者は，その損害につき，責任を負わない。しかし，被害者の生命・健康に対する損害の場合は，裁判所は，被害者と行為者の資産状況，その他の状況を考慮し，行為者に損害の全部，または一部の賠償責任を課することができる（第1078条1項）。行為者自身が，アルコール飲料，麻薬，その他の方法により，自己の行為の意味を理解できず，または行為を制御できない状況を招いたときは，行為者は，免責されない（同条2項）。精神病により，自己の行為の意味を理解できず，または行為を制御できない状態にあった者により，損害が惹起された場合，裁判所は，行為者の精神病を知りながら，行為無能力者と認定する手段をとらなかった，行為者と同居する勤労能力ある配偶者，両親，成人した子に賠償責任を課すことができる（同条3項）。

被害者の故意により惹起された損害は、賠償を要しない。被害者自身の重過失が、損害の発生、または損害の拡大を助長したときは、被害者と損害を惹起した者の責任の程度に応じて、損害賠償額を減額することができる。被害者に重過失があり、無過失責任の場合で損害を惹起した者に責任がないときは、賠償額は減額されなければならず、賠償請求を拒絶することもできる。ただし、被害者の有責性は、家計維持者の死亡の場合には、考慮されない（第1083条1項、2項）。

## 2 差止請求

民法典は、不法行為の差止請求についても規定を置いている。

> 将来の損害発生の危険は、そのような危険の原因となる行為の禁止の訴えの根拠となる（第1065条1項）。

> 惹起された損害が、損害の発生を継続し、または新たな損害を発生させる虞がある企業、施設の操業、その他生産活動の結果である場合は、裁判所は、損害の賠償の他、その活動の停止、または終了を命じることができる（同条2項）。

裁判所は、そのような活動の停止、または終了が社会的な利益に反する場合にのみ、訴えを斥けることができる。ただし、これは被害者の損害賠償請求権には影響しない。

## 3 精神的損害の賠償

精神的損害の賠償については、不法行為の部分ではなく、民法総則の「非物質的利益とその擁護」に関する第8章に基本規定がある。社会主義時代には、精神的損害の賠償は認められなかったが、現行民法典には明文の規定がある。

私人の個人的非財産的権利を侵害し，または私人に属する非物質的な利益を損なう行為により，私人に精神的損害（物理的，または精神的苦痛）を惹起したとき，その他法律が定める場合には，裁判所は，行為者にその損害の金銭的賠償責任を課することができる。

精神的損害の賠償額の算定にあたって，裁判所は，行為者の有責性の程度，その他の寄与事情を考慮する。裁判所は，また，損害が惹起された私人の個人的な特性にかかわる物理的，精神的な苦痛も考慮しなければならない（第151条）。

この規定は，不法行為法の部分にある以下の規定とともに，精神的損害の賠償の基礎を構成する。総則の規定が，個人の非財産的権利，または非物質的な利益の侵害について定めているのに対して，この規定は，財産権の侵害による精神的損害について定める。

私人の財産権を侵害する行為（不作為）によって惹起された精神的損害は，法律に定められた場合に賠償を要する（第1099条2項）。

精神的損害は，財産的損害の賠償とは別に賠償される（同条3項）。

精神的損害は，金銭によって賠償される（第1101条1項）。精神的損害の賠償額は，被害者に与えられた物理的，および精神的苦痛，また，行為者の有責性が損害賠償責任の条件である場合には，行為者の有責性の程度にしたがって，裁判所により決定される。「損害賠償額の決定にあたっては，合理性と衡平性とが考慮されなければならない」（同条2項）。物理的，および精神的苦痛の性質は，裁判所により，精神的損害が惹起された具体的な事情，および被害者の個別的な特性を考慮して評価される（同）。

【裁判例】
原告は，幼少の唯一人の娘を事故で失い，その事故に責任がある企業に対して，精神的損害の賠償を求めた。裁判所は，請求額10万ルーブル全額の賠償を認めた[125]。

精神的損害は、以下の場合には、行為者の有責性にかかわりなく賠償される（第1100条）。

▶私人の生命、または健康に対する損害が、高度の危険の発生源によって惹起されたとき
▶私人に対する違法な有罪判決、刑事責任の追及、拘禁、行政罰の賦課による損害
▶名誉、尊厳、またはビジネス上の評判を貶める情報の流布による損害
▶その他法律が定める場合

初期の判例で以下のような事件があった。

【裁判例】
原告は、テレビの製造会社に対して、テレビの発火により、フラットが火事になったとして、損害賠償を請求した。損害賠償の内訳は、フラット、および家具の損害に対して416万7,568ルーブル、精神的損害に対して250万ルーブルであった。裁判所は、製造者の対応の遅れによって、原告の苦痛が加重されたこと、高齢者である原告がテレビを見る機会を奪われたことを考慮し、精神的損害の賠償として、100万ルーブルの支払いを命じた[126]。

## 4 使用者責任・監督責任

### 4.1 使用者責任

使用者責任について、民法典は、以下のように規定する。

　法人、または私人は、その従業員による雇用上（職務上）の義務の遂行

---

125) 最高裁判所総会決定 Obzor zakonodatel'stva i sudebnoi praktiki za chetvertyi kvartal 2002g. 2003年3月12日。
126) *Kompensatsiia za moral'nyi vred*, Moscow 1998, p. 69.

に際して惹起された損害につき，責任を負う（第1068条1項）。

　従業員とは，雇用契約にもとづいて勤務する者，その他民法上の契約にもとづいて勤務する者で，その法人，または私人により与えられた任務にしたがい，その安全に対する監督に服して活動し，または活動すべきであった者をいう（同）。

　このような使用者責任の要件，たとえば行為者の責任が無過失責任であるか否かは，法文上は明らかではない。

【裁判例】
　公開型株式会社 Maksatihinsk 木材加工工場は，同じく公開型株式会社である Agrotransavto に対して，交通事故による損害10万8,507ルーブルの賠償を求めて商事裁判所に訴えを提起した。第一審，控訴審，破毀審いずれも原告の訴えを斥けた。

　裁判所が確定した事実によれば，1998年12月2日に両社の車が衝突し，車両の損傷の他，原告の運転手が長期的な障害を負った。第一審裁判所は，被告の有責性が証明されていないと判断し，控訴審もこれを支持した。しかし，最高商事裁判所によれば，自動車は，高度の危険の発生源であり，交通事故では，自動車の運転者ではなく，自動車を所有，その他占有する企業が責任を負う（民法典第1079条）。この事件では，事故は，高度の危険の発生源の相互作用（衝突）から発生した。この場合は，第1079条の無過失責任ではなく，同条3項の規定により，民法典第1064条の一般原則が適用され，行為者の有責性が，責任の要件である。同条によれば，行為者は，損害が自己の故意・過失によって生じたのではないことを証明すれば，賠償責任を免れる。下級審裁判所の結論は，運転手が刑事裁判で，無罪となったことを根拠としている。しかし，本件では，被告は運転手ではなく，会社であり，Agrotransavto の有責性が問われなければならない。

　最高商事裁判所は，下級審判決を破棄し，事件を第一審に差し戻した[127]。

法人自体の不法行為責任については，民法総則の法人の部分に規定がある。

　商事組織，および生産協同組合は，その参加者（構成員）により，事業活動，その他商事組織，または生産協同組合の活動に際して惹起された損害につき，責任を負う（第106条2項）。

### 4.2　国家賠償責任

　民法典は，また国家賠償責任についても規定を置く。これは憲法の規定を承けたものであるが，一般の国家機関，公務員による違法行為の賠償責任と検察，警察などの刑事手続上の違法行為の責任とに関して別々の規定がある。
　一般的国家賠償責任の規定によれば，国家機関，地方自治機関，またはこれらの機関の職員の違法行為による損害は国庫から賠償される。これは，法令違反の処分や規則制定の場合を含む（第1069条）。捜査機関，予審機関，検察庁，または裁判所の違法な行為により私人，または法人（行政罰の場合）に生じた損害も，連邦，連邦構成主体，または地方自治体の財政から賠償される。これは違法な判決，行政制裁の決定，拘禁などによる損害であり，無過失責任である（第1070条1項）。
　最高商事裁判所の解説によれば，ロシアの国家賠償責任制度は，歴史的・イデオロギー的な理由により，長い間，「困難な状況にあった」。しかし，1990年代半ばから，私的所有権と事業活動の発展に伴い，公権力と私的主体の相互関係が大きく変化し，裁判所が，不法行為法により，法人，および個人事業者の商業的利益を公権力の違法な介入から保護する必要性が高まった。従来は，因果関係の高度の証明，少額の損害賠償額，被告の特定の困難などが相俟って，裁判実務には，被害者に不利な偏向があった。最高商事裁判所は，近年，この分野でこうした偏向を克服し，いくつかの重要な決定を行い，2011年，これらは国家賠償に関する幹部会のinformation letterに結晶化された[128]。たとえば，一般の国家機関の不法行為責任が無過失責任であるか否かは，第1069条からは明確ではないが，この決定は，立証責任

---

127)　最高商事裁判所幹部会決定　2000年4月18日　No.8051/99.
128)　*Vestnik Verkhovnogo Arbitrazhnogo Suda, prilozhenie, Vazhneishie pravovye pozitsii VAS RF v razvitii chastnovo prava Rossii*: 2009–2011 gg., p. 117.

が被告である国にあることを認めた[129]。

### 4.3 未成年者に対する監督責任

14歳未満の少年により惹起された損害については，その両親（養親），または後見人が賠償責任を負う。ただし，これらの者が，損害がその責により生じたものではないことを証明した場合は，この限りではない（第1073条1項）。14歳以上，18歳未満の未成年者は，自己が惹起した損害につき，一般原則にもとづいて，独自に責任を負う。このような未成年者に損害賠償に十分な収入，または資産がないときは，その両親（養親）が，その全額，または不足分の賠償責任を負う。ただし，損害が，これらの者の責によって生じたのではないことが証明されれば，この限りではない（第1074条1項，2項）。14歳以上，18歳未満の未成年者に関しては，両親等の責任は，その未成年者が成年に達したとき，または成年に達する前に損害を賠償するに足りる収入，または資産を取得したとき，ないしは成年に達する前に完全行為能力を取得したときに，消滅する（同条3項）。

### 4.4 求償権

他人（従業員，自動車等の運転者など）により惹起された損害を賠償した者（使用者，自動車等の所有者など）は，これらの行為者に対して求償権をもつ（第1081条1項）。この求償権は，国家賠償が認められた場合に，ロシア連邦，連邦構成主体，または地方自治体も，違法行為を行った裁判官や公務員に対して行使することができる。ヨーロッパ人権裁判所の判決により，ロシア連邦が損害賠償を支払った場合も同様である（同条）。

## 5 不法行為責任の特則

### 5.1 周囲に高度の危険を発生させる活動により惹起された損害の賠償責任

高度の危険の発生源に関する無過失責任は，社会主義時代の民法典に規定があり，自動車も高度の危険の発生源とされ，交通事故の場合に所有者に損

---

[129] 同上第5項。

害賠償責任が課せられた。また，許容限度を超えて汚染水を川に排水した工場の責任が問われたこともあった[130]。

現行の規定は，以下のとおりである。

> その活動が，周囲に対する高度な危険に関連している（交通手段，機械，高圧線，原子力，爆発物の利用，建設，その他の活動）法人，および私人は，高度の危険の発生源により惹起された損害を，その損害が不可抗力，または被害者の故意により発生したことを証明しない限り，損害賠償責任を負う（第1079条1項）。

不可抗力に関しては，債権総則（第401条3項）に定義がある。

本条に列挙された高度な危険を伴う活動は，限定列挙ではない。それが高度の危険を伴うか否かは，それが「最新の安全技術に照らして，完全には制御できない大規模な破壊力」をもつかにかかる。これについては，民法典制定前の1994年の最高裁判所総会決定が現在でも適用される。燃料油の流出を招いたタンカーの会社が，この規定により，責任を問われた例もある（「第19章　環境法」参照）。

損害賠償責任は，高度の発生源の所有者にとどまらず，高度の危険の発生源を経済管理権，運用管理権，その他の法律上の根拠（賃借権，自動車等の供与など）にもとづいて保有する法人，または私人に課せられる（同）。ただし，これらの法人，または私人は，高度の危険の発生源が，第三者の違法行為により，その占有を離脱していたことを証明すれば，責任を免れる（同条2項）。

### 5.2　私人の生命，または健康に生じた損害の賠償責任

私人による契約上の義務の履行，または軍務，警察の任務などの遂行中に，その生命，または健康に損害が生じた場合には，一連の特則がある（第1084条）。これは典型的には，私人の雇用契約上の義務の履行の場合，すなわち，業務上の事故による生命・健康の被害が想定されている。

まず，被害者に身体障害，その他の健康被害が生じたときは，以下が賠償

---

[130]　S.N.Bratus and O.N.Sadikov eds., *Kommentarii k grazhdanskomu kodeksu RSFSR*, Moscow 1984, p. 533.

の対象となる。

▶被害者の逸失給与（収入）（従来の収入の他確定的に得るはずであった給与（収入）を含む）
▶健康障害による追加的支出（薬などの他，障害による車椅子，サナトリウムにおける療養費用，代替的職業のための訓練費用など）

事故により給付される年金や，事故後の収入は，上記の給与（収入）の計算で考慮されない（第1085条1項，2項）。

上記は被害者に現実に生じた損害である。14歳未満の者の健康被害については，収入がないため，発生した費用のみが賠償される。14歳未満で被害を受けた者が14歳に達し，または収入がない14歳以上の未成年者が健康被害を受けたときは，費用の他に，その勤労能力の喪失による損害（法定最低賃金）が賠償される。

## 5.3　家計維持者の死亡による損害の賠償責任

家計維持者の死亡の場合に賠償請求権があるのは，以下の者である（第1088条1項）。

▶被害者の扶養下にあった，勤労能力がない者，または死亡時までにその扶養を受ける権利があった者
▶勤労能力にかかわりなく，両親の一方，配偶者，または家族の構成員で，労働に従事せず，14歳未満の子，孫等の世話をしている者
▶死亡者の扶養下にあり，死亡後5年以内に勤労能力を失った者

この場合の損害賠償額は，死亡者の給与（収入）の額である。これには年金なども含まれる（第1089条2項）。勤労能力の喪失や，被害者死亡の場合の損害の賠償は，月払いの形をとる（第1092条）が，これは法定最低生活水準を基準に変更される（第1091条）。

私人の生命，または健康に損害を与えた法人が再編されたときは，損害賠償責任は，その承継人に承継される。法人が清算されたときは，賠償金は，

積み立てられなければならない（第1093条）。

### 5.4 製造物責任

製造物責任に関しては，民法典に以下の規定がある。

> 商品，仕事，サービスの設計上，構造上，その他の欠陥により，または商品（仕事，サービス）の不真正，または不十分な情報によって私人の生命，健康，または財産，法人の財産に惹起された損害は，商品を販売，または製造した者，仕事を行い，ないしはサービスを提供した者により，その者が有責であったか，また被害者と契約関係にあったか否かを問わず，賠償される（第1095条）。

この規定は，商品（仕事，サービス）の購入が消費目的で，事業目的ではない場合に適用される。

# Ⅳ 会社法

# 第 12 章　国営企業の民営化

## 1　社会主義経済から市場経済へ

　社会主義経済の基礎は，生産手段の国家的独占と経済計画であった。土地，地下資源，企業など，生産手段は国家の排他的支配の下に置かれた。1936年のソビエト連邦憲法によれば，経済の資本主義的制度と生産手段の私的所有の廃止，および人による人の搾取の廃絶の結果として堅固に確立された生産手段の社会主義的所有は，社会主義的経済制度とともにソビエト連邦の経済制度の基礎を構成する（第4条）。ソビエト連邦の経済生活は，国家経済計画によって決定され，方向づけられる（第11条）。

　「完成された社会主義」段階の憲法とされた1977年のソビエト連邦憲法もこれを承継し，「ソビエト連邦の経済制度の基礎をなすのは，生産手段の社会主義的所有である」と定めた。この場合の社会主義的所有とは，直接的な国家的所有とコルホーズや労働組合による「社会的所有」とを意味した。しかし，コルホーズも労働組合も，公式には自主的組織とされながら，その実態においては国家機関の分肢であって，社会的所有を国家的所有から区別する意味はなかった。

　生産手段の国家的所有の帰結として，社会主義経済の基本単位は，国営企業（ないしはその結合体である企業・生産合同）であった。同じ社会主義国でも，ポーランドのように農業の私的経営が認められ，またハンガリーのように一定範囲の私的セクターが存在した国もあったが，ロシアでは，個人のごく限られた「副業経営」以外は，私的企業活動は「不労所得」を得る行為として刑事罰をもって禁止された。もっとも，経済の円滑な運営のためには一定限度の私的ビジネスは不可欠であり，実際には小売業やサービス業の分野では，個人の事業活動が黙認された。この領域は，正規の社会主義経済に対して

「第二経済（second economy/gray economy）」と呼ばれた。この他に，完全に違法な闇経済（black economy）も広範に存在した。国営企業が，終業後に私的企業に早変わりし，国営企業として供給された原料・資材を用いて生産した製品を私的市場で販売して利益を得た例もみられた。

　国営企業，およびその結合体の投資・取引活動は，中央集権的な国家経済計画によって厳格に規制された。国家経済計画は，資材の供給元から製品の納入先，品質，納入期限のみならず，価格に至るまで定め，個別企業の自主的な決定権はほとんど認められなかった。もとより新規投資や技術導入なども，国家経済計画がもっぱらこれを定めた。企業の経営は経済部門別の官庁に委ねられ，企業幹部の人事もこれらの官庁が決定した。このように社会主義経済の下では，国家に政治権力とともに生産手段に対する管理権が集中し，相互補完的に機能していたのである。社会主義時代末期に数度にわたり試みられた経済改革は，政治的民主化なくして国営企業の自主的権限を認めて経済の分権制を実現しようとしたものであり，その失敗は当然のことであった。

　国営企業は，国家とは独立した法人格をもつものとされた。法律上は，国家は国営企業の債務につき，責任を負わず，また国営企業も国家の債務について責任は負わないものとされた（これは現在の国公営企業も同様である）。国営企業は，建前としては独立採算制にもとづいて運用された。すなわち，国営企業は自己の計算において利益を得，また損失を負担する。その一方で，国営企業は国家によって設立され，経済計画にしたがって管理運用され，国家により清算される。国営企業が経済計画から離れてもつ裁量権は，数次にわたる経済改革で多少は広げられたものの，なお限定的であった。法人税に相当するものはなく，国営企業の利益は国家に「上納」され，企業レベルに留保されて投資に向けることが可能な額は，仮にあってもわずかなものであった。その反面，企業が損失を出しても，それは究極的に国家が補填した。利益を計上できる国営企業は少なく，膨大な数の不採算企業が国庫からの支出によって維持された。実際には，優良企業が上げる利益が，他の企業に再配分され，経済全体を支えたのである。その結果，企業の生産性向上，効率化，設備更新や技術革新などへのインセンティブはみられず，経済の停滞がもたらされた。さらに電気，石油，ガスなどのエネルギーが，国営企業や国民一般にコストを下回る価格で供給されるシステムの下で，財政赤字が累積

された。

　すでに1980年代には，生産の停滞と膨大な財政赤字により，社会主義経済は崩壊の危機に直面していた。経済計画の規制を緩和して，企業に権限を委譲する改革が模索された。しかし，もはや国家が経済を支えていくことができないことは明らかであり，ついには市場経済への転換が選択された。旧社会主義国の中で経済改革の先駆であったハンガリーの経済学者が指摘したように，生産手段の国家的所有の原則に変更を加えずに経済改革を実現することは，各国の過去の経験に照らしても不可能だったのである[1]。

## 2　私的セクターの発生

　ロシアのように私的セクターが少なくとも公式には存在せず，私的資本の蓄積が許されなかった国で，新たに市場経済の基礎となる私的セクターを創出しようとすれば，どこから資本をもってくるかという問題が生じる。資本の淵源としては，3つの可能性があった。第一に，社会主義時代にgray/black economyにおいて非公式，ないしは違法に蓄積された資本，第二に国家セクターの資本，そして第三に外国からの投資である。このうち，外国からの投資に多くは期待できず，また過度に外国投資に依存すれば国民の反発も予想された。一方，社会主義時代に黙認されたgray/black economyにより蓄積された資本と違法な闇経済からの資金は，実際にも1980年代末から許容された私企業に流入し，合法的な形をとるに至った。しかし，私的セクターのための資本の主要な部分は，既存の国家セクターから移転された資産が占めた。

　国家セクターから私的セクターへのなし崩し的な資産移転は，すでに1980年代末に始まった。社会主義時代末期の経済改革は，国営企業を管理する省庁の幹部や企業の管理者層に企業資産の処分権を与えた。企業の所有権は名目的には国に残ったが，資産の処分権はこれらの者に委譲されたのである。1988年に制定された協同組合法は，小規模な私的共同ビジネスを促進するものであったが，結果的には，企業を管理する省庁の幹部や企業の管

---

1) J.Kornai, *The Socialist System: The Political Economy of Communism*, Oxford 1992.

理者層が，国営企業の資産を移転するための受け皿として機能した。国家資産を処分する権限をもつ省庁の幹部と企業の管理者層は，その権限を濫用して，自らが設立し，経営する協同組合に国家資産を安価で移転したのである。この動きはさらに1989年に制定された土地，企業，天然資源等のリースに関する法律により，一層促進された。この法律は，企業等のリースを受けた者に目的物を買い取る権利も認めるものであった。さらに連邦企業法は，国営企業がその一部を分離して別に企業を設立することを許容した。この法律によれば，資産の分離は，企業と監督官庁の合意があれば可能であった。そこで企業幹部と監督官庁幹部が合意し，企業の一部門（多くの場合，もっとも利益が上がる部門）を新たに設立された私企業に移転した。新たに設立された企業は，形式的には国営企業の子会社であるが，もとより，企業幹部も監督官庁幹部も出資していた。国営企業が出資した資産は過小評価され，結局は国営企業の支配は希釈化されたのであった。

　このように本来，国営セクターからの資産移転を目的とはしない法律などを用いて，国家の関与なしに国家資産を私的セクターに移転することを，すでに市場経済化への道を歩み始めていた中東欧諸国では「自然発生的民営化（spontaneous privatization）」と称した。ロシアでは，企業管理者と省庁幹部など，国家資産に近い特権階級が結託して行うこのような資産移転は，社会主義時代の特権階級を意味する「ノメンクラトゥーラ」という言葉を用いて，「ノメンクラトゥーラ民営化（nomenklatura privatization）」とも呼ばれた。

　商事裁判所の裁判官は，『最高商事裁判所通報』誌上で，こうした状況を以下のように説明した。

　　多くの企業紛争は，会社の支配権を獲得しようとする，すなわち，支配権をもつ株主の意思に反して会社を支配しようとする，少数株主の意図から生じる。……支配権をもつ株主に株式を手放す意思がなく，しかし，少数株主が要求するような株主総会決議に同意しない場合には，少数株主は，株主総会の招集と開催手続に違反して，株主総会を開催し，時に犯罪行為（株式の窃取，文書や印の偽造，証拠捏造など）に出ることすらある。これらの行為の主たる目的は，general directorを少数株主の意のままになる人物に置き換えることにある。みずからのdirectorを違法

表12 所有形態別企業（%）

| | 2000 | 2005 | 2006 | 2007 | 2008 | 2009 | 2010 | 2011年 |
|---|---|---|---|---|---|---|---|---|
| 企業等総数（%） | 100 | 100 | 100 | 100 | 100 | 100 | 100 | 100 |
| 所有形態による内訳 | | | | | | | | |
| 国営企業 | 4.5 | 3.4 | 3.3 | 3.0 | 2.8 | 2.6 | 2.5 | 2.4 |
| 公営企業 | 6.5 | 5.3 | 5.9 | 5.6 | 5.4 | 5.2 | 5.1 | 4.9 |
| 私的企業 | 75.0 | 80.5 | 80.7 | 82.5 | 83.3 | 84.1 | 85.1 | 85.6 |
| 社会団体・宗教団体 | 6.7 | 5.3 | 5.3 | 4.6 | 4.1 | 3.8 | 3.3 | 3.1 |
| その他の所有形態（独立法人，外国との合弁企業を含む） | 7.4 | 5.6 | 4.8 | 4.3 | 4.4 | 4.3 | 4.1 | 4.1 |

出典：Federal Statistical Service, *Rosiia v tsifrakh* (http://www.gks.ru/bgd/regl/b12_13/Isswww.exe/Stg/d3/12-02.htm). R.Kapeliushinkov, "Krupneishie i dominiruiushchie sobstvenniki v rossiiskoi promyshlennosti", *Voprosy Ekonomiki*, 2000 No.1, p.102.

表13 ロシア最大手企業90社の株式保有構造

| 株式保有構造 | 企業数 | % |
|---|---|---|
| 分散した所有（最大株主25%未満） | 12 | 13.3 |
| 25%超株主少なくとも1人 | 78 | 86.7 |
| うち50%超 | 54 | 60 |
| 国が25%超直接・間接保有 | 39 | 43.3 |
| うち国の直接保有25%超 | 13 | 14.4 |
| 国が過半数を直接・間接に保有 | 30 | 33.3 |
| うち国の直接保有50%超 | 8 | 8.9 |
| 民間の保有25%超 | 46 | 51.1 |
| うち民間50%超 | 24 | 26.7 |

出典：Standard and Poor's 2010, cited in V.Kostyleva and H.Lehuede, *Board Formation, Nomination and Election in OECD Countries and Russia*, 2012, p. 25

に選任して会社の経営権を奪った後，少数株主は，会社の最も流動性がある資産を処分する。これは，（会社が）その資産が善意の第三者から回収できないことを予期してのことである[2]。

こうした「自然発生的」な民営化に対して，政府主導による公式の民営化

---

[2] A.Radygin and I.Sidorov, "Rossiiskaia korporativnaia ekonomika: sto let odinochetstva?", *Voprosy Ekonomiki*, 2000 No.5, p. 47.

表14 連邦レベルの国営企業数

■国営企業　□国が株式を一部保有する株式会社

出典：http://www.oecd.org/daf/ca/Board%20ENG.pdf

の過程は，1991年4月のロシア連邦民営化法によって開始された[3]。この法律の目的は，「市場経済の創設のための国営企業，および公営企業の民営化による，生産手段に対する所有関係の改革を組織的・法的に支える」ことにあった。1992年以降，民営化の進展により，国民経済に占める国営企業の比率は大幅に減少した。1996年には全企業の14.3%が国営企業であったが，2011年には，この比率は2.4%まで低下した。各年度に民営化された国営・公営企業の数は表12のとおりである。

しかし，この統計は，あくまでも企業数である。ロシアのコーポレート・ガバナンスに関するOECDのround tableに提出された資料によれば，最大手企業90社における国の株式保有率は，表13にみられるように，相当に高い。株式市場においても，株価総額の40%以上が国営セクターによって占められている[4]。

2013年2月の統計では，連邦の国営企業（FSUE—Federal State Unitary Enterprise）は1,795企業，国が持ち分をもつ株式会社は2,325社まで下がった。後者の52%で国が100%の株式を保有する[5]。

---

3) *Vedomosti Sebraniia Narodnykh Deputatov i Verkhovnogo Soveta RFSFR*, 1991 No.27, Item 927. V.Dobrovolskii "Sudebnaia zashchita prav aktsionera (uchastnika) —vopros pravoprimeneniia", *Vestnik Verkhovnogo Arbitrazhnogo Suda*, 2005 No.4, p. 139.
4) Radygin et al., *supra*, p. 409. Radygin, "New Privatization Policy: Risks, Stakeholder Groups, Constraints, Potential Innovation", *Russian Economy in 2011*, Moscow 2013, pp. 378–379.
5) G.Malginov and A.Radygin, "Public Sector and Privatization in Russia", *Russian Economy in 2012*, Moscow 2013, pp. 367–368.

プーチン政権の下では，エネルギーなど，基幹部門では，国家資本の影響力が高まった。2011-2012 年には，鉱物資源の産出，電力，ガスの生産と供給などの分野で国家の保有率が上昇した[6]。

## 3  1990 年代の国営企業民営化

　市場経済への転換のために国営企業の民営化が必要であることは，当初から広く認められていた。しかし，その速度や範囲，手法については様々な対立があった。当時の議会は，急速な民営化には反対していた。これに対して，エリツィン大統領は，Y.Gaidar や A.Chubais を中心とする急進的経済改革派を支持した。国営企業民営化に関しては様々な利害が錯綜する。市場経済への転換のためには可及的速やかに国営企業を私的セクターに移転する必要がある。これは国家の財政負担を減らすのみならず，企業が私的資本に買い取られるとすれば，国庫の収入となる。また，企業レベルでは，企業の設備更新や技術革新，経営の効率化がもたらされ，市場全体としては競争的な市場が創設される。一方，これまで企業を管理していた国営企業の経営者層や監督官庁の幹部の立場からは，民営化は，みずからの既得の権益を脅かすものであり，企業の民営化は阻止できないまでも，企業が民営化された後も，その権力をできるだけ維持することが重要な関心事である。また，1980 年代末に主として国営企業からスピンオフされるなどして形成された私的企業は，民営化の過程で旧国営企業の利権を獲得することに大きな関心があった。これに対して，一般国民は，長年にわたって安価な労働により社会主義企業を支えてきたのであり，国家資産が旧管理者層に独占されることなく，みずからも資産の配分に預かることを期待した。

　問題は，民営化の手法にあった。民営化を支えるだけの私的資本の蓄積がない状況の中で，急進的な民営化を進める手法の1つとして，民営化を主導する国家資産委員会の Chubais が選んだのは，当時のチェコスロバキアで実施されていたバウチャー（民営化小切手）による大規模民営化であった。旧チェコスロバキアでは，すべての成人にバウチャーが名目的な手数料で配

---

6) *Ibid.*, p. 372.

布され，バウチャーのポイントを用いて投資ファンドの株式を取得することができた。国民は，民営化される企業の直接の株主になるのではなく，企業に投資するファンドの株主となる。一方，ロシアで採用された制度では，1992年9月2日までに生まれたすべてロシア国民が，額面1万ルーブル（当時のレートで25ドル）の民営化小切手の配布を受けた。民営化小切手は，有価証券として譲渡可能であった。国民は，民営化小切手を用いて，自分が働く企業の株式を名目的な価格で購入する他，入札や競売で売却される企業の株式を購入することもできた。

バウチャーによる民営化の利点は，私的資本の蓄積がない状態で，迅速に国家資産を私的セクターに移転できることである。しかし，その反面，国庫に入るべき国営企業の売却益はなく，国は単に財政負担の減少という消極的利益を得るのみである。また，企業に新規投資があったわけではないために，企業の財政状態は変わらず，経営関係にも変更がない。

1992年の民営化プログラムは，企業がバウチャーによる民営化を含む三種の民営化の手法の中からその企業の民営化の方法を選択することを認めた。民営化されるのは，ほとんどの小企業の他，民営化の対象として選定された大企業であった。これらの企業は，まず株式会社に転換され，ついで株式が民営化の過程で処分された。

多くの企業で選択されたのは，企業の議決権つき株式の51%を管理者層・従業員に名目的価格で売却し，残余を競売手続により，バウチャーや金銭で広く売却するという方式であった[7]。これは企業の内部者を優先する方法であり，この方式が選好されたのは不思議ではない。株式の29%はバウチャーを用いて競売により売却されなければならないとされたが，必ずしも遵守されなかった。たとえば，自動車製造大手のZILでは，株式の12%が無償で従業員に配分され，12.5%が割引価格で従業員に売却された後，残りは競売により，一般に売却された。このうち30%はバウチャーによる購入の対象となった[8]。

---

7) A.Bim, "Ownership and Control of Russian Enterprises and Strategies of Shareholders", *Communist Economies and Economic Transformation*, 1996 No.4, p. 472.
8) P.Rutland, "Privatization in Russia: One Step Forward, Two Steps Back?", *Europe-Asia Studies*, 1994 No.7, pp. 113–116. *Ekonomika i Zhizn'*, 1993 No.11, p. 10.

表15 民営化された企業の株主構成（％）

| 株主のカテゴリー | 1995年 | 1997年 | 1999年 |
|---|---|---|---|
| インサイダー合計 | 54.8 | 52.1 | 46.2 |
| 　管理者層 | 11.2 | 15.1 | 14.7 |
| 　従業員 | 43.6 | 37.0 | 31.5 |
| アウトサイダー合計 | 35.2 | 38.8 | 42.4 |
| 　非金融機関 | 25.9 | 28.5 | 32.0 |
| 　金融機関 | 9.3 | 10.3 | 10.4 |
| 国家 | 9.1 | 7.4 | 7.1 |
| その他 | 0.9 | 1.7 | 4.3 |
| 合計 | 100% | 100% | 100% |

出典：V. Andreev, "Rossiiskaia privatizatsiia: podkhody i postedstviia", *Voprosy Ekonomiki*, 2004 No.6, p. 64.

　1992年に開始された大規模民営化は，民営化された国営企業の数から言えば成功であった。2年間に1万6,464の大型・中型国営企業が民営化された。金銭による民営化が行われた小企業を含めると，この数は6万以上に上る[9]。バウチャー方式について言えば，1993年末までにその98％が行使され，400万人が企業の株主になった[10]。

　しかし，ロシアの民営化の問題は，企業が選択した民営化の方式が，従業員や管理者層など企業の内部者にとって著しく有利であったことである。これは民営化政策立案者が，民営化を急ぐあまり，民営化の鍵を握る企業管理者層や労働者集団の既得権を広く認めたためであった。管理者層と従業員は，1994年の統計では民営化された企業の株主の6割を占めた。しかし，数年を経ずして管理者層と従業員の持ち株の割合は変化し，管理者層の持ち分が増加する一方，従業員の持ち株比率は減少した。これは管理者層が，その権限を濫用して，従業員からバウチャーや株式を取得したためである。1,000の株式会社を対象とした1994年4月の統計では，株主の52％が従業員（労働者集団）であり，14％が管理者層，12％が「大型アウトサイダー」，8％が「小型アウトサイダー」，そして14％が国家に帰属した。一方，民営化を

---

9) J.K.Blasi et als., *Kremlin Capitalism*, Ithaca 1997, p.189. 詳細については，P.Rutland, "Privatization in Russia: One Step Forward: Two Steps Back?", *Europe-Asia Studies*, 1994 No.7, p. 1109ff.

10) Rutland, *ibid*., p. 1113.

管理する国家資産委員会の統計は，1994年から1996年までの株主構成の変化をとらえている。これによれば，管理者層の持ち株はその後2年間で13%に上昇する一方，従業員の持ち株は35%まで減少した。

また，民営化の過程では，企業の売り手である連邦政府，または地方政府と買い手との間の癒着・腐敗が広範にみられた。競売は参加者を限定した非公開の競売であることが多く，売り手と落札者の通謀の下に企業は低い価格で売却された。管理者層は，従業員からバウチャーを取得する他，競売に参加することによって企業の株式を安価で取得することができた。一方，バウチャーによる企業の株式の競売は，地方レベルで組織されたために，地方政府の圧力の下に，他の企業の参加が阻止されることが少なくなかった。Gazprom の株式の競売では，個人投資家の参加だけが認められ，また外国人は参加できなかった[11]。

このようにして民営化された国営企業の経営は，インサイダーであるこれまでの管理者層が引き続き掌握した。これらの管理者層は，red managers と呼ばれた。これに対して，アウトサイダーとは，まず第一に，現存の私企業であった。これらの企業は，主として自然発生的民営化の段階で国営企業からスピンオフされた企業を含む，新興企業であって，対象企業の経営に対する影響力の行使を企図する。第二は，個人投資家である。これはキャピタルゲインを狙う個人投資家も含むが，一方では，対象企業の経営陣と密接に関係し，経営権を共同して掌握しようとする個人投資家も存在する[12]。民営化当初の red manager の支配に対して，以下に述べる 1995-1996 年の loans for shares スキームによる民営化を経て，アウトサイダーの株式所有が大企業では増加した。その結果，red manager 側とアウトサイダーとの間で，企業の支配権をめぐる紛争がしばしばみられた。ロシアの企業紛争は，経営者による少数株主の権利侵害の問題というよりは，株主と経営陣との企業支配権をめぐる紛争であった。

1992-1994 年の大規模民営化では，たとえば LUKOil, Sidanko, Sibneft, Rosneft, Yukos, UES など大型資源・エネルギー企業はバウチャー民営化の対象とはならず，あるいはその株式の一部のみがバウチャーと交換された。

---

11) Rutland, *supra*, pp. 1117–1118.
12) Bim, *supra*, pp. 482–483.

しかし，1995年に，loans for sharesという方式により，これら大型企業の株式が私的資本に安価で取得された。これは新興財閥（オリガルク）の1人であるPotaninが提案したスキームである。銀行が政府に融資を行い，その見返りとして，政府は国が所有するこれら大型企業の株式を銀行に提供する。どの銀行がどの企業の株式を担保として取得するかは，各企業の株式毎の競売で決定される。しかし，この競売は，利害関係がある銀行が組織するもので，落札予定の銀行以外の参加が認められず，あるいは参加しても失格する仕組みになっており，予定された銀行が株式を担保として，担保の価値に見合わない金額の融資と引き換えに，大企業の株式を担保として取得した。融資の返済期限は1996年2月に設定されていたが，政府に返済能力がないことは当初から明らかであって，結局，担保の株式は銀行の所有となり，銀行はこれらの企業の大株主になった。Norilsk Nickelの株式の38%は1995年の競売で1億7,000万ドルで，またSibneftの株式の51%は1億ドルで新興財閥によって取得された。これは企業の価値に比べて著しく低額であった[13]。銀行とその背後にある「新興財閥」は，わずかな融資でYukos, Sibneft, Norilsk Nickel, Surgutneftgazなどの大型企業の株式を取得したのである[14]。これは民営化の方式として合理性を欠くスキームであるが，実際には，1996年の大統領選を控えて，エリツィン大統領が新興財閥の経済的・政治的支持と引き換えに承認したものであった[15]。

　新興財閥の多くは社会主義時代末期に国家資産に対する管理体制が崩壊したのに乗じてこれらの資産に対する権利を獲得し，loans for shares民営化を経て多大な資産を蓄積したが，このスキームと交換にエリツィン大統領の再選を支えることにより，経済的な権力にとどまらず，政治的権力までも確立した。

---

13) V.Volkov, "Problema nadezhnykh garantii prav sobstvennosti i rossiiskii variant vertikal'noi politicheskoi integratsii", *VE*, 2010 No.8, p. 11.
14) ロシアの民営化に関与したアメリカの専門家は，民営化の結果，ロシアにはkreptocrats（略奪的資本家）が勢力を確立したと指摘した。B.Black, R.Kraakman et als., "Russian Privatization and Corporate Governance: What went Wrong?", *Stanford Law Review*, 1999/2000, pp. 1739, 1747–1749.
15) C.Freeland, *Sale of the Century*, London 2000, p. 161ff. この選挙の有力な対立候補は共産党のZhuganovであった。

## 4 基幹経済領域に対する国家管理の強化

国家の弱体化が進んだエリツィン政権時代とは異なり，プーチン政権の下では，新興財閥の勢力は著しく削減された。2000年7月28日のプーチン大統領と新興財閥との非公式協定では，新興財閥側は政策決定に関与しないこと，また国家から一方的な権益を得ないこと，租税を納入し，「厭わしい租税逋脱のスキーム」に依存しないことを約した。一方，大統領側は租税を引き下げることとともに，「民営化の結果を再検討せず，所有権を保障する」ことを約した[16]。この最後の点は，民営化の過程に瑕疵があったことを認めた上で，新興財閥が政治に介入しない限り，既得権を保障するという趣旨に他ならない。この非公式協定の後に，民法典の時効の規定が改正され，時効期間は，10年から3年に短縮された（民法典第196条）。

それまでは，実際にも，民営化の過程の違法を根拠に検察官が公益の代表者として，資産売却の無効を主張し，裁判所が認めた例がみられた[17]。

【裁判例】
サンクト・ペテルブルグの企業のバウチャーによる競売の無効を検察官が主張して，外国企業を含む株主に株式の返還を求めた。この企業は製品の30％以上を軍に納入しており，民営化プログラム上，外国企業の参加が許されないというのが理由であった。最高商事裁判所は，この主張を認めた破毀審の結論を支持したが，国家資産委員会に外国投資家への出資額の返還も命じた。

地方の有力企業による企業買収に関して，検察官が訴えを提起した例もある[18]。

プーチン体制の下では，国家権力の強化・中央集権化が進んだ。これは大型企業の所有形態にも影響せずにはいない。1990年代には，YukosやLU-

---

16) Volkov, *supra*, p. 14.
17) 最高商事裁判所幹部会決定　1997年9月16日　No.3212/7.
18) Freeland, *supra*, pp. 90-93.

Koil など大手石油企業は私的資本の支配下にあり，また Gazprom でも政府が 30% の株式を保有するものの，経営層が保有する株式も 20% を超えており，経営に政府の意思を反映することは容易ではなかった。まず標的になったのは，2000 年の非公式協定に歩調を合わせなかった Yukos である。Yukos を経営する Khodolkovsky は，Sibneft を買収した上で，欧米の大手石油企業と合併することを計画した。しかし，Khodolkovsky は租税逋脱の廉で訴追され，Yukos も解体された。問題は，Yukos, Sibneft の資産の処理であるが，最終的には国が 100% 株式を保有する Rosneft に買い取られた。また，2012 年には，英国企業とロシア企業（新興財閥の 1 つ）の合弁企業である BP-TNK が，Rosneft に買い取られた。こうしてロシアの大手石油企業は，国家の所有に戻るか，LUKoil のように政府の方針に忠実な経営の下に置かれるに至った (loyarnaia kompania)。一方，Gazprom では経営陣の刷新が行われ，国家管理が強化された。

国家管理の強化は，資源の分野に限定されない。航空機，造船などの分野では，国営持ち株会社が創設され，政府代表が取締役会議長を務める。また 2007 年からは原子力産業や金融の分野で国営公社（goskorporatsiia）が設立された。これらの法人は，国庫からの出資で設立され，国の資金で経営される。それにもかかわらず，国の予算法典の規制は受けない。しかも，これらの法人の取締役会議長・構成員は，大統領によって任命される。現在，国営企業の取締役である閣僚，官僚はのべ 140 名であるが，これを 163 名に増加する案も検討されている [19]。

かくして，ロシアの戦略的・基幹部門は，最終的に国の管理，実際には大統領の統制下に置かれるようになった。ロシア政府は，2010 年に新たな民営化プログラムを策定した。そこでは Rosneft, RusHydro, Federal Grid of United Energy System, Sverbank など，大型企業 10 社の株式放出も計画されていたが，官僚や経営陣の反対で，2014 年までに予定されていた 340 億ドルから 55 億ドル相当まで削減されることになった [20]。

このように国家が経済の基幹を支配する体制を指して，国家資本主義と呼ぶ論者もロシア内外を問わず，少なくない。経済学的には不正確な表現であ

---

19) "Russia amid 'Creeping deprivatization'", *RT Business*, December 18, 2012.
20) "Russia scales back Privatization Plans", *Wall Street Journal*, June 28–30, 2013.

るが，これは事態を率直に表現しているといえる。国家セクターの資産を私的セクターに移転し，競争的な市場を創設するという1990年代初めの経済改革派の理念は，ついに実現しなかったのである。

# 第13章　会社法通則

## 1　ロシア会社法の沿革

　ロシアにおける株式会社は，18世紀半ばにコンスタンティノープルで勅許を得て設立された商社を嚆矢とすると言われる。その後，毛皮交易のためのRussian-American Companyなど株式会社の設立が相次ぎ，1836年には株式会社（aktsionernaia kompaniia）規程が制定された。法令全書の商法に関する部分にも若干の会社法規定が置かれた。19世紀後半には，包括的な会社法の制定が企図された。20世紀初頭の帝国民法典草案は，債権法の中に会社法に関する広範な規定を置いた。しかし，この草案は，結局は採択されず，株式会社規程の改正も不首尾に終わったために，ボリシェヴィキ革命まで，1836年の株式会社規程が効力を保った。それでも1913年までに株式会社の数は2,000近くに上ったと言われる[21]。

　内戦期を経て新経済政策期の1922年に制定された民法典は，会社法の基本規定45ヶ条を含んでいた。さらに1927年には，株式会社規程が制定された。しかし，新経済政策が社会主義工業化政策にとって代わられるとともに，国営企業以外の企業の存続は不可能となった。「生産手段の国家独占」を基本とする体制の下では，私的資本は認められず，既存の企業は国有化され，国営企業となった。私人が事業活動を行ったり，事業に投資することは，「不労所得」の追求として，刑事罰の対象とされた。わずかにInturist, Ingosstrakhなどが株式会社の形態を保ったが，これらの企業の唯一の株主は，ソビエト国家であった。社会主義時代に国営企業を規律したのは，行政法である国営企業法であり，会社法はもとより存在しなかった。

---

21)　G.Shershenevich, *Uchebnik torgovago prava*, Moscow 1914, pp. 128-129.

私企業の設立が再び認められるようになったのは，1980年代のペレストロイカの時代になってからのことである。計画経済の放棄・市場経済の導入の決定に先立って，まず1988年に協同組合法が制定され，私人の事業活動が公認された。この法律はその後改正され，私人が事業に投資し，また人を雇用することも認められるようになった。この協同組合法は，投資のvehicleである私企業を初めて創出したという点で，画期的な法律であった。多くの国営企業の幹部は，協同組合を設立し，国営企業の資産をそこに移転した。翌年制定されたリース法は，国営企業の資産のリースと最終的な所有権移転を許容し，国家資産の私的セクターへの流出を促進させた。1990年代末には，協同組合の数は，20万を超えた。

　協同組合ではなく，会社形態による事業活動が公認されたのは，「集団的所有」にもとづく会社組織を定めた，1990年3月のソビエト連邦所有権法と，それに続くソビエト連邦企業法によってであった。1991年に，ソビエト連邦崩壊の直前に制定された連邦法「民法の基本原理」は，株式会社，有限会社等に関する諸規定を置いていた。

　ロシア共和国のレベルでは，1990年末に企業，および企業活動法が制定された。これは革命後のロシアにおける初めての会社法と言える。もっとも，社会主義時代の空白のために会社制度の理解は十分ではなく，この法律には有限会社と閉鎖型株式会社が混同されるなど，多くの欠陥がみられた。しかし，会社制度が法律で公認された効果は大きく，私的企業の数は著しく増加した。

　会社法の規定は，1994年に制定されたロシア連邦民法典により，ひととおり整備された。ロシア連邦民法典は，民商一元主義をとり，民法総則の法人の部分に会社法の規定を含む。法人総則の規定は，会社にも適用される。会社の形態は，大きく商事パートナーシップと商事会社とに大別され，前者は合名会社と合資会社，後者は株式会社と有限会社，ならびに補充的責任会社とされた。なお，補充的責任会社は，利用されることが少なかったために，2014年の民法典改正により，廃止された。

　しかし，民法典の株式会社に関する規定が第96条から第104条までわずか9ヶ条では，基本的事項しか定めることができない。そこで1995年に株式会社法[22]，1998年に有限会社法[23]が制定された。また，1996年には，

有価証券市場法[24]が制定された。

このように民法典、および株式会社法・有限会社法の制定により、ロシア会社法の基礎がひとまず形成された。

会社法は、西欧諸国の会社法を基礎とするが、部分的には、アメリカ法の制度も取り入れた。その結果、会社法は、英米法と西欧法が混淆した法律として整合性を欠くことになった。性質がほとんど変わらないアメリカ型の閉鎖型株式会社とドイツ法系の有限会社との並立や、取締役会と監査人会の混同、閉鎖型株式会社と有限会社の並存などがその例として挙げられる[25]。

しかし、民法典の規定を含めて、会社法には空白や欠陥が多く、これらは、社会主義崩壊後、勃興した新興企業家層による会社法の濫用をもたらした。あるロシアの経済学者は1990年代を回顧して以下のように述べた。

> 1993年から1996年までの時期は、会社の支配権をめぐる争いにより惹起された、会社法の著しい違反で知られる。望ましくない株主の株主名簿からの削除、株主総会における一株一票の原則に代わる挙手による議決、企業紛争の強権的方法による解決などがその例である[26]。

1999年に、会社法のコメンタールの編者も次のように指摘した。

> 株式会社法適用の実務では、銀行、保険会社、投資ファンドなどの大企業、民営化によって設立された企業において、少数株主が、多数派株主による株主総会への参加を阻止することが原則と化した。これら株主の所有権の侵害は稀ではなくなった[27]。

このような事態に対処するために、1999年に株式会社法改正案が議会に

---

22) 1995年12月24日　連邦法　FZ-208.
23) 1998年2月8日　連邦法　FZ-14.
24) 1996年4月22日　連邦法　FZ-39.
25) E.A.Sukhanov, *Sravnitel'noe korporativnoe pravo*, Moscow 2014, pp. 43-44.
26) Radygin et als., *The Problem of Corporate Governance in Russia and its Regions*, Moscow 2002, p. 52.
27) M.Iu.Tikhomirov, *Kommentarii k federal'nomu zakonu ob aktsionernykh obshchestvakh*, Moscow 1999, p. 11.

提出されたが,「コーポレート・ガバナンスの規律を嫌う大企業の抵抗により」(前掲経済学者),最終的に法改正が実現されたのは,2001年のことであった。この大幅改正により,1990年代にみられた公然たる株主の権利の濫用は抑制されたが,株式会社法には,なお多くの欠陥がみられる。

OECDは,かねてからロシア企業のコーポレート・ガバナンスの改善に積極的に関与してきたが,その報告によれば,

> 2001年の株式会社法改正により,株主の権利の保護は拡大され,利害関係取引や大規模取引の違反を可能にする空白を閉じる努力がなされた。しかし,草案の1999年4月の下院第一読会から2001年8月の改正法採択までの間に,草案の当初のいくつかのポジッションは弱められた[28]。

改正会社法の下でも,会社法の規定を濫用した「会社乗っ取り (reiderstvo)」が横行した。これは会社の敵対的買収に関する法制が未整備であったことにも由来する。こうした行為を阻止するために,さらなる会社法改正が2005年に企図されたが,これは会社法ではなく,会社訴訟に関する訴訟法の改正という形で一部実現した。

## 2 会社法通則

### 2.1 会社の形態

民法典の法人の部分には,法人に関する基本規定(通則)に続いて,商事組織と非商事組織とに関する規定が置かれている。商事組織と非商事組織との相異は,活動の基本目的が営利の追求であるか,あるいは営利を追求せず,利益を構成員の間に配分しないかにかかっている(第50条1項)。

商事組織は,商事パートナーシップ (tovarishchestvo—合名会社,合資会社),商事会社(株式会社,有限会社)の他に農業企業, commercial partnership (partnerstvo),生産協同組合,国営,および公営企業の形態で設立される(2014年改正民法典第50条2項)。

---

[28] OECD, *White Paper on Corporate Governance*, 2002.

commercial partnership は，民法典の法人の部分の改正が遅れていることに業を煮やした経済発展省の主導で，民法典改正とは別に導入された企業形態である。commercial partnership は，法人格をもつが，その組織形態は，出資者間の合意によって柔軟に構成され，利益の配分も，出資比率に比例する必要はない。この点で，民法典の基本原則に反するという批判には根強いものがある[29]。

commercial partnership については，民法典の起草の中心であった法典委員会が，草案は民法典との整合性を欠き，統一的な民法典改正作業を妨げるものとして，経済発展省や，この草案を支持している弁護士や金融関係者を厳しく批判した。会社法関係の改正を主導するSukhanov教授は，以下のように述べた。

> これは現代の発展した法秩序には類をみない異例の会社形態であり，その必要性と合目的性について真剣な議論を欠き，引用される「国際的経験」（これは事実上，ほとんど常に，アメリカ法のいくつかの制度の適用の偶発的な経験を指す）も抽象的である[30]。誇張ではなく，2011年12月3日法の制定は，民法の「並行的」改正の好例である[31]。

民法典の商業組織に関する部分は，基本規定に続いて，企業形態ごとに規定が置かれている。有限会社，株式会社，commercial partnership，国公営企業については，別に特別法がある。民法典が定める会社形態のうち，主要なものは，株式会社と有限会社である。

有限会社は，資本が持ち分に分けられた会社である。有限会社の社員は，有限会社の債務につき責任を負わず，会社の活動にかかわる損失は，自己に属する持ち分の価値の範囲内で負担する（第87条1項）。

株式会社は，その資本が一定数の株式に分割された会社である。株式会社の社員（株主）は，会社の債務につき責任を負わず，会社の活動にかかわる

---

[29] 2011年12月3日 連邦法 FZ-380.
[30] Sukhanov, *supra*, pp. 138-139.
[31] D.Romakin, "Khoziaistvennye partnerstva i parallel'naia 'reforma' grazhdanskogo zakonodatel'stva", *Vestnik Vysshego Arbitrazhnogo Suda*, 2010 No.4, p. 61.

表16 2014年9月以降の会社形態比較

| | 有限会社（非公開） | 株式会社（公開） | 株式会社（非公開） |
|---|---|---|---|
| 株主・社員数 | 50名以下 | 制限なし | 定款・株主間協定による制限可 |
| 発起人数 | 50名以下 | 制限なし | 制限なし |
| 最低資本金 | 10,000ルーブル | 最低賃金の1,000倍 | 最低賃金の100倍 |
| 会社の最高機関 | 社員総会 | 株主総会・取締役会 | 株主総会 |
| 脱退・追放 | 規定あり | なし | 規定あり |
| 監査 | 監査役会任意 | 監査役会義務 | 監査役会任意 |
| 株式公募 | なし | 可 | 不可 |
| 社債の発行 | 可 | 可 | 可 |
| 計算書類開示 | 原則公開の要なし | 公開 | 原則公開の要なし |

＊最低賃金：月5,554ルーブル（2014年現在）

危険は，自己に属する持ち分の価値の範囲内で負担する（第96条1項）。

　株式会社は，2014年5月の民法典改正までは，公開型と閉鎖型とに分かれていた。株主が株式を他の株主の同意なくして譲渡できるのが，公開型株式会社（OAO—open type joint stock company）であった。公開型株式会社は，株式の公募発行が可能である。これに対して株式がその発起人間，その他あらかじめ定められた範囲の者に配分される株式会社は，閉鎖型株式会社（ZAO—closed joint stock company）とされていた。閉鎖型株式会社は，株式を公募発行し，その他不特定範囲の者に提供することはできなかった。もっとも，この定義は，公開型・閉鎖型に異なった基準を適用しており，必ずしも整合的とは言えなかった。

　閉鎖型株式会社と有限会社との間には，多くの共通点があった。社員（株主）総数が50名に限られていたこと，その組織が簡略なものであったこと，監査制度が厳格ではなく，企業情報開示の義務が限定されるなどである（表16参照）。

　2013年10月現在，39万余りの商業組織が登記されている。登記機関は，国税庁である。

　民法典改正の過程では，閉鎖型株式会社と有限会社との統合が議論されていた。2014年5月の民法典改正により，公開型・閉鎖型株式会社の区別は廃止された。代わって，株式会社は，public company（公開会社）とnon-

表17 形態別企業数（2013年10月）

| 合名会社 | 332 |
|---|---|
| 合資会社 | 504 |
| 有限会社 | 3,666,433 |
| 補充的責任会社 | 1,175 |
| 株式会社（旧）公開型 | 32,580 |
| 株式会社（旧）閉鎖型 | 133,109 |

出典：http://www.vestnik-gosreg.ru/

public company（非公開会社）とに分かれることになった。public company は，その株式，および株式に転換できる債券が，公募発行され，市場で流通する株式会社をいう（第66.3条1項）。public company に関する規定は，定款と商号に public company と記載され商号もそのように定めている会社にも適用される。

　これに対して，上記に該当しない株式会社，および有限会社は，non-public company である。この改正により，従来の閉鎖型株式会社と有限会社は，同じ non-public company として括られることになった。

　民法典改正後も，既存の閉鎖型株式会社は，non-public な株式会社として存続し，有限会社と同じ扱いを受けることになるが，具体的に株式会社法と有限会社法それぞれによって規律されるのか，non-public な会社である旧閉鎖型株式会社と有限会社とを共に規律する統一的な法律が制定されるのかは，不明である。現在，民法典改正を承けた株式会社法と有限会社法の改正作業が進行中であり，当面は両者が並存することになる。

　public company は，public company の表示を含む商号を登記（第97条1項）しなければならない。non-public company は，public company となるための登記を申請することが可能であるが，その場合は，定款変更が必要である（同条2項）。ただし，改正法の施行前の公開型会社は，その定款・商号にかかわらず，public company である。

## 2.2　株主，および社員の有限責任の例外と親会社の責任

### (1) 株主，および社員の有限責任の例外一般

　株式会社の株主，および有限会社の社員は，本来，会社の債務について責任を負わないのが現代会社法の一般的な原則であるが，ロシア民法典の法人の部分には，その例外規定が置かれている。この部分は，2014年5月に大幅に改正されたが，株主・社員の責任，親会社の責任は，いまだ広範なものである。

　民法典は，法人の責任について，以下のように定める。

　　法人は，自己の債務につき，そのすべての財産をもって責任を負う（第56条1項）。

　　法人の設立者（社員）は，本法，または提案が定める場合を除き，法人の債務につき責任を負わず，また法人は，設立者（社員）の債務につき責任を負わない（同条2項）。

　　法人の債務超過（倒産）が設立者（社員）等，法人に拘束力ある指示を与える権限をもち，あるいはその他の方法で法人の活動を決定する可能性をもつ者により惹起され，法人の資産が債務を返済するに足りないときには，これらの者は，この債務につき，補充的責任を負う（同条3項）。

　この規定は，法人一般に関する規定であるが，実際には，株式会社と有限会社を念頭に置いたものであり，株式会社法，有限会社法にもそれぞれ同様の規定がある。問題は，第3項の株主や社員の補充的責任の規定であって，これは株主や社員の有限責任の原則の例外となる。

　株主の補充的責任を認めた判例として，以下の最高商事裁判所の決定がある。

【裁判例】
　RPG銀行はライセンスを取り消され，倒産して預金保険機構の管理下

に置かれた。ライセンス取消の後，ロシア中央銀行により，臨時管財人が派遣された。臨時管財人は，銀行の顧客に関するいかなる文書も情報も発見することができなかった。幹部に対する刑事訴追も不首尾に終わった。預金保険機構は，株主に対して，2,350万ルーブルの損害賠償を求めた。これは債権総額と銀行の資産の差額であった。これら株主の責任の根拠は，特定の行為ではなく，倒産を防止するための措置を怠った不作為によるものであった。裁判所は，民法典第56条3項（改正前）にもとづいて株主の責任を認めた[32]。

「法人に拘束力ある指示を与える権限をもち，あるいはその他の方法で法人の活動を決定する可能性をもつ者」が具体的にどのような者を指すのかは，民法典の規定からは明らかではない。1996年の最高裁判所・最高商事裁判所総会の決定は，この規定の対象として，とくに支配権をもつ株主や株式の信託的保有者を挙げている[33]。

株主や有限会社の社員がこの責任を負うためには，民法典コメンタールでは，以下の4つの条件が必要である。

▶株主等が，会社に拘束力ある指示を与え，またはその他の方法で影響力を行使できること
▶この権限，または影響力を用いた行為，または不作為があったこと
▶行為，または不作為と損失との間に因果関係があること
▶会社の資産が債務の返済に足りないこと

民法典のコメンタールのこの説明は最高商事裁判所幹部会決定にしたがったものである[34]。

これに対して株式会社法のコメンタールでは，規定の適用対象は，「株主の他」，法人に拘束力ある指示を与える権限をもち，あるいはその他の方法

---

32) V.I.Dobrovolskii, *Problemy korporativnogo prava v arbitrazhnom praktike*, Moscow 2006, p. 82.
33) 最高裁判所・最高商事裁判所総会決定　1996年7月1日　No.6/8.
34) T.E.Abova et al. eds., *Kommentar' k grazhdanskomu kodekusu RF, Chasti pervoi*, 3rd edition, Moscow 2007, p. 181.

で法人の活動を決定する可能性をもつ者をさすと説明される。すなわち，「拘束力ある指示を与える権限」等の限定は，株主にはかからないと理解され，過半数以下の株主でも責任を問われる可能性がある。そして，「拘束力ある指示を与える権限」をもつ者の例として，会社の取締役，単独制執行機関，合議制執行機関の構成員などをあげる[35]。

この点で，2011年に改正された倒産法は，新たに「支配権をもつ者」の概念を導入し，会社の経営者以外にも，会社に対して「支配権をもつ者」に，会社倒産の場合に債権者に対する補充的責任を負わせた。

倒産法は，以下のように定める。

> 債務者に対して支配権をもつ者の作為，または不作為により，債務者が倒産した場合には，この者は，債務者の資産が債務の弁済に足りないときは，補充的責任を負う（第10条4項）。

倒産法の定義規定は，「債務者に対して支配権をもつ者」として，「現在，または破産宣告の2年前以内に債務者の経営機関の幹部に強制力をもつ，または一定の影響力行使を含む，拘束力ある指示を与え，または債務者の行動を決定する可能性をもち，またはもっていた者」と定義する（倒産法第2条）。ここでは，とくに50％以上の議決権，持ち分をもつ株主，社員があげられているが，50％未満でも支配権をもっていたとされる可能性がある[36]。

最高商事裁判所の決定に，以下のような例がある。

【裁判例】
何ら資産の裏付けもなく，取り立ての見込みもない手形の取得により，会社に著しい損失を与え，資産の流出と破産をもたらした経営者は，その手形債務につき，手形保持者である会社に劣後して，債権者に対して補充的責任を負う[37]。

---

35) Iu.A.Tikhomirov et al., *Kommentarii k federal'nomu zakonu ob aktsionernykh obshchestvakh v novoi redaktsii*, Moscow 2008, p. 53.
36) A.Bezborodov and N.Burkhart, "Otvetstvennost' kontroliruiushchikh lits", *Korporativnyi Iurist*, 2012 No.5, p. 18.
37) 最高商事裁判所幹部会決定　2011年9月12日　No.1104/11.

民法典改正作業でも，民法典に「支配権をもつ者」の概念を導入することが提案されたが，結局，見送られた。これまでの判例をみると，判例上は，民法典や株式会社法の有限責任の例外が適用された例は多くはない。むしろ倒産に至って，民法典第 56 条と倒産法の第 10 条の規定を競合的に適用して経営者の責任が追及されているようである。

【裁判例】

有限会社 Torgovyi Dom Vega は裁判所により倒産を認定され，破産手続が開始された。破産管財人は破産手続の一環として，この会社の経営者 S の補充的責任を追及した。第一審は，S の行為と倒産との因果関係が証明されていないとして，管財人の訴えを斥けた。控訴審，破毀審ともにこの決定を維持した。これは 1996 年の最高裁判所・最高商事裁判所総会の決定における民法典第 56 条 3 項の解釈にしたがったものであった。しかし，最高商事裁判所は，本件では，倒産法第 10 条の規定は，民法典第 56 条 3 項とは区別される，補充的責任の独自の形態を定めたものであると判示し，S が必要な注意義務と配慮義務をもって業務を遂行したか否かを審理するために，事件を下級審に差し戻した[38]。

民法典，および株式会社法，有限会社法の規定は，株主有限責任原則の例外を過度に拡大するものとして外国投資家から批判され，これを承けて，1996 年の最高裁判所・最高商事裁判所総会決定は，株主や社員の責任に，有責性の要件を加えた。現行株式会社法の規定には，行為者の有責性に関して，以下のような限定が付されている。

> 会社の債務超過（倒産）は，株主，その他の者で，法人に拘束力ある指示を与える権限をもち，あるいは他の方法で法人の活動を決定する可能性をもつ者が，このような権限，または影響力を，その会社の行為が債務超過（倒産）をもたらすことを知って行使したときにのみ，これらの

---

38) 最高商事裁判所幹部会決定 2012 年 11 月 6 日 No.9127/12.

者の行為（不作為）によって惹起されたものとみなされる（株式会社法第3条3項後段）。

有限会社法にも，同趣旨の規定がある（第3条3項）。

2014年7月に政府が下院に提出した株式会社法改正草案には，「会社の行動を決定する事実上の可能性をもつ者」の定義規定がある。これによれば，株式の議決権の過半数を直接，または間接に行使できる者，および単独制執行機関の選任，または単独制執行機関の決定を左右し，または合議制執行機関の過半数を選任できる者があげられている。

## (2) 親会社の責任

株主（社員）有限責任の第二の例外は，親会社の責任に関する規定である。2014年に改正された民法典は，商業組織一般について，子会社を以下のように定義する。

> 子会社とは，他の会社（親会社）が，その資本に対する過半数の参加，または両社間に締結された契約，その他の方法でその会社の決定を左右できる可能性をもつ会社をいう（第67.3条1項）。

親会社は，その責により子会社を倒産に至らしめた場合の他，次の場合に責任を負う。

> 親会社は，子会社が，親会社の指示にしたがい，または親会社の同意の下に締結した契約につき，子会社と連帯して責任を負う（同条2項）。また，親会社は，その責により，子会社が倒産したときは，その債務につき，補充的責任を負う（同）。

ところで現行の株式会社法は，親会社が，子会社に拘束力ある指示を与える権限があると認められるのは，その権限が，子会社との契約，または子会社の定款に定められている場合のみであると規定する（第3条3項）。

2014年改正民法典第67.3条は，従来の規定（第105条）を踏襲したもので

あるが，契約上の責任については，親会社の指示を履行した場合に止まらず，親会社が同意を与えた場合を追加した。

親会社の指示にもとづいて子会社が締結した契約に関する親会社の責任については，子会社が締結した銀行との融資契約が親会社の指示によるものであったとして，親会社の連帯責任を認めた破毀審裁判所の決定がある[39]。これでは親会社は子会社の債務を保証しなくとも，実際上，子会社と連帯債務を負うことになる。

しかし，上記株式会社法改正草案では，現行株式会社法と同様に，親会社が子会社に拘束力ある指示を与える可能性がある場合とは，それが子会社との契約，または子会社の定款に定められているときに限られる。また，民法典に新たに加えられた親会社が子会社が締結する契約に「同意を与えた」という規定も，子会社との契約に規定があるか，定款でそのような同意が必要とされている場合に限るとされる。

子会社の株主・社員は，親会社に対する損害賠償請求権が与えられている。

> 子会社の社員（株主）は，親会社の責により子会社に惹起された損害の賠償を請求する権利をもつ（同条3項）。

こうした過剰とも言える親会社の責任に関する規定の背景には，ロシアにおいて持ち株会社形態が広く用いられ，しばしば子会社が親会社によって収奪され，子会社の少数株主が損害を被る事例がみられたという事情がある。

## 2.3　出資者（株主・社員）間協定

出資者間協定とは，株式会社の株主や有限会社の社員の間で，議決権の行使方法や，株式・持ち分処分の方法などに合意する協定である。協定は，取締役の選任（出資者間の取締役の配分），株式や持ち分譲渡の制限（一定の条件が成就するまでの第三者への譲渡禁止，譲渡承認の要求，他の株主への先買い権賦与，持株数の上限設定など），株主・社員総会や取締役会での議決権行使の制約（議決要件の加重など）など，多岐に及ぶ。たとえば共同出資者を信頼して出

---

39) 北カフカーズ管区商事裁判所決定　2003年4月22日　No.F08-992/2003. D.V.Lomakin, *Sudebno-arbitrazhnaia praktika FZ "ob aktsionernykh obshchestv"*, Moscow 2005, p. 14.

資したにもかかわらず，その共同出資者が，株式を第三者に売却して撤退するような場合を想定して，その売却自体を制限したり，あるいは自己の株式・持ち分も併せて売却できるような合意を協定という形で定める必要はありうる。このような出資者間協定を，株式会社では株主間協定，有限会社では社員間協定と称する。

ロシアでは，市場が外国投資家に開放されて以来，外国投資家がロシア企業に出資する場合に，出資者間協定は広範に用いられてきた。ロシアの弁護士によれば，「複数の投資家が参加した大型プロジェクトで出資者間協定が用いられなかった例がないというのは誇張ではない」[40]。

出資者間協定が，ロシアで多用されるのには，理由がある。まず第一に，ロシアの会社法は，1996年の民法典制定と1998年の株式会社法・有限会社法の制定までは未整備で，投資家は，出資者間協定によって法の不備を補う必要があった。会社法の制定後も，株式会社法がわずか90ヶ条からなることにも明らかなように，法に定められていない多くの事項があり，出資者間協定による補完はなお必要とされた。株主間のdead lock状態の解決方法などがその例である。第二に，ロシアの会社法には，硬直的な規定も少なくなく，出資者間協定で柔軟な解決を図る必要があった。取締役の選任や，利益・損失の配分などである。第三に，ロシアの会社の経営陣による会社の乱脈経営や，権限濫用は後を絶たない。これはOECDの報告などでも繰り返し指摘されているところである[41]。こうした行為による出資者の損害を防ぐために，取締役会の定足数や，議決要件について，出資者間協定で加重する必要があった。

こうして出資者間協定が広く用いられたにもかかわらず，ロシア法には，これに関する規定がなく，出資者間協定が有効であるのか否かは明らかではなかった。出資者間協定は，出資者間の契約であって，本来，契約の自由の原則の下では，法律の根拠を必要としない。ロシア法に出資者間協定に関する規定がなくとも，それは協定の有効性に何ら影響しないはずである。しか

---

40) A.B.Kostyrko, "Aktionernoe soglashenie: problemyi i perspektivy", *Zakon*, 2006 No.12, pp. 143–144.

41) A.D.Radygin et als., *The Problem of Corporate Governance in Russia and its Regions*, OECD paper, Moscow 2002, p. 52.

し，ロシアでは，法律に定められていないことは許されないという観念にも根強いものがある[42]。

　株主間協定の有効性についてロシアの上級裁判所が初めて判断を下したのは，メガフォン社（株式会社）をめぐる紛争においてである。メガフォン社は，ロシアの大手携帯電話会社であり，北欧の企業など，外国投資家も出資している。投資家の間には，取締役，および general director の選任，取締役会の定足数，株式譲渡の場合の先買権などの合意の他，株主が他の株主の同意なくしてメガフォン社の競争者に株式を譲渡することを禁止する規定を含む株主間協定が締結された。ところが数年後，株主のうちの 25.1％ を保有する一社が，協定に反してメガフォン社の競合企業である Vympelkom 社の大株主が所有する企業にメガフォン社の株式を譲渡した。そこからこの 25.1％ の株式の帰属をめぐる紛争が生じたのである。

　第一審裁判所において原告は，株主間協定が外国法を準拠法としていることを取り上げ，これをロシアの公序違反であると主張した。すなわち，この協定は，ロシア法人の法的地位，会社経営に関する株主の権利・義務，会社の財務，株式の譲渡，競業の禁止などを定めるが，協定のこれらの条項は，ロシアの憲法，民法，会社法，その他に反するというのである。第一審裁判所はこの訴えを認め，協定を無効とした。破毀審の西シベリア管区裁判所も 2006 年 3 月 31 日の判決でこの結論を支持した。破毀審裁判所は，公序違反とは認めなかったものの，法人の地位の問題は，ロシアの主権にかかわる問題であり，外国法は適用できないと判示した。そして契約の効力に関するロシア民法典の規定は強行規定であり，本件出資者間協定にもロシア法が適用されるとして，協定の個別規定をロシア法に照らして検討し，その多くの規定を無効と認めた[43]。

　ロシアでは，会社法は民法の特別法として，任意法規も含んでいるという見解と，会社法は独自の法領域として，基本的には強行法規から構成されているという考え方とがある。後者によれば，会社法の規定には「強行性の推定」が働く。条文に「契約に別段の定めがないときは」などの留保がついて

---

[42] A.V.Ivanov and N.Pebedeva, "Soglashenie aktsionerov: shag vpered ili toptanie na meste", *Korporativnyi Iurist*, 2008 No.9, p. 50.
[43] 西シベリア管区商事裁判所決定　2006 年 3 月 31 日　No.F04-2109/2005（15210-A75-11）.

いない限り，条文から逸脱することは許されない。その限りでは当事者間で会社法の規定と異なる合意をする余地は少ない。しかし，「明文で禁止されていないことは許容される」というロシア法の基本原則からは，これは疑問とされる[44]。

出資者間協定に関するこうした否定的な見解は，当事者間の協定により，会社法の規定が潜脱され，投資家によって濫用されるのではないかという懸念にもとづいている。株式会社法改正に関する討議の際に，ある最高商事裁判所裁判官は，以下のように指摘した[45]。

> 広範にみられる会社乗っ取り，止まるところを知らない権利の濫用や株主の権利の侵害といった状況の下では，株主間協定の導入は時期尚早である。

株主間協定に対するこうした消極的な姿勢に対しては，外国投資家から懸念が表明された。会社法改正作業を進めていた経済発展省は，これを承けて，出資者間協定に関する民法典と会社法改正案を公表した。2008年にロシアは経済危機に直面し，一連の緊急経済措置が採択された。その一環として，外国投資家の要望事項であった懸案を解決して投資を誘引すべく，有限会社法と株式会社法の改正により，社員間・株主間協定に関して，明文の規定が導入された。

最初に改正された，有限会社法の社員間協定に関する規定は，ごく簡単なものであり，その実効性は疑問視されたが，続いて改正された株式会社法には，より詳細な規定が置かれた。改正株式会社法の規定によれば，株主間協定とは，「株式が表象する権利の行使，および／または株式に対する権利の行使の特則を定める契約」である。株主間協定により，協定当事者は，「株式が表象する権利，および／または株式に対する権利を一定の方法で行使することを義務づけられ，および／または上記の権利の行使の抑制を義務づけ

---

44) D.Stepanov, "Soglashenie aktsionerov v rossiskoi sudebnvi praktilce", *Korporativnyi Iurist*, 2008 No.9, p. 54.

45) "Stenogramma zasedaniia soveta pri prezidente RF po kodifikatsii i sovershenstvovaniu grazhdanskogo zakonodatel'stva", October 29, 2007.

られる」(第32.1条1項)。
　協定の内容として，この規定は，以下の事項を列挙する。

▶株主総会において一定の方法（方向）で議決権を行使すること
▶他の株主と議決権行使の選択肢に合意すること
▶予め定められた価格，および／または一定の事実の到来により，株式を取得，または譲渡すること
▶一定の事実の到来まで株式を譲渡しないこと
▶会社の経営，会社の活動，再編，清算に関するその他の行為に合意すること

　株主間協定は，その当事者間でのみ，拘束力をもつ（同条3項）。株主間協定に反して第三者との間に締結された契約は，利害関係がある株主間協定の当事者の訴えにもとづいて，裁判所により無効と認められる。ただし，契約の相手方が，株主間協定によって課せられた制限を知り，または明らかに知りうべかりしことが証明された場合に限る（同条4項）。これはたとえば協定に反して，株式を第三者に譲渡した場合などである。
　なお，株主間協定の違反は，会社の機関の決定の無効をもたらさない（同項）。すなわち，議決権行使に関する合意に反した場合でも，それによって議決権行使の結果である株主総会の決議は無効とはならない。これはドイツの判例などでも認められている。
　株主間協定では，協定の履行を担保するための措置と，協定上の義務の不履行，または不相当な履行の場合の損害賠償義務を定めることができる。「損害賠償請求，遅延賠償金，約定賠償額の支払いは，裁判上，保護される」（同条7項）。
　2014年5月の民法典の法人に関する部分の改正で，新たに出資者間協定に関する規定が導入された（第67.2条）。民法典へのこのような規定の導入は従来から議論されてきたところであり，民法改正綱領にも含まれていた規定である。株式会社・有限会社で共に利用される協定であるため，出資者間協定（*korporatvnyi dogobor*）と名付けられている。
　協定で合意できる内容については，以下のように定められている。

商事会社の参加者，またはその一部は，自己の会社法上の権利の行使に関して協定を締結し，それによって自己の権利を一定の方法で行使し，または行使を抑制する（放棄する）ことができる。これは，総会において一定の方法で議決権を行使すること，会社の経営に関するその他の行為を協調して行うこと，持ち分（株式）を予め定められた価格で，または一定の事実の到来により，取得し，または売却すること，または一定の事実の到来まで，その売却を抑制することを含む（同条1項）。

協定の上記許容範囲を逸脱した協定は無効である（同条2項）。
ここに定められた内容は，株式会社法第32.1条の列挙事項に比べて，たとえば「会社の経営，会社の活動，再編，清算に関するその他の行為に合意すること」が，「会社の経営に関するその他の行為を協調して行う」とされている点で，やや限定されているように思われる。
出資者間協定で，会社の経営機構に変更を加えることができるか否かは，予てから議論があったが，こうした事項は協定ではなく，定款によるべきであるという否定論が有力であった。改正法では，以下のような規定が置かれた。

　協定においては，当事者が，総会において，定款に会社の機関の構成とその権限を定める規定を含めることに同意する議決権行使義務を定めることができる。ただし，本法典，および会社法が，会社の定款による機関構成やその権限を変更することを認める場合に限る（同条2項）。

これは，後段の規定により，会社法に明文の規定がある場合に限定されており，協定自体により，機関構成や機関の権限を変更することを認めないということである。
出資者間協定は，一般に confidential である。しかし，株式会社法に続いて，改正民法典も，一定の場合に会社への協定締結の通知義務，および内容の開示義務を定める。
まず，一般原則として，協定を締結した社員，または株主は，その事実を

会社に通知しなければならないが，協定の内容の開示は要求されない。通知義務の不履行の場合は，協定当事者ではない社員，または株主による損害賠償請求が可能である。しかし，public company の出資者間協定においては，内容に関する情報は，株式会社法が定める範囲，手続，条件にしたがって開示されなければならない。株式会社法第 32.1 条 5 項が，開示内容について定めている。

これに対して，non-public company に関する出資者間協定の内容は，法律に別段の定めがない限り，開示される必要がなく，confidential である（同条 4 項）。

### 2.4 有限会社の社員，非公開株式会社の株主を追放する権利

有限会社法によれば，社員は，社員としての義務の重大な違反を犯した社員，またはその作為，または不作為により，会社の活動を不可能にし，ないしは著しく困難にする社員の除名を裁判所に申し立てる権利をもつ（第 10 条）。この制度はドイツの他，中東欧諸国にもみられるもので，それ自体は奇異なものではない。ハンガリーなどでは，当初裁判所の関与なくして社員の除名が認められていたが，濫用が多く，裁判所への申立てが要求されるようになった。ロシアでは，2014 年の民法典改正により，この規定は，有限会社に止まらず，広く non-public company 一般に及ぶことになった（民法典第 67 条 1 項）。すなわち，非公開株式会社の株主，有限会社の社員等は，他の株主，社員等が，自己の作為・不作為により，会社に重大な損害を惹起し，または会社の活動と目的達成を，その他の方法で著しく困難にする場合（法令定款による自己の義務の重大な違反を含む）には，これらの者の会社からの排除を裁判所に申し立てる権利をもつ。ただし，株式・持ち分の現実の価格を補償することを要する。

この権利が有限会社の社員に限定されていた 2014 年改正前のこうした権利行使に関しては，最高商事裁判所の 2012 年の information letter がある[46]。

例としては，

---

[46] 最高商事裁判所幹部会　2012 年 5 月 24 日　information letter No.151.

▶社員である単独制執行機関による権限濫用行為があった場合
▶大規模取引を承認して，その取引の結果会社に重大な損害が生じた場合
▶社員総会の度重なる欠席

があげられる。

単独制執行機関の権限濫用については，以下の例がある。

【裁判例】
有限会社の社員である X 銀行は，社員 N を会社から排除するように求めて商事裁判所に訴えを提起した。訴えによれば，被告 N は，社員総会の議事録を改竄し，T を単独性執行機関として登記した。T は，会社の資産を流出させ，会社に重大な損害を与えた。最高商事裁判所は，N の除名を認めた[47]。

2009 年の有限会社法改正前は，この請求権は，10% を超える持ち分を保有する社員にのみ認められていたが，現在は，この制限はない。一方，少数株主が，過半数を超える株主の除名を求めることができるか否かについては，議論が分かれる。

---

47) *Ibid.*, Item 1.

# 第 14 章　株式会社法

## 1　株式会社の設立

### 1.1　設立手続

株式会社の発起人には，法人，または自然人がなることができる。従来の閉鎖型株式会社では，発起人は50人を限度としたが，2014年民法典改正に伴い予定されている株式会社法改正では，これは定款，または株主間協定に委ねられる。一人会社は，原則として株式会社の唯一の発起人となることはできない（民法典第98条6項，株式会社法第10条1項，2項）。

株式会社の新規設立は，発起人の設立決議を基礎とする。発起人が複数であるときは，発起人集会が開催される。発起人集会では定款が承認され，経営機関と監査委員会が選任される。定款の承認，出資される有価証券その他の財産，財産権，その他財産的価値がある権利の金銭的評価は，発起人の全員一致で承認されなければならない。経営機関，監査委員会，また必要な場合には監査人の選任は，発起人に割り当てられる議決権の4分の3の多数を要する。発起人が複数あるときは，発起人は，会社設立契約を締結し，会社設立に関する手続，資本金の額，発行する株式の種類，払込みの額と手続，会社設立に関する発起人の権利と義務等について合意する。この契約は，会社の設立文書ではなく，株式払込みの完了まで効力を保持する（第9条）。

会社設立の際は，そのすべての株式は，発起人間に割り当てられなければならない（第25条2項）。

### 1.2　定　款

民法典には法人の定款についての規定があるが，株式会社，有限会社の定款については，それぞれ株式会社法と有限会社法に規定がある。

株式会社法は，定款の義務的記載事項を以下のように定める（第11条3項）。

▶会社の商号（完全な商号とその簡略形）
▶会社の所在地
▶会社の種類（public company か non-public company か）
▶会社が発行する株式数，額面，種類（普通株か優先株か），優先株の種類
▶各種の株式の株主の権利
▶資本金の額
▶会社の機関の構成とその権限，決議・決定の方法
▶株主総会の準備と実施の方法（特別多数，および全員一致を要する事項を含む）
▶支店・駐在員事務所に関する情報
▶本法，その他の連邦法が定めるその他の事項

社会主義時代の国営企業の定款と比べて顕著であるのは，会社の目的が必要的記載事項ではないことである。商事会社には，目的による活動の制限はない。

定款には，会社が発行済み株式に加えて，発行することができる株式数，額面，種類，およびこれらの株式の株主の権利を定めることができる（授権株式）。

株式会社は，定款により，1人の株主が保有することができる株式数の上限，およびその額面総額，1人の株主に与えられる議決権数の上限を定めることができる（第11条3項）。この制度は，少数グループに権力が集中することを避けるためである。これらの上限は，極めて低く設定されることがある。たとえば Surgutneftgaz では 1%，Nizhneenergo では 0.5% ということもあった[48]。

なお，2014年の民法典改正に伴う株式会社法改正により，public company ではこのような制限が認められないことになった（第97条5項）。

---

[48] E.Gubin, *Upravlenie i korporativnyi kontrol' v aktsionernom obshchestve*, Moscow 1999, p. 102.

定款の変更は，原則として株主総会の権限である（第12条1項）。

### 1.3 株式の払込み

設立時に発行された株式は，発起人の間に割り当てられなければならないが，その払込みは，会社の登記後，1年以内になされることを要する。ただし，設立契約で，より短い期間を定めることができる。また，発行された株式の50％超を3ヶ月以内に払い込まれなければならない。定款に異なった定めがない限り，払込みまでは，その株式の議決権を行使することはできない。期限内に払込みがなされないときは，その株式は，会社に移転される（第34条1項）。

会社は，発起人に割り当てられた株式の50％の払込みが完了するまでは，設立に関する行為以外の法律行為を行うことはできない（第2条3項）。

設立時の株式払込み，および追加発行された株式の払込みは，金銭，有価証券，その他の財物，財産権，その他金銭的評価が可能な権利によってなされることができる。これら出資方法は，設立契約により定められる（第34条2項）。

設立時の出資の金銭評価は，発起人の合意により決定される。現物出資の市場価格の決定のためには，独立鑑定人を委嘱しなければならない。発起人が決定した評価の最高額は，独立鑑定人の最高評価額を超えることはできない（同条3項）。

### 1.4 会社登記

会社は，法人として，国家登記に服する。法人登記に関する現行法は，2001年に制定された，法人，および個人事業者の登記に関する法律である[49]。当初は，法人登記は司法省が管掌していたが，現行法はこれを国税庁の管轄とした。法人登記簿記載の情報は，公開される。会社は，その登記のときに設立されたものとみなされる（第2条5項）。

ロシアでは登記制度は，しばしば濫用される。株主総会決議や株式譲渡契約書を偽造して虚偽の事実を登記し，会社経営権の奪取を図る例は少なくな

---

[49] 2001年8月8日　連邦法　FZ-129.

い。会社の既存の取締役が知らない間に「株主総会決議」にもとづいて取締役が新たに選任され、いわゆる parallel board が現出することも稀ではない。2013年の民法改正の際に、法人登記に関する規定は大幅に改正された。

　新規定の下では、法人登記簿の情報を信頼した者は、その情報が事実に適合していることを基礎として、これに依拠することができる。法人は、この善意の者に対して、登記簿に記載されていない情報や、登記簿に記載されている不実の情報を援用することはできない。ただし、このような情報が、第三者の違法な行為、またはその他法人の意思に反して登記簿に記載された場合は、この限りではない。例外とされる（改正民法典第51条2項）。法人は、情報を適時に登記しなかった場合、および不実な情報を登記した場合には、損害賠償責任を負う（同条）。

　また、実効性があるか否かは別として、登記機関は、法律が定める手続により、登記前の一定期間内に、登記される情報の真実性を確認する義務を負う（同条3項）。また、登記機関は、定款変更等の登記申請があった場合にこれを適時に利害関係人に通知する義務を負う（同条4項）。

### 1.5　株主名簿

　会社は会社登記後、法令にしたがって、株主名簿を作成・管理する義務を負う（第44条2項）。株式会社法の他に、有価証券市場法[50]に株主名簿に関する規定がある。株主名簿には、株主名、保有株式数、株式の種類、額面、その他の情報が記載される。

　株主名簿を管理するのは、会社、または名簿管理機関であるが、株主数が50名を超える会社の株主名簿は、名簿管理機関によって管理されなければならない（同条3項）。2002年までは500名が基準とされていた。一般に、株主の権利の侵害の多くは、会社自体が株主名簿を管理する場合に起こると言われる。会社が好ましくない株主の登録を拒み、あるいは株式がその所有者の知らぬ間に譲渡されているといった事態は稀ではなかった。2002年改正は、こうした権利侵害を防止することも意図したが、会社よりも株主名簿管理機関の方が、より洗練された方法で「株主との戦い」に関する助言をす

---

[50]　1996年4月22日制定　連邦法　FZ-39.

ることができるという皮肉な指摘もある[51]。株主名簿管理機関は，銀行であることが多い。

【裁判例】
Kは，Gazprom社の株主名簿管理機関であるSpetsializirovannyi Registratorを相手方として，Gazprom株式の売買契約の無効確認，同社の株式5万1,300株の自己の口座への返還，配当の支払い，および損害賠償を求めて出訴した。Kは，1994年の株式オークションでGazpromの株式を取得し，株主として登録されていた。本件では，Kの代理人と称するRが，Gazprom株式に関するすべての法律行為を委任する旨のKの委任状をもって，名義書換えの手続を行った。Kの株式は，2001年にGazprom Bankを経て，株式会社Nの口座に移転されていた。この委任状は，裁判所により，偽造と認定された。Kは，株式が自己の口座から他人の口座に移転されていることを2001年に知った。

　株主名簿管理機関は，委任状のKの署名が公証人により認証されており，すべての文書が揃っていたと主張した。下級審は，いずれも，偽造された委任状にもとづいて名義書換えを行ったことは，株主名簿管理機関の義務違反を意味するものではないとして，原告の訴えを斥けた。これに対して，原告は，株主名簿管理機関が，申請者の権原を確認することを怠ったと主張した。

　最高商事裁判所は，株主名簿管理機関には，連邦有価証券委員会の株主登録規程により，名義人の署名のサンプルを含む調査票が管理機関に提出されていない場合には，名義書換えを拒絶しなければならなかったとして，下級審の決定を破棄し，事件を新たな審理に差し戻した[52]。

会社と株主名簿管理機関は，株式の喪失，および名簿管理の手続の不遵守により株主が権利を行使できなかったことによる株主の損害に対して，連帯して責任を負う。ただし，手続の遵守が不可抗力，または損害賠償を請求している株主の行為により不可能であったことが証明されたときは，この限り

---

[51] M.G.Iontsev, *Aktsionernoe obshchestvo*, 4th edition, Moscow 2013, p. 103.
[52] 最高商事裁判所決定　2004年8月17日　No.2701/04.

ではない。株主が損害の削減のために合理的な措置をとらなかった場合も同様である（第44条4項）。

株主名簿への登録の拒絶は，法令が定める場合以外は認められない。登録申請を拒絶した場合には，株主名簿管理者は，3日以内に拒絶の理由を付して申請者に通知しなければならない。登録拒絶に対しては，裁判所に異議申立てをすることができる。裁判所の決定により，名簿管理者は，当該事項を名簿に登録する義務を負う（第45条2項）。

## 2　資本と株式

### 2.1　資　本

株式会社の資本は，「株主が取得した株式の額面」の総額である。「会社の資本金は，その債権者の利益を保証する最低額を定める」（第25条1項）。

会社は，毎年度一定額を準備金として積み立てなければならない。この額は，定款に定められる。この額に達するまで，会社は少なくとも純利益の5％を毎年積み立てなければならない（第35条1項）。準備金は，会社の損失の補塡，社債の償還，他の資金がないときの自社株取得の資金としてのみ用いられる。

### 2.2　増　資

増資は，株式の額面の増額，または株式の追加発行によってなされる（第28条1項）。額面の増額による増資の決定は，株主総会決議による。株式の追加発行による増資は，株主総会の決議，また定款に定めがあるときは，取締役会の決定によってなされる。取締役会決議の場合は全員一致によることを要する（同条2項）。株式の追加発行は，授権株式の範囲内で行われなければならない。ただし，授権株式の増加と増資を株主総会で同時に議決することは可能とされる（同条3項）。

増資は，2001年の株式会社法改正までは，会社の支配権をめぐる争いの中で，経営陣にとって好ましくない株主の持ち分を希釈するために，広く用いられた。

【裁判例】
　Novolipetskii 金属コンビナートは，アルミニウム精製の分野における大手企業であった。その株式の 60％ は，取締役会会長が設立した企業により保有され，オフショア企業 TWG も 30％ 超の株式を保有していた。ところが最大手企業 Norilisk Nickel が，コンビナートの株式の 9％ を取得するに至った。そこでコンビナートの取締役会は，臨時株主総会を招集し，資本金の倍額増資を決議した。Norolisk Nickel は，この決議が，無効な取締役会決議にもとづいて招集されたとして，増資無効を主張して裁判所に出訴した [53]。

　あるアルミニウム企業では，増資の結果，外国投資家の持ち分は，37.8％ から 15％ に低下した。同時に国家資産基金の持ち分も半減した。別な企業では，銀行の持ち分が増資により，6 分の 1 になった。銀行は増資無効を求めて出訴し，認められた [54]。

　問題は，当時の会社法では，株式の追加発行が，株主総会の単純多数決により可能だったことである。また，定款で授権された範囲であれば，取締役会の決議による追加発行も可能であった。

　こうした株式の希釈化を防ぐために，1999 年の株主の利益保護に関する法律により，株式の私募発行の場合には，株主の 3 分の 2 の多数が必要とされるようになった。株式会社法の 2001 年改正は，手続をさらに厳格化した。

　株式の追加発行による増資の場合，public company である株式会社は，株式を公募発行，または私募発行（closed subscription）することができる。それ以外の株式会社は，私募発行のみ可能である（第 39 条 2 項）。株式の私募発行は，総会に出席した株主の議決権の 4 分の 3 の多数を要する（同条 3 項）。定款により，この要件を加重することもできる。公募発行の場合でも，発行済み普通株式の 25％ を超える株式の追加発行には，総会出席株主の議決権の 4 分の 3 を超える株主総会の決議が必要である。定款でこの要件を加重することもできる。普通株式に転換できる有価証券の既発行株式の 25％

---

53) *Izvestiia*, May 30, 2000.
54) E.Torkanovskii, "Predela aktsionernoi sovstvennosti", *Khozaiaistvo i Pravo*, 1999 No.4, p. 32.

を超える公募発行も同様である（同条4項）。

　公募による株式，または株式に転換できる有価証券の公募発行の場合には，既存株主は，その種類の保有株式の数に比例して，これらの株式，または有価証券を優先的に取得する権利（先買権）をもつ。また，株式，または株式に転換できる有価証券の私募発行の際に，株主総会でこれに反対し，または議決に参加しなかった株主には，その保有株式の数に比例して，新たに発行された株式，または有価証券の先買権が与えられる（第40条1項）。

　なお，株式の追加発行による増資は，会社の資産を原資とすることができる。額面の増額による増資は，会社の資産を原資としなければならない。これら会社資産を原資とする場合には，その額は，純資産と資本金・準備金の合計の差額を超えてはならない（同条5項）。会社の資産を原資とする株式の追加発行による増資の場合は，株式はすべての株主に割り当てられなければならない（同条5項）。

### 2.3　減　資

　減資は，額面の引き下げ，または発行済株式数の削減によってなされる。後者は，法律が定める場合には，会社が自己株式を取得し，消却する方法で行うことができる。これはあらかじめ定款に定められていることを要する（第29条1項）。

　減資は，株主総会の決議にもとづいて行われる。

　額面引き下げによる減資の決議は，取締役会の提案にもとづいて行われ，出席議決権の4分の3の多数を要する（同条3項）。決議では，すべての株主に金銭を支払うか，または会社保有の有価証券の交付を定めることもできる。

　会社は，減資決議後3営業日以内に登記機関にその旨を通知し，月1回，二度にわたって，法人登記に関する情報が報道される新聞上で，減資について公告しなければならない（第30条1項）。

　債権者は，減資公告前に債権が発生していた場合には，最後の減資公告から30日以内に，会社に対して債務の期限前履行を請求することができる。期限前履行が不可能であるときは，損害賠償を請求することができる。請求権の行使期間は6ヶ月である（同条1項）。

裁判所は，減資により債権者の権利が侵害されていないこと，または十分な担保が供されていることを会社が証明した場合は，この請求を棄却することができる（同条4項）。

## 2.4 社債，その他の有価証券の発行

会社は，法令に定められた社債，その他の有価証券を発行することができる（第33条1項）。社債，その他の有価証券は，取締役会の決議により発行される。転換社債，その他株式に転換可能な有価証券の発行は，定款によって取締役会の権限とされていない場合は，株主総会の権限である。取締役会の決議は，全員一致で採択されなければならない（同条2項）。

## 2.5 普通株と優先株

株式会社は，普通株を発行し，また一種，または数種の優先株を発行することができる。ただし，優先株の額面総額は，資本金の25％を超えることはできない（第25条2項）。

優先株の株主は，原則として議決権をもたない（第32条1項）。しかし，約定の配当が支払われない場合，会社の再編が議題となっている場合には，議決権が回復される（同条4項）。

定款には優先株に支払われる配当の額，および清算時の資産配分額を定めなければならない。この額は，金額で定めても，あるいは額面に対する比率で定めてもよい。また，この額の決定方法を定めることでも足りる（同条1項，2項）。

すべての株式は記名株式である（第25条2項）。これは諸外国の無記名株式がオフショアで濫用され，また資金洗浄の手段になっているためと説明される[55]。会社は，実際に株券を発行する必要はない。株券不発行も認められている。これは定款に定められるが，また増資の場合には株式発行決議に定められる。

---

55) Iontsev, *supra*, p. 81.

### 2.6 黄金株

ロシアでは黄金株の発行も可能である。すなわち，定款により，ロシア連邦，連邦構成主体，または地方自治体による会社の経営への参加に関する特別な権利を定めることができる（第11条3項）。黄金株の特別の権利は，定款に定められなければならない。

国営・公営資産の民営化に関する法律[56]によれば，国防，国家の安全，ロシア国民の倫理，健康，権利，および法的利益を擁護するために，ロシア連邦政府，および連邦構成主体の執行機関は，国営企業民営化，または公開株式会社を戦略的株式会社のリストから排除する場合に，「公開株式会社の経営に関する特別な権利（黄金株）」の行使を決定することができる。これは国や連邦構成主体が現に保有する株式数とは関係しない。

黄金株の保有者は，取締役会，および監査役会に，株主総会の承認を経ることなく，会社に代表を送ることができる。この代表は，公務員でなければならない。定款の変更や会社の再編，清算，利害関係取引の承認などが議題である場合には，これらの代表は，株主総会に出席し，拒否権を行使することができる。

### 2.7 株式の譲渡

2014年5月の民法典改正までは，株式が発起人，その他あらかじめ定められた範囲の者に属する会社は閉鎖型株式会社とされていた。

閉鎖型株式会社の株主には，その保有株式数に比例して，他の株主により売却される株式の先買権が与えられていた。株主が先買権を行使しない場合については，定款により，会社の株式先買い権を定めることができた。

これに対して，株式会社法改正案では，株式の譲渡制限は，非公開会社の定款により定められるものとされている。

### 2.8 配 当

会社は，四半期，半期，および／または年度の結果にもとづいて，配当を

---

[56] 2001年12月21日　連邦法　FZ-178.

支払う決議を行うことができる。配当は金銭，また定款が定める場合には，他の財産によって支払われる（第42条1項）。配当の原資は，税引き後の利益（純利益）である。優先株の配当は，その目的のためにあらかじめ積み立てられた基金からも支払われることができる（同条2項）。配当の支払いは株主総会の決議による。

会社は，株主の株式買取り請求にもとづく買取りの完了までは，配当支払いの決議を行うことができない。また決議採択の時点で，配当の支払いにより，倒産法が定める倒産の徴表が生じるとき，または決議のときに純資産が資本金と準備金の合計額を下回るときにも配当支払いの決議はできない（第43条）。

### 2.9 自己株式の取得

株式会社は，定款が定める場合には，株主総会の減資の決議を承けて，発行済株式数を削減するために，発行済の自己株式の一部を取得することができる。ただし，買い取られずに流通に置かれている株式の額面総額が，最低資本金の額を下回るときを除く（第72条1項）。

会社は，定款が定める場合には，株主総会決議，または定款がこれを取締役会の権限とした場合には，取締役会決議にもとづいて，自己の発行済株式を取得することができる。ただし，買い取られずに流通に置かれている株式の額面総額が，最低資本金の90％を下回るときを除く（同条2項）。

減資のために取得された自己株式は，取得時に消却される。それ以外の場合に取得された自己株式については，会社は議決権をもたず，配当も支払われない。自己株式は，取得後1年以内に市場価格以上の価格で売却されなければならない（同条3項）。

定款に異なった定めがない場合は，自己株式取得の対価は金銭で支払われなければならない（同条4項）。

会社による自己株式の取得の対象となった種類の株式の株主は，その株式を会社に売却する権利を有し，会社はこれを買い取る義務を負う。売却の申込みが取得自己株式数を上回る場合には，各株主は，申込数に比例した数量の株式をそれぞれ売却することができる（同条5項）。

会社は，以下の場合には自己の普通株式を取得できない（第73条1項）。

▶資本金の払込みが完了していないとき
▶自己株式取得時に倒産（破産）の徴表があるとき
▶自己株式取得時に，自己株式取得の結果，会社の純資産がその資本金，準備金，および発行済優先株が優先株の清算価格を上回る額の合計に不足する場合

会社は，また，会社の再編や定款変更に反対した株主により買取請求がなされた株式を買い取るまでは，自己株式を取得することができない（同条3項）。

## 3 株式会社の機関

### 3.1 株主総会

#### （1）株主総会の権限

株式会社経営の最高機関は，株主総会である（第47条1項）。会社は年に1回株主総会を開催しなければならない。定時株主総会は年度の終了後，6ヶ月以内に，しかし2ヶ月経過後に開催される。

臨時株主総会は，取締役会の職権により，または監査役会，監査役，会計監査人，ならびに10%以上の議決権をもつ株主の請求により開催される。監査役会，監査役，会計監査人，または10%以上の議決権をもつ株主の請求による臨時株主総会は，開催請求後，50日以内に開催されなければならない。臨時株主総会は，取締役会により招集される。

取締役会は，開催請求後5日以内に総会を開催するか，これを拒絶するかを決定しなければならない。開催拒絶の決定は，以下の場合に認められる。

▶開催請求が適式に行われなかったとき
▶株主の保有議決権が10%に満たないとき
▶提案された議題のいずれも総会の権限に属さず，または法令の要求に適合しないとき

株主総会は，実際に株主が会合することなく，持ち回りで開催することもできる（第50条1項）。ただし，取締役，監査役会，監査役，会計監査人の選任の場合は，実際に株主総会を開催することを要する（同条2項）。

株主総会の権限は以下のとおりである（第48条1項）。

（ⅰ）　定款の変更
（ⅱ）　会社の再編
（ⅲ）　会社の清算，清算委員会の選任，清算貸借対照表の承認
（ⅳ）　取締役の人数の決定，取締役の選任，および罷免
（ⅴ）　授権株式の数，額面，その株式に属する権利の決定
（ⅵ）　額面増額，または株式の追加発行による増資（ただし定款が株式の追加発行による増資を取締役会の権限としていない場合）
（ⅶ）　額面の減額，または会社による自己株式の取得，または消却による減資
（ⅷ）　執行機関の選任，罷免（定款によりこれらが取締役会の権限とされていない場合）
（ⅸ）　監査役会委員，または監査役の選任，および罷免
（ⅹ）　会計監査人の承認
（ⅹ-1）　四半期配当の支払い
（ⅺ）　年次報告，利益損失報告を含む会計書類，配当支払いを含む利益・損失の配分
（ⅻ）　株主総会運営の手続の決定
（ⅹⅲ）　議決計算委員会委員の選任と罷免
（ⅹⅳ）　株式の分割と併合
（ⅹⅴ）　大規模取引の承認
（ⅹⅵ）　利害関係取引の承認
（ⅹⅶ）　発行済自己株式の取得
（ⅹⅷ）　金融・産業複合体，その他の連合への参加
（ⅹⅸ）　内部規程の採択
（ⅹⅸ-1）　株式，社債等の上場決定の採択
（ⅹⅸ-2）　株式，社債等の上場廃止決定（定款によりこれらが取締役会の権限とされていない場合）

(xx) 株式会社法が定めるその他の事項

(2) 株主総会の決議

株主総会の決議は，株式会社法に異なった定めがない限り，総会に参加した議決権ある株主の議決権の過半数により採択される（同条2項）。上記事項のうち，（ⅰ）〜（ⅲ），（ⅴ），（xvii），および（xix-2）は，特別決議，すなわち，総会に参加した議決権ある株主の議決権の4分の3の多数を要する。

株主総会の定足数は，発行済みの議決権ある株式の過半数である（第58条1項）。定時総会の定足数不足の場合は，同じ議題で再度の株主総会が開催されなければならない。臨時株主総会の定足数不足の場合は，再度の株主総会を招集することはできるが，義務的ではない。

再度の株主総会の定足数は，30％である。株主数が50万人を超える会社では，定款により，さらに定足数を削減することができる（同条3項）。

一定の事項（上記（ⅱ），（ⅵ），（xiv）〜（xix））は，定款に別段の定めがないときは，取締役会により提案されなければならない。

(3) 株主総会決議の瑕疵

株主は，株主総会に参加しなかった場合，または決議に反対した場合は，法令，または定款に反して採択された株主総会決議の効力を裁判手続で争うことができる。これは，決議が当該株主の権利，および／または法的利益を侵害した場合に限られる（同条7項）。このような訴えは，株主が採択された決議とその効力を否定する根拠を知り，または知りうべかりしときから3ヶ月以内に申し立てられなければならない。

裁判所は，当該株主の議決権行使が議決の結果に影響せず，違反が重大ではなく，かつ決議がその株主に損害を与えなかった場合には，事案のすべての状況を考慮して，決議の効力を保持させることができる。いわゆる裁量棄却の制度である。

従来，学説では，瑕疵ある株主総会の決議は，取消しうる決議と無効な決議とに分類されていた。さらに瑕疵が重大である場合には，決議は不存在とされた。これに対して，2003年の株式会社法に関する最高商事裁判所総会の決定は，上記の規定にかかわらず，決議の効力を否定すべき場合として，

以下の場合をあげた。

▶株主総会の権限に属しない事項に関する決議
▶定足数不足の総会の決議
▶議題に含まれていなかった事項に関する決議

このような場合には，裁判所は，その決議を株主が争っているか否かにかかわらず，「効力がないものとして取り扱わなければならない」。裁量棄却の制度は適用されない[57]。また，当該決議が株主の権利，または法的利益を侵害したか否かを問わない。

上記の決議が無効な決議に相当するとすれば，取消しうる決議の例としては，総会手続に瑕疵がある決議が挙げられる[58]。

▶株主への株主総会の日時の適時の通知の欠如
▶議題に関する情報の株主への非開示
▶投票用紙の不交付
▶株主の総会参加資格者名簿への非登載
▶株主総会開催場所へのアクセスの制限

【裁判例】
16％の株式を保有する株主が，取締役会が総会の開催地を海外の遠隔地2つから選択する旨の定款変更を承認した株主総会決議を無効とすることを裁判所に求めた。最高商事裁判所は，総会開催地をロシア連邦領外の遠隔地で開催することは，株主，とくに個人株主の出席の可能性を妨げる可能性があり，開催地が会社の事業とも株主の所在地とも関係がない場所での株主総会の開催は，会社による権利濫用と認められると判示した[59]。

---

57) 最高商事裁判所総会決定　2003年11月18日　No.19, Item 26.
58) I.S.Shitkina ed., *Korporativnoe pravo*, Moscow 2011, p. 984.
59) 最高商事裁判所幹部会　2008年11月25日　information letter No.127, Item 5.

株主総会の招集手続の違反を根拠とする総会決議の取消し請求は少なくない。

【裁判例】
キプロスの会社 Lekaz Holding Limited は，公開型株式会社 RN-Vlakra を相手方として，その臨時株主総会の決議の無効確認を求めてモスクワ市商事裁判所に訴えを提起した。第一審裁判所は訴えを斥けたが，控訴審，破毀審ともに原告の訴えを認容した。最高商事裁判所は，以下の理由でこの結論を支持した。

Lekaz Holding は，保有している RN-Vlakra の株式 248 万株を信託会社に預託した。2010 年 2 月 8 日に RN-Vlakra の取締役会は，臨時株主総会の開催を決定し，総会の参加資格がある株主の名簿を同日付で確定した。この時点で Lekaz Holding は RN-Vlakra の株主としては登録されておらず，登録されていた信託会社が代わりに総会招集通知を受け取った。3 月 9 日の臨時株主総会は定足数不足であったため，取締役会は，3 月 31 日に再度の株主総会を招集することを決定したが，参加資格ある株主は，2 月 8 日の時点で名簿に登載されていた者とされた。一方，この間に Lekaz Holding は，信託契約を解除し，RN-Vlakra の株式は，株式管理会社の口座に移された。

再度の臨時株主総会には，過半数に近い議決権を保有する株主が出席し，99.9％の賛成で株式の追加発行による増資決議が採択された。Lekaz Holding も，株式管理会社も総会には出席しなかった。

Lekaz Holding は，この株主総会招集の手続が，同社や株式管理会社への招集通知を欠き，情報提供がなされないなど，株式会社法に反し，その結果，同社は株主総会に参加できず，採択された総会決議により，自己の株式の持ち分が著しく希釈されて権利を侵害されたと主張した。第一審はこの主張を容れなかったが，控訴審は，再度の株主総会について，RN-Vlakra は信託契約の解除を知りうべき立場にあったと認定した。最高商事裁判所もこの点を認めて，RN-Vlakra の株式登録人である Reestr-RN が信託契約の解除を知らなかったはずはないと指摘した。最高商事裁判所によれば，再度の株主総会はその定足数が 30％ に低下

するのであるから，株主総会参加資格者名簿を作成するにあたって，RN-Vlakra は，合理的かつ良心的に行動する企業として，株主総会に参加するという株主の最も基本的な権利が侵害されていないことに確信をもたなければならず，必要な場合には，総会を延期すべきであった。RN-Vlakra にはこのように行動できる可能性があった。それにもかかわらず，Lekaz Holding は総会開催通知を受けず，その代理人は株主総会参加資格者名簿への登録を拒絶され，総会に参加することができなかった。これらを勘案すれば，控訴審，および破毀審の結論は妥当である[60]。

株主総会決議の無効を認めた例として以下の決定がある。

【裁判例】
閉鎖型株式会社 Vladivostokskaia の株主 L は，会社の臨時株主総会の決議の無効確認を求めて商事裁判所に出訴した。この株主総会は，普通株式の額面増加による増資，および優先株式の私募発行を承認した。

　株主総会の時点で，同社の資本金は，971 ルーブルであり，額面1ルーブルの普通株式 971 株に分割され，director である K がその 47.89% にあたる 465 株，L は 21.32% にあたる 207 株を保有していた。本決議は，普通株式の額面を 30 ルーブルに増額する一方，額面1ルーブルの優先株を 9,710 株発行し，この優先株をすべて K に割り当てた。資本金は，2万 9,130 ルーブルとなった。株式数は，普通株 971 株，優先株 9,710 株であるが，K はこの増資により，普通株 465 株と優先株 9,710 株を保有するに至った。総会決議は増資に伴う定款変更も承認した。結局この増資によって会社に出資されたのは，K が支払った優先株の価格 9,710 ルーブルに過ぎなかった。

　総会における議決には，利害関係人である K も参加した。L は株主総会でこの決議に反対し，本件訴えを提起したものである。

　第一審裁判所は，L の請求を認めたが，控訴審，破毀審裁判所は，請

---

[60] 最高商事裁判所幹部会決定　2011年11月17日　No.4238/11.

求を斥けた。これに対して，最高商事裁判所は，（ⅰ）優先株発行は，株式の時価以上の価格で発行されなければならないところ，本件では1ルーブルの額面で発行された，（ⅱ）優先株の発行は，会社の資金調達を目的とするが，本件では，優先株の発行価格は一株1ルーブルであり，資金調達の意味をなしていない，（ⅲ）決議に，優先株発行の唯一の利害関係人（受益者）であるKが参加した，との理由で決議を無効と認めた。最高商事裁判所によれば，本件優先株発行は，株主の1人に会社の90％を超える議決権を与えることを目的としたもので（会社は数年間配当しておらず，優先株に議決権が認められていた），決議は，会社法の基本原則に反していた。最高商事裁判所は，控訴審，および破毀審の決定を破棄し，優先株式の発行による増資を承認した株主総会決議を無効とした第一審裁判所の決定を支持した[61]。

2013年の民法典改正の際に，法律行為の部分が改正され，新たに合同行為に関する章が導入された。これは従来の双方行為を前提とする法律行為に，株主総会や，社員総会などの決議を中心とする法律行為の効力を定めたものである。

### 3.2　取締役会

#### （1）取締役会の権限

株式会社法は，取締役会が，株主総会の権限に属する事項を除き，会社の活動を一般的に指揮すると定める（第64条1項）。この規定では，「取締役会（sovet direktrov）」の後に括弧書きで「監査人会（nabliuditel'nyi sovet-supervisory board）」と付け加えられている。民法典にも同様の規定がある。しかし，取締役会と監査人会は，本来同一の制度ではない。監査人会は，株主のために取締役会の業務執行を監督する機関であり，取締役会とは異なる。ヨーロッパ諸国では，一般に取締役会と監査人会の二元制がとられるのに対して，英米では取締役会のみの一元制がとられる。ロシアでは会社法制の準備にあたって，誤解があったとみられる。この点は，今回の民法典改正でも問

---

[61]　最高商事裁判所幹部会決定　2010年4月6日　No.17536/09.

題とされたが，今のところ実際には改正に至っていない。

　取締役会の設置は，すべての株式会社に義務的であるわけではない。議決権ある株式を保有する株主数が50名に満たない会社では，定款により，取締役会の任務は株主総会が行う旨定めることができる（同条1項）。

　ロシアの大企業上位75社を対象にした調査では，これらの企業の取締役数は，平均10名であった。1名から数名の独立取締役を擁する企業もみられた（表18参照）。

　取締役会の権限としては，以下の事項が列挙されている。
（ⅰ）　会社の活動の優先的方向の決定
（ⅱ）　定時，および臨時株主総会の招集
（ⅲ）　株主総会の議題の承認
（ⅳ）　株主総会参加資格者名簿の作成，その他総会の準備
（ⅴ）　定款がそれを取締役会の権限とした場合に，授権株式数の範囲内における株式の追加発行による増資の決定
（ⅵ）　優先株式の転換のための普通株式の追加発行，他の種類の優先株式への転換のための株式発行で増資を伴わないもの
（ⅶ）　財産の価格の決定，有価証券の発行価格，またはその決定手続の決定，有価証券の買取価格の決定
（ⅷ）　会社の発行済株式，社債，その他の有価証券の取得
（ⅸ）　定款が取締役会の権限とした場合の執行機関の組織，および罷免
（ⅹ）　監査役，会計監査人の報酬額，費用の決定
（ⅺ）　配当額，および支払方法の提案
（ⅻ）　会社の準備金その他の基金の使用
（ⅻⅰ）　定款により株主総会の権限とされたものを除く，会社の内部規程の承認
（ⅻⅳ）　支店の創設，駐在員事務所の開設
（ⅻⅴ）　大規模取引の承認
（ⅻⅵ）　利害関係取引の承認
（ⅻⅶ）　株主名簿管理人の承認，契約の承認，および解除
（ⅻⅷ-1）　他の組織への参加，および脱退の決定
（ⅻⅷ-2）　定款が取締役会の権限と認めた場合に，株式その他有価証券の上

場の申請

(xix) 株式会社法，または定款が定めたその他の事項

(2) 取締役会の決議

　取締役は株主総会により，次回の定時総会までの任期で選任される。再任は何度でも可能である。取締役は，株主総会の決議により罷免される（第66条1項）。取締役の選任は，累積投票による。すなわち一個の議決権につき，取締役の定数分の票が与えられ，株主は，この票を同じ候補に投じることもできるし，異なった候補に分散して投じることもできる（同条4項）。

　取締役は，自然人でなければならない。また，取締役は，株主であってはならない（同条2項）。取締役の人数は，定款，または株主総会決議によって定められるが，5名未満であってはならない。議決権ある株主数が1,000名を超える会社では，取締役の人数は，7名以上，1万名を超える会社では9名以上であることを要する（同条3項）。

　取締役は，原則として無報酬とされ，「株主総会の決議により，報酬を支払われ，費用を償還されることができる」。報酬額，および費用の額は，株主総会の決議により定められる。

　執行機関との関係では，合議制執行機関の構成員は，取締役会の4分の1を超えてはならない。単独制執行機関は，同時に取締役会議長となることはできない（同条2項）。

　取締役会議長は，取締役の中から，全取締役の過半数を得た者が互選される。議長はいつでも全取締役の過半数の決議により罷免されうる。ただし，定款に異なった規定を置くことはできる（第67条1項）。

　取締役会議長は，取締役会の活動を組織し，取締役会を招集し，これを主宰し，また定款に異なった定めがないときは，株主総会の議長を務める（同条2項）。

　取締役会は，取締役会議長の職権により，または取締役，監査役会（監査役），会計監査人，定款が定めるその他の者の請求により招集される（第68条1項）。取締役会の定足数は，定款に定められるが，選任された取締役の半数を下回ることはできない。取締役の数が定足数を下回るときは，臨時株主総会を招集して取締役を選任しなければならない（同条2項）。

表18 最大手75企業における取締役会構成（％） 2005・2006年

|  | 公開会社<br>(75) | ロンドン証券取引所<br>上場企業（17） | ニューヨーク証券取引所<br>またはNASDAQ上場企業(7) |
|---|---|---|---|
| [2006年] | | | |
| インサイダー | 66.3 | 62.5 | 38.0 |
| アウトサイダー | 33.7 | 37.5 | 62.0 |
| 　少数株主代表 | 13.9 | 6.6 | 28.9 |
| 　戦略的投資家代表 | 10.9 | 6.1 | 27.6 |
| 　ポートフォリオ株主代表 | 2.9 | 0.5 | 1.3 |
| 　独立取締役 | 19.9 | 31.0 | 33.0 |
| [2005年] | | | |
| インサイダー | 70.1 | 70.5 | 39.3 |
| アウトサイダー | 29.9 | 25.0 | 60.7 |
| 　少数株主代表 | 13.9 | 5.8 | 33.7 |
| 　戦略的投資家代表 | 9.4 | 3.5 | 31.0 |
| 　ポートフォリオ株主代表 | 4.5 | 2.3 | 2.7 |
| 　独立取締役 | 16.0 | 19.2 | 27.0 |

出典：Standard & Poor's, O.Shvyrkov and E. Marushkevich, *Governance Regulation at Crossroads: Will the Drive for Reform Bear Fruits?*, May 26, 2011.

　取締役会決議は，株式会社法，または定款により，さらに多数の賛成が求められてないときは，出席した取締役の過半数により採択される。各取締役は一票を与えられるが，定款により，賛否同数の場合の取締役会議長の決定権を定めることができる（同条3項）。

　取締役会決議の効力は，裁判所で争うことができる。法令・定款に定められた手続に反して採択された決議に対しては，議決に参加せず，または反対した取締役は，その決議により，自己の権利，または法的利益が侵害された場合に，裁判所に出訴することができる。この訴えは，取締役がその決議の採択を知り，または知りうべかりし日から1ヶ月内に提出されることを要する。裁判所は，その取締役の議決権行使が決議の結果に影響せず，かつ瑕疵が重大ではないときは，すべての事情を考慮して，決議の効力を維持することができる（同条5項）。

　会社法では，当初，株主が取締役会の決議の効力を裁判所で争う権利を定めていなかった。しかし，明文の規定がなかったにもかかわらず，最高商事裁判所は，株主のこのような権利を認めていた。2009年の株式会社法の改

正により，この点について明文の規定が導入された。これは，取締役会決議により，会社，または当該株主の権利，または法的利益が損なわれた場合に限られる。裁判所は，すべての事情を考慮して，決議が会社，または株主の損害，その他否定的な効果を与えず，瑕疵が重大ではない場合には，その決議の効力を維持することができる。この訴えは，株主が決議の採択とその効力を否定する根拠を知り，または知りうべかりしときから3ヶ月以内に提起されなければならない（同条6項）。

取締役会の権限を逸脱した決議，定足数不足の取締役会の決議，必要とされる多数をもって採択されなかった決議は，裁判所でその決議の効力が争われたか否かを問わず，効力をもたない（すなわち，裁判所の介入をまたずに無効である）（同条8項）。

以上の規定をみると，取締役会は，その列挙された権限からは純粋に監督機関であるとは言えないが，単独制，または単独制と合議制執行機関が別途存在すること，執行機関との兼任の制限があることなどから，業務執行よりは，監督的機能を果たすことが予定されていると言える。

## 4 執行機関

株式会社の経常的業務（*tekushchaia deiatel'nost'*）の指揮は，会社の執行機関の任務である。会社の執行機関は，単独制機関（director, general director）のみの場合と単独制執行機関と合議制執行機関（*pravlenie, direktsiia* - management council, management board）との複合方式から選択できる（第69条1項）。執行機関は，会社の経常的業務を遂行し，総会決議，および取締役会決議の遂行を組織する。単独制執行機関は，委任状なくして会社の利益を代表し，会社の名において法律行為を行うなど，会社の名において行動する権限をもち，すべての従業員に対して拘束力をもつ指示を出すことができる（同条2項）。

執行機関は，取締役会と株主総会とに従属する（同条1項）。この規定は当初は会社法になかったが，執行機関の地位が不明確であるとの批判により，追加された。

なお，ロシアでは会社の経営を専門会社に委託することがしばしばみられ

る。すなわち，株主総会決議により，単独制執行機関の権限は，契約にもとづいて他の会社（経営管理会社），または個人に委託することができる。

執行機関の選任，および解任は，定款によりそれが取締役会の権限とされていない場合は，株主総会に属する。執行機関を構成する者と会社との関係は，委任ではなく，雇用契約であり，原則として労働法典が適用される（同条3項）。

## 5　監査役会

会社の財政・事業活動の監督のために，定款にしたがって，監査役会（監査役）が選任される（第85条1項）。監査役会は，会社の年間活動の結果に対する監査の他，株主総会，取締役会の決議，または10％以上の議決権ある株式を保有する株主の請求により，随時，監査を行うことができる（同条3項）。

## 6　株主の権利とコーポレート・ガバナンス

### 6.1　株式保有構造

ロシアの大企業の株式保有構造に関して，2012年にOECDで討議された資料は，以下のように指摘した。

> ロシアの株式市場は，10の大企業に集中している。株価総額の55％を石油・ガス企業が占め，金属・鉱業セクターが，13％でこれに続く。Public companiesの株式保有構造は，少数の株主に集中し，自由に取引される株式の数が限られている。
> 　企業集団は，その多くが銀行を含み，不透明な株式保有構造，または複雑な株式持ち合いを伴い，利害関係者や関連会社を画定する有効な手段を欠くために，大きな濫用のリスクを伴う。もっとも，支配的な株主を形成する過程はしばしば不透明であるが，30％以上の企業では，支配的な株主が存在する場合でも，その他に有力な株主が存在すると報告されている。過去20年間の歴史は，支配的株主と他の大株主，支配的

308　Ⅳ　会社法

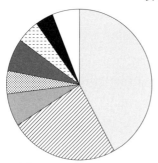

表 19　会社訴訟

- □ 会社に対する損害賠償請求(42%)
- ▨ 法人の法律行為の無効確認と無効の効果の通用を求める訴え(24%)
- ■ 経営機関の決定に対する異議申立て(7%)
- ▦ 株主(持ち分)名簿上の株式や持ち分に対する権利に関する訴え(5%)
- ■ 会社の活動に関する情報の提供請求(7%)
- ▤ 設立文書の無効確認，および変更(5%)
- ■ 株式，持ち分等の帰属に関する争い(4%)
- □ その他(6%)

出典：E.Palenova and A.Metelev, "Zashchita korporatirnykh prav uchastnikov khoziaistvennykh obshchestv", *Korporativnyi Iurist*, 2012 No.4, p. 58.

株主と portfolio 株主との間の紛争，および，よりよいコーポレート・ガバナンスを導入しようとする規制当局の試みとによって特徴づけられている[62]。

これはロシアの大企業の状況を的確に要約している。

ロシアの最大手企業 90 社の株主構造は，本書表 13（「第 12 章　国営企業の民営化」）のとおりである。

90 社のうち 54 社では，その株式の過半数を大株主が保有しており，さらに 24 社では 25% 超の議決権をもつ株主が，一人，または複数人いる。株式が多数の株主の間に拡散している会社は 12 社だけである。しかも，この 12 社にしても，株主間協定などを通じて，表に現れない株主の協調関係があると推定されている。また，90 社中 39 社は，国家が過半数の株式を保有している[63]。

ロシアでは，会社訴訟が少なくない。表 19 は商事裁判所の統計である。

---

62) V.Kostyleva and H.Lehuede, *Board Formation: Nomination and Election in OECD Countries and Russia*, 2012, p. 15.

63) Standard & Poor's, O.Shvrykov and E.Marushkevich, *Governance Regulations at Crossroads: Will the Drive for Reform Persist and Bear Fruit?*, May 26, 2011.

## 6.2 株主の権利

### (1) 概　観

　株式会社法は，普通株式を保有する株主の権利として，株主総会に出席して議決権を行使する権利，配当を受ける権利，そして会社清算の場合に会社の財産の一部を受領する権利のみをあげる（第30条2項）。この規定の仕方は，立法技術としては疑問である。これらの権利は，株主の基本的な権利ではあるが，もとより株主の権利のすべてではない。民法典の法人に関する部分には，法人の構成員の権利を列挙した規定がある（第67条）。また，株式会社法の各所に個別にも株主の権利を定めた規定がある。主要な権利は，以下のとおりである。

- ▶他の株主，または会社の同意なくして株式を譲渡する権利（第2条1項）。（ただし，非公開会社に関しては，制限が可能である）。
- ▶公募増資の場合の株式先買権（第40条1項）
- ▶株主総会決議の効力を裁判所で争う権利（第49条7項）
- ▶会社の各種文書を閲覧する権利（第91条1項）
- ▶定時株主総会への議案提案権，取締役，合議制執行機関構成員の候補推薦権（後者は，2％以上の株式保有が条件──第53条1項）
- ▶臨時株主総会招集請求権（10％以上の株式保有が条件──第55条1項，8項）
- ▶取締役，執行機関等が会社に与えた損害の賠償請求を求めて訴えを提起する権利（間接訴訟──1％以上の株式保有が条件──第71条5項）
- ▶会社に対する株式買取請求権（第75条1項）
- ▶大規模取引，または利害関係取引の無効確認を裁判所に求める権利（第79条6項，第84条1項）
- ▶株式会社法第XI.I章の株式の大量取得手続における権利

　株主総会の決議を争う権利，間接訴訟を提起する権利，大規模取引，および利害関係取引等については，別項で触れるので，以下にはその他の重要な権利について説明する。

### (2) 株主提案権

議決権の 2% 以上を保有する株主は，定時株主総会の議題を提案し，取締役，合議制執行機関の構成員，単独制執行機関，監査役の候補を推薦することができる（第 53 条 1 項）。

取締役会は，以下の場合を除き，株主の提案を議題に加え，また推薦された取締役等の候補を総会に提出しなければならない。

- ▶株主が提案の期限を遵守しなかったとき
- ▶株主が提案に必要な議決権数を保有していないとき
- ▶提案の方式違反（同条 3 項，4 項の違反）
- ▶提案事項が株主総会の権限に属さず，または法令に反するとき

取締役会は，提案を拒絶した場合は，理由を付した決定を請求者に送付する。取締役会が拒絶決定を行った場合，または何ら決定を行わなかった場合には，請求者は，裁判所に会社が株主の提案を議題に加え，または株主推薦候補者を総会に提出するように強制することを求めることができる（同条 6 項）。

### (3) 文書閲覧権

会社は，株主に以下の文書へのアクセスを保障する義務を負う（第 89 条 1 項，第 90 条 1 項）。ただし，会計帳簿，および合議制執行機関の議事録の閲覧は，25% 以上の株式を保有する株主に限られる。

- ▶会社設立契約
- ▶会社の定款，および変更された定款
- ▶帳簿に記載された資産に対する会社の権利を証明する文書
- ▶会社の内部規程
- ▶支店・駐在員事務所の規程
- ▶年次報告
- ▶会計報告

▶監査人の報告
▶株主総会，取締役会，監査役会，合議制執行機関の議事録
▶議決権行使のための用紙，委任状
▶独立鑑定人の報告
▶会社の利害関係人のリスト
▶株主総会出席権がある者，配当を受ける権利がある者等のリスト
▶監査役会，監査人，国，または地方政府の財務監督機関の意見
▶有価証券報告書，四半期報告書
▶会社に提出された株主間協定締結の通知書，および協定当事者のリスト
▶会社の設立，経営，または会社への参加に関する紛争の裁判判決
▶その他法令，定款，株主総会等の会社の機関の決定が定める文書

### (4) 株式買取請求権

株主は，以下の場合に会社に対して，株式の買取を請求することができる（第75条1項）。

▶会社の再編（合併等），または株主総会の承認を要する大規模取引に関する決議の際に，株主が反対の議決権を行使し，ないしは欠席したとき
▶定款の変更・補充，または新たな定款の採択の決議の際に，株主が反対の議決権を行使し，ないしは欠席したとき
▶会社の株式等を非上場とする決議の際に，株主が反対の議決権を行使し，ないしは欠席したとき

## 6.3　取締役等の義務と責任

　民法典の法人に関する部分には，2014年5月の改正により，役員の法人に対する責任に関する規定が導入された。この規定は，法人の名において行為する権限をもつ者，法人の合議制執行機関の構成員，および法人の行為を決定する者の法人に対する責任と題されている（第53.1条）。これは法人一般についての規定であるが，すでに株式会社法，有限会社法には，取締役等の会社に対する責任の規定がある。民法典の新規定は，これらを法人一般に拡大したものである。

株式会社法によれば,

　取締役，単独制執行機関，合議制執行機関の構成員等は，会社との関係において良心的かつ合理的にその権利を行使し，義務を履行しなければならない（第71条1項）。

　これらの者は，その有責行為により会社に与えた損害を賠償する責任を負う（同条2項）。この場合に，取締役，単独制執行機関および合議制執行機関の構成員は，会社，または株主に損害を与えた決議の採択に反対し，または会議に欠席した場合には責任を負わない（同）。

　会社，および発行済普通株式の1%以上を保有する株主は，取締役，単独制執行機関，合議制執行機関の構成員を相手方として，会社に対して発生させた損害の賠償を求めて裁判所に出訴することができる（同条5項）。

　第71条は，取締役等の会社に対する責任とともに，株主による代表訴訟についても定める。ロシアでは，これを通常，間接訴訟と称する。この間接訴訟の概念は，会社に代わって株主が損害賠償を請求するものと考えれば，支配的な者，または親会社による拘束力ある指示によって惹起された損害についての，これらの者，または親会社に対する賠償請求（第6条3項），および取締役等による利害関係取引に対する損害賠償請求をも含むとされる[64]。

　間接訴訟については，当初，訴訟法学者の間から，原告に訴訟適格がない，すなわち第三者（会社）の利益のための訴訟は認められないという意見があったが，訴訟法の改正により，この問題は解決された。

　株式会社法の規定は，取締役，単独制執行機関，合議制執行機関の構成員等の責任について規定する。しかし，実際に責任を追及されるのは，取締役会の構成員ではなく，単独制執行機関である general director である場合が多い。株式会社において経営の実権を把握しているのは，general director だからである。

　間接訴訟の著名な例として以下の事件がある。

---

64) Shitkina ed., *supra*, pp. 998-1000.

第14章　株式会社法　313

**【裁判例】**
SIは，公開型株式会社Kirovskii zavodの単独制執行機関（general director）である。SIは，Kirovskii zavodの100％子会社としてPutilovskii zavod社を設立した。当初の資本金は，1万ルーブルであったが，その後，Kirovskii zavodの追加出資により，5億8,000万ルーブルまで増資が行われた。

ところでSIはその母親SIIとともに，有限会社Sigma Investの持ち分66％（3,300万ルーブル相当）を保有していた。この持ち分は，キプロスの企業と英領ヴァージン諸島の企業を順次経て，Putilovskii zavod社により，取得された。取得価格は61億2,800万ルーブルであった。Kirovskii zavod社の株主であるDoroga社は，この一連の取引が相互に関連したものであり，SIがその関係者であるSIIとともに，Sigma Investの持ち分を自己の統制下にあるPutilovskii zavodに高値で譲渡し，その結果，Kirovskii zavodの資産を減少させたとして，SIに損害の賠償を求めて出訴した。これはSIが取締役の義務──良心的かつ合理的に行動する義務──に反したことを根拠とする。

下級審は，SIの義務違反が証明されていないとして原告の訴えを斥けたが，最高商事裁判所は，この取引が，Sigma Investの持ち分をSI, SIIからPutilovskii zavodに譲渡するための相互関連取引であることを原告は立証したと認めた。最高商事裁判所によれば，この点が立証されれば，立証責任は被告に転換される。SIは，この一連の取引に関する情報を開示することが実際上可能であったにもかかわらず，これを開示せず，株主，および裁判所による文書提出請求にも応じなかった。商事裁判手続法典によれば，こうした場合は，提出を拒んだ当事者の不利益に判断することが可能であるが，下級審は，この点を考慮しなかった。

SIが単独制執行機関として合理的に行動したか否かについても，最高商事裁判所は，下級審の判断を覆した。SIはKirovskii zavod社の単独制執行機関としてPutilovskii zavod社の長を選任し，監督する権限があった。子会社であるPutilovskii zavod社は，親会社の代表であるSIを排除できない。このような場合に親会社のgeneral directorは，

善良な管理者として合理的かつ慎重に行動しなければならない。仮にSIがこの取引の詳細を知らなかったとしても，これは職務怠慢であり，有責な不作為である。

また，良心性に関しては，最高商事裁判所は，利益相反の可能性がある場合，すなわち，SIがもっぱら親会社，および子会社の利益のために行動したか否かについて，重大な疑惑がある場合には，良心性を推定する規定は適用されないと判示した。

最高商事裁判所は，事件を第一審裁判所に差し戻した[65]。

民法典は，法人の名において行為する権限をもつ者は，法人の利益のために，良心的かつ合理的に行動する義務を負うと定めている（第53条3項）。そして，上記のように，株式会社法も，取締役等は，良心的，かつ合理的に行動する義務を負うと定める。さらに，取締役等は，良心的，かつ合理的に行動する義務を負うだけではなく，会社の利益のために行動する「忠実義務（loiar'nost'）」を負うと解されている[66]。

最高商事裁判所の決定は，単独制執行機関の責任について敷衍し，その者が自己の義務を合理的に，かつ良心的に遂行したか否か，すなわち配慮と注意を怠らず，自己の義務の適正な遂行のための必要な措置をとったか否かが責任判断の基準となると判示した。その反面，単独制執行機関は，その者が合理的な事業リスクの範囲内で行動した場合には，責任を問われない。原告株主は，損害発生の事実，損害額，被告の行為の違法性，被告の行為（不作為）と発生した損害との因果関係を証明しなければならない[67]。

株式会社法も，責任の有無，および責任額の決定に際しては，商事取引の通常の条件，その他事案に関係するすべての事情が考慮されると定める（第71条3項）。

法律上の規定の存在にもかかわらず，ロシアでは，会社を含む法人の機関の作為・不作為による損害賠償には著しい困難があった。もっとも重要であ

---

65) 最高商事裁判所幹部会決定 2012年3月6日 No.12505/11.
66) I.Shitkina, "Grazhdansko-pravovaia otvetstvennost' chlenov organov upravleiiia khoziaistvennykh obshchestv", *Khoziaistvo i Pravo*, 2013 No.3, p. 5.
67) 最高商事裁判所幹部会決定 2007年5月22日 No.871/02.

ったのは，その機関の行為と法人に発生した損害との因果関係に関する，非常に高い立証責任であった。損害は，行為の「直接的，かつ不可避」の結果であることが要求された。しかし，近年，裁判所のアプローチはより柔軟になったとされる[68]。これは会社の機関の責任を強化する民法典改正にも反映された

### 6.4 大規模取引と利害関係取引

ロシアの企業では，経営陣による背任行為がしばしばみられる。一般に，こうした行為は，general director など，単独制執行機関や，取締役によることが多い。会社法（株式会社法，および有限会社法）は，このような権限濫用を抑制するために，2つの枠組みを用意した。大規模取引規制と利害関係取引規制である。実際には同じ取引が，同時に大規模取引と利害関係取引であることが多い。その場合には，利害関係取引に関する規定が適用される。

#### （1）大規模取引

一定規模以上の取引を取締役に委ねず，取締役会や株主総会の承認にかからしめることは，ロシア以外でも広く行われている。たとえば，イギリス会社法も，major transaction を規制する。

株式会社法によれば，大規模取引とは，借入，融資，担保，保証を含む，単一，または相互に関連した，会社が直接，または間接に，会社の資産の簿価の 25% 以上の財産を取得，譲渡，または譲渡の可能性にかかわる取引をいう（第78条1項）。ただし，会社の通常の経済活動の過程でなされた取引は，これに含まれない。たとえば，銀行が通常供与する融資などである。

大規模取引は，取締役会，または株主総会の承認を得なければならない。すなわち，取引の目的物の簿価が，資産総額の 25% 以上，50% 未満である場合には，その取引は，取締役の全員一致で承認される。この場合に，（利害関係の存在により）退席した取締役の議決権は，考慮されない。全員一致が達成されないときは，取締役会の決議により，承認の可否は，株主総会に委

---

[68] "Vazhneishie pravovye pozitsii VAS RF v razvitii chastnogo prava Rossii: 2009–2012", *K VIII Vserossiiskomu s"ezdu sudei, prilozheni k VVAS*, 2012, pp. 122–123. 最高商事裁判所幹部会決定　2012年3月6日　No.12505/11.

ねることができる。株主総会では，出席株主の過半数の賛成が必要である（第79条2項）。

取引の目的物が資産の簿価の50％を超えるときは，株主総会の承認を要する。この場合は，出席株主の4分の3の賛成が必要である（同条3項）。

裁判所は，以上の手続に反して行われた大規模取引を，会社，またはその株主の訴えにもとづいて，無効と認めることができる。ただし，裁判所は，以下の場合に，訴えを棄却する（第78条6項）。

▶訴えを提起した株主が議決に参加しても，議決の結果に影響しなかった場合
▶当該取引の実行が，会社，または訴えを提起した株主に損害を与え，または不利益な結果をもたらし，またはそのような可能性があったことが証明されなかったとき
▶事件の審理までに，会社が取引を追認したとき
▶事件の審理の際に，取引の相手方が，取引の承認手続が履践されなかったことを知らず，または知りうべくもなかったことが証明されたとき

(2) 利害関係取引

会社において利害関係取引の主体となり得るのは，以下の者である（第81条1項）。

▶取締役会（監査人会）構成員
▶単独制執行機関
▶合議制執行機関の構成員
▶関係者と併せて20％以上の議決権をもつ株主
▶会社に拘束力がある指示を与える権限がある者，経営受託者

これらの者，その配偶者，両親，子，全血，または半血の兄弟姉妹，養親，養子，またはその関係者が，

▶取引の当事者（相手方），受益者，仲介者，代理人であるとき

▶取引の当事者（相手方），受益者，仲介者，代理人である法人の 20% 以上の株式（持ち分，出資分）をもつとき
▶取引の当事者（相手方），受益者，仲介者，代理人である法人の機関に地位を占めるとき，または経営管理組織の機関に地位を占めるとき
▶その他会社の定款が定めるとき

対象となる取引には，借入，融資，担保，保証を含む。

この規定に定められた者は，取締役会，監査役会（監査役），および監査人に，本人が単独で，または関係者と併せて 20% 以上の議決権をもつ法人，本人がその機関において地位を占める法人について告知し，また本人が知る，すでに行われた，または将来行われる利害関係取引と認められる取引に関する情報を開示しなければならない（第 82 条）。

利害関係取引は，事前に取締役会（監査人会），または株主総会によって承認されなければならない。この手続は，会社の規模によって異なる（第 83 条 2 項）。

▶株主数が 1,000 人以下の会社
　取締役会の，利害関係がない構成員の過半数による承認。利害関係がない取締役数が，取締役会の定足数を下回るときは，株主総会の決議（同条 2 項，4 項）。
▶株主数が 1,000 人超の会社
　取締役会における，当該取引に利害関係をもたない独立取締役の過半数の議決。すべての取締役が利害関係をもつとき，および／またはすべての取締役が独立取締役ではないときは，取引は株主総会の承認を要する（同条 3 項）。

「独立取締役」は本条で株式会社法に初めて登場するが，以下のように定義される（同条 3 項）。

▶現に，また決議の採択前，1 年間，以下の条件を満たさない者
　• 単独制執行機関である者

- その配偶者，両親，子，全血，または半血の兄弟姉妹，養親，養子が会社の機関に地位を占める者
- 会社の関係者である者

当該取引，または相互に関連した取引の目的物の簿価が，前会計年度の資産の簿価の 2% 以上であるときは，株主総会において取引に利害関係がない株主の議決権の過半数による承認が必要である。

株主総会の承認は，当該取引の条件が，利害関係人が利害関係人と認められるまでになされた経済活動の過程でなされた類似の取引の条件と本質的な差異がないときなど，一定の場合には，必要ではない。

上記の承認手続を欠く利害関係取引は，会社，またはその株主の訴えにもとづき，裁判所により，無効と認められることができる（第 84 条 1 項）。しかし，裁判所は，以下の場合には，訴えを棄却する。

▶取引に利害関係をもたず，裁判所に取引の無効確認を求める株主の議決権行使が，仮にこの株主が仮に総会に参加しても，採決の結果に影響しなかったとき
▶当該取引が，会社，または原告株主に損害を与え，またはその他の不利益をもたらしたことが立証されなかったとき
▶裁判所における事件の審理時までに，取引が追認されたとき
▶裁判所の審理時に，取引の相手方が，その取引が法律に定められた手続に反していたことを知らず，また知り得なかったことが立証されたとき

利害関係取引の当事者は，会社に対して，その取引により惹起した損害の範囲内で賠償責任を負う（同条 2 項）。これは取引が承認されたか否かを問わない。

【裁判例】

公開型株式会社 Mezhdurech'e の株主は，同社と有限会社 Geoinvest を相手方として，両者の間の 2004 年 8 月 25 日付の非公開型株式会社 Mezhdurechenskaia 工場（Mezhdurech'e の子会社）の株式売買契約の無

効を求めて出訴した。この売買契約が利害関係取引に当たるというのがその根拠であった。下級審はいずれも原告の訴えを斥けた。

　この売買契約では，子会社の株式1万8,000株が1株1,001ルーブルで売却された。契約では，売主 Mezhdurech'e は，契約締結後10日以内に，株主名簿管理機関に指示して買主である Geoinvest に株式を移転し，名義書き換えの後に買主が代金を支払うものとされた。契約締結の6年後，2010年11月15日に名義書き換えが行われ，代金が同年11月29日に支払われた。

　原告の主張によれば，この契約は，Mezhdurech'e の取締役であり，Geoinvest の general director でもある Skurov による利害関係取引であったにもかかわらず，株主総会の承認を欠いていた。Geoinvest は，売主の名義書き換え指示書を受領したものの，これを6年間行使せず，売買契約の履行を一方的に引き伸ばした。これには何ら合理的な理由がなかった。この間，株価は，1株1万3,699ルーブルまで上昇した。買主は大幅に低い6年前の価格を支払うことで本件株式を取得した。また，子会社の支配権を失ったことで，売主である Mezhdurech'e，およびその株主である原告は損害を被った。

　下級審裁判所は，これが利害関係取引であり，株主総会の承認を欠くことは認めたが，原告が利害関係取引の成立に必要な会社・株主の不利益を立証していないこと，時効が成立していることを理由に原告の訴えを棄却した。

　これに対して，最高商事裁判所は，買主が時価よりも著しく低い価格で株式を取得したことが Mezhdurech'e の損害であるとして，利害関係取引の成立を肯定し，かつ買主が権利を濫用して相手方に損害を与えたとして，本件売買契約を無効と認めた。時効については，実際に株式が移転されたときを基準とし，時効は不成立とした[69]。

【裁判例】
公開型株式会社 Strelka の株主である Zh と S とは，会社を相手方とし

---

[69] 最高商事裁判所決定 2013年2月26日 No.12913/12.

て，2009 年 7 月 17 日の臨時株主総会の決議の無効確認を求めて訴えを提起した。この臨時総会では，利害関係取引が承認された。原告は，この利害関係取引の無効を主張し，取引の結果，第三者有限会社 Taksomotornyi Park に移転された Strelka の資産の返還を求めた。その根拠は，取引を承認した臨時株主総会が定足数の不足で無効であったという点にあった。下級審は，この点を認めて，臨時総会決議を無効と判断した。

　これに対して，最高商事裁判所は，臨時総会の定足数不足は認めなかったが，決議は無効とした。裁判所が確定した事実によれば，本件取引は，大規模取引であるとともに，利害関係取引でもある。会社法によれば，このような取引には，利害関係取引に関する規定が適用される。利害関係取引を承認する株主総会の決議により，Strelka の取締役である Kh1, Kh2, Kh3 が利害関係をもつ，Taksomotornyi Park との大規模取引が，本件取引に利害関係がない株主の多数決で採択された。Kh3 は，問題の取引の時点で，Strelka の取締役であるばかりではなく，取引の相手方である Taksomotornyi Park の general director であり，Kh1, Kh2 は，それぞれ Kh3 の父親と兄弟であった。上記の臨時総会決議により，Strelka のほとんどの資産は，Strelka が唯一の株主である Taksomotornyi Park に移転された。

　7 月 17 日の総会の時点で，利害関係をもたない株主の保有株式数は，4,563 株であった。総会では，賛成は，1,869 株であった。下級審はこの株式総会を，定足数不足と判断した。最高商事裁判所によれば，この判断は誤りで，定足数は充足されていた。しかし，この取引は，利害関係がない議決権の過半数による承認を得ていなかった。利害関係取引は，株主総会において，利害関係がない株主の議決権の過半数によって承認されなければならないが，本件では，この要件が満たされていなかった。

　本件の取引が実行されれば，会社のすべての不動産が，100% 子会社である Taksomotornyi Park に移転される。被告は，事実上，Strelka の生産基盤を清算したことになる。Strelka の利害関係がない他の株主は，これらの資産に対する支配権を奪われ，収益を得る権利を失うことになる。会社の資産の処分権は，事実上，その子会社の単独制執行機関

に移転されるが，これは会社の内部関係の均衡を失わせる。一方，取引の相手方である Taksomotornyi Park は，株主総会における承認の欠缺を知り得なかったはずはなく，したがって民事取引の良心的な当事者とは認められない[70]。

---

70) 最高商事裁判所幹部会決定　2010 年 11 月 2 日　No.8366/10.

# 第 15 章　有限会社法

## 1　有限会社一般

　有限会社法は，株式会社法より2年遅れて1998年に制定された[71]。有限会社は，その数においては株式会社の10倍以上に上るが，株式会社法が度重なる改正で改善されたのに対して，有限会社法の改正は，立ち遅れていた。制定以来，最大の改正は，2009年の改正である。この時期は，ロシアの経済危機にあたり，外国投資の誘引が改めて課題となっていた。そこで予てから外国投資家から批判が多かった有限会社法の改正が実現したのである。

　有限会社は，1名，または複数の者により設立される商事会社であって，設立資本が，持ち分に分割されているものをいう。社員の数は，50名を超えることはできない。有限会社の社員は，会社の債務につき，責任を負わず，会社の損失については，その出資した持ち分の価値の限度で責任を負う（第2条1項）。

　有限会社の社員の責任は，このように有限なものとされているが，この有限責任の原則には，株式会社の場合と同様に，例外がある。

　まず，社員の責任により，会社が倒産した場合で，会社の資産が債務の弁済に足りないときは，社員は，補充的責任を負う。会社に拘束力ある指示を与えることができる者，その他，会社の活動を決定する可能性をもつ者も，同様の責任を負う（第3条3項）。2014年5月の民法典の法人に関する部分の改正により，public company と non-public company の区別が導入された。有限会社は，公開会社以外の株式会社と並んで，non-public company である。

---

[71]　1998年2月8日　連邦法　FZ–14.

有限会社は，国内外に，子会社，および関連会社をもつことができる。子会社とは，他の会社（親会社）が，その会社の資本への過半数の参加，両者間の契約，その他の方法で，その会社の決定を定める可能性をもつ場合であり，関連会社とは，他の会社がその持ち分の20％超を保有する会社をいう。

親会社の責任については，株式会社と同様の規定がある（第6条3項）。すなわち，

（ⅰ） 子会社に拘束力ある指示を与える権利をもつ親会社は，その指示の執行のために子会社が行った取引について，子会社と連帯して責任を負う。

（ⅱ） 親会社の有責な行為による子会社の倒産の場合は，親会社は，子会社の資産が債務の弁済に足りないときは，補充的責任を負う。

（ⅲ） 子会社の社員は，親会社の有責な行為により子会社に惹起された損害の賠償を親会社に請求することができる。

## 2　有限会社の設立

### 2.1　設立決議

有限会社は，発起人集会における会社設立の決議，また単独発起人の場合は，その者の決定によって設立される。この決議（決定）には，会社の設立，定款の承認，会社の機関の選任・任命などの事項が含まれなければならない。会社が1名の発起人によって設立される場合には，資本金の額，その払込み手続，期限も定められなければならない（第11条1項）。

会社設立の決議，定款の承認，出資される有価証券，財産，知的財産権などの金銭的評価の承認に関する決議は，発起人の全員一致であることを要する。会社の機関の選任・任命には，4分の3の多数決を要する（同条4項）。

発起人は，書面により，会社設立契約を締結する。会社設立契約には，会社設立のための発起人の共同行為，資本金の額，各発起人の持ち分の名目的価格とその持ち分の払込みの手続と期限が定められる（同条5項）。

### 2.2　定　款

有限会社の定款には，商号，会社の所在地，資本金の額，社員の権利，お

よび義務の他，社員の脱退，持ち分の譲渡，会社の機関の構成に関する定めが置かれる（第12条2項）。

社員の脱退は，2008年までは自由に行われ，企業の存続に影響する場合もあった。2009年の法改正により，社員の脱退を認める場合には，その旨を定款に明記し，脱退の手続，および効果を定めることが義務づけられた。

第三者への持ち分譲渡の手続も定款に定められる。

会社の機関に関しては，社員総会の排他的権限，全員一致，または特別多数の要件など会社の機関による決定採択の手続，会社の機関の構成，および権限を定款に定める必要がある。

会社は，法人登記により，設立されたものとみなされる（第2条3項）。

## 3　資本と持ち分

会社の資本は，社員の持ち分の名目額の合計である。有限会社の最低資本金は，1万ルーブルである。会社の資本金は，「債権者の利益を保証する会社の資産の最低額を定めるものである」（第14条1項）。社員の持ち分の現実の価値は，その持ち分比率に対応する会社の純資産の価値に相当する。

会社の定款により，社員の持ち分の最高限度を定めることができる。また，同様に，定款で社員間の持ち分比率の変更を制限することもできる。この場合に，設立後に定款にこの制限を導入するためには，全員一致の決議を要する。特定の社員に対してのみ，この制限を課することはできない（同条3項）。

会社への出資は，金銭，有価証券，その他の財産，または財産権，ないしは金銭的評価が可能な権利によって行うことができる（第15条1項）。

出資された財産の金銭評価は，社員総会の全員一致の決議により，承認される。社員の非金銭的出資の名目額が2万ルーブルを超えるときは，その価値を決定するために，独立鑑定人を委嘱しなければならない。出資額の名目的価格は，独立鑑定人の評価を超えてはならない（同条2項）。

現物出資が過大評価された場合には，社員と独立鑑定人は，出資された財産の価値の過大評価の限度で，会社の債務につき，連帯して補充的責任を負う。これは法人登記後3年までとされていたが，2014年の民法典改正により，5年に延長された（第15条2項）。

発起人は，出資金の全額を，会社設立契約に定めた期限内に払い込むことを要する。この起源は，会社の登記後4ヶ月を超えることはできない（第16条1項）。払い込まれなかった持ち分は，会社に移転され，会社は，これを売却処分する（同条2項）。

増資は，会社の資産により，または社員の追加出資，ないしは，定款がこれを禁止していないときは，会社が受け入れる第三者の出資によってなされる（第17条2項）。社員の追加出資には，社員総会の3分の2以上の多数を要する。この議決要件は，定款で加重することができる（第19条1項）。また一人の社員が追加出資を申し出ることも，また定款が認める場合には，第三者が出資を申し出ることも可能であるが，その承認には，全員一致の決議を要する（同条2項）。

## 4  社員の権利

### 4.1  社員名簿

株式会社法には株主名簿の規定があるが，有限会社法には対応する規定がなかった。2009年の改正により，有限会社法は，各社員に関する情報，および各社員の持分額，払込みの有無，会社に属する持ち分の額，および会社がその持ち分を取得した日付に関する情報を内容とした社員名簿を作成し，管理することを会社の義務と定めた（第31.1条1項）。単独制執行機関は，これらの情報を，国家法人登記簿に記載された情報，および会社に知れた持ち分譲渡に関して公証人が認証した取引の情報と一致させなければならない。一方，社員は，自己の持ち分に関する情報を適時に会社に通知することを要する（同条2項，3項）。

会社，および会社に自己に関する情報の変更を伝えることを怠った社員は，社員名簿に記載された情報を信頼して行動した第三者に対して，社員名簿と法人登記簿との情報の相異を主張できない（同条4項）。

### 4.2  社員の権利

社員の権利には，経営参加権，利益の配分を受ける権利などの他に，以下の重要な権利がある（第8条1項）。

▶自己の持ち分の全部，または一部をその会社の1名，または数名の社員，ないしは第三者に，有限会社法と定款が定める手続により，売却，その他の方法で譲渡すること
▶有限会社法が定める場合に，定款の規定にもとづいて，自己の持ち分を会社に譲渡して会社から脱退すること
▶社員間協定を締結すること（第8条3項）

### 4.3　持ち分の譲渡

有限会社では，社員は，他の社員，または第三者に持ち分を売却，その他の方法で譲渡する権利をもつが，そこには一定の制限がある。

会社の社員間の持ち分譲渡には，定款に定めがない限り，他の社員の承認を要しない。社員による第三者への持ち分譲渡は，定款がこれを禁止していない限り，有限会社法が定める手続にしたがって行われる（第21条2項）。

社員には，他の社員による第三者への持ち分譲渡の場合に，先買権がある。すなわち，他の社員は，持ち分を処分とする社員が第三者に提供した価格と同じ価格で，または定款にあらかじめ定められた価格で第三者に先立って買い取ることができる。第三者に自己の持ち分を譲渡しようとする社員は，書面により，持ち分処分の意思を会社と，会社を介して他の社員に持ち分譲渡の申込みを行う。この文書には，譲渡価格，その他の譲渡条件が含まれなければならない（同条5項）。

社員，または会社が，30日以内に先買権を行使しなかったとき，または先買権を行使した残余の持ち分は，第三者に譲渡されることができる（同条7項）。

第三者に持ち分を譲渡する契約は，公証人の認証を要する。公証人の認証を欠く譲渡は無効である（同条11項）。

### 4.4　持ち分への担保設定

社員は，その持ち分の全部，または一部に，他の社員のために担保を設定することができる。定款で禁止されていないときは，社員総会の承認を得て，第三者のために担保を設定することもできる。この場合の総会の承認は，過

半数で足りるが，定款で加重することもできる。契約は，公証人の認証を要する（第22条1項，2項）。

### 4.5 利益の配分

会社は，四半期に一度，半年に一度，または年に一度，その純利益を社員間に分配する決議を社員総会で採択することができる（第28条1項）。利益は，社員の持ち分に比例して配分される。しかし，これ以外の方法による利益配分も，社員全員一致の決議，または原始定款に定めがある場合に認められる（同条2項）。

### 4.6 社員の脱退権

外国投資家にとってロシア企業との合弁事業で有限会社形態が使いにくかったのは，1つには社員の脱退権が保障されていたためであった。2009年改正前の有限会社法によれば，社員はいつでも他の社員の同意なくして会社を脱退することができる。脱退した場合は，その意思表示の時点からその社員の持ち分は会社に移転する。会社はその社員に持ち分の現在価額を払い戻すか，相手方が同意した場合は，持分相当額の現物を引き渡す義務を負う。払戻しの資金不足の場合には，減資が予定されていた。これでは社員の脱退によって会社が立ち行かなくなる。しかも，この脱退権は定款によっても制限できないものとされていた。実際にも，日ロ合弁企業で合併事業の相手方の脱退と持ち分の払戻しをめぐって紛争が生じた例がある。そこで合弁企業をロシア国内で設立する場合は，有限会社ではなく株式会社形態をとることが推奨された。

2009年の改正で，民法典と有限会社法のこの点に関する規定が改正された。これらの規定によれば，有限会社の社員は，「定款に定めがある場合は」いつでも他の社員の同意なくして，会社にその持ち分を譲渡することにより，会社を脱退することができる（第26条1項）。すなわち定款に定めがなければ社員には一方的に会社を脱退する権利はなくなったのである。社員の会社脱退の規定は，原始定款に止まらず，会社設立後に定款に加えることができる。これには全員一致の決議が必要である（同条2項）。

## 5 会社の機関

### 5.1 概　観

　有限会社の最高機関は，社員総会である（第32条1項）。取締役会の設置は，義務的ではないが，定款により，これを設置することができる（同条2項）。取締役会は，ロシア語で *sovet direktorov* であるが，株式会社の取締役会と同様に括弧書きで *nabliudate'nyi sovet* と付記されており，ここでも英米法の取締役会とドイツ・フランス法系の監査人会との混同がみられる。

　取締役会を設置する場合は，定款の定めを要する。株式会社と同様に，有限会社でも，取締役会が設置された場合は，その構成員の4分の1を超える構成員を合議制執行機関の構成員が占めることはできない。また，単独制執行機関は，取締役会の議長を兼任することはできない（同）。

　会社の経常業務の指揮は，会社の単独制執行機関，または単独制執行機関と合議制執行機関とに委ねられる。これら執行機関は，社員総会，および取締役会が設置されている場合には，取締役会に従属する（同条4項）。

　有限会社は，定款により，監査役会（*revisionnaia kommissia*）を設置し，または監査役（*revizor*）を選任することができる。15名を超える社員がいる会社では，監査役会の設置，または監査役の選任は義務的である。監査役会の構成員，および監査役は，社員である必要はないが，取締役会構成員，単独制執行機関，合議制執行機関の構成員とは兼任できない。定款が定める場合には，監査役会（監査役）の任務を会社，取締役会構成員，単独制執行機関，合議制執行機関の構成員，社員と財産的利益が関係しない外部監査人によって担われることができる（同条6項）。

### 5.2　社員総会

社員総会の権限は，以下の事項を含む（第33条2項）。

- ▶会社の活動の基本的な方向の決定
- ▶資本金の額の変更を含む，定款の変更
- ▶執行機関の選任と解任

▶監査役会(監査役)の選任，および解任
▶会社の年次報告と決算書類の承認
▶配当の決議

なお，社員総会は，総会を実際に開催しなくとも，持ち回りで行うことができる(第38条1項)。

法令，定款に反して採択され，社員の権利，および法的利益を侵害する社員総会の決議は，その社員総会に欠席し，または出席して反対した社員の訴えにより，裁判所においてその効力を争うことができる(第43条1項)。裁判所には，株式会社法と同様に，裁量棄却の権限がある。社員の議決権行使が結果に影響を与えず，違反が重大ではなく，社員に損害を与えなかったときは，裁判所は，その決議を有効と認めることができる(同条2項)。

【裁判例】
有限会社Slavitsaの持ち分40%を保有する社員Xは，同社のgeneral directorから臨時社員総会の通知を受け取った。会社の所在地はクラスノヤールスクであるが，臨時総会の開催地は，アルタイ州アルタイ地区の辺境の保養地であった。開催場所も正確にはXに通知されなかった。議題には大規模取引の承認が含まれていた。臨時総会は実際に開催され，55%の持ち分を保有する社員が出席し，議案を全員一致で承認した。これに対して，社員Xは，社員総会の会社所在地以外での開催は社員の総会参加権を侵害し，また社員を不平等に取り扱うものであるとして，総会決議の無効を求めて出訴した。下級裁判所は，仮にXが総会に出席しても，決議に影響しなかったとし裁量棄却の規定を適用して，この訴えを斥けた。

しかし，最高商事裁判所は，下級審の決定を破棄した。最高商事裁判所によれば，総会への現実的，かつ負担なき出席は，総会が定款その他の内部文書に異なった規定がない限り，会社の所在地で行われることによって保証される。総会を会社所在地以外で開催することは，それが社員の総会参加を困難にする場合(アクセスの困難，費用負担など)には，総会招集手続の重大な違反と評価すべきである。本件では，臨時総会招

集地を会社所在地以外に選定した理由は明らかにされず，またその選択は，事業活動とも関連しない．したがってこれは社員の総会参加権の不当な制限であり，本決定の効力を保持する条件は存在しない[72]．

### 5.3 単独制執行機関

単独制執行機関は，general director, president などの名称をもつ．その選任は，それが定款により取締役会の権限とされていない場合は，社員総会によって選任される（第40条1項）．単独制執行機関は，委任状なくして会社の名において行動し，その利益を代表するとともに，契約を締結する（法律行為を行う）（同条3項1号）．

法令，定款に違反し，社員の権利，または法的利益を侵害する取締役会，単独制執行機関，合議制執行機関等の決定に対しては，自らの権利，または利益を侵害された社員は，裁判でその効力を争うことができる．裁判所は，その違反が重大ではなく，決定が会社，または申立人である社員に損害を与えず，その他不利益な結果をもたらさない場合には，その決定を有効と認めることができる（第43条3項）．

なお，議題に含まれていなかった事項に関する決議，議決に必要な多数に満たなかった決議は，社員の訴えによらずに，無効とみなされる（第43条6項）．

### 5.4 単独制執行機関，取締役等の責任

単独制執行機関，合議制執行機関構成員，取締役等は，会社の利益のために，良心的，かつ合理的に行動する義務を負う（第44条1項）．これは株式会社と同じである．

これらの者は，その有責な行為（不作為）によって会社に生じた損害につき，賠償責任を負う（同条2項）．会社，または社員は，これらの者の責任を裁判上，追及することができる（同条7項）．

---

[72] 最高商事裁判所幹部会決定　2011年2月22日　No.13456/10.

## 5.5 利害関係取引・大規模取引

　株式会社法の利害関係取引・大規模取引に関する規定は，以前に改正され，整備されていたが，有限会社法の規定は，法制定時から変わらなかった。2009年改正でこれらの規定はようやく株式会社法並みになった。たとえば利害関係取引・大規模取引の規制対象となる取引について，「借入れ，融資，担保の提供，保証」が例示された。これは従来の裁判で争われた事例を反映させたものである。また，利害関係取引の当事者として，取締役や単独制執行機関，合議制執行機関の構成員，「関係者」と併せて20％を超える議決権をもつ株主の他，「会社に対して拘束力ある指示を与える権限をもつ者」が加えられた（第45条）。

　利害関係取引は，社員総会で利益相反関係にない社員の過半数により，承認されなければならない。この場合の社員総会に提示される情報について，改正法は，取引の当事者名，受益者名，取引の目的物，価格，その他取引の重要な条件を開示することを義務づけた。これも株式会社法の規定と同じである。

　改正有限会社法では，「関係者（affiliated persons）」に関する条項が新たに導入された。これによれば，「関係者」の定義は他の法律（反独占法）で定められるが，一般的には「事業活動を行う私人，または法人に対して影響力を行使する能力がある者」をいうとされる[73]。「会社の関係者」は，新たな持ち分の取得により，議決権の25％以上を行使できるようになったときは，その旨を取得後10日以内に会社に書面により通知しなければならない。この義務の懈怠により会社に損害を与えた場合には，関係者は会社に対して損害賠償責任を負う（第45条6.1項）。

　大規模取引に関する規定も，2009年改正で大幅に整備された。規定は株式会社法と共通である。大規模取引は，会社の資産の簿価の25％以上の価値をもつ取引であるが，これは社員総会の承認を要する。取締役会が設置されている場合は，資産価値の25％以上50％未満の取引は，取締役会の承認で足りる。

---

[73]　V.F.Popondulo, *Kommentarii k federal'nomu zakonu o nesostoiatel'nosti*, 3rd edition, Moscow 2011, pp. 40-41.

これらの機関の承認がない大規模取引は無効であるが，裁判所は，以下の事由があるときは，無効の申立てを斥けるものとされる。

- ▶申立人である社員が議決に参加しても，大規模取引を承認する社員総会の決議に影響しなかったとき
- ▶当該取引が，会社，および申立てを行った社員に損害を与え，または与える可能性があることが立証されなかったとき
- ▶裁判所における事件の審理までに，当該取引が会社により追認されたという証拠が提出されたとき
- ▶裁判所の審理において，当該取引の相手方が，取引が承認を経ていないことを知らず，知り得なかったことが証明されたとき

## 6 社員間協定

有限会社法は，2009年に社員間協定を認める規定を導入した。

> 発起人（出資者）は，社員総会において特定の方向で議決権を行使し，他の社員と協調して議決権を行使し，持ち分の全部，または一部を協定に定められた価格で譲渡し，および／または一定の条件が成就された場合に譲渡すること，または一定の条件が成就するまで持ち分の全部，または一部を譲渡しないこと，さらには協調して会社の経営または会社の設立，活動，再編，および清算を行うなど，その他の行為を含めて，自己の権利を特定の方法で行使し，および／またはその行使を抑制することに関して協定を締結することができる（「第13章 会社法通則」参照）。

## 7 会計と監査

### 7.1 会計書類

有限会社は，原則としてその事業報告を開示する義務はない。ただし，会社が社債を公募発行した場合は，その会社は，年次事業報告と，計算書類を毎年公表し，法令が定める，会社の活動に関する情報を開示しなければなら

ない（第49条1項，2項）。

### 7.2 監　査

　年次決算報告，および計算書類の適正さを点検・承認し，会社の業務の状況を点検するために，会社は，社員総会の決議により，会社，取締役会構成員，単独制執行機関，合議性執行機関構成員，および社員と財産的利益により関係していない，専門的な監査人を招致することができる。また，社員の請求により，その社員が選択した，上記の要件を満たす専門的な監査人によって監査を行うこともできる（第48条）。

# Ⅴ 渉外法

# 第 16 章　外国投資法

## 1　外国投資法の沿革

　外国投資に関するロシアの基本的な法律は，1999年に制定された外国投資法である。

　社会主義時代には，同じ社会主義国である COMECON（経済相互援助会議）加盟国以外からロシアへの外国投資は，厳しく制限されていた。東西合弁事業を公認した1987年の最高会議幹部会令は，この分野における最初の法令であった。1991年に制定されたロシア社会主義連邦共和国外国投資法は，いまだロシアが市場経済への転換の第一歩を踏み出したばかりの時期に，十分な準備なくして制定された法律であり，外国投資家からも，また国内からもその欠陥が指摘されていた。1996年に新外国投資法の草案が議会に提出され，1997年に第一読会を経たが，結局，1999年に至るまで制定をみなかった。これは外国資本の導入をどの程度自由化するかについて，見解の対立があったためである。1999年外国投資法は，旧法に比べて立法技術的には向上したと評価された。規制の範囲も，旧法があらゆる形態の投資を網羅的に規制しようとしたのに対し，1999年外国投資法は，対象を外国からの直接投資に限定し，また銀行，保険等のセクターへの投資も規制対象から除外した。用いられている諸概念は正確であり，規定も具体的であると評価されている[1]。

　1999年外国投資法は，外国投資の自由を原則とし，投資保護する法律であるが，これに対して，2008年に制定された戦略的意義を有する分野の企

---

1) A.N.Kucherov et als., "Novyi federalnyi zakon 1999", *Zakonodatel'stvo*, 1999 No.11. O. V.Tagasheva, *Kommentarii k federal'nomu zakonu 9 Iulia*, 1999, 160–FZ, 2010 (e-Garant).

業への外国投資の手続に関する法律は，この分野における外国投資に対する制限を導入したものである。以下にまず1999年外国投資法を概観し，次いで2008年法が定める例外について検討することとしたい。

## 2  1999年外国投資法

### 2.1  外国投資法の目的

外国投資法は，外国投資家がロシア連邦に投資をする際の権利の国家的保障に関する事項を規定する（第1条）。その目的の中には，外国投資家の活動条件の安定性の保障，国際法規範，および投資協力に関する国際的慣行の遵守が挙げられている。

### 2.2  基本概念（第2条）

a. 外国投資家　　（ⅰ）その設立国の法によって民事上の権利能力が定められ，その国の法にしたがってロシア連邦に投資を行うことができる外国法人，（ⅱ）その設立国の法によって民事上の権利能力が定められ，その国の法にしたがってロシア連邦に投資を行うことができる，法人ではない外国の組織，（ⅲ）その国籍がある国の法によりその民事上の権利能力と行為能力が定められ，その国の法にしたがってロシア連邦に投資を行うことができる外国の自然人，（ⅳ）ロシア連邦の国際条約にしたがって，ロシア連邦において投資活動を行うことができる国際組織，および（ⅴ）連邦法が定める手続にしたがって投資を行う外国国家を意味する。

b. 外国投資　　ロシア連邦領域における事業活動の対象に，外国投資家に帰属する民事上の権利の形式で，権利の目的物（金銭，有価証券（外貨，またはルーブル建て），その他の財産，ないしは財産権，または知的活動の成果に対する排他的権利を含む）に外国資本を投下することをいう。

c. 外国直接投資　　外国投資家による，ロシア連邦国内に，ロシア連邦民法にしたがって会社として設立された，または新たに設立される商事組織の株式，または持ち分の10％以上の取得，ロシア連邦国内に設立された外国法人の支店等への資本投下，ロシア連邦国内において外

国投資家が関税評価額10億ルーブル以上のCIS対外経済活動商品表第16・17編に定める機械設備のレッサーとしてファイナンス・リースを行うこと。
  d. 優先投資プロジェクト　外国投資の総額が10億ルーブル（外国投資法発効のときのロシア連邦中央銀行交換レートによる相当する外貨額）以上の投資プロジェクト，または外国資本が参加した商業組織の資本金への外国投資が1億ルーブル以上の投資プロジェクト。

上記の外国投資家の定義にしたがえば，外国投資家により，ロシア法に準拠してロシアで設立された子会社や関連会社は，外国投資家ではなく，外国投資法の保護を受けない（第4条4項）。しかし，外国投資家，または外国投資家が10％以上の株式，または持ち分に出資してロシア連邦において設立された企業は，再投資に際しては，外国投資法が定める法的保護，保障，および特典を完全に享受する（第4条5項）。一方，戦略分野のロシア企業への投資に関しては，ロシア法人であっても，外国投資家の支配の下にある企業は，外国投資家と同様の規制を受ける。

### 2.3　外国投資家の内国民待遇

外国投資家の活動とその投資により得られた利益の利用に関する法的レジームは，連邦法が定める場合を除き，ロシア投資家によるその活動と投資から得られた利益の利用の法的レジームより不利であってはならない（第4条1項）。これは外国投資家の内国民待遇を定めた規定である。外国投資家に関する制限的な性質の例外的制限は，連邦法により，それが憲法体制の基礎，倫理，人の健康，権利，または法的利益の擁護，国防，または国家安全保障の確保のために必要な場合にのみ課せられる（同条2項）。一方，外国投資家への特典供与の形式の投資促進的例外（たとえば税法上の特典の供与）は，ロシア連邦の社会・経済的利益の発展の利益のために設定されることができる（第16条）。

### 2.4　外国投資の保護

#### (1)　概　観

外国投資法は，ロシア連邦国内において外国投資家には，外国投資法，そ

の他ロシア連邦の法令，および国際条約が保障する権利，および利益の完全かつ無条件の保護が供与されると規定する（第5条1項）。外国投資家は，ロシア連邦の立法が禁止していない，いかなる形態における投資をも行う権利をもつ（第6条1項）。後述の2008年法の規制は，この例外にあたり，外国投資法も改正され，例外規定が挿入された。

なお，外国投資家は会社を設立したり，既存の会社に資本参加するに至らなくとも，支店や駐在員事務所を設置することができる。外国法人の支店等は，それを設置した外国法人（親会社）の名において，その親会社の設立目的と活動が商業的性質をもち，ロシア連邦における支店等の活動に関連する債務につき，親会社が直接責任を負うという条件で，代表機能を含む，親会社の機能の全部，または一部を遂行することができる。

### (2) 国有化，収用などからの外国投資の保護

外国投資法は以下のように規定する。

> 外国投資家，または外国資本が参加した会社の資産は，連邦法，またはロシア連邦の国際条約が定め，その手続にしたがって行われる場合を除き，国有化，徴発処分を含めて，強制的に収用されない（第8条1項）。

外国投資家，または外資が参加した商事組織の国有化の場合には，国有化された資産の価額と損害とが賠償される（同条2項）。一般に，国際投資法では，国有化の場合には，迅速かつ適正で実効的な補償が要求されるが，ロシアの外国投資法では，迅速性に関する言及がなく，また，「資産の価額」がどのような基準で算定されるかも定められていない。

ロシア連邦憲法の規定では，何人も，裁判手続によらなければその資産を奪われない（第35条）。

国際法上，国有化については，

▶それが公共の利益のために発動されること
▶法律が定める手続にしたがって行われること
▶恣意的・差別的ではないこと

▶迅速，適正，かつ効果的な補償がなされること

が要求される[2]。ロシアは調印したものの，結局は批准しなかったエネルギー憲章条約第13条（1）などは，こうした条件を定めているし，多くの二国間投資保護協定も同様である。投資の促進，および保護に関する日ロ間の1998年の協定も，公共のため，正当な法の手続きにしたがい，差別的ではなく，迅速，適正，かつ実効的な補償がなされることを国有化の条件としている（第5条1項）。損害の算定については，時価が予定されている。

2000年代に入って，資源ナショナリズムの時代に，世界的に直接的な国有化よりも，間接的な，「忍び寄る国有化」が行われる例が多くなったと指摘されている[3]。2014年には，ロシア政府によるYukosに対する措置が，エネルギー憲章条約にもとづく仲裁において，国有化と認定された[4]。

### (3) 国家機関，公務員等の違法行為に対する損害賠償請求権

外国投資家は，ロシア連邦の民事立法にしたがって，国家機関，地方自治機関，およびその職員の違法な行為（不作為を含む）により惹起された損害を賠償される権利をもつ（第5条2項）。国家機関，公務員等の違法行為に対する損害賠償請求権は，憲法，および民法典にも規定がある。

### (4) 租税等の不利益変更に対する保護

投資の後に，投資時の条件に比べて租税等強制的支払の条件が投資家の不利益に変更された場合に，投資時の条件が維持されるという規定は，旧社会主義国に止まらず，発展途上国の外国投資法に広くみられる規定である。1999年法は，以下のように定める。

> 輸入関税，連邦税（奢侈税，ロシア連邦製品に対する付加価値税を除く），国家予算外基金への支払い（ロシア連邦年金基金への支払いを除く）の額を変

---

[2] C.McLachlan et al., *International Investment Arbitration: Substantive Principles*, Oxford 2007, pp. 316–334.
[3] P.D.Cameron, *International Energy Investment Law*, Oxford 2010, pp. 220–221.
[4] "Yukos v. Russia: Issues and Legal Reasonig behind US$50 Billion Awards," *Investment Treaty News*, September 2014.

更するロシア連邦の新たな連邦法，その他の法令が発効した場合（一般投資），または優先投資プロジェクトにおいて，現行のロシア連邦の新連邦法，その他の法令に外国投資家，または外資が参加した商事組織の活動に対する課税総額の増加をもたらす改正，または追加がなされた場合，ないしは外国投資による優先プロジェクトのファイナンス開始日にロシア連邦法，その他の法令にしたがって妥当していた租税負担総額のレジームと異なる，外国投資を禁止，または制限するレジームが導入された場合（優先プロジェクトの場合），そのような新たな連邦法，その他の法令，または現行の連邦法，その他の法的規範的アクトへの改正・追加は，投資回収期間（原則として7年を超えることはできない）の間，外国投資家，または外資が参加した商事組織には適用されない（第9条1項）。

【裁判例】
閉鎖型株式会社Fは，租税当局の処分の無効確認を商事裁判所に求めて出訴した。Fと地方政府との間には1999年に投資契約が締結された。この契約により，地方政府は，投資回収期間に利益税の100％，その後2年間50％を免除するという特典をFに供与した。2004年の利益税申告にあたって，Fはこの特典を反映させたが，租税当局は，利益税の支払いと遅延に対する科料の支払いを命じた。その根拠は，2003年12月8日の租税関連法改正で，地方政府の租税減免措置は，2004年1月1日に失効したというものであった。これに対して，商事裁判所は，この減免措置が，1991年の企業利益税法第6条9項に定める長期的措置にあたり，2003年法は，納税者の立場の不利益変更であって，Fに適用されないと判示した[5]。

なお，こうした不利益変更に対する保護は，外国投資家のみならず，ロシアの企業における外国投資家の持ち分が25％を超える場合には，ロシア企業にも適用される。外国投資家の持ち分の比率にかかわらず，その企業が優先投資プロジェクトを遂行する場合も同様である。

---

[5] A.Pushkin, *Pravovoi rezhim inostrannykh investitsii v Rossiiskoi Fedratsii*, Moscow 2012, pp. 49–50.

### (5) 海外送金の自由

外国投資法によれば，外国投資家は，ロシア連邦の立法が定める租税と賦課を支払った後，投資の収益と利益を再投資，その他ロシア連邦の立法に禁止されていない目的のために自由に使用し，また投資の結果得られた収益，利益，その他適法に獲得された以下の資金を，ロシア連邦国外に外貨により障害なく送金する権利をもつ（第11条）。

▶利益，配当，利息の形で得た投資の収益，その他の収入
▶外国資本が参加した会社，またはロシア連邦国内に支店等を設置した外国法人による契約，その他の取引の履行のための資金
▶外国資本が参加した会社，またはロシア連邦国内に外国法人が設置した支店等の清算，ないしは投資した資産，財産権，または知的活動の成果に対する排他的権利の譲渡により得た収益
▶国有化等の場合の補償金

### (6) 外国投資家による土地，その他の天然資源，建造物，施設等不動産に対する権利の取得

外国投資家による土地，その他の天然資源，建造物，施設等不動産に対する権利の取得は，ロシア連邦，およびロシア連邦構成主体の立法にしたがう（第15条1項）。土地については，土地法典に，外国人による土地の取得に関する規定がある。外国投資家の土地利用形態は，基本的に賃貸借である。また，地下資源に関しては，地下資源法に制限が定められている。

### (7) 外国投資家により，当初外国投資としてロシア連邦に持ち込まれた財産，および文書，ないしは電磁方式で記録された情報のロシア連邦国外への障害なき持ち出しの権利

当初，外国投資としてロシア連邦に外国投資として財産，および文書，ないしは電磁方式で記録された情報を持ち込んだ外国投資家は，障害なく（数量制限，ライセンス，その他外国貿易の非関税的措置の適用なく）これらの財産，または情報をロシア連邦国外に持ち出す権利をもつ（第12条）。

### (8) 適正な紛争処理の保障

外国投資法は，外国投資家によりロシア連邦国内において遂行される投資，または事業活動に関連して生じた紛争は，ロシア連邦の国際条約，および連邦法にしたがって，普通裁判所，商事裁判所，または国際商事仲裁により解決されると定める（第10条）。なお，日露投資促進および保護協定は，ICSID（国際投資紛争解決センター）の調停または仲裁，ICSIDの追加的措置にもとづく調停または仲裁，およびUNCITRAL規則にもとづく仲裁を紛争解決手段としてあげる。

### 2.5 外国投資を管掌する政府機関

ロシア連邦政府は，投資促進の一方で，ロシア連邦において外国投資の禁止，および制限を導入することの合目的性を決定し，これらの禁止と制限のリストを作成する。このような機関として，反独占庁の一部局である外国投資監督局が置かれている。

## 3 戦略的意義を有する分野の企業への外国投資手続法（2008年法）

### 3.1 2008年法制定の経緯

ロシアでは，2008年に「戦略的意義をもつ分野のロシア企業への外国投資の手続に関する法律」が制定された。この法律は，その目的規定において，1999年外国投資法に対する「例外的性質の制限」を定めるものと性格づけられている（第1条）。ロシア政府は，この法律は戦略的分野への外国投資を新設された政府委員会の事前同意に服せしめるものであって，外国投資を制限するものではないことを強調する。

この立法のきっかけとなったのは，ドイツ企業による戦略的分野のロシア企業の支配権取得計画であった。この計画は，ロシア政府によって阻止されたが，これは戦略的分野への外国投資を規律する法律の必要性が認識される契機となった。こうした法律は，ロシアに限られたものではなく，アメリカの包括貿易競争法のExon-Florio修正や，ドイツの対外貿易法などの例をあげることができる。日本でも，外国企業による，当時の電源開発（株）（現

JPower）の株式の 20％ 取得が，外国為替，および外国貿易法の手続を経て，拒絶された例がある。

ロシアでは，地下資源に対する外国投資の限度が予てから議論されていた。Yukos の解体は，M.Khodorkovsky が石油メジャーとの合併を進めていたことが大きな原因であったと報告されている。かつて BP-TNK では，BP が 50％ を保有していたが，この提携も 2013 年に解消された。プーチン政権は，外国資本が，ロシアの地下資源に支配力を行使することに否定的であり，すでに 2005 年頃から地下資源法に外資規制規定を導入することが議論されていた。

当初，ロシア政府は，戦略的分野への外国投資規制法の制定と地下資源法への外資制限規定の導入とを並行して行う予定であった。しかし，議会に法案が提出された後，両者を統合することになり，2008 年法は，一般の戦略的分野の企業への外国投資とともに，地下資源に対する外国投資をも合わせて規制する，包括的な法律として制定された。そのために支配力の水準など，規制が複雑化したことは否めない。

### 3.2　2008 年法の規制対象

2008 年法は，外国投資家，または外国投資家が参加した投資家のグループ（以下，投資家のグループという）による，ロシア連邦の国防，および国家の安全にとって戦略的意義をもつ商事会社の株式（持ち分）の取得，その他これらの企業に対する支配の確立を外国投資家，または投資家のグループが獲得する結果をもたらす行為を規律する（第 1 条）。すなわち，行為の主体は，外国投資家，または外国投資家が参加したグループであり，規律の対象となる行為は，株式（持ち分）の取得など，戦略的分野におけるロシアの会社に対する支配を確立する行為である。なお，行為の主体には，この他に，外国国家，国際組織，ならびにこれらの支配下にある組織も含まれる（第 2 条 2 項）。これらの組織については，ロシア企業に対する支配確立に関して，より厳格な基準が定められている。

2008 年法にいう外国投資家は，1999 年外国投資法の定義によると定められている。その限りでは，ロシアで設立された企業は外国投資家に含まれない。しかし，その企業が外国投資家の支配下にある場合は，これも外国投資

家に含まれる（第3条2項）。したがって，2008年法の外国投資家の定義は，1999年外国投資法の定義よりも広い。

　戦略的意義をもつ企業（戦略企業）とは，ロシア連邦において設立され，その活動の一部でも，ロシア連邦の国防，および国家の安全にとって戦略的意義をもち，2008年法第6条の列挙分野に該当する商事会社をいう。戦略企業は，2008年法上は，二種類あり，異なった規律に服する。すなわち，一般戦略企業と地下資源型戦略企業である。地下資源型戦略企業とは，戦略的意義をもつ企業であって，地下資源法上の連邦的意義をもつ鉱区（以前は戦略的鉱区と呼ばれた）を利用する企業である。両者は，支配の確立の基準において扱いが異なる。

　2008年法は，「ロシア連邦の国防，および国家の安全にとって戦略的意義をもつ活動」として，45種類の活動を列挙する。法律には，草案では明示的に含まれていなかった地下資源の探鉱・開発が含まれているのが特徴的である。

　主な活動としては，軍事・武器・兵器・宇宙衛星関係などの他，以下があげられる。

- ▶原子力施設，放射性物質，および貯蔵施設の配置，建設（生産），利用，および利用廃止（decommissioning）（2011年改正で追加。また放射性物質の利用については，民生用で，かつ主たる業務ではない場合は規制緩和）
- ▶ウラニウムの探鉱・開発，生産，利用，加工，輸送の場合を含む原子力燃料，または放射性物質の取扱い
- ▶放射性廃棄物の取扱い
- ▶原子力施設の設計・建設
- ▶原子力設備の設計・製造
- ▶原子力安全のための技術文書等の審査
- ▶暗号技術・暗号通信技術
- ▶100万部以上の定期刊行物の刊行
- ▶大都市をカバーするテレビ・ラジオ放送
- ▶連邦的意義をもつ鉱区における有用埋蔵物の地質学的調査，および／または探鉱・開発

この列挙事項は，相当に広範で，制定後ただちに問題が生じた。たとえば暗号技術関係では，銀行業務で機密保護のために暗号技術を用いるが，業務の一部でも上記列挙事項に該当すれば戦略的意義をもつことになるため，金融業も戦略的分野になってしまう。また，バイオ技術を用いる食品会社も戦略企業に含まれた。そこで 2011 年改正により，これらの分野について，規制が緩和された。

### 3.3 規制の対象となる行為——支配の確立

戦略的企業に対する支配の確立には，連邦政府の事前の同意を要する。この点についての 2008 年法の規定は以下のとおりである（第 3 条。さらに具体的な規定として第 7 条）。

一般戦略企業における支配の確立とは，外国投資家，または投資家のグループが，直接，または第三者を介して，戦略的企業の株主総会における議決権行使，または取締役会その他の経営機関への参加，ないしは経営委託契約，その他同種の契約を締結することによって，会社の決定を左右する可能性をいう。

地下資源型戦略企業に関しては，支配の確立とは，外国投資家，または投資家のグループが，戦略的企業であって，連邦的意義をもつ鉱区の利用権をもつ商事会社の議決権の 25% 以上の議決権を直接，または間接に保有すること，またはこのような会社の単独制執行機関，および／または合議制執行機関の 25% 以上の構成員を指名することができ，ないしは取締役会，その他の合議制機関の 25% 以上の構成員を選任する可能性をもつことを指す。言い換えれば，一般戦略企業では，会社の決定を左右する可能性をもつに至らなければ支配の確立とは言えないが，地下資源型戦略企業では，25% の参加でも支配の確立とされる。ちなみに 2011 年改正までは，基準はさらに厳しく，10% と定められていた。

また，外国国家，国際組織，ないしはその支配下にある企業に関しては，これはさらに厳しく，一般戦略企業との関係では，25% 超の株式（持ち分）の取得，またはこれら企業の経営機関の決定をブロックできる可能性の取得，地下資源型戦略企業については，5% 超の議決権の直接，または間接の取得

が支配の確立とされ，事前の同意に服する。経営機関の決定をブロックできる可能性とは，ロシア法，および／または会社の定款により，決議に特別多数，または全員一致を要する場合に，これを阻止できる可能性を指す（第3条1項）。

支配確立のための行為には，議決権ある株式・持分の売買，贈与，交換，その他株式・持分の移転契約，および議決権ある株式・持分を対象とした信託管理契約等を含む（第7条2項）。

また，事前同意を要する行為には，外国投資家，または投資家のグループによる，戦略的企業を直接，または間接的に支配する第三者との行為であって，その戦略的企業に対する外国投資家，または投資家のグループの支配の確立をもたらすものを含む（第7条3項）。

### 3.4 事前同意手続

2008年法の規律の対象となる行為に当たっては，外国投資家，または投資家のグループは，権限ある行政機関に，事前の同意を申請しなければならない。この場合の申請先は，連邦反独占庁である。反独占庁は，ロシアの独占禁止法を管掌する機関であるが，合併審査などを行う関係から，外国投資の認可にもかかわってきた。反独占庁には，「外国投資監督局」が設置されており，2008年法に関わる申請の窓口となっている。その行為が支配の確立をもたらすか，不分明であるときは，外国投資家は，反独占庁に照会することができる。

申請の必要書類は，2008年法に列挙されている。これは契約案，対象企業のビジネスプラン等を含む（第8条）。

反独占庁は，受理後14日以内に申請を登録し，形式審査の後，申請された行為の結果，戦略企業に対する支配が確立されるかを審査する。申請者の行為により支配が確立されないと認定されたときは，申請書は申請者に返還される。これに対して，支配が確立されると認定されたときは，反独占庁は，3日以内に国防省，連邦保安庁など，関係省庁に，当該行為が国防，国家安全保障の脅威となるか否か，情報の提供を要請する。この照会に，関係省庁は30日以内に回答しなければならない。反独占庁は，収集した情報，資料等を添えて，当該行為に事前許可を与えるか否かの決定の原案を政府外国投

資監督委員会に送付する。

　外国投資監督のための政府委員会は，2008年法により新たに設置された組織である。委員長は，首相が務めるものとされ，関係省庁の大臣・長官が委員とされている。この委員会の組織規程は，2008年の政府決定に定められている。委員会は年に3，4回会合を開催する。

　政府委員会は，以下のいずれかの決定を行う（第11条）。

▶当該行為，または支配権確立への事前同意
▶条件付き同意
▶同意の拒絶

　この決定は，同意申請登録後3ヶ月以内になされる（ただし，3ヶ月の延長可能）。条件付き同意とは，戦略的企業による国家機密の保持，国家調達遂行，タリフのレベルの維持，ビジネス・プランの実行などの条件を遵守する義務を課した上での同意（権限ある機関と申請者との協定）である。外国投資家，または投資家のグループによる，この合意された条件の違反については損害賠償義務が生じる。

## 3.5　2008年法違反行為の効果

　2008年法によれば，事前同意を要するにもかかわらず，これを欠く行為は，無効である。無効行為がもたらす効果については，民法典の規定による。何らかの理由で，無効行為の効果に関する規定が適用できないとき，または外国投資家，または投資家のグループがそもそも同意申請を行わなかったときは，裁判所は，反独占庁の訴えにより，外国投資家，または投資家のグループの議決権を剥奪することができる。戦略的企業の株主総会決議，経営機関の決定は，それが外国投資家，または投資家のグループによる支配確立の後であれば，裁判所により無効とされることができる（第15条1項―3項）。

　【裁判例】
　　ノルウェー王国の支配下にあるTelenor East Holding II ASは，ロシアの通信会社Vympel'kom Ltd関係の複数の取引を経て，同社の決定

を支配し，その子会社である OAO Vympel'kom をも支配するに至った。これは戦略的意義をもつ企業である。反独占庁は，商事裁判所に，Telenor が Vympel'kom Ltd の株式を取得する行為の無効確認を求めて出訴し，仮処分を申請した[6]。

### 3.6　2008 年法運用の実態

反独占庁外国投資監督局は，2013 年に 2008 年法運用 5 年間の記録を公表した。これによれば，5 年間に事前同意の申請は 324 件あった。このうち 171 件は，政府委員会によって審議され，162 件で同意が与えられた。9 件で同意は拒絶された。なお，171 件中，43 件は，条件付き同意であった。一方，324 件中，112 件は，事前同意を要しない案件として，申請は差し戻された。36 件で申請は撤回された。このような結果から，反独占庁外国投資監督局の責任者は，2008 年法の運用は，「十分にリベラルである」と結論づけている[7]。

申請者の属性からみると，2012 年の統計によれば，国際組織による申請が 3 件，外国国家，または国際組織の支配下にある企業による申請が 4 件，一般企業による申請が 42 件であった。

事前同意の拒絶に対しては，裁判手続で争うことができるが，このような例は 5 年間，1 件もみられなかった。

一方，2008 年法の違反事件は，2012 年の報告では，数件みられた。

---

[6] *Itogovye rezul'taty primeneniia v 2012 godu federal'nogo zakona ot 29.04.2008 No.57-FZ.*

[7] A.Khanian, *Osushchestvlenie inostrannykh investitsii v khoziaistvennye obshchestva, imeiushchie strategicheskoe znachienie*, 2013.

# 第 17 章　国際私法

## 1　ロシア国際私法の法源

　ロシアの国際私法に関する規定は，伝統的に民法典に含まれる。ロシア国際私法は，1990 年に連邦法であるソビエト連邦民法の基本原理の制定により，社会主義法から大きく転換し，国際的ルールに適合したものとなった。国際私法と相続法に関する現行民法典第 3 部は，2001 年に制定された。このうち国際私法の部分は，2013 年 9 月に大幅に改正された。

　国際私法規定は，民法典の他に，家族・親族法典，海商法典，外国人の地位に関する法律，民事訴訟法，商事裁判手続法にみられる。また，ロシア連邦は 2001 年にハーグ国際私法会議に加盟し，民事訴訟手続に関する条約や民事または商事に関する裁判上および裁判外文書の外国における送達および告知に関する条約，証拠調べに関する条約などを批准した。

## 2　国際私法に関する民法典の基本規定

　国際私法規定の目的は，準拠法の決定にある。国際私法に関する民法典第 3 部第 6 編は，次のような原則規定から始まる。

> 　外国人，または外国法人が参加する民事法上の関係，その他外国的要素を含む民事法上の関係の準拠法は，民事法上の権利の目的物が国外に存在する場合を含めて，ロシア連邦の国際条約，本法典その他の法律，およびロシア連邦において認められている慣習により，決定される（第 1186 条 1 項前段）。

本条1項にしたがって準拠法を決定できないときは，外国的要素をもつ民事法上の当該関係がもっとも密接に関連する国の法が適用される（同条2項）。

準拠法の決定にあたっての法的概念の解釈は，ロシア法による（第1187条1項）。ただし，その概念がロシア法に知られていない場合には，外国法を適用することもできる（同条2項）。イギリス法の信託制度などが例としてあげられる。

契約上の債務の準拠法に関するEUの1980年のローマ条約（現EU規則）は，ロシア民法典の国際私法規定に大きな影響を与えた。上記密接関連地法の規定もローマ条約第4条4項に由来する。

ロシア国際私法の規定が定める場合の外国法の援用は，原則としてその外国の実体法の適用を意味し，その国の渉外規定の適用を意味するものではない（第1190条1項）。ただし，自然人の法的地位に関してロシア法が外国法を援用する場合は，この例外とされる（同条2項）。

ソビエト法も反致に慎重であった。社会主義時代の外国貿易仲裁委員会の決定に，「眠れる森の美女」事件がある。

【裁判例】

英国の企業Romlus Films Ltd.が，映画「眠れる森の美女」の権利をめぐってソビエト外国貿易公団を相手方としてソビエト外国貿易仲裁委員会に仲裁を申し立てた。当時のソビエト法によれば，契約はロンドンで締結されたため，イギリス法が適用されるはずであった。これに対して，被申立人は，イギリスの国際私法規定では，このような場合にソビエト法の適用を定めていると主張した。しかし，仲裁廷は，反致を認めるか否かはソビエト法の問題であり，ソビエト連邦の理論と実務では，外国貿易契約において反致を認めないとしてこの主張を斥けた[8]。

---

8) M.Bogusukavskii, *Mezhdunarodnoe chastnoe pravo*, 6th edition, Moscow 2012, pp. 118-119.

## 3 強行適用法規

民法典第3部が定める準拠法の決定に関する規定は、ロシア法の強行適用法規（強行規定）には影響しないとされる。民法典の規定によれば、

> 本編の規定は、その規定自体により、または民事取引の参加者の権利と法的利益を保護する目的を含む、規定の特別な意義により、準拠法の規定にかかわりなく当該関係を規律するロシア連邦の強行適用規定の適用を妨げない（第1192条1項）。

一方、外国の強行適用法規については、民法典の規定では、ロシアの裁判所は、当該問題に密接に関係する外国の強行適用法規を「考慮に入れることができる」に止まる（同条2項）。この場合に裁判所は、そのような強行適用法規の目的と性質、およびその規定の適用・不適用の結果を考慮しなければならない。

ロシア民法典のこの規定はローマ条約（現EU規則）第7条にもとづいているとされる[9]。EU規則によれば、各国の「特別強行適用法規」は、その国の政治、社会、経済体制などの公的利益の保護のために、当事者が合意した準拠法を排除する必要がある場合にのみ適用される。これに対して、ロシア民法典は、一般的な強行法規と特別な強行法規を区別せず、上記のように、一般的にロシアの強行法規は、当事者が選択した法を排除することができると定めている。しかも、ロシア強行法規が優先するとされるのは、EU規則と異なり、公序にかかわる場合に止まらない。「民事取引の参加者の権利と法的利益を保護する」ためにも、ロシアの強行法規は適用される。これは当事者による準拠法選択の余地を著しく制限するものと言える。

ロシアでも、学説では、内国強行適用法規とメタ（超）強行適用法規が区別される。前者は、当事者自治（当事者による準拠法の選択）に優先するが、国際私法規定によって排除される（適用されない）ことができる。すなわち、

---

9) T.E.Abova et al. eds., *Kommentarii k grazhdanskomu kodeksu RF, chasti tretei*, 3rd edition, Moscow 2007, p. 316.

「準拠法が外国法である場合に，法廷地の任意法規のみならず，(内国) 強行適用法規の適用を排除できることは，国際私法の確立された原則である」。これに対してメタ (超) 強行法規は，当事者が合意した準拠法の如何を問わず，適用される。EU 規則にいう特別強行適用法規 (警察法規) は，このようなメタ (超) 強行法規をさす。ところがロシア民法典は，ロシアの理論とは異なり，「強行的適用法規」と定めるのみで，この両者を区別していないのである。

　ロシアの強行適用法規については，そもそも何が任意適用法規であるか，何が強行適用法規であるかが明らかではなく，会社法などについては，ほとんどの規定が後者と推定されていることに問題がある。株主間協定の有効性について争われた Megafon 事件では，破毀審商事裁判所がロシアの会社法の規定を強行適用法規であると認定し，イギリス法を準拠法とした株主間協定の各規定をロシア会社法に照らして検討した結果，ほとんどの規定を無効とした。Pressindustria 事件における最高商事裁判所の決定は，強行適用法規の広範な解釈の一例である (「第 5 章　国際商事仲裁」参照)。

　私法研究所の民法典コメンタールは，以下の規定をメタ (超) 強行適用法規とする[10]。

（ⅰ）民法の基本原理に関する規範
（ⅱ）民法上の権利の行使範囲
（ⅲ）公序
（ⅳ）契約の自由の原則
（ⅴ）外国貿易契約の書面方式の要件

このうち（ⅴ）は 2012 年の民法典改正で規定そのものが削除された。

　ロシアの強行適用法規の適用が問題となった例として，最高商事裁判所は，以下の事件を引用する。これは，戦略的分野への外国投資手続法に関する事件であり，その公序との関連は，否定できない場合であった。

【裁判例】
　ロシア企業が，外国企業数社を相手方として，合弁企業設立契約の規定

---

[10] A.L.Makovsky ed., *Kommentarii k chasti grazhdanskogo Kodeksu RF*, Moscow 2002, pp. 350–351.

の無効確認を求めてロシアの商事裁判所に出訴した。問題となった規定は，当事者が直接，または間接に保有する通信分野のロシア企業の株式を新会社に出資する義務とその条件・手続，ならびに新会社がこのロシア企業に対してもつべき支配権について定めていた。この契約はイギリス法を準拠法とするものであった。

第一審の認定によれば，この契約の結果，新会社がロシアの通信企業に支配権を行使できるようになるが，この企業は，2008年の戦略的意義をもつ企業への外国企業の投資に関する法律に定める戦略企業である。一方，被告企業は，外国国家，ないしは国際組織が支配する企業である。これらの企業による戦略的企業の取得は政府の事前同意に服する。本契約はイギリス法にしたがって評価されるべきであるという被告の主張は成立しない。裁判所は，この法律の規定が，民法典第1192条1項にいう強行的法規であり，商事訴訟手続法典第168条1項により，当事者が選択した法の如何を問わず，適用されると判示した。もっとも，裁判所によれば，契約のその他の部分にはイギリス法が適用されうる。

控訴審，および破毀審もこの決定を支持した[11]。

## 4　公　序

ロシアの国際私法規定にしたがって準拠法とされた外国法の規定は，それが「ロシア連邦の法秩序の基礎（公序）」に明らかに反するときは，適用されない（第1193条）。これは強行適用法規の場合と同様である。もっとも，この規定は表現上は抑制的で，外国法の適用を「例外的な場合」で「公序に明白に反するとき」に限って排除している。準拠法の選択が公序に反し，外国法が適用されない場合には，「その法的関係の性質を考慮して，必要な場合にはロシア法が適用される」。

公序を理由とする外国法適用の排除がしばしば濫用されたため，同条には，2013年改正により，以下の規定が追加された。

---

[11]　最高商事裁判所　2013年7月9日　information letter No.156.

外国法の適用は，当該外国国家の法的，政治的，または経済的な制度がロシア連邦のそれと異なることのみを理由としては拒絶されない（同条2項）。

## 5 人の従属法（属人法）

### 5.1 自然人の従属法

自然人の従属法は，その者の国籍がある国の法である（第1195条1項）。ロシア国籍以外に，他の国の国籍を併せもつ自然人の従属法は，ロシア法である（同条2項）。

外国人がロシアに住所（*mesto zhitel'stva*）をもつ場合は，その外国人の従属法は，ロシア法である（同条3項）。自然人の住所とは，私人が恒常的に，または主として居住する場所をいう。ただし，自然人は，債権者，その他の者に，異なった住所を告知したときは，その結果がもたらす危険を負担する（民法典第20条1項）。

自然人の権利能力と行為能力は，その者の従属法にしたがって決定される（第1196条1項，第1197条1項）。

### 5.2 法人の従属法

法人の従属法は，その法人の設立地の法である（第1202条1項）。設立地の法により，以下の事項が規律される（第1202条1項，2項）。

（ⅰ）法人としての地位
（ⅱ）法人の法的組織形態
（ⅲ）法人の名称に関する要件
（ⅳ）法的承継の問題を含む，設立，再編，清算
（ⅴ）法人の権利能力の内容
（ⅵ）法人による民法上の権利の取得，義務の負担の手続
（ⅶ）法人とその参加者との関係を含む，法人の内部関係
（ⅷ）自己の債務に対する法人の責任の負担能力
（ⅸ）法人の債務に関する発起人（参加者）の責任

（ⅸ）は2013年の改正で加わった事項である。ロシア法では，株主・有限

会社の社員の有限責任の原則に例外が認められており，また，親会社が一定の場合に子会社の債務について責任を負う場合もあり，これらの規定がロシア法人の属人法として適用される可能性がある。

　法人は，法律行為を行う際のその機関，または代理人の権限に対する制限を，その制限が当該機関，または代理人による法律行為の行為地である国の法で知られていないときは，これを主張することができない。ただし，相手方がこの制限を知り，または知りうべかりしことを法人側が証明したときは，この限りではない（同条3項）。

　ロシアの企業や外国企業は，ロシア国外（オフショア）に法人を設立し，この法人を介してロシアで事業活動を行うことが少なくない。これは税法上の利点もさることながら，ロシア法の適用を回避しようとする意図によるものである。そこで，2013年改正法は，以下の規定を導入した。

> 国外で設立された法人が，その事業活動を主としてロシア連邦国内で行うときは，法人の債務に関する発起人（参加人），法人に拘束力ある指示を与える権限をもち，またはその他の方法で法人の活動を決定する能力をもつ者の責任には，債権者の選択により，ロシア法，またはその法人の属人法が適用される（同条4項）。

　本規定では，先に述べたような株主・社員の有限責任の例外や親会社の責任に関するロシア法の規定が，債権者の選択により，オフショア法人にも適用されることが明示的に規定されているのである。

　外国法によれば法人格をもたない外国の組織の従属法は，その組織の設立国の法である（第1203条1項）。

　国家が当事者である民事法上の関係で渉外的要素があるものにも，原則として第6編の規定が適用される（第1204条）。

## 6　財産的関係，および個人的・非財産的関係に適用される法

### 6.1　物権に適用される法（一般）

不動産，および動産の所有権，その他の物権の内容，その行使，および擁

護は，その財産の所在国の法によって決定される。その財産が不動産であるか，動産として扱われるかも，その所在国の法によって定められる（第1205条）。

国家登録に服する航空機，船舶，宇宙衛星に対する所有権，その他の物権には，その権利の行使，および擁護には，それらが登録された国の方が適用される（第1207条）。

### 6.2　訴訟時効に関する準拠法

訴訟時効に関しては，当該法律関係を規律する国の法が適用される（第1208条）。

### 6.3　法律行為の方式に関する準拠法

この点については，民法典総則にも規定があるが，2013年改正で社会主義時代から引き継がれてきた「外国貿易契約」に関する方式の要求が削除されるなど，規定が整備された。新規定によれば，まず法律行為の方式には，その法律行為に適用される国の法が適用される（第1209条1項）。法律行為の実質に適用される国の法が，方式にも適用されるのである。なお，法律行為を行った国の法に定める方式が遵守されていたときは，方式の違反を理由にその法律行為を無効とすることはできない。また，ロシア連邦国外で行われた法律行為であって，少なくとも一方当事者の従属法がロシア法であるときは，ロシア法が要求する方式が遵守されている限り，その法律行為は方式の違反により無効とされない。

なお，法律行為，または法律行為により発生，移転，制約，ないしは消滅する権利がロシア法上，国家登録を義務づけられている場合には，そのような法律行為の方式にはロシア法が適用される（同条3項）。

同条ではさらに不動産についてはその所在国の法が適用されることの他，ロシア連邦で国家登記簿への登記に服する不動産に関しては，ロシア法が適用されると定める（同条4項）。ここでは国家登録と国家登記簿への登記が区別されて用いられており，第3項は不動産以外の財産，たとえば知的財産権などを想定していると思われる。

### 6.4　契約の準拠法

契約の当事者は，契約締結の際，または契約締結後の合意により，その契約に関する権利，および義務に適用される法を選択することができる（第1210条1項）。契約締結後の合意は遡及効をもつが，第三者の権利を損なってはならず，また契約の方式の有効性には影響しない（同条3項）。

このような準拠法の選択の合意は，契約に直接に定められるか，契約の条件，または事案の事情全体から明確に導き出されるものでなければならない（同条2項）。

2013年改正により，ロシア法の適用を不当に免れることを防止するために，以下の規定が導入された。

　　当事者による準拠法選択の際に，当事者間の関係の実質に関する事実が一ヶ国のみにかかわる場合には，当事者による準拠法の選択は，その国の強行適用法規の有効性を妨げることはできない（同条5項）。

これは前述の強行適用法規に関する第1192条の規定を補完するものであるが，一国の強行適用法規一般を当事者が選択した法に優先させている点で，同条の場合と同様の批判は免れない。

### 6.5　契約当事者による準拠法の選択がない場合の準拠法

契約当事者間に準拠法の合意がないときは，民法典，その他の法律に別段の定めがない限り，契約締結時に契約の内容にとって決定的な行為を行う当事者の住所，または活動の本拠地の法が適用される（第1211条1項）。改正前の規定では，この場合には緊密関係地法が適用されるものとされていた。

契約の内容にとって決定的な行為を行う当事者とは，以下の者をいう（同条2項）。
（ⅰ）売買契約──売主
（ⅱ）贈与契約──贈与者
（ⅲ）賃借契約──賃貸人
（ⅳ）使用貸借契約──貸主

（ⅴ）請負契約――請負人

（ⅵ）運送契約――運送人

（ⅶ）配送契約（*transportnaia ekspeditsiia*）――配送人

（ⅷ）消費貸借契約――融資者（債権者）

（ⅸ）債権譲渡によるファイナンス契約――ファイナンス・エージェント

（ⅹ）預金契約――銀行

（ⅺ）保管契約――保管者

（ⅻ）保険契約――保険業者

（ⅷ）委任契約――代理人

（ⅳ）委託販売契約――委託販売者

（ⅴ）代理店契約――代理店

（ⅵ）有償役務契約――役務提供者

（ⅶ）担保契約――担保債務者

（ⅷ）保証契約――保証人

　建設契約，設計契約，研究契約には，その契約が定める主たる成果物の所在地法が適用される（同条3項）。

　法人格をもたない単純パートナーシップ（コンソーシアム）契約には，そのパートナーシップの基本的な活動がなされる国の法が適用される（同条4項）。外国企業のコンソーシアムがロシアでプロジェクトを実施する場合には，ロシア法が適用されることになる。これは具体的には民法典契約各則の規定を意味する。

　知的活動の成果，または商標などの「識別手段」の譲渡に関する契約には，譲渡されるその排他的権利が存在する国の法が適用される。このような国が複数あるときは，権利取得者の住所，または本拠地の法が適用される（同条7項）。

　ライセンス契約に関しては，知的活動の成果や「識別手段」のライセンスには，そのライセンシーが使用を許諾される国の法が適用される。このような国が複数あるときは，権利取得者の住所，または本拠地の法が適用される（同条8項）。

　以上の規定に対しては，一般的な例外が置かれている。すなわち，法律，契約の条件，または性質，案件の事実の総体からみて，契約がこれらの規定

に定める国以外の国の法律に緊密に関係していることが明らかである場合には，このような密接関係国の法が適用される（同条9項）。

複数の契約類型の要素を含む契約（混合契約）には，法律，契約の条件，または性質，案件の事実の総体からみて契約に各類型の契約に関する法が個別に適用されるべきときを除き，その契約が全体としてみてもっとも緊密に関係する国の法が適用される（同条10条）。

2013年改正は，出資者間協定に関しても特別な規定を導入した。「法人の設立契約，および法人の参加者の権利の行使に関する契約の準拠法」と題するこの規定によれば，まず，当事者による法人の設立契約，および法人の参加者の権利の行使に関する契約に準拠法の選択がないときは，法人設立国の法，または設立予定国の法が適用される（第1214条2項）。こうした場合に当事者による準拠法の選択がないことは，考えにくいが，問題は，当事者が準拠法を選択した場合でも，その適用範囲が制約されることである。すなわち，

> 法人の設立契約，および法人の参加者の権利の行使に関する契約の準拠法の選択は，第1202条2項に定める問題については，法人設立国の強行的法規に反することはできない（同条1項）。

第1202条2項（前掲）は，改正により発起人・社員の有限責任の例外に関する規定も加わったため，ロシアの強行適用法規の適用の範囲が拡大されたが，出資者間協定との関係では，同条7項「法人とその参加者との関係を含む法人の内部関係」が重要である。この規定は，強行法規一般に関する第1192条の改正と相まって，外国法に準拠した出資者間協定の有効性を制約する可能性がある。

### 6.6　契約準拠法の適用範囲

契約準拠法が上記の準則により決定された場合，それは，以下の事項を規律する（第1215条1項）。

（ⅰ）契約の解釈

（ⅱ）契約当事者の権利義務

（ⅲ）契約の履行

（ⅳ）契約不履行，または不相当な履行の効果

（ⅴ）契約の解除

（ⅵ）契約無効の効果

ただし，これは強行適用法規に関する規定（第1202条2項）の適用を妨げない。

### 6.7　不法行為債務の準拠法

不法行為から生じた債務には，その行為が行われた場所，または損害賠償請求権発生に寄与したその他の事実が生じた場所の法が適用される。このような行為，または事実の結果が他の国で損害が発生したときは，損害を発生させた者が，その損害が当該国で発生することを予見し，または予見しうべかりしときに，損害発生国の法が適用される（第1219条1項）。

製造物責任に関しては，別に規定が置かれている（第1221条）。

# VI 開発と環境

# 第18章　地下資源法

## 1　地下資源の所有権

ロシア連邦憲法は，地下資源の所有に関して以下のように規定する。

　土地，その他の天然資源は，ロシア連邦において，その地方に居住する人々の生活と活動の基礎として利用され，保護される。
　土地，その他の天然資源は，私的所有，国家，地方自治体の所有，その他の形態の所有の対象とすることができる（第9条1項，2項）。

　第1項の規定は，その趣旨が不明瞭にみえるが，これは憲法制定当時，地下資源の所有権をめぐり，連邦政府とその資源が所在する地方の政府との間に対立があり，妥協として挿入されたためである。
　1990年代前半には，地方の分離主義的傾向が顕著であり，地方政府がその領域内の地下資源の支配権を積極的に主張した。地方によっては，連邦憲法や連邦法に抵触する地下資源立法が採択されることもあった。たとえばアルタイ共和国の憲法は，土地，および天然資源は，共和国の財産であると宣言した。しかし，この規定は，2000年に連邦憲法裁判所によって違憲とされた[1]。連邦憲法は，地下資源に対する権利が連邦に帰属するか，地方に属するかについては触れず，地下資源の占有，利用，および処分を連邦と地方の共同管轄事項と定めた（第72条1項）。
　この共同管轄を反映したのが，後述する1995年の生産物分与法である。そこでは，「二重の鍵（dual key）」の制度が導入され，外国企業と資源開発

---

1) 憲法裁判所決定　2000年6月7日　No.10-P.

プロジェクトで生産物分与契約を締結する場合には，ロシア側は，連邦政府と地方政府の代表が共に契約の主体となった。しかし，2000 年代の中央集権化政策を反映して，2004 年の生産物分与法改正により，契約当事者はロシア連邦のみとなった。また，地下資源利用ライセンス供与のための入札・競売の組織も，地下資源法改正により，連邦のみの権限となった。

社会主義時代には，土地や天然資源を含む，生産手段の国家的所有の原則が憲法に定められていたが，現行憲法では，前述のように地下資源の私的所有が認められている。また，民法典によれば，私人，法人，または地方自治体の所有にかからない土地，または天然資源は，国家的所有に属する（第 214 条 2 項）。

一方，地下資源の所有権と題する地下資源法の規定は異なる。すなわち，地下空間，および有用埋蔵物，エネルギー資源等を含む，*nedra*（*sub-soil*）は，国家の所有にかかる（第 1.2 条）。*nedra* とは，正確には，底土，ないし地下の土壌を意味するが，そこに含まれる地下資源を指すこともある。*nedra* という表現が法律に用いられるようになったのは，比較的新しく，帝政時代には，地下資源に関する法律は，鉱業法（*gornyi ustav*）であり，社会主義時代の 1927 年には，鉱業規程（*gornoe polozhenie*）が制定された[2]。以下では慣用にしたがって，*nedra* は地下資源の意味で用いる。

地下資源の鉱区は，売買，贈与，相続，担保設定などの対象とはならない。しかし，地下資源の利用権は，連邦法が定める範囲内で譲渡・移転が可能である。これに対して，ライセンスや契約にもとづいて採掘された有用埋蔵物，その他の資源は，ロシア連邦，連邦構成主体，地方自治体の所有，私的所有，その他の形態の所有の対象とすることができる（第 1.2 条）。

すなわち，地下資源法によれば，資源は，埋蔵されている限りは国家的所有の対象であり，採掘されて初めて，私的所有の対象となることができるのである。

---

[2] A.I.Perchik, *Gornoe pravo*, second edition, Moscow 2002, pp. 11–12.

## 2 地下資源法

### 2.1 地下資源法制

現在のロシア地下資源法制の基幹をなすのは，1992年に制定された地下資源法（zakon o nedrakh）である[3]。

1992年に制定された現行の地下資源法の直接の起源は，1976年のソビエト連邦地下資源法の基本原理と，これにしたがって制定されたロシア社会主義連邦共和国地下資源法である。1992年法は，初めて地下資源利用のライセンス制度を導入した。帝政時代から地下資源の利用は，政府の認許を必要としたが，1927年の鉱業規程は，地下資源利用者と政府との契約にもとづいて地下資源利用条件を定めることを認めた。しかし，これは新経済政策の終焉とともに，行政的な許可制にとって代わられた。社会主義体制の下では，地下資源利用者は，すべてロシアの国営企業であり，政府が行政的な裁量により，国営企業に地下資源利用権を賦与していた。1992年法は，これを各国で用いられているライセンス制度に代えたところに意義がある。しかし，1992年法は，1976年法の影響をいまだに強く残していたために，1995年に大幅に改正された。1995年改正は，1992年法の改正という形をとったが，事実上は，1992年法の全面改正と言ってもよい[4]。

地下資源に関係する法律としては，この他に，生産物分与法があり，大陸棚の地下資源の利用を規律する大陸棚法，および排他的経済水域に関する法律も地下資源に関する規定を含む。さらに，連邦的意義を有する鉱区の開発に関連して，開発を行う企業への外国企業の出資を規律する，戦略的企業への出資手続に関する法律がある（「第16章 外国投資法」参照）。

社会主義体制崩壊後のロシアの地下資源利用制度をめぐる対立は，行政許可であるライセンス制度と政府と地下資源利用者との契約にもとづく制度との相克の過程とみることもできる。地下資源の利用に関してライセンス制度を定める地下資源法に対して，契約にもとづく地下資源利用を定めるのが，生産物分与法である。生産物分与契約においては，資源国と地下資源開発を

---

[3] 1992年2月21日 No.2395-1.
[4] Perchik, *supra*, p. 101.

行う外国企業とが契約を締結し，その条件にしたがって事業を行う。ロシアでは，1995年に生産物分与法が制定された。契約にもとづく制度としては，他にコンセッション制度もあるが，2005年に制定されたコンセッション法には，この法律は資源開発に適用されない旨の明文規定がある。

## 2.2 地下資源の鉱区

地下資源の鉱区は，地下資源利用ライセンス，または生産物分与契約にもとづいて，利用者に供与される（地下資源法第7条）。地下資源利用者となることができるのは，法律に別段の定めがない限り，法人格をもたない単純パートナーシップ（コンソーシアム），外国の自然人，法人を含む事業活動の主体である（第9条）。

地下資源法自体，この原則の例外として，連邦的意義をもつ鉱区の利用を，ロシア連邦において設立された法人に限定し，かつロシア政府が更なる制限を課すことを認める。これらの企業に対する外国企業の出資は，戦略的分野の企業に対する出資手続に関する法律により，規制されている。また，大陸棚，およびロシア連邦領海から大陸棚に広がる鉱区における地下資源利用者は，ロシア連邦において設立され，ロシア政府が50%超の株式を保有する法人で，かつこの分野で5年以上の経験をもつ企業に限定されている。実際には，この基準を満たす企業は，GazpromとRosneftの2社しかない。なお，この規制は，2013年に多少緩和された。

この場合の「連邦的意義をもつ鉱区」は，地下資源法によれば，国防と国家安全保障のために指定される鉱区である。その基準としては，ダイアモンド鉱区や希少金属の鉱区の他，2006年の時点で，

▶埋蔵量7000万トンの油田
▶500億立方メートルのガス田
▶50トン以上の埋蔵量の金の鉱区
▶ロシアの内水，領海，または大陸棚の鉱区

である（第2.1条）。具体的な連邦的鉱区のリストは，*Rossiiskaia gazeta*紙上に公表される。現行のリストをみると，開発の意義がある鉱区はほとんど

含まれている。

　連邦的意義をもつ鉱区以外の鉱区でも，その利用を，国防，または国家安全保障のために制約，または禁止することができる（第8条）。

### 2.3　地下資源利用ライセンス

　鉱区の利用のためには，国家の特別な許可であるライセンスが発行される。生産物分与契約にもとづいて鉱区を供与する場合には，「生産物分与契約の条件にしたがった鉱区利用権を認証する（*udostoveriat'*）」ライセンスが発行される（第11条）。

　地下資源の管理は，連邦天然資源および環境省の管轄である。同省の下には，自然利用監督局，水資源庁などの組織があるが，ライセンスを供与するにあたり，入札，または競売を組織し，ライセンスを交付し，ライセンスの行使を監督し，またライセンスを取り消すのは，地下資源利用庁（*agenstvo nedropol'zovaniia*）の権限である。

　ライセンスは，入札，または競売の結果にもとづいて供与されるのが原則であるが（第13.1条），連邦的意義をもつ鉱区に関しては，各鉱区について設置される競売委員会が，ライセンスの賦与に関する決定権をもつ。この場合は，入札ではなく，競売のみが定められている。それ以外の鉱区については，入札，または競売が組織される（第13.1条1項）。連邦的意義をもつ鉱区に関しては，連邦政府は，競売手続を経ずにライセンスを供与することもできる（2012年改正による第10.1条）。

　競売と入札の相異は，主に選定の基準にある。すなわち，入札においては，地下資源利用計画の科学技術的な水準，資源採取の完全性，地域の社会経済的基金への拠出額，計画実施の期間，地下資源保護の施策の有効性などがライセンス賦与の基準となる。これに対して，競売では，入札価額のみが基準となる。

　地下資源利用の形態としては，有用埋蔵物の探鉱と埋蔵量の評価を含む，地質学的調査，探鉱と開発生産が挙げられる。地下資源利用は，地質学的調査，探鉱，および採掘を包括して行うことができる（第6条）。

### 2.4 地下資源利用権の移転

一定の場合に，地下資源の利用権は，他の事業活動の主体に移転されることができる（第17.1条）。これは限定的であり，（ⅰ）地下資源利用者（法人）がロシア法に準拠した合併により再編される場合，（ⅱ）地下資源利用者が，他の企業に吸収合併されることにより，消滅する場合，（ⅲ）倒産手続でロシア法人が，地下資源利用者（法人）を取得した場合などである。（ⅱ）の場合は，存続法人が，地下資源利用者としての条件を満たし，資格がある専門家を擁し，必要な財務，および技術的な手段をもっていることが必要であり，（ⅲ）の場合も，取得法人が地下資源利用者としての条件を満たしていることが必要である。なお，親会社・子会社間の利用権移転は可能である（第17.1条）。

地下資源利用権の移転の場合，ライセンスは書き換えられなければならない。

### 2.5 地下資源利用の期間

地下資源利用権は，期限つき，または無期限に供与される（第10条）。地質学的調査のためのライセンスの期間は原則5年であるが，サハ共和国や，サハリンなど，極東地方では7年である。資源の採掘（$dobychi$）に関しては，地下資源法は，鉱区開発の利用期間を6年とするが，期間の起算点をプロジェクトの経済的・技術的な基礎の時点と定めるのみで，具体的な期間を定めていない。これまでの慣行は，探鉱ライセンス5年，開発ライセンス20年で，両者を包括したライセンスも賦与された。

### 2.6 ライセンスの取消等

ライセンスは，以下の場合に期限前に終了，停止，または制限されることができる（第20条）。

（ⅰ）地下資源利用に従事する者，または近隣の住民の生命・健康に対する直接的な危険の発生
（ⅱ）地下資源利用者によるライセンス条件の重大な違反
（ⅲ）地下資源利用者による地下資源利用規則の度重なる違反

（ⅳ）疫病，軍事活動など，非常事態の発生
（ⅴ）地下資源利用権者が，ライセンスに定められた期間内に定められた範囲で地下利用を開始しなかったとき
（ⅵ）地下資源利用者の清算等
（ⅶ）ライセンス保持者，または地下資源利用者の申請によるとき

地下資源利用者は，ライセンスの取消などの処分を行政手続，または裁判手続で争うことができる。

地下資源法は，地下資源利用権に関する紛争は，普通裁判所，または商事裁判所により処理されると規定する（第50条）。裁判所が管轄する事項は以下のとおりである。

（ⅰ）地下資源利用に関するファイナンス，資産，その他に関する紛争
（ⅱ）ライセンス供与の拒絶やライセンス取消し等を含む，行政機関の違法な決定に対する異議申立て
（ⅲ）公務員の行為，または決定に対する異議申立て
（ⅳ）違法な技術的基準等に対する異議申立て

商事仲裁による紛争の処理の対象は限られている。すなわち，当事者間の合意により，地下資源利用の財産的紛争は，商事仲裁に付託されることができるとされる。また，生産物分与契約にもとづく地下資源利用に関する紛争は，その契約の規定にしたがって処理される。

## 3　生産物分与方式とライセンス制度

### 3.1　生産物分与方式の沿革

地下資源法は，ライセンスにもとづく地下資源利用制度を定める。ライセンス制度自体は，イギリスやノルウェーなど，各国で用いられている制度である。ロシアにおける社会主義体制の崩壊とともに，欧米の大手エネルギー企業は，ロシアの豊富な石油・ガスの開発への参加に大きな関心を寄せた。1920年代前半を除き，社会主義時代のロシアでは，資源開発に外国資本が参加することは認められず，したがって社会主義崩壊の時点で，外国企業による投資を受け入れる制度は整備されていなかった。1992年の地下資源法は，ライセンス制度を導入したが，外国企業にとっては，この制度では，ラ

イセンスの取消など，ロシア側の恣意的な行為に権益が脅かされる懸念があった。1990年代初頭は，法制も未整備で，矛盾した法令も少なくなく，税法などは，朝令暮改の状態であった。白海の石油開発プロジェクトPolar Lightのように，契約締結後の税制の変更のために，投資計画が立ち行かなくなった例もある。

そこでまず第一に，EUを含めた諸国と旧ソビエト連邦諸国との間にエネルギー資源開発における対等なルールと投資家保護を定めるエネルギー憲章条約（Energy Charter Treaty）が1994年に調印された。ロシアもこれに署名し，仮批准したが，2009年になって，批准の意思がないことを通告した。その原因はともあれ，欧米企業にとっては，ロシアのエネルギー開発に参加しても，憲章条約上の保護を受けることはできないことになった。しかし，憲章条約に調印したことによる効果として，ロシアにも憲章条約の紛争処理条項が適用され，ロシアに対して，Yukos事件をめぐって，仲裁の申立てがなされた。仲裁廷は2014年にロシア政府の行為の違法性を認め，多額の賠償を命じた。

第二に，ロシアにおける資源開発への投資のための枠組みとして，生産物分与方式が外国投資家により提案され，1993年の生産物分与に関する大統領令に続いて，1995年に生産物分与法が制定された。

生産物分与法は，生産物分与方式を以下のように定義する。

> 生産物分与とは，ロシア連邦が投資家に有償で，定められた期間，契約に定められた鉱区で天然資源を探鉱，開発，生産する排他的権利を供与し，投資家は，その費用と危険において事業を遂行する義務を負う合意である。この合意は，当事者間の生産物配分の条件と手続を含む，地下資源利用のすべての必要な条件を本法にしたがって定める（第2条1項）。

ライセンス方式が，資源国の公法にもとづく制度であるのに対して，生産物分与方式は，資源国と資源を開発する企業，ないしは企業のコンソーシアムとの私法上の契約である。開発の条件は，資源国の行政法ではなく，当事者間の契約によって定められる。民法典によれば，ロシア連邦，およびロシア連邦構成主体は，民法上の契約の主体となることができる。契約上の債務

については，これらの当事者は，自己の資産をもって弁済の責任を負う（第124条1項，126条1項）。

生産物分与法は，以下のように定める。

> 生産物分与契約の当事者の民法的性質の権利，および義務は本法，およびロシア連邦の民事法によって規律される。

生産物分与方式が投資家に選好されるのは，ライセンス方式では，投資家の権利・義務がもっぱら資源国の法律によって規律されるのに対して，生産物分与方式では，プロジェクトが資源国の法制に影響されない，自律的なシステムを構築できるためである。当事者間では，特別な tax regime が合意され，租税の支払いに代えて，生産物が一定の比率で配分される。"租税その他の支払は，生産物の分与によって置き換えられる"のである[5]。租税法の改正があっても，契約において当事者間で予め合意された生産物分与率は変わらず，頻繁な租税法改正の影響を受けることはない。また，投資家は，ライセンスの恣意的な取消しや条件変更を免れることもできる。紛争解決の面でも，ライセンス制度であれば，紛争は，資源国の裁判所の管轄に服するが，生産物分与方式では，当事者は，第三国における商事仲裁に紛争を付託することができる。

法制が未整備で頻繁な改正があり，裁判制度も建設の途上にあった1990年代初頭には，生産物分与方式は，外国企業にとって，ロシアの豊富な地下資源開発に参加するための最適の方式であると考えられた。しかし，ロシアでは，生産物分与方式にもとづくレジームの自律性は，完全には実現されなかった。

生産物分与方式に対しては，それがロシア政府の歳入減につながり，また外国への資源の安価な譲渡であるという批判が当初から有力であった。成立した生産物分与法は，生産物分与契約にもとづく地下資源の利用にも，本来，生産物分与契約のみで足りるところをライセンスの取得を要求するなど，反対派との妥協の産物であった。

---

[5] S.Sosna, *Kommentarii k federal'nomu zakonu o soglasheniiakh o razdele produktsii*, Moscow 1997, p. 10.

生産物分与法は、その実施のために様々な施行規則の制定を予定していた。しかし、これらの規則の制定は、大幅に遅れた。大陸棚法や、排他的経済水域に関する法律など関連法の改正も、経済危機を経て1999年にようやく成立した。

1999年以降、生産物分与方式に対する批判は、一層高まった。生産物分与法の2003年改正までは、30近くの鉱区が生産物分与方式により開発されるものとして議会の承認を得た。しかし、2003年に連邦政府は、生産物分与方式の数を制限することに方針を転換した。現行の生産物分与法では、この方式は、技術的に困難で大規模なファイナンスを伴う鉱区に限定されている。

これまでに合意された生産物分与契約は、サハリンⅠ、サハリンⅡ、およびKhariagaの3件のみである。しかも、これらの3件は、いずれも生産物分与法が制定される前に合意されたものである。これらの契約の条件とその後に成立した生産物分与法の規定との間に齟齬がある場合は、契約が優先する（grandfather clause—祖父条項）。

生産物分与法施行後に生産物分与方式による資源開発が行われていない背景には、生産物分与方式が外国投資家を著しく利する一方、ロシア連邦に不利益であるする根強い批判がある。2005年に連邦会計検査院は、地方税務当局と共同で、生産物分与方式に関する報告を公表した。これによるとサハリンの2つのプロジェクトは、ライセンス方式に比べて、ロシア連邦政府に500億ドルの減収をもたらしたとされる[6]。

サハリンⅡやKhariagaプロジェクトでは、コストの大幅超過が問題となった。これは生産物分与方式では、生産物からまずコスト部分が外国投資家によって回収され、その後に利益の配分に至るために、コスト回収が遅れれば、ロシア側への利益の配分が遅れるためである。2006年に天然資源相は、この点を指摘して、生産物分与方式を批判した[7]。

また、1998年から税法典が順次制定され、ロシアの租税法が安定したという自負がロシア側にあり、もはや自律的な租税レジームを創出する生産物分与方式は不要になったという認識もあるように思われる。

---

6) *Moscow Times*, October 31, 2005.
7) *Moscow Times*, July 21, 2006.

2000 年代初頭に，生産物分与法は，結局，現実に機能するに至らなかったと指摘され，「生産物分与方式の死滅」も取りざたされた。近時の法改正でも，生産物分与への言及はあるが，この方式の利用が可能なプロジェクトがかなり限定されていることは否定できない[8]。

　一方，2011 年以降，資源開発への外国企業参加の新たな方式がみられる。たとえば北極圏の Kara 海の鉱区で，ExxonMobil が 33.3％ 出資して Rosneft 等と共同事業会社を設立し，この会社がオペレーターとなることが合意された。地下資源法は，2008 年の改正により，大陸棚鉱区の探鉱・開発主体を事実上，Gazprom と Rosneft に限定したが，こうした形での外資参加は現在可能とされる。共同事業会社は，出資比率に応じて探鉱・開発の費用を負担し，収益を配分するが，探鉱段階では，ExxonMobil が最初の油井掘削の費用全額を負担する。石油が発見され，最終投資決定がなされた後には，開発の費用は，出資比率に応じて各社の負担となる。生産物分与方式と異なり，ロシア側はコスト回収まで利益の配分を待つ必要はないのである。

---

[8] N.L.Platonova, *Nauchno-prakticheskii kommentariii k Federal'nomu zekonu "O soglasheniiakh o razdele produltsii"*, Moscow 2002, preface in the on-line version. T. Krysiek, *Agreements from Another Era: PSA in Putin's Russia*, Oxford Institute for Energy Studies, Working Paper 34, 2007.

# 第19章　環境法

## 1　環境法の意義

　日本の企業が海外で大型資源開発プロジェクトに参加する例は数多い。こうした開発プロジェクトにおいては、環境保護は大きな課題である。国際金融公社（IFC）やヨーロッパ復興開発銀行（EBRD）、あるいは日本の国際協力銀行のような国際金融機関は、当該プロジェクトが環境に否定的な影響を与えるか否か、環境影響評価にもとづく審査を行い、環境保護のために肯定的な結論を得た場合にのみ、融資を行うのが原則である。

　日本の企業が参画した海外の大型資源開発プロジェクトの例として、ロシアのサハリン島における石油・ガス開発プロジェクトであるサハリンⅠ、サハリンⅡプロジェクトがある。両プロジェクトともロシア環境法が定める審査手続を経て資源開発ライセンスが与えられ、事業が開始された。しかし、サハリンⅠでは環境団体による「こく鯨」保護のための訴訟があり、また、サハリンⅡでは、環境法違反を理由にライセンス取消が取りざたされた[9]。

## 2　ロシアの環境状態

　ロシアの環境行政を所管する連邦天然資源および環境省は、「ロシアにおける環境の状態」と題する包括的な「国家報告」を毎年刊行している。1999年度の報告は、「ロシアの環境は危機的な状態にある」と指摘した[10]。「危

---

[9) 小田博「サハリンⅡとロシア環境法」『e-NEXY』2007年1月号（http://www.nexi.go.jp/service/sv_syuppan/magazine/index_frame.html）。

10) *Gosudarstvennyi doklad o sostoianii okruzhaiushchei sredy Rossiiskoi Federatsii v 1999 godu*（http://www.mnr.gov.ru/regulatory/detail.php?ID=132221）。

機的な状態」という表現は，その後は用いられていないが，実態に変化はない。2009 年度の報告によれば，都市部における大気汚染はいまだ高水準にある。40 の連邦構成主体（州・地方・連邦特別市など）で都市住民の 54% が高度に汚染され，または極めて高度に汚染された大気の下で生活しており，とくにモスクワとサンクト・ペテルブルグでは，住民の 100% がこのような状態に置かれている[11]。主要河川の流域では，各種の排出源からの排出により，深刻な人為的汚染が続いている。多くの住民は，飲用に適しない水を飲料とする状態にある[12]。報告は，「従来と同様に，水質汚染，製造業企業の排出による大気汚染，有毒物質を含む，増加する一方の生産・生活廃棄物による水質汚染，土壌の汚染」などが基本的な問題点であると指摘した[13]。2012 年度の報告も，その後の環境改善が進んでいないと述べている[14]。

　ロシアにおける環境保護の劣悪な状態は，社会主義時代の悪しき遺産の 1 つである。社会主義体制の下では，工業生産力の向上が至上の課題であり，環境保護の必要性は認識されていたものの，それは二次的な重要性しかもたず，環境汚染は深刻化の一途を辿った。社会主義体制下では，国内で報道はされなかったが，大規模な環境被害がしばしばみられた[15]。一方，環境保護運動は，国の経済政策に対する異議申立てであり，反体制的色彩を帯びざるを得なかった。自然環境の保護が正面から議論できるようになったのは，社会主義体制崩壊後のことである。

　社会主義体制崩壊の後，1992 年の国連環境開発会議のリオデジャネイロ宣言を承けて，当時のエリツィン大統領は，1994 年に「市場経済の条件下における環境に安全な持続的な開発の確保」を目標に掲げ，経済的活動においては，経済的に良好な状態の達成と環境の安全とが，調和されなければならないと述べて，「自然環境の保護と持続的な開発に関するロシア連邦の戦略」プログラムを承認した[16]。しかし，その後も，事態はさして改善され

---

11)　*Ibid., v 2009 godu*, pp. 495–496.
12)　*Ibid.*
13)　*Ibid.*, pp. 496–497.
14)　*Ibid., v 2012 godu*, pp. 8, 450–452.
15)　一例として，1957 年の Cheryabinsk の核燃料処理施設の事故がある。この事故は，当時公表されなかった。S.Tromans, *Nuclear Law*, 2nd edition, Oxford 2010, p. 33.
16)　1994 年 2 月 4 日　大統領令　No.236.

た様子はない。

　体制転換後もこうした状態が継続している原因としては，ロシアの専門家は，政府レベルで有効な環境保護政策をとる意思がないこと，環境立法の不備，環境行政の欠陥，行政，および一般市民の環境意識・規範意識の低さをつとに指摘していた[17]。そもそもロシアではインフラストラクチャーの近代化が著しく遅れ，企業の設備も立ち遅れている。近代化の先端を行く都市であるサンクト・ペテルブルグですら，新しい下水処理場が完成したばかりであり，2009年にようやく汚水の90％を処理できるようになったという程度である。

　天然資源および環境省の当時の大臣も，2010年末に環境関連法の改正について説明する際に，以下のように述べた。

　　環境基準の強化は，投資を前提とする。それが企業にとってさらなる負担となることを我々は理解するが，これ以外の途はない[18]。

　しかし，実際には2008年の財政危機以降，すでに減少気味であった環境関係予算は削減され[19]，有効な環境政策を実現することができるか否か，疑問である。

　現行の2002年環境法は，1991年法に比べてむしろ後退したと評価されるが，その後も，懸案の環境法典制定の計画は棚上げになり，部分的な法改正が積み重ねられているのみである。そこには，「持続的開発」を唱えながら，「旧ソビエト連邦の悪しき伝統にしたがった石油ゲームに経済が完全に依存する」，環境よりもエネルギー安全保障を重視する政府の方針が反映されているというロシアの環境法専門家の指摘もある[20]。

---

[17]　M.M.Brinchuk, *Ekologicheskoe pravo*, Moscow 1999, pp. 26–32. 同じ著者は，10年後にこの指摘を繰り返した。"15 let konstitutsii RF v ekologo-pravovom kontekste", *Gosudarstvo i Pravo*, 2008 No.12, pp. 92–93.

[18]　2010年12月28日　http://mnr.ru/

[19]　N.Abdullaev et als., "Osobennosti realizatsii gosudarstvennoi politiki v prirodookhrannoi sfere v sovremennykh usloviiakh", *Vestnik Prirodonadzora*, 2010 No.3, p. 20.

[20]　M.Brinchuk, "Bezotvetstvennosti v sovremennom ekologicheskom prave", *Gosudarstvo i Pravo*, 2010 No.11, p. 62.

## 3　基本法制

　社会主義崩壊後のロシアの最初の環境法は，1991年に制定されたロシア社会主義連邦共和国自然環境保護法である（以下，「1991年環境法」）[21]。この法律は，旧ソビエト連邦環境保護法草案にもとづいて起草されたものであるが，連邦崩壊後も，2001年の環境保護法の制定まで，10年間，効力を保った。

　1991年環境法は，社会主義時代末期の環境悪化に対する危機感を反映し，政治的・社会的・経済的な大転換を考慮に入れ，当時としてはきわめて進歩的な法律であると評価された[22]。そこには，環境監査，環境モニタリング，地方政府と企業との環境協定など，新しい概念が導入されていた。また，ロシアの法制上，はじめて環境に対する個人の権利についての規定が置かれた。

　1991年の環境保護法は，社会主義体制の下での環境軽視からの転換を企図したものであり，宣言的な効果はあったが，その実効性については当初から疑問が呈されていた。この法律の条項の多くは，直接的な効力をもたず，その実施には，各種の法律や下位法令の制定が必要であったが，これらの法令は実際にはなかなか制定されなかった。また，この法律には多くの欠缺がみられた。たとえば環境影響評価の制度は，1985年のEU指令制定の後，1980年代後半に行政立法により導入されたが，この法律では言及されていなかった[23]。

　自然環境保護法が，自然環境保護に関する一般的な法律であったのに対して，個別の領域にもそれぞれ法律が制定された。これは社会主義時代からの伝統であるが，ロシアの自然保護法制の1つの特色は，資源の利用と保護が一体となって，資源別に1つの法律に定められていることである。1990年代に，森林法典，水法典，土地法典，地下資源法，大気保護法などが制定さ

---

21) *Vedomosti Soveta Narodnykh Depatatov RF, Verkhounogo Soveta RF*, 1992 No.10, Item 457.
22) Brinchuk, "O golovnom akte ekologicheskogo zakonodatel'stva", *Gosudarstvo i Pravo*, 2001 No.11, p. 65.
23) S.A.Bogoliubov, *Kommentarii k zakonu RF "Ob okhrane okruzhaiushchei prirodnoi sredy*, Moscow 1997, p. viii. Brinchuk, *supra*, p. 65.

れ，あるいは社会主義時代の法律が大幅に改正された。主要なものは以下のとおりである。

- ▶水法典　1995 年 11 月 16 日（2006 年 6 月 3 日全面改正）
- ▶森林法典　1997 年 1 月 29 日（2006 年 12 月 4 日全面改正）
- ▶大気保護法　1999 年 5 月 4 日
- ▶土地法典　1992 年　（2001 年 10 月 25 日全面改正）
- ▶地下資源法　1992 年 2 月 21 日
- ▶産業・生活廃棄物法　1998 年 6 月 24 日

一方，個別の制度にかかわる法律としては，1995 年に制定された国家環境適合性審査法が重要である。

1991 年自然環境保護法の欠陥は，早くから批判の対象となり，すでにその制定直後から改正作業が開始された[24]。1990 年代の上記環境関係法の制定により，これらの法律と 1991 年法との平仄を合わせる必要性が生じたことも，改正の議論を促進させた。しかし，改正論議は長期化し，「環境立法の発展のコンセプト」と題する改正綱領が公表されたのは 2000 年のことであった[25]。

改正法案は，2000 年 10 月に下院の第一読会を了えたが，この段階では，法改正が 1991 年法の全面改正であるのか，部分改正に止まるのかについてさえも，意見の対立があった。2001 年に公表された環境状態に関する国家報告は，全面改正ではなく，「1991 年法改正」に言及していた。第一読会から第三読会までさらに 1 年を経た後，2002 年 1 月 16 日に環境保護法（以下，「2002 年法」）は，1991 年法の部分改正としてではなく，新たな法律として制定された[26]。

2002 年法は，冒頭に持続的な開発と好適な環境を確保するための私人，

---

[24] 2002 年法の制定過程については，H.Oda, "The Constitutional Right to a Favorable Environment and the New Law on the Protection of Environment: Problems of Environmental Review", in F.J.M. Feldbrugge et al eds., *Human Rights in Russia and Eastern Europe*, Leiden 2002, pp. 189–190.

[25] Bogoliubov, *Ekologicheskoe pravo*, Moscow 2000, p. 70.

[26] 2002 年 1 月 10 日　連邦法　FZ-7.

社会，国家の自然保護・経済・社会的利益の科学的なバランス，天然資源の保護，再生，合理的な利用，経済的その他の活動に関する決定に際しての義務的環境影響評価，環境に否定的な影響を与え，個人の生命・健康，財産に対する危険を生じる恐れがある経済的その他の活動の基礎となる計画や文書に関する義務的環境審査などの原則を定めた。

　2002年法は，好適な環境に対する個人の権利の保護も基本原則として挙げ，環境に関する私人の権利を列挙した。これは1991年法とほとんど変わらないが，2002年法で列挙からはずされた重要な規定がある。すなわち，1991年法では，「環境上危険な目的物の設置，計画，建設，再建等に関する決定の取消を求めて行政機関に審査，または裁判所に異議を申し立て，また環境や人の健康に有害な企業の活動を制約し，停止，または中断するように求める権利」を定めていた。すなわち，一般的な差止請求権の規定があったのである。しかし，この権利は，2002年法の列挙には含まれていない。行政機関について，環境保護，環境への否定的な影響に関する問題に関して異議申立て，提案等を行い，適時に理由ある回答を得る権利が定められているのみであり，裁判所との関係では，環境被害に関する損害賠償請求の権利のみが言及されている。これは1991年法の制定後，1996年に制定された民法典の不法行為に関する部分に差止請求に関する規定があるためであると考えられないわけではない（第1065条2項）。

　しかし，この規定は，さらに，

　　裁判所は，当該活動の停止，または中止が社会的利益に反する場合には，その活動の停止，または中止の訴えを却下することができる

と定める。民法典のコメンタールによれば，これは，当該企業がその都市の中心的な企業であるような場合を想定しているという[27]。1991年法には，このような「社会的利益の考慮」の条項は含まれていなかった。

　2002年法に関しても，1991年法と同様に，制定当初から批判がみられた。あるコメンタールによれば，新法は，「期待に反してグローバルな問題であ

---

[27] T.E.Abova et al. eds., *Kommentarii k grazhdanskomu kodeksu RF, chasti I i II*, 2009 (e-Garant).

る環境問題の解決に我々を近づけることはできなかった。いくつかの正当化された制度は維持され，または発展されたが（特別保護地域，数値基準，特定の活動に関する要求など），2002年法は，その宣言的な性質，用語の混乱，その他の点で，1991年法よりもひどい」とされ，「環境に対する権利の強化を将来期待することは難しい」とも言われた[28]。

　環境法制に対する予てからの批判の1つは，環境法が様々な法令に分散しており，相互に矛盾や重複がみられることにあった。そこで包括的な環境法典の制定がすでに2002年法の制定前に提案されていた。2002年当時，企業利益税法，付加価値税法，個人所得税法など，分散していた税法を集成した税法典の第1部が制定されたばかりであったが，環境法についても，このように統一的な法典を作るべきであると考えられたのである。2002年法が，包括的な環境法典にはならなかったために，環境法典制定の動きはその後も存続し，2007年には天然資源および環境省により，環境法典の「コンセプト」案が公表された[29]。

　この文書では，まず環境関係立法の分散とその不統一性が批判された。すなわち，2007年の時点で，環境保護に関しては，7つの基本的な法律に加えて，15の大統領令，140の政府決定，そして地方レベルで4,100の法令がある。これらには空白や相互の矛盾，不明確性などがみられる。また環境法と民法典や資源法，行政法との矛盾も解決しなければならない。

　計画される法典の基本理念は，「環境安全保障と持続的開発の確保」にある。この環境安全保障という用語は，メドヴェージェフ政権下で用いられるようになった。そこでは環境の保護は，ロシアの産業の競争力を強化し，外国投資を増加させるために，国家安全保障の一環として位置づけられた。

　注目されるのは，環境に否定的な影響を与える活動（事業活動など）には，「現在入手可能な，もっとも優れた技術」を用いることが要求されていることである。これは，具体的には，「少なくとも世界で2社以上の企業で用いられる，汚染数値がもっとも低い技術で，その利用のための設備が国際市場

---

28) A.P.Anisimov ed., *Nauchno-prakticheskii kommentarii k federal'nomu zakonu "Ob okhrane okuruzhaiushchei sredy"*, (e-Garant).

29) P.Iu Igorevna, *Razrabotka kontseptsii ekologicheskogo kodeksu RF* (http://mnr.ru/). 著者は当時天然資源・環境省の次長であった。

で入手可能なもの」とされる。このような技術のリストは，環境行政機関が作成し，定期的に更新する。

現行法と比較した環境法典の改善点としては，他に環境法違反に対する罰金額の引き上げ，環境被害に対する損害賠償制度の強化，環境保険制度の創設，環境税の導入などが挙げられている。

しかし，綱領の執筆者が認めるように，環境法典の制定の前提として，環境法の基本理念の変更が必要であり，また，この分野のほとんどすべての立法の再検討を要し，一挙にこの法典を制定することはできない。そこで，税法典の場合と同様に環境法典も，各則の部分は，段階的に制定するものとされた。

「環境法典」の制定は，2007年以降，優先性を失ったようである。2007年の論文で，ある環境法学者は，環境法典の制定は，実現可能ではあるが，現段階できわめて差し迫った課題とは言えないと指摘した。環境法が，法典化に適するほど安定しておらず，均質でもないというのが主要な理由である[30]。

## 4 環境基準

2002年環境法は，環境規制の数値基準について，一章を設けている。数値基準は，環境の質に関する評価基準と，経済的活動，その他の活動による環境への影響の許容限界基準から構成される（第19条）。前者は，環境の質の状態を測定する基準である。これらは，放射性物質を含む，環境の中の化学物質の濃度の指標，放射能や温度など物理的な基準，生物学的な基準がある。これに対して，後者は，私人，または法人（「環境の利用者」）の経済活動，その他の活動による環境への否定的な影響を防止するために設定される。これは具体的には，前者の基準を前提に許容される限界基準である。

許容限界基準は，以下のとおりである。

▶物質・微生物の環境への排出基準

---

30) I.A.Ignatev, "Kodifikatsiia ekologicheskogo zakonodatel'stva: voprosy teorii i praktiki", *Vestnik Moskovskogo Universiteta, seriia pravo*, 2007 No.5, pp. 44-45.

▶産業・生活廃棄物の廃棄の基準
▶環境に対する物理的影響(熱,騒音,振動その他)の基準
▶自然環境の構成要素の採取の基準
▶環境への人為的要素による負荷の基準
▶経済活動,その他の活動による,その他の環境への影響の基準

　こうした基準は,「国際基準を考慮し,現在の科学技術の成果にもとづいて」決定される(第19条3項)。数値基準の策定手続は,法律ではなく,政府決定によって定められる。具体的な数値基準も,個別の法令,たとえば水法典や大気保護法などではなく,政府決定によって定められている。

　しかし,基準がいかに厳格であっても,もとよりその実効性がなければ意味がない。この点で問題であるのは,排出基準の暫定的緩和措置である。これは2002年環境基本法自体に定められた制度である。すなわち,許容限界排出基準を遵守することが不可能である場合には,一定期間,行政庁の許可にもとづいて,暫定的に排出限度を設定することができる。事業者は,この期間中に,環境保全のための措置を実施し,現存の最良の技術,および/またはその他の方策をとり,基準に段階的に接近することが予定される(第23条3項)。これは具体的には,許容基準を達成できない企業が,一定期間中に環境保護のための計画を提出し,その間,旧来の環境に有害な基準で操業を継続することを許されるという「奇妙な制度」である。大臣も認めるように,この制度の主たる欠陥は,この計画が,企業の財政的な理由により実施されないことである。この場合に,企業は繰り返し,この許可を求めることになる[31]。

　基準制度の見直しの一環として,この暫定的基準の制度を段階的に廃止し,2016年から,「現存する最良の技術」を用いることを義務づけることが予定されている[32]。

---

31) 天然資源環境相(当時)へのインタビュー:*Izvestiia*, January 28, 2010.
32) *Ibid.*

## 5　経済的なインセンティヴ

2002年法が定める環境保護の領域における主要な経済的なインセンティヴは，以下のとおりである（第14条）。

▶環境への否定的な影響を与える代償としての課徴金
▶現存の最良の技術，非伝統的な形態のエネルギーの導入，資源の再利用や廃棄物の再生などに対する税法上の特恵措置の供与
▶環境に対する被害の賠償

企業の生産活動が，環境に否定的な影響を与えることは避けられない。そこで，環境基準を遵守している場合でも，このような事業行為自体の代償として，企業，組織，個人が有害物質の大気中への排出，排水，廃棄物の廃棄により環境に否定的な影響を与える場合には，課徴金が課せられる。これは許容限界基準内の行為と許容限界基準を超えるが，暫定的基準内の排出との場合とで金額が異なる。基本的な支払額は，汚染物質や，その作用の性質により，環境への危険性を考慮して決定される。課徴金は，基本的な額の他に，事業者の利益にもとづいて加算される。支払総額が利益を上回る場合には，当該企業の操業停止の可能性がある[33]。暫定的基準をも超えた汚染の場合には，行政罰の対象となる。

## 6　環境法違反に対する制裁

環境法の違反に対しては，行政罰，刑事罰，その他の制裁が定められている。

行政罰に関しては，連邦行政罰法典第8章が，「環境保護，および資源利用に関する行政法違反」の制裁を定めている。しかし，企業の立地，建設，操業の際の環境法違反の罰金は，個人で2000ルーブル（1ドル＝45ルーブル），

---

[33]　1992年8月28日　政府決定。

法人で 10 万ルーブルで，抑止の実効性があるとは思われない（第 8.1 条）。自然利用監督庁長官の発言によれば，「誰も環境汚染の責任を負わない」。罰金の額のみならず，制裁の不可避性の確保も重要であると指摘された[34]。

2009 年の自然利用監督庁の活動報告によれば，2009 年に 1 万 522 の法人，1 万 5,016 の管理職，1,520 の私人が行政罰の対象となった。罰金総額は 4 億 5,000 ルーブルを超えると報告されている[35]。なお，行政罰として，企業の操業停止処分も定められている。最近では，国立公園の近くに危険な産業廃棄物や生活廃棄物を廃棄していた企業が地区裁判所により，10 日間の操業停止処分を受けた[36]。

刑事罰に関しては，刑法典第 26 章が「環境犯罪」として 17 の犯罪類型を定めている。これらは，環境汚染などのほか，密猟や森林の盗伐までも含めている。2009 年の統計では，3,169 人につき刑事手続が開始されたが，そのほとんどは密猟（漁）であり，水質汚染は 2 件，大気汚染は 1 件にすぎなかった[37]。

2002 年法は，環境汚染に対する民事責任に関する規定を置いている。すなわち，環境汚染，天然資源の不合理な利用，生態系の破壊等の環境法違反により環境に損害を与えた法人，または私人は，その損害を完全に賠償する義務を負う（第 77 条 1 項）。もとより，民法典の不法行為の規定にしたがって環境汚染の被害者が損害賠償請求をすることも可能であるが，2002 年環境法のこの規定は，行政機関（連邦自然利用監督庁）が法違反者に対して損害賠償を請求することを前提としている。同庁の年次活動報告によれば，2009 年に裁判手続により，22 億ルーブルの損害賠償が徴収された。同庁は，裁判手続の 64% で勝訴したが，認容された賠償額は，請求額の 15% にすぎない[38]。

しかも，徴収された賠償金は，各レベルの行政主体の一般財政に繰り入れ

---

[34] V.V.Kirillov, "Orientr na konechnyi rezul'tat", *Vestnik Rosprirodnadzora*, 2010 No. 1, p. 7.
[35] *Itogi raboty Russprirodnadzora v 2009 godu i prioritetnye zadachi na 2010 god*, Moscow 2010.
[36] http://mnr.ru/　Nov. 11, 2010.
[37] *Doklad 2009, supra*, pp. 404-413.
[38] *Itogi raboty, supra*, p. 4.

られる,その使途は環境の回復に用いられるとは限らない。
　環境に影響を与える一定の行為については,これを許可(ライセンス)に服せしめることができる。地下資源の探鉱・開発などはライセンスを要する。環境法の重大な違反の場合には,資源利用のライセンスが取消される可能性がある。たとえば水法典は,法違反の場合に,水の使用権の強制的中止を定める(第10条3項3号)。また,地下資源法は,ライセンス取消の原因の1つとして,地下資源利用の規則の度重なる違反を挙げる(第20条2項3号)。
　2002年環境保護法は,裁判手続による,企業等の操業停止についても定めている(第80条)。悪質な環境汚染の場合の,操業停止の例はいくつか報告されている。

## 7　開発プロジェクトと環境

　社会主義計画経済体制の下では,生産力向上が至上命題であり,自然環境の保護は二次的な意味しか与えられなかった。しかし,1990年代には持続的開発の理念が導入され,環境への一定の配慮がみられるようになった。すでに1991年環境法は,経済活動における一般的な環境保護の要件を定め,さらに各種の経済活動における環境の保護に関して規定を置いた。この形式は,2002年環境法にも受け継がれた。
　2002年法第7章は,「経済的,その他の活動を行う際の環境の分野における要件」と題されている。まず原則規定として,建造物,施設,その他の目的物の設置,計画,建設,再建,操業開始,操業,保存,および廃棄の際には,環境保護のための条件を遵守しなければならないと定められる。その際には,環境保護のための措置,自然環境の回復のための措置,天然資源の合理的な利用と再生,および環境の安全のための措置を策定することが義務づけられる(第34条1項)。この要件に違反した場合は,裁判所の決定により,建造物,施設,その他の目的物の配置,計画,建設,再建,操業開始,操業,保存,および廃棄の停止処分が課せられる(第34条2項)。
　この一般規定に続いて,目的物の配置,計画,建設,および再建,操業開始,操業,および操業終了に関する個別の規定,発電所などエネルギー関係の施設,軍事施設などに関する特則が定められている。しかし,これらの規

定や特則は、いずれも原則規定に比べてそれほど具体性があるわけではない。たとえば目的物の配置に関する規定では、そこに「当該目的物操業の短期的、および長期的な環境上、その他の経済的、人口統計上の効果と、好適な環境、生物の多様性、天然資源の合理的な利用と再生の保全の優先性の遵守とを考慮する」ことが定められているに止まる（第35条）。また、目的物の設計に関する規定では、設計に際して、環境汚染の予防と除去のための措置、廃棄物処理の方法が構じられなければならず、「資源を節約し、廃棄物をなくし、または削減するような環境の保護、自然環境の再生、天然資源の合理的な利用と再生のための現存の最良の技術」を利用することが、一般的に義務づけられているにすぎない（第36条1項）。一方、発電所に関する規定も、火力発電所については、「汚染物質の浄化に最も効率的な手段を設置し、環境に最も危険が少ない燃料を使用」しなければならず、また水力発電所については、その地方におけるエネルギーの実際の需要が考慮されなければならないとされる（第40条）が、きわめて概括的である。

## 8　国家環境適合性審査

経済活動と環境保護との調整は、国家環境適合性審査（*gosudarstvennaia ekologicheskaia ekspertiza*）の制度に委ねられる。もともと国家環境適合性審査は、社会主義時代に各種経済活動の国家経済計画との適合性を審査する制度であった。この審査に1980年代半ばに環境保護の要件が加わり、国家環境審査制度となったのである。もとより、計画経済の消滅とともに、経済計画との適合性はもはや審査の対象ではなく、環境との適合性だけが問題になった。これに対して、環境影響評価（*otsenka bozdeistvii na okruzhaiushuiu sredu*—OVOS）は、1985年の環境影響評価に関するEU指令の採択の後に、ヨーロッパから導入された制度である。なお、環境適合性審査には、国家審査の他に、「社会的審査」の制度がある。これは社会組織や市民による環境適合審査であり、環境保護機関に登録して行われる。社会的審査は、国家環境適合性審査の開始までに、または同時に行うことができる。その結論は、環境保護機関に提出され、国家環境適合性審査の際に「考慮される」が、拘束力があるものではない。

1991 年環境法には，環境適合性審査については簡単な規定があったものの，環境影響評価については規定がなく，両者はしばしば混同された。環境影響評価については，天然資源省の規程が 1994 年に制定された。同じ年にロシアは，複数国間にまたがる環境影響評価に関する条約を批准している。一方，国家環境適合性審査については，1995 年に環境適合性審査に関する法律が制定され，2006 年の改正を経て今日に至っている[39]。しかし，1995 年法自体，環境影響評価と国家環境適合性審査を混同している部分があった。両制度がはっきりと区別されたのは，2000 年に制定された，当時の国家環境委員会の環境影響評価に関する規程においてであった[40]。

2002 年環境法は，「環境影響評価，および環境適合性審査」と題する一章を置いているが，それぞれに一ヶ条を割くに止まり，両者の明確な定義は置かれていない。2002 年環境法によれば，環境影響評価は，計画されている，環境に直接，または間接に影響を与える経済的その他の活動に関して行われる。これはその活動の主体の如何を問わない。一方，国家環境適合性審査については，「計画されている，経済，その他の事業活動を基礎づける文書が環境保護の領域における要求に適合しているか否かを審査する」という目的が簡単に述べられ，すべては 1995 年の国家環境適合性審査に関する法律に委ねられている。1995 年法によれば，国家環境審査とは，経済活動，その他の活動による環境への否定的な影響を防止するために，これらの活動を基礎づける文書等が環境保護の分野における技術的な規則や立法に適合することを確定する制度である（第 1 条）。経済的，その他の活動の環境への潜在的危険性が推定されるものとした（第 3 条）。

国家環境適合性審査は，環境に有害な影響を与える可能性がある事業プロジェクト等を，政府機関が環境保護の面から審査する制度である。国家環境適合性審査は，当該プロジェクトの規模により，天然資源および環境省の一部門である自然利用監督局，またはその地方機関により実施される。審査はプロジェクトごとに設置される，環境専門家から構成される「専門家委員会」によって行われる。環境保護機関の専門家のみならず，外部の専門家，さらには環境保護機関の職員も選任されることができる。委員，および委員

---

[39] 1995 年 11 月 23 日　連邦法　FZ-174.
[40] 2000 年 5 月 16 日　国家環境委員会指令により承認。

長は，環境保護機関が任命するが，環境保護機関の職員であることを妨げない。委員は，事業者，および事業者と契約関係にある機関からは独立でなければならない。審査は，原則として6ヶ月以内に終了しなければならない。

一方，環境影響評価は，事業者によって自己の費用で専門組織に委嘱され，その結果が国家環境適合性審査の際に提出され，審査の対象となる。

いかなる経済活動（プロジェクト）に国家環境適合性審査が要求されるかは，現行法では必ずしも明確ではない。2002年環境法は，環境に否定的な影響を与え，市民の生命，健康，財産に脅威をもたらす恐れがある経済的その他の活動を基礎づける計画書，その他の文書の環境の分野における技術的な規則との適合性を審査する義務を基本的な原理の1つとして規定している。しかし，各種経済活動を定めた前述の規定では，わずかに原子力発電所の設置に関して，国家環境審査の肯定的結論が必要である旨規定するにとどまる。

すでに制定時において2002年法は，1991年法に比べて義務的な国家環境適合性審査の対象を縮小していた。さらに2006年の都市計画法の改正は，都市計画法が規律する経済活動に関しては，これを国家環境適合性審査の範囲外とした。1995年の環境適合審査法も，審査の対象に関する規定を置いていたが，この規定も改正され，対象が縮小された。地下資源開発プロジェクトでは，生産物分与契約にもとづくプロジェクトや，大陸棚，排他的経済水域におけるプロジェクトは審査が義務的であるが，その他のプロジェクトについては明確ではない。

また，2002年法，1995年法ともに，たとえばインフラストラクチャー・プロジェクトに関する審査の必要性については明文の規定がない。こうした立法の不備は，ロシア政府の環境に対する姿勢を表すものとも言えよう[41]。

国家環境適合性審査を主として管轄する連邦自然環境，技術，および原子力監督庁は，2009年度に215の案件で審査を行い，そのうち182件で審査の結論を承認した。176件が肯定的な結論，5件が否定的な結論であった。地方レベルでは，1,736件の結論が承認され，1,644件が肯定的，108件が否定的な結論であった[42]。多くの開発プロジェクトは政府が関与した公的な

---

41) H.Oda, "Problems of Russian Legislative technique - the case of State environmental review ", *DRJV Bulletin*, Hamburg 2011.

42) *Gosudarstvennyi doklad v 2009 godu, supra*, p. 418.

支持があるプロジェクトであり，審査は，環境に適合するか否かを審査するというよりは，プロジェクトが環境に適合するように指導するという傾向が強いと思われる。

## 9 環境行政

　環境保護を所管する連邦の行政機関は，連邦天然資源および環境省（Ministry of Natural Resources and Ecology）である。1990年代半ばまでは，天然資源を管理し，利用させる機関と環境保護の機関とは別であった。環境保護については，国家環境委員会という機関があった。しかし，資源の合理的な利用と環境保護は同一の機関に所管させるべきであるという見解の下に，2つの機能が天然資源省の下に統合された。これに対しては，「アルコール依存症者に酒屋の店番をさせるようなもの」であるという批判もあった。天然資源省は，その後，天然資源，および環境省と改名された。

　もっとも，天然資源，および環境省本体は，政策立案，企画を中心とした機関である。同省は，天然資源（地下資源，水資源，森林）の調査，利用，再生，および保護，自然環境状態，およびその汚染のモニタリングに関する国家政策，および規範的法的規律の策定，ならびに環境保護の分野における国家政策，および「規範的法的規律」の策定と実施を行う[43]。

　これに対して，同省に属する5つの機関が，実際の許認可，ライセンス賦与，監督などの権限を用いて，資源の利用と環境保護の諸機能を分掌する。これらの機関は，以下のとおりである。

▶連邦自然利用監督局
▶連邦気象，および環境モニタリング局
▶林業庁連邦水資源庁
▶連邦地下資源利用庁
▶連邦林業庁

---

43) 天然資源および環境省の組織法である「規程」は，2008年5月29日大統領令 No.404 により承認された。

このうち連邦自然利用監督局は,「ロシア連邦の環境的,および経済的安全の確保と資源の合理的で無駄がない利用,資源の喪失からの保護」を目的とする監督機関である。資源利用,および環境保護のための監督の主たる課題は,違法,または非合理的な資源利用,資源利用の際の環境への否定的な作用などに関連する法違反の摘発と予防にある[44]。

一方,地下資源利用庁や水資源庁は,資源利用の許認可を行い,また資源保護のための措置をとる機関である。地下資源利用庁は,地下資源全体を管理し,埋蔵量を記録するとともに,地下資源を有償で利用に供するために競売や入札手続を主宰し,地下資源利用のライセンスを賦与する。ライセンスの取消しもこの機関の権限である。

これらの部局は相互に独立しているが,国家環境適合性審査などについて,管轄の重複が予てから批判されている。

## 10　サハリンIIプロジェクトにおける環境法の政治的利用

2006年9月に連邦自然利用監督局は,生産物分与方式による石油・天然ガス開発プロジェクトであるサハリンIIプロジェクトが,ロシア環境法に違反し,環境に甚大な被害を与えたとして,ライセンスの取消しに向けて手続を開始した。取消しの根拠は,2003年に実施されたプロジェクトの国家環境適合性審査に瑕疵があるというものであった。プロジェクトの主体であるSakhalin Energy社は,環境法違反の事実を認め,是正措置を書面で提出し,また補償金の支払いを受け入れたと報告されている。

サハリンの環境の状態については,直近の天然資源および環境省の年次報告では,とくに重大な問題は指摘されていなかった。2006年7月に自然利用監督庁による査察が開始されたが,調査結果が確定しないまま,プロジェクトの存続を危うくする制裁が検討されたのである。この背景には,外国企業のみが参加したこのプロジェクトへの参加をロシアのGazpromが求めて拒絶されたという経緯がある。結局,外国企業3社は,権益の一部をGazpromに譲渡することに同意し,その後,サハリンの環境汚染問題は終息し

---

[44]　詳細は,http://www.mnr.gov.ru/regulatory/detail.php?ID=132221参照。

た[45]。

　この事件では，Gazprom の権益取得のために，環境法が選択的に適用された。同様な環境法利用例は，同じく生産物分与プロジェクトである Khariaga プロジェクトでもみられた。

　このような慣行は，ロシア連邦憲法が定める法治国の原理に適合しないのみならず，環境法自体の信頼性を損なうものと言わざるを得ない。

---

[45] 小田博，前掲。T. Krysiek, *Agreement from another era: PSA in Putin's Russia*, Oxford Institute for Energy Studies, Working Paper No.34, 2007. N.D.B.Bamberger, "In the wake of Sakhalin Ⅱ; How non-governmental administration of Natural resources could strengthey Russian energy sector", *Pacific Rim Law aud Policy Journal*, 2007 No.3, p. 669ff. 結果については，"State Won Big in Sakhalin Buy", *Moscow Times*, February 1, 2010.

# Ⅶ 刑事法

# 第 20 章　刑法と刑事手続法

## 1　ロシア刑法の歴史

　帝政ロシアの最初の刑法典は 1845 年に制定された。しかし，これは旧来の刑罰規定を集めたものにすぎず，ロシア刑法の近代化は，その後，帝政時代を通じて継続的な課題であった。1903 年に新派刑法理論にもとづく帝国刑法典草案が完成したが，この草案は，その後の政治的な変動や第一次世界大戦により，結局採択をみなかった。

　ボリシェヴィキ革命の後，帝政ロシアの法律はすべて効力を失い，成文の刑法典がないまま，ロシアは内戦期に入った。人民裁判所と非正規の裁判機関である革命法廷は，政府の簡略な布告と「革命的法意識」にもとづいて，ボリシェヴィキ体制に反抗する人々を弾圧した。いわゆる「赤色テロル」である[1]。この間，かろうじて刑法総則に相当する「刑法の指導原理」が 1919 年に制定された。

　内戦の終結の後，ロシアは新経済政策期に入り，資本主義勢力との融和が図られた。法典の編纂はその一環である。民法典や土地法典とともに，1922 年にロシア社会主義共和国刑法典が制定された。この刑法典は，基本的に 1903 年の刑法典草案を参考にしたと言われる。マルクス主義の影響は，ほとんどみられなかった。そもそもこの時点では，「マルクス主義刑法学」や「社会主義刑法学」は存在しなかったのである。その一方で，新派刑法学の影響が色濃く反映され，刑罰に代えて「社会防衛処分」の概念が用いられた。また，「社会的危険性」の概念が導入され，社会的に危険な行為に止まらず，社会的に危険な人格に対して保安処分が定められた。

---

1)　G.Bordyugov, "The Policy and Regime of Extraordinary Measures in Russia under Lenin and Stalin", *Europe-Asia Studies*, 1995 No.4, p. 615ff.

ソビエト連邦が創設された 1924 年に，連邦レベルで「刑法の基本原理」と称する刑法総則にあたる法律が制定された。1922 年刑法典と 1924 年連邦刑法の基本原理は，スターリン時代を経て，1958 年と 1962 年までそれぞれ存続した。連邦刑法の基本原理が制定されたのを承けて，1926 年にロシア共和国刑法典は改正された。1927 年には，刑法典の中の反革命罪の規定が大幅に拡大された。反革命罪は，さらに 1929 年から構成要件の枠を超えて広く適用された。

 ソビエト・ロシアの刑法典がきわめて抑圧的な性格を帯びたのは，新経済政策期の末期のことである。1928 年にスターリンの支配が確立された後，ソビエト刑法は，各則の規定とその運用において大きく変化した。

 現代のロシア刑法学者が回顧するところによれば，

> 1930 年代に刑法は，歴史上，もっとも暗い時代に入った。刑法は，もっとも抑圧的な法的手段として，立法，および法執行の活動で，スターリンの個人的な権力体制の反対者に対する大規模抑圧の手段，国家・党社会主義の命令的・行政的なシステムの確立と強化の手段となった[2]。

 1922 年の制定時から刑法典は，すでに反革命罪の規定をもっていたが，これは 1927 年の改正で「経済的な反革命行為」など，広範な行為を含むようになった。反革命罪の構成要件は，1928 年に最高裁判所の指導的解説によって過失行為にまで拡張された。1928 年以降の工業化・農業の全面集団化の過程で，刑法の諸規定は，党の政策の実施に反対する者にとどまらず，その実施に消極的である者や，実施に効率的ではない者にまで適用された。1940 年の時点では，反革命罪には 17 ヶ条に及ぶ行為類型が定められていた。反革命罪にとどまらず，経済的な懈怠の罪や，投機罪などの規定も広く適用された。

 1932 年には社会主義的財産の保護に関する中央執行委員会・人民委員会議決定が採択され，社会主義的財産の窃盗や毀損について，死刑の適用も可能になった。「刑事制裁は，犯罪という行為に対してではなく，「人民の敵」

---

[2] A.Koroveev ed., *Polnyi kurs ugolovnogo prava*, Vol.1, St.Petersburg 2008, pp. 166, 171-173.

表20　強制収容所収容人数　1930-1953年

| 年 | 収容人数 | 年 | 収容人数 | 年 | 収容人数 |
| --- | --- | --- | --- | --- | --- |
| 1930 | 179,000 | 1938 | 1,881,570 | 1946 | 1,703,095 |
| 1931 | 212,000 | 1939 | 1,672,438 | 1947 | 1,721,543 |
| 1932 | 268,700 | 1940 | 1,659,992 | 1948 | 2,199,535 |
| 1933 | 334,300 | 1941 | 1,959,729 | 1949 | 2,356,685 |
| 1934 | 510,307 | 1942 | 1,777,043 | 1950 | 2,561,351 |
| 1935 | 965,742 | 1943 | 1,484,182 | 1951 | 2,525,146 |
| 1936 | 1,296,494 | 1944 | 1,179,819 | 1952 | 2,504,514 |
| 1937 | 1,196,369 | 1945 | 1,460,677 | 1953 | 2,468,524 |

出典：Applebaum, *GULAG: A History*, London 2004, pp.515-516.

や「豊かな農民」など，人の人格に向けられるようになった」。もともとロシア刑法典は，不申告罪，すなわち犯罪の実行を知りつつこれを当局に通報しないという不作為を反革命罪などについて規定していたが，1932年の社会主義財産の保護に関する決定は，刑法典の規定を実質的に改正するものであった。この決定は，公共の財産（国家の財産のみならず，コルホーズ，協同組合の財産を含む）が神聖不可侵であると宣言し，コルホーズの財産の窃盗に国家財産の窃盗の最高刑を死刑と定めた。また，農業の集団化に抵抗する「富農，および資本主義分子」が農民にコルホーズを離脱するように説得し，コルホーズを解体させる行為も反逆罪とし，5年から10年の収容所送致が定められた[3]。

さらに，1934年の法改正により，連座制も定められ，反革命犯に関しては，同居の親族，および被扶養者も処罰の対象とされた。

1937年には大規模な政治的テロルが開始され，前記ロシア刑法学者によれば，1937・1938年に共産党中央委員・および候補139人のうち，70％が逮捕され，処刑された。1,966名の代議員のうち1,108名が反革命罪で有罪とされた。強制収容所に送られた反革命犯の総人数は，1934年に1万307人であったが，1937年に82万881人，1940年に134万4,408人に達し，1940年の記録ではそのうち33.1％が反革命罪で有罪とされた人々であった。

1953年のスターリンの死後，多くのテロルの犠牲者が名誉回復され，釈放された。刑法の改正も行われ，1958年に新たな連邦刑法の基本原理が制

---

3)　連邦中央執行委員会・人民委員会議決定　1932年8月7日。

定され，ロシア共和国では 1960 年に刑法典が制定された。この刑法典は，社会主義体制の終焉まで存続した。これらの立法によってスターリン時代の刑法の極端な抑圧性は排除された。1960 年刑法典は，人道主義，責任主義（故意，または過失がある場合にのみ，刑事責任が問われる），裁判所のみによる刑事制裁の原則を規定した。いずれもスターリン時代には，存在しなかった原則である。しかし，その後も，社会主義体制が基礎とする政治的・経済的な価値を損なうような行為に対しては，刑事制裁が積極的に利用された。総則では，連座制は廃止されたものの，不申告罪は残った。経済犯に死刑を適用する制度も社会主義時代の最後まで存続した。後のペレストロイカの時代に，「刑法の人道化」が叫ばれた所以である[4]。

　刑法各則は，社会主義体制における刑事罰への依存を端的に表していた。体制に抗する「反体制派」のみならず，党の公式路線と見解を異にする「異論派」にも，刑法の様々な規定が適用された。1960 年刑法典には，「反ソビエト扇動・宣伝」が「特に危険な国家的犯罪」の 1 つとして定められていた。すなわち，ソビエト権力の転覆，または弱体化を意図し，またはソビエト国家や社会体制を誹謗する目的の扇動・宣伝や，そのような内容の分権の頒布，出版，保管が最高で 7 年の自由剝奪刑の対象となり，「異論派」に適用されたのである。

　また，経済犯罪は，刑法典各則の中でも重要なカテゴリーであり，多様な行為が厳しい処罰の対象となった。通常の経済行為であっても，個人が利益を追求する場合には，投機罪などが適用された。1970 年代には，「反寄生虫法」という法律が制定され，個人で事業を行うことは，資本主義的な搾取行為であり，「不労所得」を得るものとして処罰された。

　ペレストロイカの時代になり，法治国の建設が追求されるようになって，刑法改正の動きが活発化した。1988 年の第 1 回人民代議員大会は，1920 年代から 1950 年代にかけての組織的な刑事抑圧を違法と認め，反体制派に対して多用されていた「反ソビエト扇動・宣伝」の罪を廃止するなど，国家に対する犯罪の規定を大幅に改めた。新しい連邦刑法の基本原理の草案は，1991 年 6 月にソビエト連邦解体の直前に採択された。刑法改正作業は，ロ

---

4)　社会主義時代の刑法については，上田寛他『未完の刑法──ソビエト刑法とは何であったのか』（成文堂，2008 年），中山研一『ソビエト法概論　刑法』（有信堂，1966 年）参照。

表21　ロシアにおける犯罪の状況（連邦内務省統計）

| | 報告された犯罪件数 | 捜査が終結し，または解決された事件 | 摘発率（％） | 摘発された人数 |
|---|---|---|---|---|
| 犯罪件数 | 2,206,249 | 1,238,251 | | 1,012,563 |
| 重大な犯罪，とくに重大な犯罪 | 537,664 | 288,905 | 55.3 | 234,169 |
| 重大な損害を惹起し，またはとくに多額の収益を伴う犯罪 | 622,187 | 261,295 | 42.6 | 205,704 |
| 瀆職 | 42,506 | 41,308 | 96.5 | 16,167 |
| 環境犯罪 | 24,728 | 13,398 | | 14,714 |
| テロ行為 | 661 | 454 | | 370 |
| 過激活動 | 896 | 743 | | 674 |
| 個人に対する罪 | 392,759 | 333,063 | | 285,075 |
| 殺人・殺人未遂 | 12,361 | 10,740 | 88.1 | 11,920 |
| 重大な傷害 | 34,786 | 30,093 | 87.8 | 32,297 |
| 強姦・強姦未遂 | 4,246 | 4,089 | 93.4 | 3,983 |
| 財産に対する罪 | 1,304,622 | 571,563 | | 457,763 |
| 強盗 | 16,416 | 12,075 | 68.2 | 15,868 |
| 　住居侵入を伴うもの | 1,201 | 1,012 | 73.4 | 1,223 |
| 公然盗 | 92,069 | 49,243 | | 51,717 |
| 　住居侵入を伴うもの | 3,998 | 2,788 | 66.4 | 4,160 |
| 窃盗 | 922,562 | 366,142 | 39.5 | 326,029 |
| 　住居侵入を伴うもの | 246,173 | 101,365 | | 84,066 |
| 　輸送中の貨物の窃盗 | 4,969 | 3,815 | | 3,609 |
| 　自動車等の窃盗 | 51,654 | 10,896 | | 11,329 |
| 詐欺 | 164,629 | 76,348 | | 39,197 |
| 横領 | 28,049 | 24,933 | | 12,289 |
| 強要 | 6,594 | 4,932 | | 3,916 |
| 窃盗の故意なき自動車等の占有 | 37,451 | 25,138 | | 26,545 |
| 放火による財産の毀損 | 13,148 | 2,337 | | 1,553 |
| 無頼行為 | 4,850 | 2,314 | | 2,849 |
| 殺人・傷害の脅迫 | 84,295 | 80,859 | | 71,400 |
| 未成年を犯罪，または反社会的行為に誘引する行為 | 2,231 | 2,183 | | 1,576 |
| 交通規則違反 | 28,249 | 26,426 | | 27,379 |

出典：http://mvd.ru/Deljatelnost/statistics/reports/item/1609734/

シア連邦に引き継がれ，1992年10月に大統領により，改正刑法草案が議会に提出された。その後，複数の対抗草案も登場した。この間，採択されたロシア連邦憲法の人権規定は，刑法典の審議に大きな影響を与え，審議は長引いた。結局，ロシア連邦刑法典が採択されたのは，1996年のことであった。

## 2 刑法典総則

### 2.1 特別刑法の排除

刑法典は，刑事罰を定める唯一の法律である。

> ロシア連邦の刑事立法は，刑法典である。刑事責任を定めるすべての新しい法律は，刑法典に組み入れられなければならない（第1条）。

社会主義時代と異なり，法律以外の下位法令はもとより，特別法により刑事罰を定めることも許されない。

たしかに刑事罰は刑法典のみによって定められるが，刑事罰以外に行政法違反（行政罰）法典が，広範な行政罰を定めていることにも留意する必要がある。行政罰は，罰金を中心とするが，15日から例外的には30日までの「社会からの隔離」処分や，外国人の国外追放処分も適用可能である。可罰行為は，選挙違反から，ライセンスを欠く民間医療行為，HIV感染源の秘匿や，未成年への「非伝統的性的指向」の宣伝など，広範囲に及ぶ[5]。

### 2.2 刑法の基本原則

総則は，刑法典の基本原則を列挙する。

#### (1) 合法性の原則

犯罪行為，その可罰性，その他犯罪行為の効果は，刑法典のみによって定められる。刑法の類推適用は認められない（第3条）。

憲法の規定では，何人も行為時に法違反と認められていなかった行為につ

---

[5] 2001年12月30日 連邦法 FZ-195.

いて責任を負わないとされる（第54条2項）。憲法の規定が刑事責任に限定せず，単に「責任」と定めているのは，行政罰にもこの規定を及ぼすためであろう。

　刑法の類推適用については，ソビエト初期の刑法典には，類推適用を禁止する規定が置かれていたが，1930年代の刑法草案では，類推適用が認められた。この草案は，その「左翼偏向」のために，結局採択されなかったが，農業の強制集団化の時期には，実際には刑法の構成要件が恣意的に拡大された。たとえばコルホーズの財産は，国有財産ではないが，その毀損や窃盗については，国有財産に関する規定が適用された。

### (2) 法律の下の平等

　犯罪を行った者は法律の下に平等であり，その性別，人種，民族，言語，出身，財産上，または職業上の地位，住所，宗教との関係，信念，社会団体への帰属，その他の事情にかかわりなく，刑事責任を問われる（第4条）。この場合の「社会団体への帰属」とは，かつての共産党の特権的な地位を想定している。

### (3) 責任主義

　何人も，社会的危険行為（不作為），および社会的に危険な結果の発生につき，その有責性が確定した場合にのみ，刑事責任を負う。有責性とは，犯罪行為を故意，または過失により行った場合である（第24条1項）。過失行為は，各則に過失処罰の規定がある場合にのみ処罰される（同条2項）。

　客観的帰責は認められない。すなわち，その者の責任なくして発生した結果については，刑事責任を問われない（第5条）。また，何人も他人の行為には責任を負わない。すなわち，1958年まで存在した国家的犯罪に関する同居親族の連座制などは許されないことになる。

### (4) 均衡の原則

　　犯罪を行った者に適用される刑罰，その他刑法的性質の処分は，犯罪の
　　社会的危険性の性質と程度，犯罪行為の状況，行為者の人格と均衡がと
　　れた，公平なものでなければならない（第6条1項）。

さらに，刑罰は，社会に受け入れられている正義の観念に適合したものでなければならない[6]。

### (5) 二重処罰の禁止
何人も同じ犯罪行為について再度刑事責任を問われない（同条2項）。

### (6) 人道主義の原則
　刑罰，その他犯罪を行った者に適用される刑法的性質の処分は，その者に物理的な苦痛を与えることや，人格の尊厳を貶めることを目的としてはならない（第7条2項）。

これは社会主義時代の刑法の実態に照らして，実際にも意味のある規定である。

### (7) 刑法の遡及的適用の禁止
これは憲法上の原則でもある。「責任を定め，または加重する法律は，遡及的効果をもたない」（第54条1項）。刑法典は，さらに明確に，「犯罪行為を規定し，刑罰を加重し，ないしは行為者の状況を悪化させる」刑法の規定は，遡及効をもたないと定める（第10条1項）。一方，行為の犯罪性を除去し，または刑罰を軽減し，その他行為者の状況を改善する刑法の規定は，遡及効をもつ（同条）。

### (8) 犯罪人不引渡しの原則
外国領土において犯罪行為を行ったロシア連邦国民は，当該外国に引き渡されない。一方，ロシア連邦国外で犯罪行為を行った外国人，または無国籍者がロシア連邦に滞在している場合は，これらの者の外国への引渡しは，国際条約にしたがってなされる（第13条）。

---

[6] A.B.Borisov, *Kommentarii k ugolovnomu kodeksu RF*, 6th edition, Moscow 2012, p. 7.

## 2.3　刑法の基本概念

### (1) 犯罪の定義

犯罪とは,「本法典により,刑罰の威嚇の下に禁止されている,故意,または過失によってなされた社会的に危険な行為」であると定義される(第14条1項)。その反面,「刑法典に定める犯罪の徴表を形式的に備えていても,その軽微性のために社会的に危険ではない行為」は,犯罪ではない(同条2項)。

犯罪は,その社会的危険性の程度により,軽罪,中程度の犯罪,重罪,特に重大な犯罪に分類される。軽罪とは,刑法典により,3年以下の自由剥奪が定められた故意,または過失による犯罪であり,中程度の犯罪は,故意犯の場合に5年以下,過失犯については3年を超える自由剥奪が定められた犯罪をいう。重罪とは,刑の上限が10年を超えない自由剥奪が定められた故意行為である。一方,特に重大な犯罪とは,10年を超える自由剥奪,または「より厳しい刑罰」が定められている行為である(第15条2-5項)。「より厳しい刑罰」とは,無期自由剥奪と死刑を指す。

犯罪がどのカテゴリーにあたるかは,裁判所の管轄や予審の管轄,さらには自由剥奪が執行される施設を決定する基準となる。

### (2) 刑事責任能力

刑事責任は,刑事責任年齢に達した自然人のみが負う(第19条)。すなわち,法人は,刑事責任を問われない。法人は,行政罰の対象となるのみである。刑事責任年齢は,原則は16歳である(第20条1項)。しかし,殺人や傷害,強盗,強姦など広範な犯罪について,行為時に14歳に達していた者は,刑事責任を問われる(同条2項)。

少年は,行為時に14歳以上,18歳未満であった者と定義されている。少年法はなく,刑法典第5編に少年の刑事責任が定められている(第87条1項)。基本的には,少年も刑罰の対象となる。ただし,終身自由剥奪や死刑は適用されない。軽罪,または中程度に重大な犯罪を行った少年は,刑事責任を免ぜられ,警告処分や,親権者,またはそれに代わる国家機関の監督下に置くなどの「強制的な教育的処分」を科することもできる(第90条1項)。

行為時に刑事無責任状態にあった者，すなわち慢性，または急性精神疾患，知的障害，その他の精神の病的状態のために，自己の行為の事実的性質と社会的危険性を認識することができず，またはその行為を統制（*rukovodit'*）できなかった者は，刑事責任を問われない（第21条1項）。ただし，刑法典に定められた社会的危険行為を責任無能力状態で行った者には，裁判所が医療的性質の強制的措置を命じることができる（同条2項，第97条以下）。

### (3) 故意・過失

有責者とは，故意，または過失により犯罪を行った者をいう（第24条1項）。故意には直接的故意と間接的故意がある。直接的故意とは，行為者が自己の行為（不作為）の社会的危険性を認識し，社会的に危険な結果の発生の可能性，または不可避性を予見しながら，それを希求した場合である。これに対して，間接的故意とは，社会的に危険な結果の発生の可能性を予見したが，それを希求せず，しかしその結果発生を認容し，またはこれを放置した場合をいう（第25条）。

過失犯罪とは，軽率に，または不注意になされた犯罪行為をいう。前者は，行為者が自己の行為（不作為）による社会的に危険な結果の発生の可能性を認識したにもかかわらず，十分な根拠なくしてその発生が防止されると考えた場合である。一方，不注意とは，行為者が自己の行為（不作為）による社会的に危険な結果の発生の可能性を，それを必要な注意と予見性により，予見すべきであり，かつそれが予見可能であったにもかかわらず，予見しなかった場合を指す（第26条）。

### (4) 責任阻却事由

正当防衛（第37条），緊急避難（第39条）の他に，正当な危険（第41条）に関して規定がある。正当な危険とは，刑法典が保護する法益の，社会的に有用な目的を達成するための危険に伴う侵害であって，これは犯罪ではない。危険な行為は，当該目的が危険を伴わない行為（作為または不作為）なくしては達成できず，行為者が，法益侵害の発生を防止するために十分な措置をとった場合に正当と認められる。しかし，その危険行為が意図的に多数の人命，環境の甚大な被害，疫病の虞れを伴う場合には，それは正当な危険とは認め

られない。

　ロシア刑法典には，命令にしたがった行為の免責規定がある。義務的な命令を執行することによる，刑法典が保護する法益の侵害は，犯罪ではない。このような法益侵害に対する刑事責任は，この命令を発した者が負う（第42条1項）。しかし，命令自体が違法である場合には，その命令を執行するために故意に犯罪を行えば，刑事責任を問われる。違法な命令への不服従は，刑事責任を問われない（同条2項）。

### (5) 刑　罰

　かつてロシアの刑法典は，刑罰に代わる概念として「社会防衛処分」という新派刑法学に由来する概念を用いていた。しかし，すでに1958年以降，この概念は放棄され，刑罰概念が復活した。

　刑法典は，刑罰を以下のように規定する（第43条）。

> 　刑罰とは，裁判所の判決により課せられる国家的強制措置である。刑罰は，犯罪について有責と認められた者に科せられる，本法典が定める権利，および自由の剥奪，または制限である。

> 　刑罰は，社会的正義の回復，および有罪判決を受けた者の矯正，ならびに新たな犯罪の発生を予防することを目的とする。

刑罰には，以下の種類がある。
（ⅰ）罰金
（ⅱ）特定の職業・活動に従事することの禁止
（ⅲ）官等の剥奪
（ⅳ）義務的労働
（ⅴ）矯正労働
（ⅵ）軍役の制限
（ⅶ）自由制限
（ⅷ）強制労働
（ⅸ）拘禁（*arest*）

（ⅹ）懲罰部隊送致
（ⅺ）有期自由剝奪
（ⅻ）終身自由剝奪
（ⅹⅲ）死刑

　義務的労働とは，社会的に有用な労働に一定時間（総計 60 時間から 480 時間・1 日 4 時間を超えない）に無償で従事する制度である。矯正労働では，刑の宣告を受けた者は，従来の職場で勤務するが，その報酬の 5％ から 20％ を国庫に徴収される。自由制限とは，1 日のうち一定時刻の外出禁止，特定の場所の訪問禁止，特定の地域からの移動禁止などをいう。大衆行動が行われている場所を訪れること，その行動に参加することの禁止なども含まれる。強制労働は，軽罪，中程度の犯罪，または重罪の初犯者に適用される，自由剝奪の代わりの刑罰であり，一定の場所で労働に従事し，賃金の一部を国家に徴収される。上限は，5 年である。禁固は，6 ヶ月未満の期間，刑の宣告を受けた者を「社会から厳格に隔離する」処分である。

　有期自由剝奪は，刑の宣告を受けた者を「社会から隔離し」，矯正施設に送致する処分であり，その上限は 20 年である。複数の判決を受けた場合には，併せて 30 年が上限とされる。

　このように，完全な「社会からの隔離」を伴う刑罰は，自由剝奪に限定される。これが日本や諸外国の懲役・禁固刑に相当するものである。

　ロシアは，法典上は，死刑制度を維持している。死刑は，従来から「例外的な措置」とはされていたが，1980 年代でも相当多数適用されていた。社会主義崩壊後の 1997 年にも死刑判決を受けた 700 名余が大統領により，恩赦を受けたと報告された[7]。

　ロシア連邦憲法は，生命に対する権利の規定において死刑制度についても定めている。

　　死刑制度は，その廃止までは，生命に対する特に重大な犯罪に対する例外的な刑罰として，被告人に陪審裁判による事件審理の機会を提供することを条件に，連邦法によって定められる（第 20 条 2 項）。

---

7) Konstitutsionnyi Sud RF ed., *Kommentarii k konstitutsii RF*, 2nd edition, Moscow 2011, pp. 203-205.

表22　刑事罰の適用　2013年

|  | 治安判事 | 地区裁判所 | 全ロシア連邦 |
|---|---|---|---|
| 刑事罰 |  |  |  |
| 　死　刑 |  |  |  |
| 　終身自由剥奪 | 0 | 6 | 73 |
| 　自由剥奪 | 24,480 | 187,606 | 213,015 |
| 無　罪 | 4,253 | 1,114 | 5,624 |

出典：http://www.cdep.ru/index.php?id=79&item=2439

　生命に対する重大な犯罪に死刑の対象が限定されているのは，社会主義時代に，社会主義的財産に対する犯罪や贈収賄罪にも死刑が適用されたためである。死刑が適用される犯罪の数は，1960年ロシア共和国刑法典ではスターリン時代に比べて削減されたが，その後の立法で大幅に拡大された。1961年の最高ソビエト幹部会令「特に危険な犯罪との闘争の強化について」は，とくに大規模な社会主義的財産の窃盗，通貨偽造，外貨管理規則違反，矯正施設における暴動などに死刑を適用することとし，さらに翌年には，警察官に対する暴行，加重的状況下における強姦，贈収賄にも死刑の適用が拡大された[8]。

　憲法の規定は，上記のように陪審制度を前提としているが，現在，陪審制度は全面的には実施されておらず，その結果，1999年の憲法裁判所の決定にしたがって，死刑は適用されていない[9]。

　1993年の憲法制定時の立法者の意思は，死刑を廃止することにあった。その後，1996年にロシアは欧州評議会に加盟し，ヨーロッパ人権条約を批准した。さらに翌年には，条約の死刑廃止に関するプロトコルにも署名している。もっとも，連邦最高裁判所は，プロトコルが批准されていないことを理由に，死刑廃止は国内法上の義務ではないとしている。

　ロシアでは1996年以降，死刑判決は執行されていない。

---

[8]　A.A.Piontokovskii et al. eds., *Kurs sovetskogo ugolovnogo prava*, Vol.II, Moscow 1970, p. 117.
[9]　憲法裁判所決定　1999年2月2日　No.3P$^2$.

## 3　刑法典各則

各則は，以下の6編に分かれる。

　第7編　個人に対する罪　53ヶ条
　第8編　経済犯罪　47ヶ条
　第9編　社会的安全・秩序に対する罪　70ヶ条
　第10編　国家権力に対する罪　56ヶ条
　第11編　軍に対する罪　22ヶ条
　第12編　平和と人類の安全に対する罪　8ヶ条

　ロシア刑法典は，従来国家的犯罪の規定から各則が始まったが，現行刑法典は，個人に対する罪で始まる。各則全体の構成をみると，国家権力に対する罪と軍に対する罪の比重が高いのが特徴的である。
　このうち第8編は企業活動に関する，日本でいう企業犯罪に関する規定を多数含んでいる。この領域の可罰行為が広範に及ぶのが，社会主義時代以来のロシア刑法の伝統的特色であるので，以下にこれを検討したい。
　「経済の領域における犯罪」と題された第8編は，財産に対する犯罪，経済活動の領域における犯罪，そして商業組織，その他の組織における職務上の利益に対する犯罪の三章に分かれている。このうち，財産に対する犯罪の章は，窃盗や公然盗，強盗，詐欺，横領など伝統的な財産犯について定める。これに対して，経済活動の領域における犯罪の章は，多岐にわたる。
　刑事責任を定める法律が刑法典に限定されるため，刑法典各則のこの部分には，日本では特別法が定める以下のような犯罪も含まれる。

▶倒産法違反行為（計画倒産，偽装倒産，財産隠匿，資産に関する情報不開示，虚偽の情報提供など）
▶独占禁止法違反（競争の阻止，制限，または排除）
▶ライセンス，または登録を欠く銀行業務
▶法人登記・土地登記法の違反
▶資金浄化（マネー・ロンダリング）

表23 治安判事・裁判所による刑法典各則の適用 2013年

|  | 治安判事 | 地区裁判所 | 全ロシア連邦 |
|---|---|---|---|
| 殺 人 | 0 | 8,147 | 10,080 |
| 殺 人（加重・軽減・類型） | 0 | 2,122 | 2,132 |
| 傷 害 | 10,948 | 32,605 | 4 3,672 |
| 強 姦 | 0 | 2,570 | 3,053 |
| 窃 盗 | 63,788 | 153,447 | 217,499 |
| 公然盗 | 1 | 41,023 | 41,158 |
| 強 盗 | 0 | 12,703 | 12,939 |
| 強 要 | 0 | 2,466 | 2,677 |
| 会社役員の買収 | 0 | 361 | 361 |
| テロ行為 | 0 | 0 | 19 |
| テロ行為幇助・扇動・人質 | 0 | 7 | 15 |
| 違法な武装集団の組織・犯罪集団の組織 | 0 | 154 | 448 |
| 武器・爆発物等の取得・移転・製造 | 552 | 7,579 | 8,203 |
| 麻薬犯罪 | 452 | 109,293 | 110,443 |
| 過激活動，過激感情の醸成・過激団体の組織 | 57 | 246 | 309 |
| 贈収賄 | 0 | 5,011 | 5,188 |

出典：http://www.cdep.ru/index.php?id=79&item=2360

▶商標の不正使用
▶商業上の秘密，租税関係の秘密，銀行関係の秘密などの漏洩，または取得
▶証券市場法の違反（証券発行時の不実情報供与，情報の不開示，不実情報の開示，市場操作，インサイダー取引など）
▶輸出管理法違反行為
▶租税法違反（租税の逋脱，財産隠匿など）

これらの外国法にも一般的にみられる規定の他に，以下のような行為も処罰の対象となる。

▶違法な融資の受領（企業の経営者等が銀行に対して自己の財政状態に関する不

実の情報を提供して融資を受け，あるいは有利な条件で融資を受ける行為）
- ▶融資返済の悪質な懈怠（多額な融資の返済の懈怠）
- ▶株主総会，社員総会，取締役会の決議の結果の不正操作
- ▶企業幹部による外貨の国内送還義務違反
- ▶企業幹部に対する金銭等の供与（贈賄）行為

　これらの行為については，自由剝奪刑も適用可能である。問題は，構成要件が明確に定められていない犯罪類型が少なくないことにある。たとえば融資の返済の悪質な懈怠については，「多額の融資」，「悪質な返済の懈怠」の概念が明確ではない。これはコメンタールでも明らかではなく，「裁判所がこれを決定する」とされる[10]。

　経済の領域における犯罪の他に，ロシア刑法典では，憲法上の人権規定との関係で疑問がある規定がみられる。たとえばテロ行為の実行の公然たる呼びかけ，またはテロリズムの公然たる肯定を処罰する規定（第205.2条）は，とくに「テロリズムの公然たる肯定」の定義がなく，濫用の可能性がある。性別，民族，人種，言語，宗教に関連して嫌悪・敵意を喚起する行為を処罰する規定（第282条），過激組織の設立や活動に関する規定（第282.1，282.2条）も同様である。

　過激組織に関する一般的規制は，2002年のチェチェン人グループによるテロ事件を契機に制定された過激活動に対抗する法律にもとづく[11]。この法律では過激活動（extremism）が定義されているが，「社会的，人種的，民族的，または宗教的不和の喚起」など，その外延は不明確であり，国会議員選挙の際に，テロリズムとは無関係な団体の活動を制限するために用いられた例もある[12]。

## 4　刑事訴訟法

　ロシアでは，1864年の司法改革の柱として，訴訟手続の近代化が進めら

---

10) Borisov, *supra*, pp. 498-500.
11) 2002年7月25日　連邦法　FZ-114.
12) *Wall Street Journal*, July 26, 2014. 政権批判のデモンストレーションを組織したとされる2名に自由剝奪4年半の刑が言い渡された。

れた。ボリシェヴィキ革命後，刑事訴訟法典が初めて制定されたのは，1922年のことである。この法典は，スターリン時代を通じて効力を保ち，スターリン死後に1958年の連邦刑事訴訟法の基本原理，および1960年のロシア共和国刑事訴訟法典にとって代わられた。しかし，刑事訴訟法典は，以下に述べるように，この間，有効に機能していたわけではない。

　1960年のロシア共和国刑法典，および刑事訴訟法典は，裁判所のみによる刑事制裁の原則を定めた。これは，それまで裁判所以外の機関によって刑罰が科せられることが例外ではなかったためである。まず，戦時共産主義時代の1918年以降，1921年まで，非常委員会（cheka）の革命法廷により，法律上の根拠なしに，多くの「反革命犯」とされた人々が死刑に処せられ，または強制収容所に送られた。1934年には，内務人民委員部の特別法廷が設置され，反革命罪に関して，強制収容所送致などの制裁を科するようになった。さらに1930年代末期からは，トロイカと呼ばれる，党組織，内務人民委員部，および検事局の代表から構成される組織が広範に設置され，反革命犯などの裁判を行い，刑罰を科した。この間，裁判所の管轄はきわめて限定され，したがって，刑事訴訟法典の適用も限られていたのである。

　1960年の刑事訴訟法典は，社会主義崩壊後も，改正を重ねながら，2001年に新刑事訴訟法典が制定されるまで適用された。刑事訴訟法改革は，すでに有力な刑事訴訟法学者たちによって1980年代から提案されていた。1991年に採択された「裁判制度改革のコンセプト」は，刑事裁判制度の改革に相当部分を割いた。これを承けて1993年のロシア連邦憲法は，刑事手続における権利保障について，基本的な規定を置いた。新たに無罪の推定の原則が認められ，被疑者・被告人の防御権が拡大された。また，刑事陪審制度も1993年から段階的に導入されつつある。しかし，刑事訴訟法典の制定自体は，2001年まで待たなければならなかった。これは改革の議論に対して，検察庁や内務省の強い抵抗があったためである。この間，多くの改正を経ながら適用されていた1960年刑事訴訟法典の規定のいくつかは，憲法裁判所によって違憲とされた。

　刑事手続については，ロシア連邦が批准したヨーロッパ人権条約も重要である。条約には公平な裁判を受ける権利や，弁護人依頼権を含む，拘禁者の権利に関する規定があり，これらはロシア国内でも適用される。現行刑事訴

訟法典は，基本的にはヨーロッパ人権条約に沿ったものである。

憲法は，刑事手続について，以下の原則を定める。

▶陪審裁判を受ける権利（第47条2項）
▶資格がある者による法的補助の保障（第48条1項）
▶拘禁されている者，および被告人が，拘禁の開始，または起訴時から弁護士の補助を受ける保障（第48条2項）
▶無罪の推定（第49条1項）
▶被告人は挙証責任を負わない（第49条2項）
▶疑わしきは被告人の利益に（第49条3項）
▶同一犯罪に関する二重処罰の禁止（第50条1項）
▶連邦法に反して収集された証拠使用の禁止（第50条2項）
▶上訴，および恩赦・刑の減免申請の権利（第50条3項）
▶自己，または自己の配偶者，近親に対して証言する義務を負わない（第51条1項）
▶犯罪被害者の権利の保護（第52条）

刑事訴訟法典は，これら憲法上の原則を敷衍した原則規定を置く。

▶合理的な期間内の刑事手続
▶合法性の原則・違法収集証拠の排除
▶裁判所のみによる刑事裁判の原則
▶裁判官の独立
▶裁判官は，連邦憲法と連邦法にのみしたがう。国家機関，地方自治機関，その他の機関，組織，公務員，私人による司法への介入の禁止

憲法は，刑事手続に限定されないが，当事者主義の原則を定める。

裁判は，当事者主義と当事者平等の原則にもとづいて行われる（第123条3項）。

これを承けて，刑事訴訟法典は，当事者主義の原則を新たに導入した。

> 訴追，弁護，および審判の機能は区別され，同一の機関，または同一の者に委ねられてはならない。裁判所は，刑事責任を追及する機関ではなく，当事者が手続上の義務を履行し，権利を行使するために必要な条件を創出する。当事者は，裁判所の前に平等である（第15条）。

これまでのロシア・ソビエトの刑事裁判制度は，大陸法の系統に属し，当事者主義ではなく，職権主義を基礎としていた。すなわち，捜査・予審段階で作成された文書が裁判所に提出され，裁判官は，これをもとに職権的に手続を進めた。実際には，訴追側である検察官が公判に立ち会うことは少なく，裁判官が被告人を訊問し，「真実を解明する」ことが原則であった。無罪率は1%以下と極めて低かった。なお，無罪率の低さは現在も変わらず，2011年の統計では，地区裁判所管轄事件で0.2-0.3%であった[13]。

現行刑事訴訟法典は，職権主義的な刑事手続からの根本的転換を意図したものであるが，現在でも公判においては，捜査段階で収集された資料の比重は高く，その意味では手続の当事者主義化は進んでいないと指摘されている[14]。

## 5 刑事手続の流れ[15]

### 5.1 刑事手続の開始

捜査官，予審機関の長，および予審官は，犯罪の通報を受けた場合，犯人が出頭した場合，またはその他の情報源により，犯罪が行われ，または準備されていることを知った場合に，刑事手続開始の決定を行う（第145条）。

---

[13] "Obzor sudebnoi statistiki o deiatel'nosti federal'nykh sudov obshchei iurisdiktsii i mirovykh sudei v 2011 godu", *Rossiiskaia Iustitsiia*, 2012 No.10, pp. 54-56. 州裁判所管轄事件では，無罪となったのは，3万6,000件中，215人であった。

[14] 現行の刑事手続に関しては，W.Burham, J.Khanによる詳細な紹介がある。W.Burham and J.Khan, "Russia's Criminal Procedure Code", *Review of Central and Eastern European Law*, 2008 Vol.33, pp. 1-93.

[15] *Ibid.*, pp. 4, 26-34.

## 5.2 起訴前手続 (*predvaritel'noe rassredovanie*)

起訴前手続は，捜査（*doznanie*）と予審（*predvaritel'noe sredovanie*）という独立した手続のいずれかをとる。捜査と予審は，それを主宰する機関，対象となる事件，そして手続において異なる。まず，機関については，予審は必ず予審官によって行われるのに対して，捜査は原則として捜査機関によってなされ，例外的にのみ予審官が行う。予審は大半の事件で義務的であるが，捜査はより社会的危険性が少ない犯罪を対象とする。手続的には，捜査は検察官の監督を受けるが，予審では，基本的に検察官の関与は限られている。一般に，大陸法諸国では，捜査が行われた後，予審に移行するが，ロシアでは，両者は択一的である（第151条1項）。

捜査の対象となる事件は，軽度，または中程度の重大性をもつ犯罪に限定される（第150条3項）。これは，刑法典が定める270余の犯罪の約3分の1にあたる[16]。これらのうち，圧倒的多数の事件の捜査を行うのは，内務省の予審官である。この他に特定の分野に関して，国家保安庁，関税委員会，執行官事務所，麻薬規制局などの捜査官が権限をもつ。

刑法典各則の規定の残りの3分の2が定める犯罪については，起訴前手続は，予審の形式をとる。このうち，110ヶ条が定める犯罪では，国家予審委員会が予審を管轄する。21ヶ条が定める犯罪は，国家保安庁の予審官の管轄である。一方，内務省の予審官は，人の健康に関する罪や，財産罪，経済活動の領域における犯罪など，99ヶ条に定められている犯罪の予審を管轄する[17]。

もともと予審制度は，1864年の司法改革の際に導入されたものである。ソビエト体制の下でも，当初の数年間は，予審は裁判所の予審官に委ねられた。これは起訴前手続の公正さを維持するためであった。しかし，その後，この制度は廃止され，予審官は，検察庁の下に置かれるようになった。これに対しては，社会主義時代にも，予審と検察を分離する主張があったが，実現せず，現行刑事訴訟法典の下でも，当初，予審官は検察庁と内務省に置か

---

16) I.L.Petrukhin et al. eds., *Ugolovno-protsessual'noe pravo RF*, 3rd edition, Moscow 2012, p. 344.
17) *Ibid.*, p. 345.

れた。しかし，2011年に，初めて検察から独立した国家予審委員会が設置された。国家予審委員会は，大統領直属であり，その指揮は大統領がとる[18]。

　予審の管轄は，部分的に競合する。たとえばテロ行為については，予審委員会，内務省，国家保安局の予審官がいずれも起訴前手続を行うことができる。

　刑事手続開始決定において，捜査官，予審官は，爾後の手続をいずれの機関が行うかを明らかにし，またはこれについて検察官の決定を求める。

　予審は，刑事手続開始の決定から2ヶ月以内に終了しなければならない（第162条1項）。しかし，この期間は，上級庁の決定により延長が可能である。

　被疑者がその犯罪を行ったことを証明するに足りる証拠が集まったときは，予審官は，被疑者を被告人として告発する決定を行う（第171条1項）。告発決定は，3日以内に被告人に呈示されなければならない（第172条1項）。予審官は，その際に，被告人に弁護人依頼権を含む被告人としての権利を告知しなければならない（同条2項）。

　ロシア法では，日本の被告人に厳密に該当する言葉はない。被疑者とは，その者について刑事手続開始決定がなされた者，逮捕，または勾留されている者をいう（第46条1項）。これに対して被告人（*podsudimyi*）とは，被告人として告発する決定がなされた者，および起訴決定がなされた者（第47条1項）と定義される。*Podsudimyi* とは，裁判所の下に置かれた者という意味である。しかし，被疑者は，検察官による起訴決定をまたずに，予審官による告発決定によって被告人となるのである。

　被告人への告発決定の呈示の後，予審官は，さらに告発を基礎づける証拠を収集し，各種の強制処分を行う。予審官は，告発決定呈示後，遅滞なく被告人を訊問する。訊問は1回4時間を超えることはできず，1日に8時間を超えてはならない（第187条2項，3項）。

　なお，予審の過程において，予審官は，片面的に，すなわち，告発側として告発を正当化するためにのみ行動してはならないとされる。予審官は，事

---

[18]　2010年12月28日　連邦法　FZ-403.

件を全方面から，客観的に捜査する義務を負う。これは無罪の推定原則から導かれる義務である。しかし，刑事訴訟法典には，この義務を明確にした規定は「残念ながら存在しない」[19]。

### 5.3　被疑者・被告人に関する強制処分その他の予審行為

#### （1）現行犯逮捕（zaderzhanie podozrevaemogo）

捜査官，予審官は，刑罰として自由剝奪が定められている犯罪を行った嫌疑がある者を以下のいずれかの場合に逮捕することができる（第91条1項）。

- ▶被疑者が犯罪実行の際，またはその直後に拘束されたとき
- ▶被害者，または目撃者が，被疑者が犯罪を実行したと供述したとき
- ▶被疑者の身体，衣服，または住居に犯罪の明らかな痕跡が発見されたとき

現行犯逮捕の調書は，逮捕された被疑者を捜査機関，または予審官の下に勾引してから3時間以内に作成されなければならない。この調書には，被疑者が権利の告知を受けたことが記載される（第92条1項）。現行犯逮捕については，逮捕後12時間以内に検察官に書面で報告しなければならない（同条2項）。

#### （2）自由制限処分

捜査官，予審官，および裁判所は，被疑者・被告人が，

- ▶捜査，予審，裁判所から逃亡の虞れがある
- ▶犯罪行為を継続する可能性がある
- ▶証人その他刑事手続の参加者を威嚇し，証拠を隠滅し，またはその他の方法で刑事手続の進行を妨げる

と推定する十分な根拠がある場合には，被疑者・被告人に拘束処分（mery

---

19) Petrukhin, *supra*, p. 359.

*presecheniia*）を科することができる（第 97 条 1 項）。

自由制限処分には，個人的保証，移動の禁止，自宅拘禁，保証金供託などがある（第 98 条）が，最も重要であるのは，勾留処分（*zakliuchenie pod strazhu*）である。勾留は，3 年以上の自由剥奪刑が定められている犯罪に関する被疑者・被告人に，その他のより軽い処分が定められていない場合に裁判官の決定により科せられる（第 108 条 1 項）。また，以下の場合には，3 年未満の自由剥奪が定められている犯罪でも，勾留処分が可能である。

▶被疑者・被告人がロシア連邦内に常居所をもたないとき
▶被疑者・被告人の身元が明らかでないとき
▶被疑者・被告人が以前に科せられた拘束処分に違反したとき
▶被疑者・被告人が，予審機関，または裁判所から逃走したとき

勾留処分を科する場合には，予審官は，予審機関の長の，捜査官は，検察官の同意をそれぞれ得て，裁判所に勾留処分を申請する。この申請は，地区裁判所の単独裁判官によって審理される。この審理は，被疑者・被告人の他，検察官，弁護人が選任されている場合には，弁護人が参加して行われる（第 108 条 3 項）。裁判官の勾留決定に対しては，抗告が可能である。

勾留の期間は，原則として 2 ヶ月を超えることはできない。しかし，2 ヶ月で予審を終えることができないときは，この期間は地区裁判所裁判官の決定により，6 ヶ月に延長することができる。これ以上の延長は，重大な犯罪，または特に重大な犯罪について告発されている者に対して，事件が特に複雑な場合に，12 ヶ月まで延長することができる。さらに例外的な場合は，18 ヶ月までの延長が可能である（第 109 条 1 項-3 項）。

実際には，裁判前の長期の勾留は常態化しており，ヨーロッパ人権裁判所では，少量の麻薬所持で 1999 年 1 月から 2004 年 12 月まで勾留されたロシア人の訴えが認められ，勾留の違法性が認定された[20]。

拘置所の状態に関しても，ヨーロッパ人権裁判所にロシア人による多くの訴えがあった。2011 年には，尊厳を貶めるような，非人道的な環境の拘置

---

20) W.Burham and J.Khan, *supra*, pp. 21-24.

所に拘禁されたという訴えを受けて，人権裁判所は，拘禁の法的枠組みや，過密拘禁の是正など，様々な改善措置をロシア政府に命じる決定を行った[21]。

搜索・押収は予審行為の一部である。搜索は，予審官の決定にもとづいて行われる。しかし，住居の搜索には裁判所の決定を要する（第182条2項，3項）。差押えも同様の手続で行われる（第183条1項）。電話その他の会話の録音も，中程度以上の重大性をもつ犯罪については，裁判所の決定により，行うことができる（第186条1項）。

すべての予審活動を終了し，起訴意見を作成するに足りる証拠を収集したと認められる場合には，予審官は，その旨を被告人に告知し，被告人，および弁護人に，予審のすべての資料を閲覧する権利を説明する（第215条1項。資料閲覧権については，第217条1項）。予審官は，起訴意見書（*obvinitel'noe zakliuchenie*）を作成し，予審機関の長の承認を得て，遅滞なくこれを検察官に送付する。検察官は，これを受領後，10日以内に以下のいずれかの決定を行う（第221条1項）。

▶起訴意見書を承認し，事件を裁判所に送致する
▶事件を予審官に差し戻す
▶起訴意見書を上級検察官に送付する

起訴意見書は，公判審理の対象と範囲を確定するという意味でも，極めて重要な意味をもつ[22]。

### (3) 捜　査

予審手続と異なり，捜査は，重大性が低い事件について，簡略に行われる手続である。捜査の期間は，原則として30日である（第223条2項）。捜査官は，起訴決定書（*obvinitel'nyi akt*）を作成し，捜査機関の長の承認を得て，これを検察官に送付する（第225条4項）。被疑者が勾留されている場合は，これは10日以内に作成されなければならない（第226条2項）。検察官には，

---

21) http://www.echr.coe.int/Documents/CP_Russia_ENG.pdf
22) Petrukhin, *supra*, p. 449.

これを承認して事件を裁判所に送致するか，事件を捜査官に差し戻すか，あるいは予審手続にまわすか，刑事手続を終了するかの選択がある（第226条1項）。

(4) 弁護人依頼権

1960年刑事訴訟法典の下では，当初，予審・捜査終結後に限って，弁護人依頼権が認められたが，その後1970年代の改正で，起訴意見書が呈示された後には，検察官の承認を得て，弁護人依頼権が認められるようになった。もっとも，検察官の承認は，容易に得られなかったと言われる。1993年憲法が広く弁護人依頼権を認め，またヨーロッパ人権条約の批准もあって，現行法典は，逮捕・勾留後は弁護人依頼権を認めている。実際にも，モスクワ，サンクト・ペテルブルグでは60％，その他の地域では75％の事件で弁護人が選任されていると言われる[23]。

被疑者・被告人は，弁護人と単独で，コンフィデンシャルに接見することができる。接見の回数と時間は「無制限」である（第47条4項9号）。

(5) 裁判所における手続

検察官から送られた起訴意見書，または捜査官の起訴決定書は，裁判所の単独裁判官により審査される。裁判官は，この段階で，捜査・予審手続に訴訟法違反その他の法違反がなかったか否かを点検し，また裁判所の管轄の有無を検討した上で，問題がなければ事件を裁判所の実体審理に付する（公判送致決定）。当事者の異議申立てがあるような場合や，刑事手続を終了する必要がある場合には，単独裁判官が主宰し，当事者が参加して行われる予備的審問が行われる（第229条1項，2項）。

通常の刑事事件の第一審は，普通裁判所である地区裁判所である。一定範囲の個人，または社会秩序に関する重大な，または特に重大な犯罪の第一審は，州裁判所，地方裁判所，または共和国の最高裁判所である。この他に，3年までの自由剥奪を定めた犯罪は，治安判事によって審理されることができる。2011年度の統計では，地区裁判所が第一審として受理した事件は52

---

[23] W.Burham and J.Khan, *supra*, pp. 32–46.

万5,700件であった。これに対して、治安判事は45万2,100件の事件を受理した[24]。

### (6) 公判審理の基本原則

公判審理の基本原則としては、

▶直接主義・口頭主義
▶公開主義
▶裁判官の同一性

の原則が定められている（第240-242条）。裁判の非公開は、国家機密、その他法律で保護される秘密が漏洩される可能性がある場合、16歳以下の少年に関する事件、性的尊厳、または性的自由に関する事件で当事者の個人的な情報や、その名誉と尊厳を貶めるような情報の漏洩の可能性がある場合、裁判の参加者、その近親者等の安全の確保のために必要な場合に認められる（第241条1項）。

刑事裁判は、その大多数が単独裁判官によって審理される。連邦法が定める場合には、刑事手続は陪審員が参加して行われる（第123条4項）。2004年の統計では、86%の刑事事件が単独裁判官によって審理され、3名の裁判官の合議体で審理された事件はわずか3%、陪審裁判は11%であった[25]。

公判については、従来の職権主義を修正する規定が導入された。裁判長は、法廷を指揮し、当事者主義と当事者の対等を確保するためにすべての措置をとるものとされる（第243条1項）。法廷において、当事者は対等である（第244条）。とくに重要であるのは、公判における検察官の出席が義務的とされたことである（第246条1項、2項）。検察官は、公判廷で証拠を提出し、証拠調べに参加し、起訴事実に関して自己の意見を述べる（同条5項）。社会主義体制下では、検察官の地位については、その当事者性をめぐって議論があったが、実際には、検察官には「裁判監督権」が認められ、その地位は単なる当事者ではなく、裁判の適法性を監督する立場にあった。しかし、現行法

---

[24] Obzor, *supra*, pp. 54, 58.
[25] Petrukhin, *supra*, p. 442.

では，検察官は手続の一当事者として位置づけられたのである。

被告人の出廷は義務的である。ただし，軽度，または中程度の重大性の犯罪の審理については，例外が認められる（第247条1項，4項）。もとより，弁護人も公判審理に参加する。弁護人が出廷せず，その代替が不可能であるときは，審理は延期される（第241条2項）。犯罪の被害者にも，審理に参加する権利がある（第249条）。

裁判は被告人に対する起訴事実の範囲内でのみ行われる。起訴事実の変更は，それが被告人の地位を悪化させず，その防御権を侵害しない場合に限って認められる（第252条）。

公判における証拠調べは，検察官による起訴事実の呈示から始まる。旧法の下では，裁判官が起訴決定を朗読するところから手続が開始されたが，当事者主義の下で訴追，弁護，審判の3つの機能が明確に分離された結果，このような制度となった。

被告人が同意した場合は，被告人尋問が行われる。まず弁護側が質問し，裁判官は最後に質問する（第275条1項，3項）。被告人は，供述を拒否することができる。

旧法下の手続では，被告人の捜査段階での供述は，ほぼ無制限に法廷で証拠とされた。これに対して，現行法は，法廷における捜査・予審段階の被告人の供述の朗読やビデオの上映などを以下の場合に限定した（第276条1項）。

▶法廷における供述と捜査・予審段階の供述に重大な矛盾があるとき
▶刑事手続が被告人の出廷なくして行われているとき
▶被告人が供述を拒否したとき

証人尋問に関する規定も，当事者主義の方向に変更された。旧法下では，裁判官がまず証人を訊問したが，現行法では，その証人の喚問を申請した当事者がこれを訊問し，当事者の訊問を終えてから裁判官が質問するものとされる（第278条2項）。

証人や被害者の捜査・予審段階における供述の公判廷での許容性については，現行法は，法廷におけるその朗読を，証人，または被害者欠席の場合に当事者の同意の下に認める。しかし，例外として，

▶証人，または被害者の死亡
▶重病のための欠席
▶外国人である証人，または被害者の出廷拒否
▶疫病，その他非常事態による出廷不能

の場合には，当事者の同意なくして，供述の朗読等が認められる（第281条1項，2項）。また，証人，または被害者の法廷における供述と従前の供述とに重大な矛盾がある場合にも，裁判所は，当事者の申請にもとづいて，以前の供述の朗読を認める決定を行うことができる（同条3項）。

証拠調べの後，弁論が行われ，被告人が最後の発言を許される（第292条，293条）。

裁判所の判決は，有罪判決か無罪判決である（第302条1項）。これは当然のようであるが，旧法下では，追加捜査のための差戻し決定という制度があった。社会主義時代の必罰主義の表れであった。

裁判所の審理期間については規定があるが，審理は連続して行われるため，裁判所における手続開始から判決までの時間は短い。2011年の統計によれば，多くの事件が1.5ヶ月内に審理を終えている。

現行法は，被告人と訴追側が合意し，公判審理なくして判決に至る「特別手続」を定める（第314条1項）。この手続は，最高10年までの自由剥奪を定めた犯罪に適用される。

また，近時の改正で，「裁判前の協力の合意」と呼ばれる，有罪答弁類似の制度が導入された。これは被疑者・被告発人と検察官との間で予審終了前に締結される書面による合意である。この合意は，犯罪の発見・摘発，共犯者の追及，犯罪の結果である財産の発見などで予審官に協力し，刑罰が軽減されることが内容とされる（第317.1条以下）。

## 索　引

### あ　行

逸失利益　　145, 212, 238
運用管理権　　125, 149, 184, 185, 196
エネルギー憲章条約　　341, 372
黄金株　　294
オリガルク（oligarch）→ 新興財閥
親会社の責任　　276, 277, 322, 323, 357

### か　行

外国人による土地所有　　197, 342
外国投資家の定義　　338, 339, 345
外国投資監督局，反独占庁　　344, 350
外国投資の国有化・収用　　340, 341
外国投資の保護　　339-344
会社訴訟　　67, 68, 92, 308
会社の設立
　　株式会社　　285-288
　　有限会社　　322-325
株式会社法改正草案　　276, 277, 294
株式買取請求　　296
株主構成　　307, 308
株主総会　　143, 166, 169, 173, 191, 254, 267, 291, 294, 296-303, 315-319
株主総会決議　　91, 173, 191, 287, 288, 295, 298, 304, 309, 319, 320, 349
株主総会決議の瑕疵　　298-302
株主の権利　　309-311
株主名簿管理機関　　208, 288-290, 303, 319
環境影響評価　　376, 379, 381, 389, 390
監査役会（監査役）　　303, 304, 307, 310, 328
慣習　　136, 351
間接訴訟（代表訴訟）　　309, 312
議会，連邦　　22, 39, 41-44, 48, 92
　　下院　　42-45, 50, 52, 380
　　上院（連邦院）　　29, 42-45, 46, 48, 50, 52, 75
基本法，1906年　　5, 15, 16
強行規定（強行的適用規定）　　132, 201, 279, 353-355
共産党，ソビエト連邦　　7, 8, 17-19, 24, 58, 74, 96, 101
共同不法行為　　239
共有　　182, 183
行政罰　　385, 386, 402
経済管理権　　184, 185, 196
経済発展省　　132, 133, 269
経済犯罪　　400, 410-412
刑罰　　405, 407-409
契約の解釈　　202
契約の解除　　203, 205
契約の自由　　200, 201
検察官（「検察制度」も参照）　　417, 419-423
検察制度　　99-107
減資　　292, 293
憲法
　　1993年（現行）　　20, 21, 27, 60, 64, 69, 74, 99, 100, 102, 181, 365, 402, 409, 413, 414
　　1977年　　18, 19, 21, 26, 96, 100, 251
　　1936年　　18, 20, 251
憲法改正　　20, 21, 46, 47, 61
憲法裁判所（連邦）　　40, 42, 49, 50-53, 60, 74, 76, 87, 119, 120, 409
権力の垂直的統合　　24, 48, 49
権力分立　　23, 48
権利濫用　　140-145
言論・出版の自由　　27, 30, 32-34
故意・過失　　207, 237, 403, 406
公益を損なう法律行為　　160-161
恒久的利用権（土地の）　　190, 198

426　索　引

公序（準拠法の選択）　355
公序（仲裁判断執行拒絶・取消の根拠としての）　110, 115-117
公序違反の法律行為　159-163
公証人の認証　156, 230-232, 289, 326
後順位担保　228-230
高度の危険の発生源　245, 246
国営公社　25, 49, 131, 149
国際商事仲裁　107-120, 344, 371-373
国際商事仲裁裁判所（ロシア商工会議所付属）　62, 107
国際条約　25, 46-48, 200, 351
国際物品売買契約条約（ウィーン条約）　200
国家環境適合性審査　388-392
国家賠償責任　31, 137, 138, 154, 244, 245, 341
国公営企業　146, 147, 148-150, 168, 252
国庫直轄企業　149, 184-186
コーポレート・ガバナンス　9, 268, 307, 308

　　さ　行

債権譲渡　215, 220
債権担保　226
最高裁判所　40, 42, 60, 61, 63-65, 74-76, 82, 85, 91, 93, 398, 409
最高裁判所幹部会　65, 81, 88
最高裁判所総会　85, 88, 273, 275
最高商事裁判所の廃止　61, 88, 93
裁判所の独立　58, 88-93, 105
裁判手続（民商事）　78-81
裁判手続（刑事）　415-424
債務不履行　207-212, 214, 215
差止請求　153, 240, 381
サハリンⅠ　10, 374, 376
サハリンⅡ　9, 10, 137, 374, 376
死刑制度　408, 409
事情変更の原則　206, 207
執行機関，会社の　274, 297, 304, 306, 307, 309-313, 315, 316, 320, 325, 330, 331
私的所有　25, 31, 157, 180, 181, 365, 366

司法改革（1864年）　4, 5, 57, 58, 94, 100
資本
　株式会社　290-293
　有限会社　324, 325
社員・株主の追放　281, 282
社員総会　166, 167, 324, 325, 328-331
社員の権利　325-327
社員の脱退　324, 327
社員名簿　325
社会的危険性　397, 405
集会・結社・団結の自由　27, 30, 34-37, 54
収用・強制買収（「外国投資の国有化・収用」も参照）　181-183, 190, 191, 340, 341
出資者間協定（株主間協定・社員間協定）　277-283, 326, 361
取得時効　182
準拠法　351, 352, 357-362
商事会社　146, 147, 266, 268
商事組織　146, 147, 201, 268
使用者責任　242-244
商事パートナーシップ　146-148, 266, 268
信義誠実の原則　133, 140-145
人権擁護全権代表　33, 34, 36, 37, 53, 54
新興財閥　9, 261, 262, 267
生産物分与方式　367, 371-375
精神的損害の賠償　153, 154, 238, 240-242
製造物責任　248
善意
　善意取得　192-196
選挙，議会　23, 34, 42, 48
戦略的分野の企業
　一般型　346, 347, 355
　地下資源型　346, 347
戦略的分野の企業投資規制　344-350
増資　290-293, 309, 325
相続可能終身占有権　189, 190, 196, 198
属人法　356, 357
租税の不利益変更　341, 342
損害の完全賠償　145, 210, 237

索　引　427

損害賠償額の予定　213, 214

### た　行

大規模取引　166, 167, 297, 303, 309, 315, 316, 320, 331, 332
大統領　20, 21, 23, 29, 38-43, 45, 46, 48-50, 52, 75, 76, 150, 151, 402
大統領令　28, 29, 40, 48, 169, 382
代理行為　166, 167, 170-172, 177-179
担保権の実行　230-235
担保権の順位，倒産手続における　235
地役権　190, 191, 197
地下資源所有権　365, 366
地下資源利用ライセンス　367-374, 387, 392
知的財産権　128, 129, 139, 143, 360
知的財産裁判所　61, 62
地方自治体　181, 244, 294, 366
仲裁可能性　117-120
仲裁合意　108, 109
仲裁判断の承認・執行　108-120
仲裁判断の取消　110, 112, 114
定款　167-170, 173, 285-287, 291, 293, 294, 295, 297, 298, 303, 304, 323, 324, 326, 327
抵当権　220, 221, 222, 223, 225
テロル　7, 32-33, 399, 401, 411
天然資源および環境省　369, 376, 378, 391, 392
道具主義的法の観念　7, 9
当事者主義　105, 414, 415
登記
　登記一般　68, 73, 139, 151, 156, 224
　法人登記　287, 288, 325
　不動産登記　166, 182, 195, 198, 199
投資保護協定（日露）　341, 344
独立取締役　305, 317
土地所有権　180, 186-189, 196, 197
取締役会　143, 150, 166, 169, 267, 291, 293-296, 302-306, 310, 315, 317
取締役会決議　303-306
取締役の義務と責任　311-315, 330

### な・は　行

ノメンクラトゥーラ　59, 60
陪審制度　4, 5, 31, 409, 414
配当　294, 295, 327
バウチャー民営化　258-260
ハーグ国際私法会議　351
犯罪人不引渡　404
反独占庁　11, 344, 348, 349
判例の法源性　82-88
非商事（営利）組織　35, 36, 146-149, 168, 186, 187, 268
非物質的利益　152, 153
不可抗力　208-210, 246
物権的返還請求権　182, 191, 192, 196
浮動担保，商品の　225, 226
ペレストロイカ　8, 19, 24, 32, 34, 39, 60, 73, 88, 101, 105, 400
弁護士制度　94-99
弁護人依頼権　31, 414, 421
法人の機関の権限踰越・濫用　168-174
法人の不法行為責任　244
法人の目的外行為　167, 168
法治国　8, 23, 24, 60, 88, 101, 119, 393
法ニヒリズム　7, 8
法の選択的適用　10, 11, 25, 393
法律行為　154-177
法律行為の瑕疵　159-161
　錯誤　175, 176
　欺罔・強迫・詐欺　176
　仮装法律行為・迂回法律行為　163-167
法律行為の方式　155-157, 358
法律行為の無効と取消し　157-159
法令全書　4, 15, 123, 126, 218

### ま　行

密接関係国法　352, 361
民営化（国営企業）　126, 162, 193, 251-264, 294
民事不介入
　民法典改正　131-135, 140, 144, 151-

153, 155, 156, 158-160, 170, 198, 218, 220, 226, 235, 266, 270, 271, 275, 276, 281, 285, 288, 302, 314, 327, 354, 357
無過失責任　237
無効行為の効果の適用　158, 159, 166

## や　行

有価証券　151, 152, 292, 293
有限責任の例外，株主，社員の　272-276, 322, 357
優先株　293, 303
予審　48, 416-421
ヨーロッパ人権規約　28, 37, 38, 414
ヨーロッパ人権裁判所　37, 38, 51, 419, 420

## ら　行

利害関係取引　142, 166, 167, 297, 303, 309, 315, 316-321, 331
立憲主義　5, 16, 17, 20, 94
連邦憲法的法律　44, 45, 46, 82, 85
連邦構成主体　21, 42, 44-46, 48, 50, 62, 64, 75, 77, 78, 146, 149, 181, 185, 244, 245, 294, 366, 373

連邦的意義をもつ鉱区　368, 369
良心性　140-142, 144, 314

## 欧　文

BP-TNK　10, 263, 345
commercial partnership　146, 147, 148, 269
Gazprom　10, 137, 170, 208, 238, 289, 368, 393
loans for shares　260, 261
Makovskii, A　128, 140
non-public company　151, 270, 271, 283, 309, 322
Pashukanis, E　6
public company　151, 270, 271, 283, 291, 322
Rosneft　260, 263, 368
Rossatom　150
Savitskii, V　102, 103
Speranskii, M　3, 4, 15, 123
Sukhanov, E.A.　132
Vyshinskii, A　7
Yukos　9, 10, 25, 260, 262, 341, 345, 372

著者略歴

ロンドン大学法学部教授(Sir Ernest Satow Professor of Japanese Law, University College London)。ICC 国際仲裁裁判所日本代表委員，ICSID(国際投資紛争解決センター)仲裁人パネルメンバー。
1975 年東京大学法学部卒業。同助手，助教授を経て 1990 年ロンドン大学法学部教授。法学博士(東京大学)。弁護士(第二東京弁護士会)，Solicitor (England and Wales)。コーネル・ロースクール，ミュンヘン大学，College d'Europe，ウィーン大学，早稲田大学，一橋大学などの客員教授を歴任。『スターリン体制下の権力と法』(岩波書店，1986 年)，*Japanese Law* (3rd edition, Oxford University Press 2010 年)，*Russian Commercial Law* (2nd edition, Martinus Nijhoff 2007 年) などの著書がある。

---

ロシア法

2015 年 1 月 15 日　初　版

［検印廃止］

著　者　小田　博

発行所　一般財団法人　東京大学出版会

代表者　渡辺　浩

153-0041 東京都目黒区駒場 4-5-29
http://www.utp.or.jp/
電話 03-6407-1069　Fax 03-6407-1991
振替 00160-6-59964

印刷所　株式会社理想社
製本所　牧製本印刷株式会社

---

Ⓒ 2015 Hiroshi Oda
ISBN 978-4-13-036145-3　Printed in Japan

**JCOPY**〈(社)出版者著作権管理機構　委託出版物〉
本書の無断複写は著作権法上での例外を除き禁じられています．複写される場合は，そのつど事前に，(社)出版者著作権管理機構(電話 03-3513-6969，FAX 03-3513-6979，e-mail: info@jcopy.or.jp)の許諾を得てください．

| 小森田秋夫 編 | 現代ロシア法 | A5 | 5400 円 |
| 山口俊夫 著 | 概説フランス法 下 | A5 | 8200 円 |
| 村上淳一 著 | ドイツ現代法の基層 | A5 | 3900 円 |
| ハッラーフ 著／中村廣治郎 訳 | イスラムの法 | A5 | 5400 円 |
| 田中英夫 編 | 英米法辞典 | 菊 | 15000 円 |
| 田中英夫 編 | BASIC 英米法辞典 | 菊 | 2800 円 |

## ユーラシア世界［全5巻］

［編集委員］塩川伸明／小松久男／沼野充義　　A5・各巻 4500 円

1. 〈東〉と〈西〉
   塩川伸明／小松久男／沼野充義／宇山智彦　編
2. ディアスポラ論
   塩川伸明／小松久男／沼野充義　編
3. 記憶とユートピア
   塩川伸明／小松久男／沼野充義　編
4. 公共圏と親密圏
   塩川伸明／小松久男／沼野充義／松井康浩　編
5. 国家と国際関係
   塩川伸明／小松久男／沼野充義　編

ここに表示された価格は本体価格です．御購入の際には消費税が加算されますので御了承下さい．